国家职业技能等级认定培训教材

国家基本职业培训包教材资源

电子商务师

（基础知识）

本书编审人员

主　编　沈玉梅　郝文红

副主编　张亚敏　赵桂燕

编　者　王新星　周倩倩　刘金生　祁连荣

审　稿　卢彰诚

中国人力资源和社会保障出版集团

中国劳动社会保障出版社　中国人事出版社

图书在版编目(CIP)数据

电子商务师：基础知识 / 人力资源社会保障部教材办公室组织编写. -- 北京：中国劳动社会保障出版社：中国人事出版社，2020

国家职业技能等级认定培训教材

ISBN 978-7-5167-3010-2

Ⅰ.①电… Ⅱ.①人… Ⅲ.①电子商务-职业技能-鉴定-教材 Ⅳ.①F713.36

中国版本图书馆 CIP 数据核字（2020）第 120927 号

中国劳动社会保障出版社
中 国 人 事 出 版 社 **出版发行**

（北京市惠新东街 1 号 邮政编码：100029）

*

北京市艺辉印刷有限公司印刷装订 新华书店经销

787 毫米 ×1092 毫米 16 开本 26 印张 465 千字

2020 年 7 月第 1 版 2024 年10月第10次印刷

定价：58.00 元

营销中心电话：400-606-6496

出版社网址：http://www.class.com.cn

前　言

为加快建立劳动者终身职业技能培训制度，大力实施职业技能提升行动，全面推行职业技能等级制度，推进技能人才评价制度改革，促进国家基本职业培训包制度与职业技能等级认定制度的有效衔接，进一步规范培训管理，提高培训质量，人力资源社会保障部教材办公室组织有关专家在《电子商务师国家职业技能标准》（以下简称《标准》）和国家基本职业培训包（以下简称培训包）制定工作基础上，编写了电子商务师国家职业技能等级认定培训系列教材（以下简称等级教材）。

电子商务师等级教材紧贴《标准》和培训包要求编写，内容上突出职业能力优先的编写原则，结构上按照职业功能模块分级别编写。该等级教材共包括《电子商务师（基础知识）》《电子商务员（四级）》《助理电子商务师（三级）》3本。《电子商务师（基础知识）》是各级别电子商务师均需掌握的基础知识，其他各级别教材内容分别包括各级别电子商务师应掌握的理论知识和操作技能。

本书是电子商务师等级教材中的一本，是职业技能等级认定推荐教材，也是职业技能等级认定题库开发的重要依据，已纳入国家基本职业培训包教材资源，适用于职业技能等级认定培训和中短期职业技能培训。

本书在编写过程中得到邢台技师学院、江苏仪征技师学院、北京市新媒体技师学院、杭州沃土教育科技股份有限公司、浙江商业职业技术学院等单位的大力支持与协助，在此一并表示衷心的感谢。

人力资源社会保障部教材办公室

Contents

目录

电子商务师（基础知识）

网络营销基础

物流基础

商品基础知识

客户服务基础

电子支付基础

电子商务安全基础

相关法律法规

模块1

职业认知与职业道德

课程设置[①]

课程	学习单元	课堂学时
1-1　职业认知	职业认知	1
1-2　职业守则	职业守则	2

课程 1-1　职业认知

学习内容[②]

学习单元	课程内容	培训建议	课堂学时
职业认知	1）电子商务师职业认知 2）电子商务师就业方向 3）电子商务师就业前景	（1）方法：讲授法 （2）重点：电子商务师职业认知 （3）难点：电子商务师的就业方向和就业前景	1

学习单元　职业认知

一、电子商务师职业认知

所谓职业，从社会的角度而言，是指人们为了谋生和发展而从事相对稳定、合法、

①②全书“课程设置”和“学习内容”参考《国家基本职业培训包（指南包　课程包）——电子商务师（试行）》编制。

有报酬、专门类别的社会劳动。职业是社会生产活动进行分工的结果。随着社会分工的日益细化，职业的种类也越来越多。2015 年 7 月，我国颁布了新修订的 2015 版《中华人民共和国职业分类大典》，将我国现有的职业归为 8 个大类、75 个中类、434 个小类、1 481 个职业。电子商务师职业属于社会生产服务与生活服务人员大类的批发与零售服务人员中类的销售人员小类。

电子商务师是指在互联网及现代信息技术平台上，从事商务活动的人员。其主要有以下工作任务。

1. 运用互联网的相关工具和技术，进行企业产品网络推广。

2. 运用相关工具和技术，进行企业商务网站（店）编辑、装饰及内容维护。

3. 进行企业商务网站（店）网上交易及运营管理。

4. 采集相关数据，进行企业网络经营状况和销售数据分析。

5. 分析企业业务需求，规划设计商务网站。

二、电子商务师就业方向

电子商务师是利用计算机技术、网络技术，通过专业的网络商务平台等现代信息技术，帮助商家与顾客或商家与商家之间从事各类商务活动或相关工作的人员。电子商务人员既要具备一定的 IT 技术，又要具备良好的商务运作能力，包括电子商务操作能力、网站建设与维护能力、商务信息分析处理能力、网络营销能力。电子商务师就业岗位可以从以下方向细分。

1. 技术类岗位方向细分

（1）电子商务平台设计，主要从事电子商务平台规划、网络编程、电子商务平台安全设计等工作。代表性岗位是网站策划与编辑。

（2）电子商务网站设计，主要从事电子商务网页设计、数据库建设、程序设计、站点管理与技术维护等工作。代表性岗位是网站设计与开发。

（3）电子商务平台美术设计，主要从事平台文字、色彩、图像、视频的处理等工作。代表性岗位是网站美工。

2. 商务类岗位方向细分

（1）企业网络营销业务，主要是利用网站为企业开拓网上业务、网络品牌管理、客户服务等工作。代表性岗位是网络营销。

（2）网上国际贸易，主要是利用网络平台开发国际市场，进行国际贸易。代表性岗位是跨境电子商务（外贸电子商务）。

（3）新型网络服务商的内容服务，主要是频道规划、信息管理、频道推广、客户管理等工作。代表性岗位是网站运营。

（4）电子商务支持系统的推广，主要是从事电子商务系统推广销售，提供电子商务支持服务与客户管理等工作。代表性岗位是网站推广。

（5）电子商务创业，主要是借助电子商务平台，利用虚拟市场提供产品和服务。

3. 综合管理岗位方向细分

（1）企业电子商务综合管理，主要从事企业电子商务整体规划、建设、运营和管理等工作。代表性岗位是电子商务部门经理。

（2）电子商务平台综合管理，这类人才要求既对计算机、网络和社会经济有深刻的认识，又具备项目管理能力。代表性岗位是电子商务项目经理。

三、电子商务师就业前景

“十二五”期间，我国电子商务保持了持续快速发展，在工业、农业、商贸流通、交通运输、金融、旅游和城乡消费等各个领域的应用不断得到拓展，应用水平不断提高，正形成与实体经济深入融合的发展态势，电子商务发展的内生动力和创新能力日益增强。“十三五”时期，电子商务将进入规模扩大、提速增质的快速发展阶段。一是面临国家大力推进电子商务的战略机遇，国家实施“互联网 +”行动计划，出台了一系列政策，明确提出大力发展电子商务，加快培育经济发展新动力。二是面临产业结构加快转型升级的战略机遇，为电子商务加快发展提供了新需求。三是面临消费模式升级的重大机遇，国家出台扩大消费的相关政策，挖掘消费潜力，扩大消费规模，小批量、新品种、个性化消费成为新时尚，为电子商务发展提供了广阔市场。在这样的行业发展背景下，企业和市场对高素质技能型电子商务人才的需求日益紧迫。

据统计，2015 年，我国电子商务交易额达 15.8 万亿元，同比增长 30.4%。其中 B2B 交易额达 11.4 万亿元，同比增长 14%。网络零售市场交易规模达 3.8 万亿元，同比增长 35.7%。截至 2015 年 12 月，我国电子商务服务企业直接从业人员超过 270 万人，由电子商务间接带动的就业人数，已超过 2 000 万人。电子商务研究中心发布的《2017 年中国电子商务人才状况调查报告》明确指出，我国电子商务行业人才缺口仍比较大。在被调查的企业中 84% 的电商企业存在人才缺口；71% 的企业急需电商运营人才，37% 的企业急需技术性人才（IT、美工），50% 的企业急需推广销售人才，17% 的企业急需供应链管理人才，22% 的企业急需综合性高级人才，15% 的企业急需产品策划与研发人才。数据显示：运营、技术、推广销售、综合型高级管理已成为企业最迫切需要的人才。

课程 1-2　职业守则

学习内容

学习单元	课程内容	培训建议	课堂学时
职业守则	1）忠于职守、坚持原则 2）兢兢业业、吃苦耐劳 3）谦虚谨慎、办事公道 4）遵纪守法、廉洁奉公 5）恪守信用、严守机密 6）实事求是、工作认真 7）刻苦学习、勇于创新 8）钻研业务、敬业爱岗	（1）方法：讲授法、案例教学法 （2）重点与难点：电子商务师的职业守则	2

学习单元　职业守则

电子商务是一种新型的商务运作方式，它以信息传递快、市场规模大、商品品种多、可靠性强、流通环节少、交易成本低而风靡全球。电子商务业务涉及计算机、企业管理、市场营销、物流、法律等多方面知识与技术，电子商务从业人员的工作必须紧扣当前社会经济和科技文化变革的时代脉搏，必须提高自身素质，加强职业道德修养。

一、忠于职守、坚持原则

作为从业人员，忠于职守，热爱本职工作，这是职业道德的基本规范。作为电子商务师，忠于职守就是要忠于电子商务师这个特定的工作岗位，自觉履行电子商务师的各项职责，做好各项工作。电子商务师要有强烈的事业心和责任感，坚持原则，注重社会主义精神文明建设，反对不良思想和作风。

二、兢兢业业、吃苦耐劳

电子商务的业务特点决定了电子商务师的工作性质，从业人员不仅要在理论上有一定的造诣，还要具有实干精神。能够围绕电子商务各项活动的开展，脚踏实地、埋头苦干、任劳任怨。能够不计较个人得失，有着吃苦耐劳的精神。

三、谦虚谨慎、办事公道

电子商务师要谦虚谨慎、办事公道，对领导、对群众都要一视同仁、平等相待，切忌因人而异、亲疏有别，更不能趋附权势。只有谦虚谨慎、公道正派的电子商务师，才能做到胸襟宽阔，在工作中充满朝气和活力。

四、遵纪守法、廉洁奉公

遵纪守法、廉洁奉公是电子商务师职业活动能够正常进行的重要保证。遵纪守法要求电子商务师要遵守职业纪律和与职业活动相关的法律、法规，遵守商业道德。廉洁奉公要求电子商务师在职业活动中坚持原则，不利用职务之便谋取私利。要以国家、人民和企业整体利益为重，自觉奉献，不为名利所动。

五、恪守信用、严守机密

在商务活动中，电子商务人员应当严格按照合同办事。必须遵守诺言、恪守信用，自觉维护企业的商业信用。严守机密是电子商务师的重要素质，电子商务师必须具备严守机密的职业道德，无论是上机操作还是文字工作都要严格遵守国家的有关保密规定，自觉加强保密观念，防止机密泄露。发现盗窃机密的行为和盗窃机密的不法分子，应与其做坚决斗争，并应及时报告公安、保密部门。

六、实事求是、工作认真

电子商务师要坚持实事求是的工作作风，一切从实际出发。电子商务师工作的各个环节都要求准确、如实地反映客观实际。无论是搜集信息、提供意见、拟写文件，都必须端正思想，坚持实事求是的原则。在工作中，切忌主观臆断、捕风捉影，分析问题必须从客观实际出发。

七、刻苦学习、勇于创新

电子商务师工作涉及面广，要求电子商务师有尽可能广博的知识，做一个“通才”和“杂家”。现代社会科学技术的发展突飞猛进，知识更新速度加快，因此，电子商务师应该具有广博的科学文化知识，勤奋学习、刻苦钻研，努力提高自身的思想素质和业务水平，以适应工作的需要。同时，作为复合型人才的电子商务师更应具有强烈的创新意识和精神。要勇于创新，不空谈、重实干，在思想上是先行者，在实践上是实干家，不断提出新问题，研究新方法，走出新路子。

八、钻研业务、敬业爱岗

从发展的角度看，电子商务师必须了解和熟悉与自身职业有直接或间接关系的领域中取得的新成果，才能更好地掌握电子商务师工作的各项技能。

电子商务师要根据自身分工的不同和形势发展的需要，掌握电子商务交易所需要的技能，如计算机、网络技能、网络营销技能、电子支付技能等。这些技能都必须随着电子商务技术的发展和自身工作的需要，在实践中不断地学习和提高。同时，电子商务师应掌握电子商务交易中的各种管理知识，将网络技术与商业管理结合起来，提高企业应用电子商务的能力，促进企业经济效益的提高。

模块 2 计算机基础

课程设置

课程	学习单元	课堂学时
2-1 计算机构成和常见故障检修	（1）计算机系统构成	2
	（2）计算机常见故障检修	1
2-2 计算机软件使用	（1）Windows 7 的安装与使用	2
	（2）文字处理软件的安装与使用	4
	（3）电子表格软件的安装与使用	7
	（4）幻灯片软件的安装与使用	4
	（5）常用工具软件的安装与使用	2

课程 2-1　计算机构成和常见故障检修

学习内容

学习单元	课程内容	培训建议	课堂学时
（1）计算机系统构成	1）计算机硬件系统 2）计算机软件系统	（1）方法：讲授法、演示法、实训法 （2）重点：计算机软件系统的构成 （3）难点：计算机硬件系统的构成	2
（2）计算机常见故障检修	1）计算机常见故障产生原因 2）计算机常见故障检修方法	（1）方法：讲授法、演示法 （2）重点：计算机常见故障产生原因 （3）难点：计算机故障常见检修方法	1

学习单元 1　计算机系统构成

计算机系统构成包括硬件系统和软件系统两大部分。硬件是指计算机的物理设备；软件是指系统中的程序以及开发、使用和维护程序所需要的所有文档的集合，包括计算机本身运行所需的系统软件和用户完成特定任务所需的应用软件。

一、计算机硬件系统

硬件系统是构成计算机的物理部件，是指在计算机中看得见、摸得着的有形实体。计算机的硬件由主机和外围设备组成。主机是计算机硬件系统的核心，它由 CPU、主板、内存储器等组成，外围设备由外存储器、输入设备、输出设备等组成，如图 2–1–1 所示。

- 硬件
  - 主机
    - CPU
    - 主板
    - 内存储器
  - 外围设备
    - 外存储器
    - 输入设备
    - 输出设备

（内存储器、外存储器：存储器）

图 2–1–1　计算机硬件系统组成

1. 主机

主机是计算机系统的核心，就如同人的大脑，结构复杂。主要由主板、CPU、内存储器、总线等组成。

（1）主板

主板又称主机板或母板，是计算机最重要的部件之一，配有组成计算机的主要电路系统，几乎与主机内所有的设备连接，其功能是把计算机的五大功能部件（控制器、运算器、存储器、输入设备和输出设备）有机地连接在一起，协调工作，完成数据的输入、运算、存储和输出。主板常见品牌有技嘉、华硕、微星、昂达等，如图 2–1–2 所示。

（2）CPU（中央处理器）

CPU（Central Processing Unit）又称中央处理器或微处理器，其功能是执行系统指令，进行算术运算和逻辑运算、数据传输，是整个系统的核心。常见生产 CPU 的公司有 Intel 公司、IBM 公司、AMD 公司等，如图 2–1–3 所示。

图 2-1-2　主板

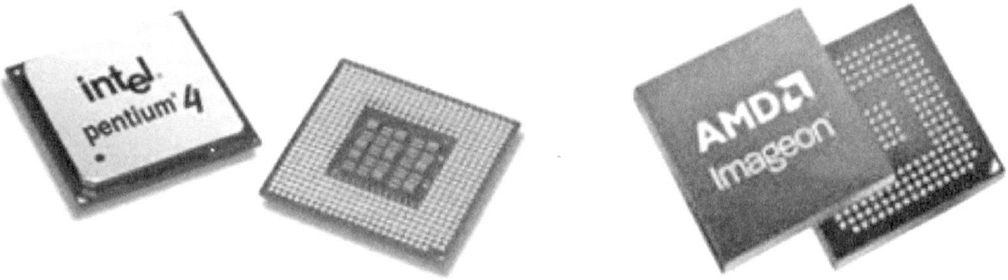

图 2-1-3　常见的 CPU

（3）内存储器

内存储器是直接与 CPU 相联系的存储设备，是计算机工作的基础，位于主板上，按工作方式不同分为只读存储器和随机读写存储器。其特点是数据传输速率快、容量小，且数据无法在内存中长期保存，如图 2-1-4 所示。

图 2-1-4　常见的内存储器

2. 外围设备

（1）外存储器

外存储器即外存，其主要功能是长期存放计算机工作所需要的系统文件、应用程序、文档和数据等。其特点是存储容量大、可靠性高、价格低，而且可以永久保存数据。常见的外存储器有硬盘、光盘、优盘（U 盘）等。

（2）输入设备

输入设备是将外界的各种信息（如程序、数据、命令等）送入到计算机内部的设备。常用的输入设备有键盘、鼠标、扫描仪、数码相机、数码摄像机等。

1）键盘。键盘是计算机最常用的输入设备之一，如图 2–1–5 所示。其作用是向计算机输入命令、数据和程序。

图 2–1–5　键盘

2）鼠标。鼠标是计算机的一种输入设备，分有线鼠标和无线鼠标两种，如图 2–1–6 和 2–1–7 所示，也是计算机显示系统纵横坐标定位的指示器，因形似老鼠而得名。鼠标的使用是为了使计算机的操作更加简便快捷，来代替键盘烦琐的指令。

图 2–1–6　有线鼠标

图 2–1–7　无线鼠标

（3）输出设备

输出设备是将计算机处理后的信息以人们能够识别的形式（如文字、图形、数值、声音等）进行显示和输出的设备。常用的输出设备有显示器、打印机等。

1）显示器。显示器是计算机中最重要、最常用的输出设备。它是一种将一定的电子文件通过特定的传输设备显示到屏幕上再反射到人眼的显示工具。显示器分为 CRT 显示器和液晶显示器两大类，随着科技的进步，目前 CRT 显示器已被液晶显示器所取代，如图 2–1–8 所示。

2）打印机。打印机是计算机的输出设备之一，用于将计算机处理结果打印在相关介质上，如图 2–1–9 所示。打印机的种类很多，常见的打印机大致分为针式打印机、喷墨打印机和激光打印机。

图 2–1–8　液晶显示器

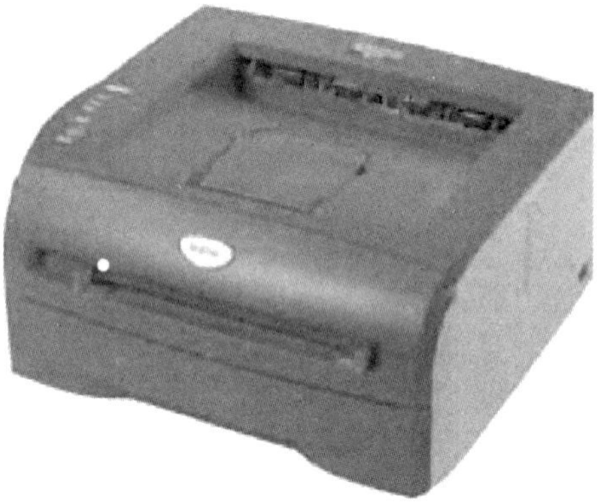

图 2–1–9　激光打印机

针式打印机特点是结构简单，技术成熟，性价比好，消耗费用最低。多用于一些特殊打印行业，如税务、金融、医疗等行业的票据打印。

喷墨打印机特点是体积小、噪声低、设备价格便宜，多为家用，但是也有不少高端的产品为办公室所用，现在数码照片多用喷墨打印机打印。

激光打印机特点是速度快、噪声低、分辨率高，但设备价格（尤其是彩色激光打印机的价格）相对较高。它是现代主流产品，多用于商业办公和打印店等使用。

二、计算机软件系统

计算机软件主要包括系统软件和应用软件两大类。

1. 系统软件简介

系统软件是指控制和协调计算机及外部设备，支持应用软件开发和运行的系统，是无须用户干预的各种程序的集合，主要功能是调度、监控和维护计算机系统，负责管理计算机系统中各种独立的硬件，使得它们可以协调工作。常用的系统软件有操作系统、语言处理系统和数据库管理系统。

（1）操作系统

操作系统用于管理和控制计算机硬件和软件资源，是由一系列程序组成的。操作系统是直接运行在裸机上的最基本的系统软件，是系统软件的核心，任何其他软件必须在操作系统的支持下才能运行。常见的操作系统有 Windows、Linux、MacOS、UNIX 等。

（2）语言处理系统

程序是计算机语言的具体体现，是用某种计算机程序设计语言按问题的要求编写而成的。随着计算机语言的进化，程序也越来越趋近于人类语言而脱离机器语言。用高级语言编写的程序，计算机是不能直接识别和执行的，需要将其通过语言处理程序翻译成计算机能识别和执行的二进制机器指令，然后供计算机执行，如 VB、SQL、C 语言等。

（3）数据库管理系统

数据库管理系统的作用就是管理数据库，具有建立、编辑、维护、访问数据库的功能，并提供数据独立、完整、安全保障。根据数据模型的不同，数据库管理系统可分为层次型、网状型和关系型三种类型。如 FoxPro、Oracle、Access 等都是典型的关系型数据库管理系统。

2. 应用软件简介

应用软件是为了利用计算机解决各类问题而编写的程序，如办公软件 Microsoft Office、图形图像处理软件 Photoshop、电商宝 ERP 等。

（1）办公软件

办公软件是指可以进行文字处理、表格制作、幻灯片制作、简单数据库的处理等方面工作的软件。目前办公软件朝着操作简化，功能细化等方向发展。

（2）图形图像处理软件

图像处理软件是用于处理图像信息的各种应用软件的总称，主要应用于广告制作、平面设计、影视后期制作等领域。常见的专业图像处理软件有 Adobe 的 Photoshop 系列、基于应用的图像处理管理软件 Picasa 等，还有国内很实用的大众型软件彩影、美图秀秀、光影魔术手等。

（3）其他应用软件

随着计算机应用领域越来越广，辅助各行各业的应用开发软件层出不穷，如多媒体制作软件、财务管理软件、客户管理软件、仓库管理软件等各种各样的管理信息系统，这些应用软件不需要用户学习计算机编程，便可直接使用。

学习单元 2　计算机常见故障检修

目前计算机已经普及，使用的人多了，也难免会遇到各种各样的计算机故障，只要了解一些计算机故障的解决技巧，很多小故障用户便可以自行解决。现将计算机常见故障产生的原因及检修方法介绍如下。

一、计算机常见故障产生原因

1. 电源插座、开关

很多外围设备都是独立供电的，运行计算机时只打开计算机主机电源是不够的。例如，显示器电源开关未打开，会造成“黑屏”和“死机”的假象；外置式 MODEM 电源开关未打开或电源插头未插好则不能拨号、上网、传送文件，甚至连 MODEM 都不能被识别。打印机、扫描仪等都是独立供电设备，碰到独立供电的外设故障时，应先检查设备电源是否正常、电源插头 / 插座是否接触良好、电源开关是否打开。

2. 连线问题

外围设备跟计算机之间是通过数据线连接的，数据线脱落、接触不良均会导致该外围设备工作异常。如显示器接头松动会导致屏幕偏色、无显示等故障；又如打印机放在计算机旁，并不意味着打印机就连接到了计算机上，应亲自检查各设备间的数据线连接是否正确。

3. 设置问题

显示器内容不能正常显示很可能是行频调乱、宽度被压缩，甚至只是亮度被调至最暗；音箱放不出声音也许只是音量开关被关掉；硬盘不被识别也许只是主、从盘跳线位置不对等。详细了解该外围设备设置情况，并动手试一下，有助于发现一些原本以为非更换零件才能解决的问题。

4. 系统新特性

很多“故障”现象其实是硬件设备或操作系统的新特性。如带节能功能的主机，在间隔一段时间无人使用计算机或无程序运行后会自动关闭显示器和硬盘的电源，敲一下键盘后就能恢复正常。如果不知道这一特征，就有可能会误认为显示器、硬盘出了故障。再如 Windows、NC 的屏幕保护程序常让人误以为病毒发作。多了解计算机、外围设备、应用软件的新特性，多向专家请教，有助于增长知识，减少无谓的恐慌。

二、计算机常见故障检修方法

1. 清洁法

对于使用环境较差或使用较长时间的机器，应先进行清洁。可用毛刷轻轻刷去主板、外围设备上的灰尘，如果灰尘已清扫或无灰尘，就进行下一步的检查。另外，由于板卡上一些插卡或芯片采用插脚形式，震动、灰尘等其他原因，常会造成引脚氧化，接触不良。可用橡皮擦擦去表面氧化层，重新插接好后开机检查故障是否排除。

2. 拔插法

计算机系统产生故障的原因有很多，主板自身故障、I/O 总线故障、各种插卡故障均可导致系统运行不正常。采用拔插维修法是确定故障在主板或 I/O 设备的简捷方法。该方法就是关机将插件板逐块拔出，每拔出一块板就开机观察机器运行状态，一旦拔出某块后主板运行正常，那么故障原因就是该插件板故障或相应 I/O 总线插槽及负载电路故障。若拔出所有插件板后系统启动仍不正常，则故障很可能就在主板上。拔插法的另一含义是：一些芯片、板卡与插槽接触不良，将这些芯片、板卡拔出后再重新正确插入可以解决因安装接触不当引起的计算机部件故障。

3. 替换法

将同型号插件板与总线方式一致、功能相同的插件板或同型号芯片相互交换，根据故障现象的变化情况判断故障所在。此法多用于易拔插的维修环境，如内存自检出错，可交换相同的内存芯片或内存条来判断故障部位，无故障芯片之间进行交换，故障现象依旧。若交换后故障现象变化，则说明交换的芯片中有一块是坏的，可进一步通过逐块交换确定故障部位。如果能找到相同型号的计算机部件或外围设备，使用交换法可以快速判定是否是元件本身的质量问题。替换法也可以用于以下情况：如果没有相同型号的计算机部件或外围设备，但有相同类型的计算机主机，则可以把计算机部件或外围设备插接到该同型号的主机上判断其是否正常。

4. 比较法

运行两台或多台相同或类似的计算机，根据正常计算机与故障计算机在执行相同操作时的不同表现可以初步判断故障产生的部位。

5. 振动敲击法

用手指轻轻敲击机箱外壳，有可能解决因接触不良或虚焊造成的故障问题。然后可进一步检查故障点的位置，并将其排除。

课程 2-2　计算机软件使用

学习内容

学习单元	课程内容	课堂建议	课堂学时
（1）Windows 7 的安装与使用	1）Windows 7 的安装 2）Windows 7 的使用	（1）方法：讲授法、演示法、实训法 （2）重点与难点：Windows 7 的使用	2
（2）文字处理软件的安装与使用	1）文字处理软件的安装 2）文字处理软件的基本操作 3）文档的编排与设置 4）表格的创建与编辑 5）插入并设置对象	（1）方法：讲授法、演示法、实训法 （2）重点：文档的编排与设置 （3）难点：插入对象的处理	4

续表

学习单元	课程内容	课堂建议	课堂学时
（3）电子表格软件的安装与使用	1）电子表格软件的基本操作 2）工作表的编辑 3）公式与函数的使用 4）数据的管理 5）图表的使用	（1）方法：讲授法、演示法、实训法 （2）重点：工作表的编辑 （3）难点：公式与函数的使用、数据管理	7
（4）幻灯片软件的安装与使用	1）幻灯片软件的基本操作 2）幻灯片的编辑 3）幻灯片的修饰 4）幻灯片的切换效果和动画设置 5）幻灯片放映	（1）方法：讲授法、演示法、实训法 （2）重点：幻灯片的编辑 （3）难点：幻灯片的修饰	4
（5）常用工具软件的安装与使用	1）浏览器的安装 2）浏览器的使用 3）压缩软件的安装 4）压缩软件的使用	（1）方法：讲授法、演示法、实训法 （2）重点与难点：浏览器、压缩软件的使用	2

学习单元 1　Windows 7 的安装与使用

一、Windows 7 的安装

Windows 7 是微软公司推出的计算机操作系统，供个人、家庭及商业使用，一般安装于笔记本电脑、平板电脑、多媒体中心等。其特点是易用、快速、简单、安全、更低的成本、更好的连接。常见的安装方法有光盘安装法、硬盘安装法、U 盘安装法等。下面以光盘安装法为例，重新安装 Windows 7 操作系统。

1. Windows 7 安装前的准备

（1）Windows 7 简体中文版安装光盘

（2）光盘序列号

（3）硬盘驱动程序

2. Windows 7 的安装步骤

步骤 1：启动计算机，把光盘放入光驱中，如图 2–2–1 所示。

步骤 2：重启计算机，进入 BIOS 设置光驱优先，如图 2–2–2 所示。

步骤 3：计算机重新启动后，在出现的功能选项中，选择“安装 Win7 系统到 C 盘”选项，如图 2–2–3 所示。

步骤 4：自动进行系统还原状态，如图 2–2–4 所示，可以查看还原进度。

步骤 5：当出现如图 2–2–5 所示界面时，说明 Windows 7 64 位操作系统安装并激活完成。

图 2–2–1　把光盘放入光驱

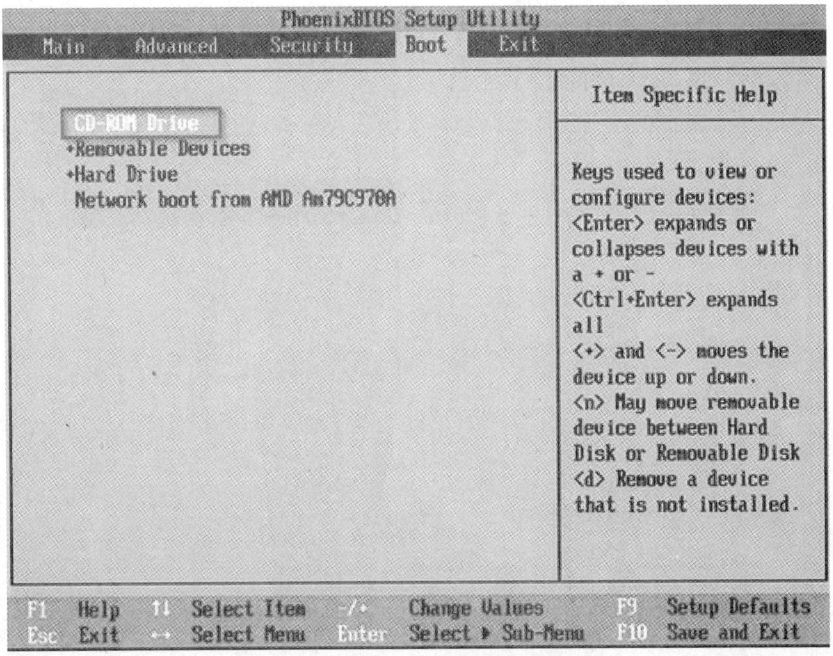

图 2-2-2　PhoenixBIOS 的 Boot 界面

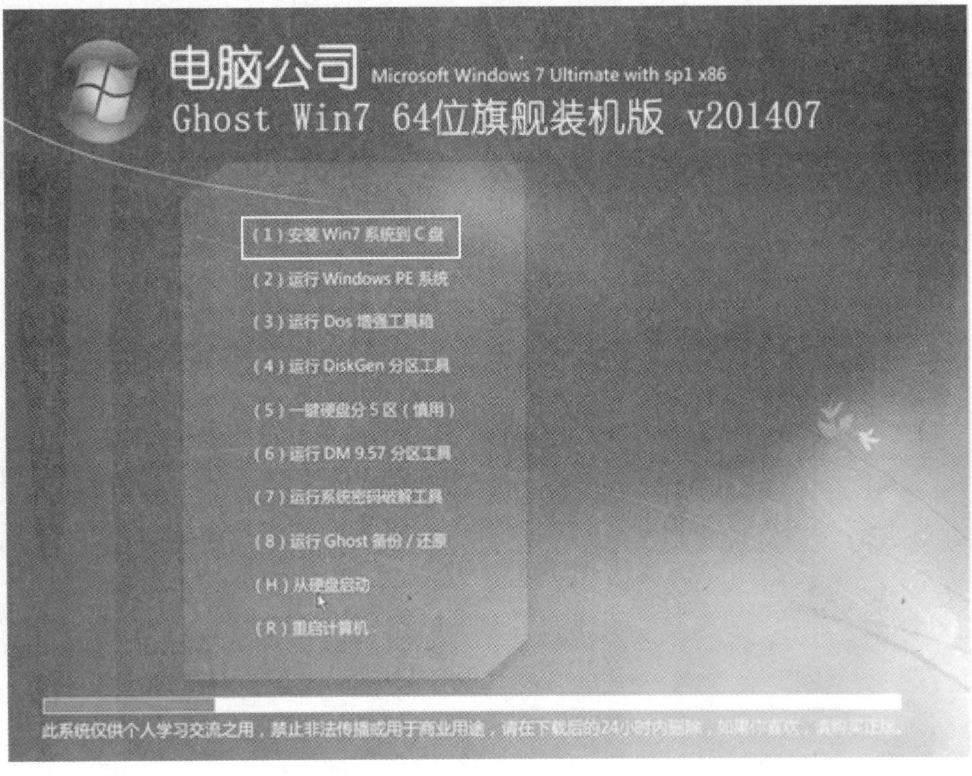

图 2-2-3　功能选项安装界面

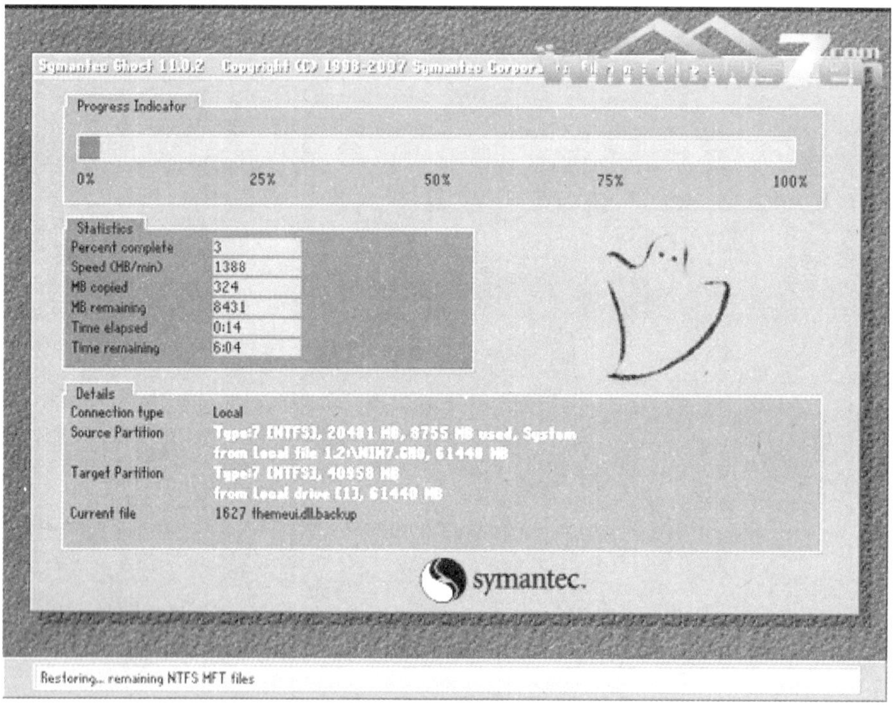

图 2-2-4　系统还原进度界面

图 2-2-5　系统安装并激活完成界面

二、Windows 7 的使用

1. Windows 7 的基本操作

（1）Windows 7 的启动

打开要使用的外部设备（显示器、打印机、音箱等）电源开关，按下计算机主机电源开关，系统开始检测内存、硬盘等设备，然后自动进入 Windows 7 的启动过程。若计算机设置了多个用户，会出现多用户欢迎界面。根据屏幕提示输入某用户名及密码，进入到 Windows 7 的桌面。若为单用户，则直接进入到 Windows 7 的桌面。

（2）Windows 7 的退出

单击“开始”菜单，在弹出的菜单中单击“关机”命令，计算机将自动关机。也可以单击“关机”命令右边的三角按钮选择其他的系统命令，如“切换用户”“注销”“重新启动”等实现相应操作，如图 2-2-6 所示。

切换用户：不退出和关闭当前用户程序，返回登录界面选择其他用户登录。

图 2-2-6 “开始”菜单

注销：退出并关闭当前用户程序，返回登录界面选择其他用户登录。

重新启动：关闭用户程序和操作系统，返回开机自检状态，然后启动操作系统。

（3）任务栏属性设置

1）向任务栏中添加工具。任务栏空白处单击鼠标右键，在弹出的快捷菜单中选择“工具栏”，然后选择要添加的工具。

2）锁定及解锁“任务栏”中的快速启动程序图标。选定某应用程序图标，直接拖到任务栏的快速启动区域，释放鼠标即可。如果需要去掉某个快速启动图标，则选中该图标，单击鼠标右键在弹出的快捷菜单中选择“将此程序从任务栏解锁”命令。

3）任务栏外观设置

①“开始”菜单单击鼠标右键，在弹出的快捷菜单中单击“属性”命令，或任务栏空白处单击鼠标右键，在弹出的快捷菜单中选择“属性”选项，弹出“任务栏和开始菜单属性”窗口，如图 2–2–7 所示。

②在“任务栏”选项卡中，选择“自动隐藏任务栏”，则任务栏被隐藏，但鼠标指向任务栏在屏幕上所处区域，即可再次显示任务栏；选择“锁定任务栏”，则用户不能调整任务栏；选择“使用小图标”，任务栏的应用程序图标将缩小显示。

③设置完成后单击“确定”按钮。

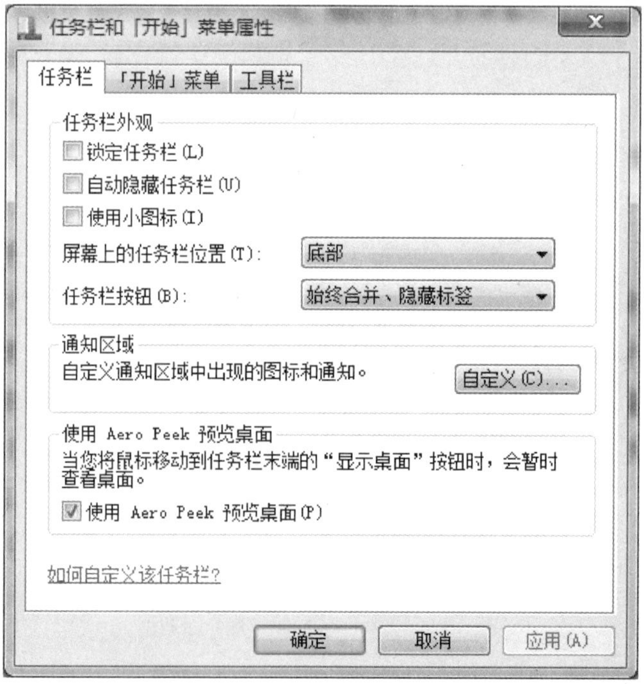

图 2–2–7 “任务栏和开始菜单属性”窗口

2. Windows 7 的窗口

Windows 7 以“窗口”的形式来区分各个程序的工作区域，用户打开计算机、磁盘驱动器、文件夹或是一个应用程序，系统会打开一个窗口，用于执行相应的工作。这些窗口的组成大同小异，以“计算机”窗口为例，如图 2–2–8 所示，做如下说明。

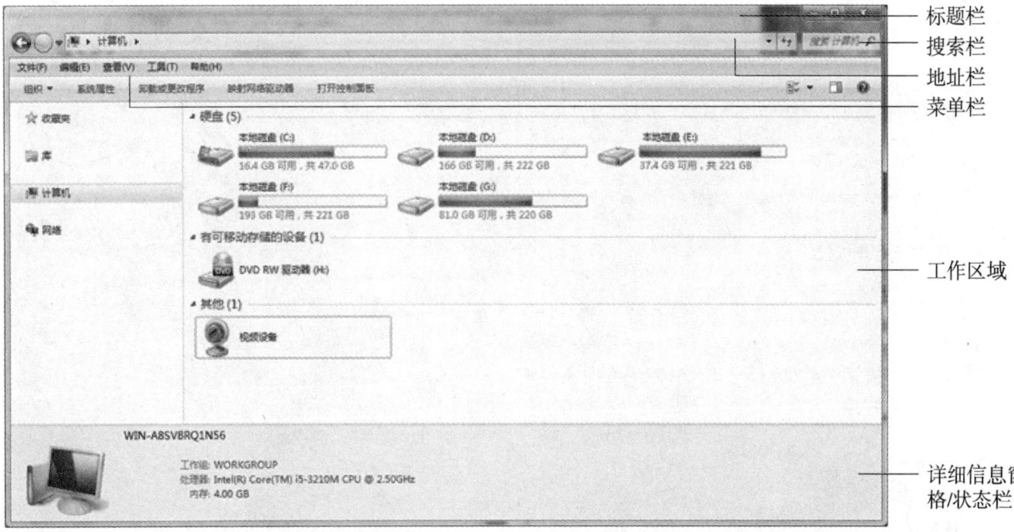

图 2–2–8　“计算机”窗口界面

（1）标题栏。位于窗口最上方，通过标题栏可以进行窗口移动、改变窗口的大小和关闭窗口操作，标题栏最右端显示“最小化”“最大化”“关闭”3 个按钮。

（2）地址栏。位于标题栏下方，用于显示和输入当前浏览位置的详细路径信息。

（3）搜索栏。位于地址栏右侧，用于在计算机中搜索各种文件。

（4）菜单栏。位于地址栏下方，其包含了多个菜单项，分别单击，可在下拉列表中选择操作命令。

（5）工作区域。位于工具栏下方，在窗口中所占的比例最大。左侧是导航窗格，导航窗格给用户提供了树状结构文件夹列表，从而方便用户快速定位所需的目标；右侧是窗口工作区，用于显示主要的内容，如多个不同的文件夹、磁盘驱动等，它是窗口中最主要的组成部分。

（6）详细信息窗格 / 状态栏。位于窗口的最下方，用于显示当前操作的状态及提示信息，或当前用户选定对象的详细信息。

3. Windows 7 的系统设置

Windows 7 安装好后，就已经设置了系统环境。在使用过程中，用户可以根据自己的需要调整系统设置。系统设置的调整在“控制面板”中进行。控制面板可以对显示属性、时间与日期、输入法、字体、键盘、鼠标等进行设置。

（1）控制面板的启动

单击“开始”→“控制面板”命令，弹出“所有控制面板项”窗口，如图 2–2–9 所示。

图 2–2–9 “所有控制面板项”窗口

（2）桌面设置

1）在“所有控制面板项”窗口中，单击“个性化”选项，弹出“个性化”窗口，如图 2–2–10 所示。

2）单击“桌面背景”选项，弹出“桌面背景”窗口，如图 2–2–11 所示。单击“浏览”按钮，选择自己喜欢的图片，根据图片大小，选择适合的方式，单击“保存修改”按钮即可。

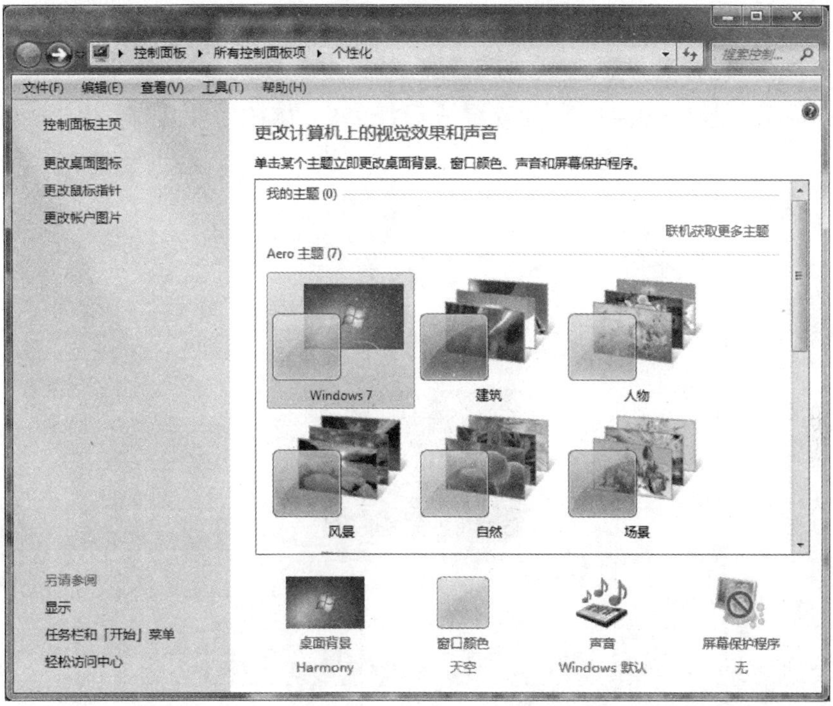

图 2-2-10　“个性化”窗口

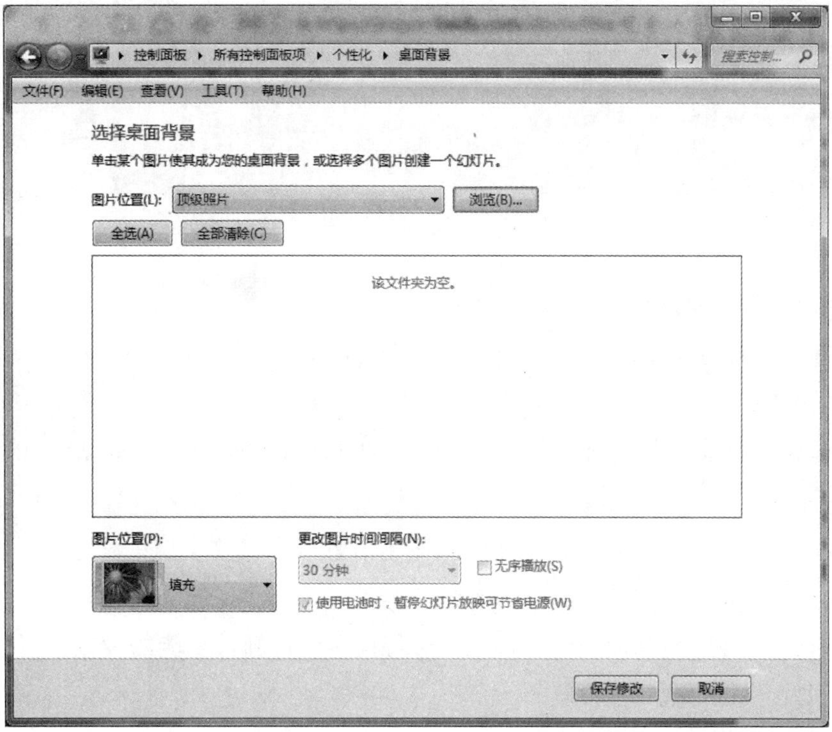

图 2-2-11　“桌面背景”窗口

3）单击“屏幕保护程序”选项，弹出“屏幕保护程序设置”窗口，如图 2-2-12 所示。在“屏幕保护程序”选项中选择屏幕保护程序的样式，在“等待”选项中设置启动屏幕保护程序的时间。设置完成后，单击“确定”按钮即可启动屏幕保护程序。

图 2-2-12 “屏幕保护程序设置”窗口

（3）时间和日期设置

1）在“所有控制面板项”窗口中单击“日期和时间”选项，弹出“日期和时间”窗口，如图 2-2-13 所示。

2）单击“更改日期和时间”选项，弹出“日期和时间设置”窗口，如图 2-2-14 所示。

3）在“日期”中选择日期、月份和年；在“时间”的文本框中设定时间。设置完成后，单击“确定”按钮即可。

在 Windows 7 的控制面板中，还可以进行很多硬件软件功能的设置，用户可以根据自己需要，尝试修改其他设置。

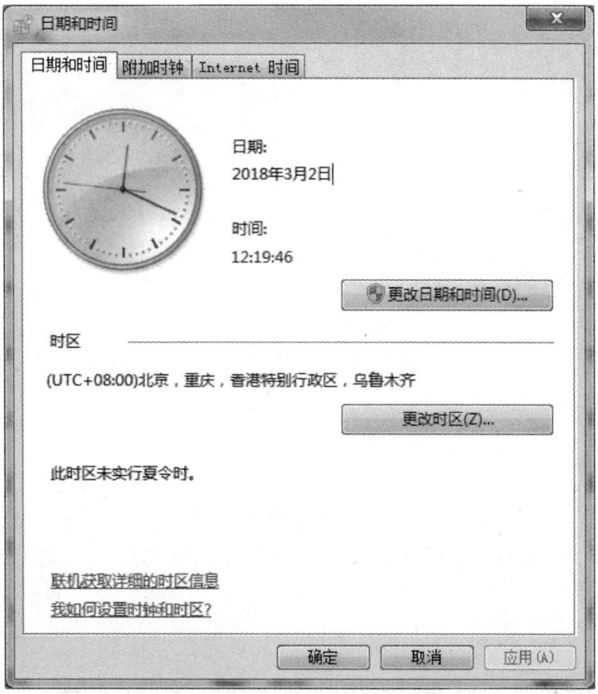

图 2-2-13 “日期和时间”窗口

图 2-2-14 “日期和时间设置”窗口

4. Windows 7 的文件和文件夹

文件是指存储在磁盘上赋予名称的一组相关信息的集合，它可以是程序、文档、图片等。计算机中所有的数据和程序都以文件的形式存放在计算机的存储介质中。文件名由主文件名和扩展名两部分组成，文件名和扩展名之间使用“·”分隔。

文件夹又称目录，它是一种层次化的逻辑结构，主要用来实现对文件的组织和管理。每一个磁盘都有一个根目录，根目录是随着磁盘的存在而存在的，用户可以在根目录下依次建立子目录和文件。从而形成层次化的文件结构。文件夹的命名与文件的命名规则相同，但不含扩展名。

（1）新建文件或文件夹

单击窗口中“文件”→“新建”→“文件 / 文件夹”命令，如图 2-2-15 所示；或单击鼠标右键，在弹出的快捷菜单中选择“新建”→“文件 / 文件夹”命令即可，如图 2-2-16 所示。

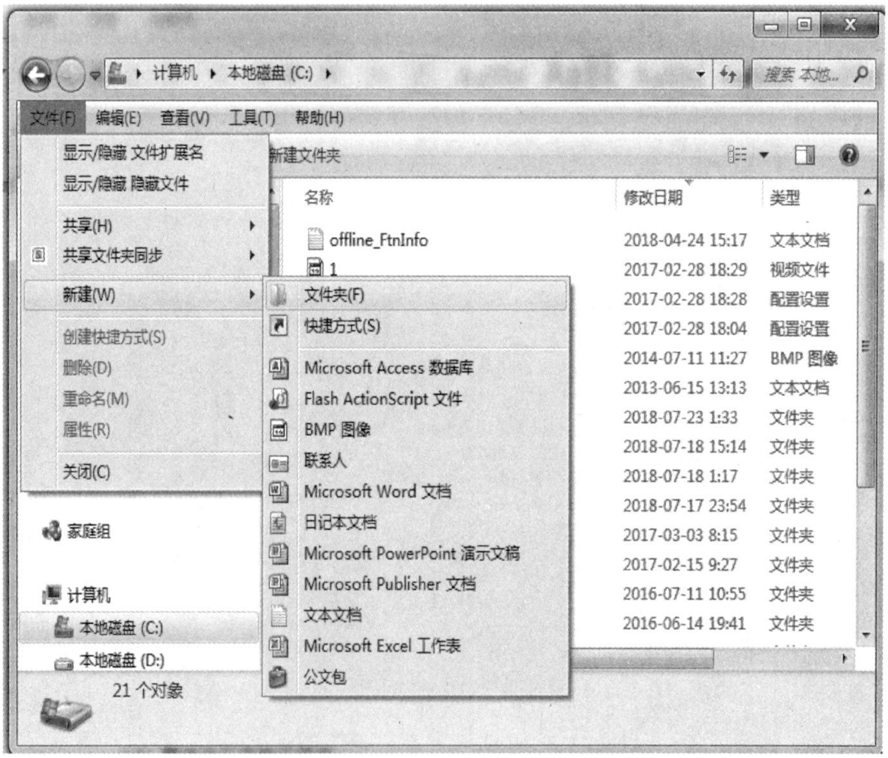

图 2-2-15　利用“菜单命令”新建

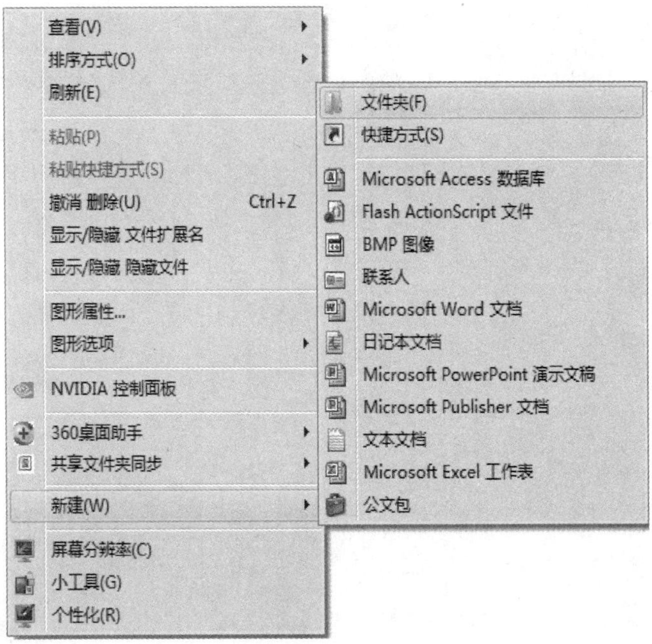

图 2-2-16　利用“快捷菜单”新建

（2）重命名文件或文件夹

用鼠标单击选定文件或文件夹，单击窗口中“文件”→“重命名”命令，如图 2-2-17 所示；或单击鼠标右键，在弹出的快捷菜单中选择“重命名”命令，如图 2-2-18 所示，重新输入文件名即可。

（3）删除文件或文件夹

用鼠标单击选定文件或文件夹，在窗口中单击“文件”→“删除”命令或单击鼠标右键，在弹出的快捷菜单中选择“删除”命令即可。

（4）选定文件或文件夹

1）选定单个文件或文件夹：把鼠标移到该文件或文件夹的上方，用鼠标单击即可选定。

2）选定多个连续的文件或文件夹：用鼠标单击要选定连续文件或文件夹的第一个后，再按住键盘上的 Shift 键，用鼠标单击最后一个文件或文件夹即可。

3）选定多个不连续的文件或文件夹：用鼠标单击选定第一个文件或文件夹后，再按住键盘上的 Ctrl 键不放，用鼠标依次单击要选定的文件或文件夹即可。

4）全部选定文件或文件夹：在窗口中单击“编辑”→“全选”命令或按键盘上的 Ctrl+A 组合键即可全部选定。

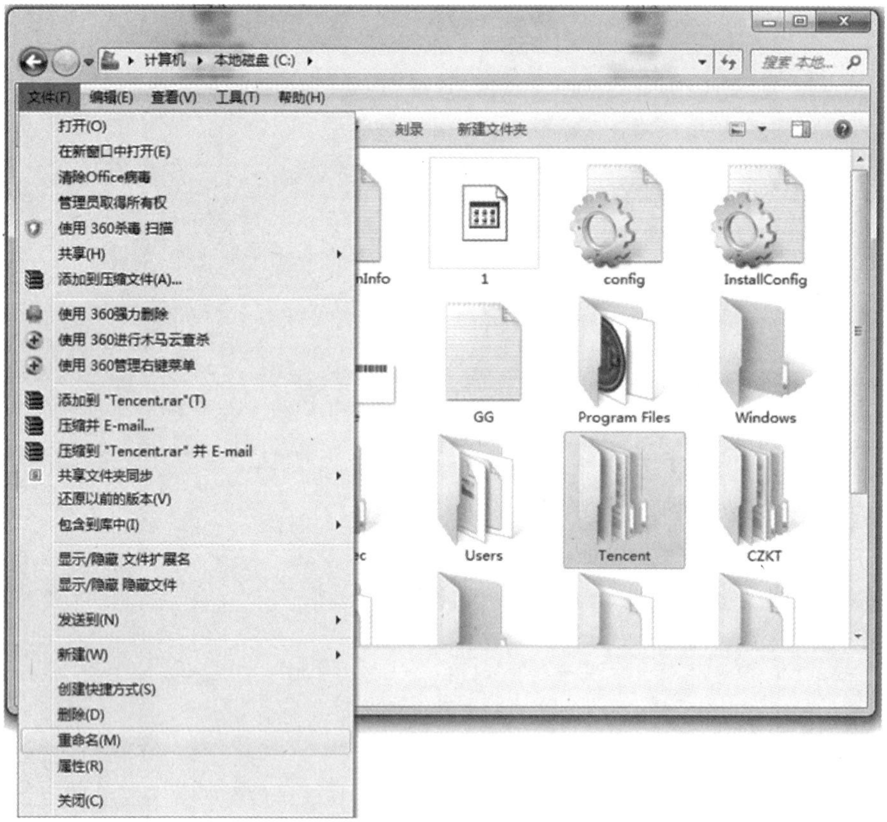

图 2-2-17　利用“菜单命令”重命名

图 2-2-18　利用“快捷菜单”重命名

学习单元 2　文字处理软件的安装与使用

Microsoft Office 2010 是微软 Office 官方推出的新一代办公软件。Microsoft Office 提供的 2010 版含有文字处理软件 Word、电子表格处理软件 Excel、制作电子幻灯片的 PowerPoint、数据库管理系统 Access 等。

一、文字处理软件的安装

步骤 1：下载 Office 2010 安装包，如图 2-2-19 所示，双击解压安装包，如图 2-2-20 所示。

步骤 2：双击文件夹里的 setup.exe 安装程序，开始运行安装 Office 2010，如图 2-2-21 所示。

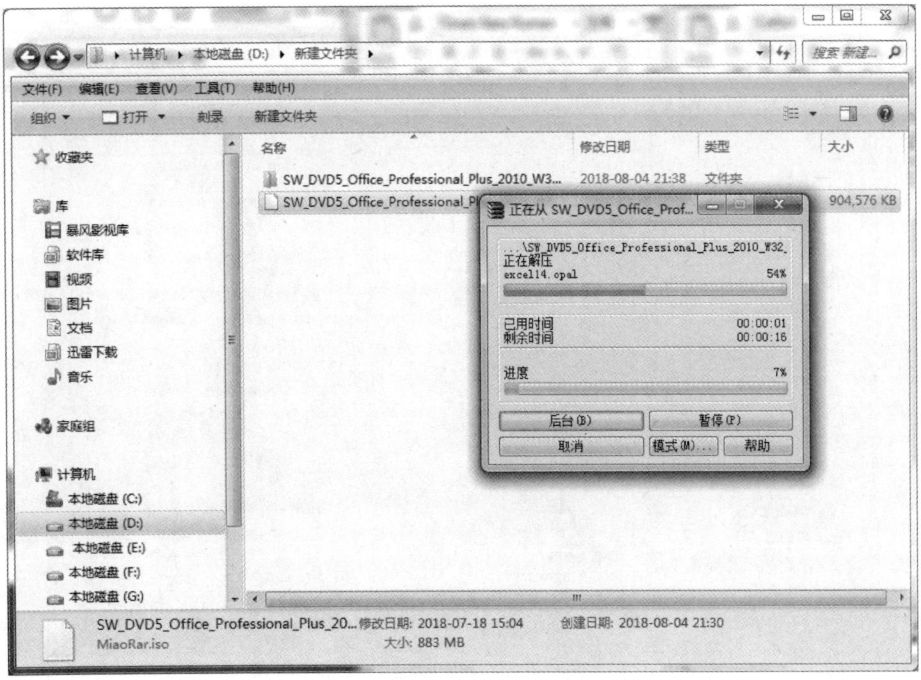

图 2-2-19　Office 2010 安装包

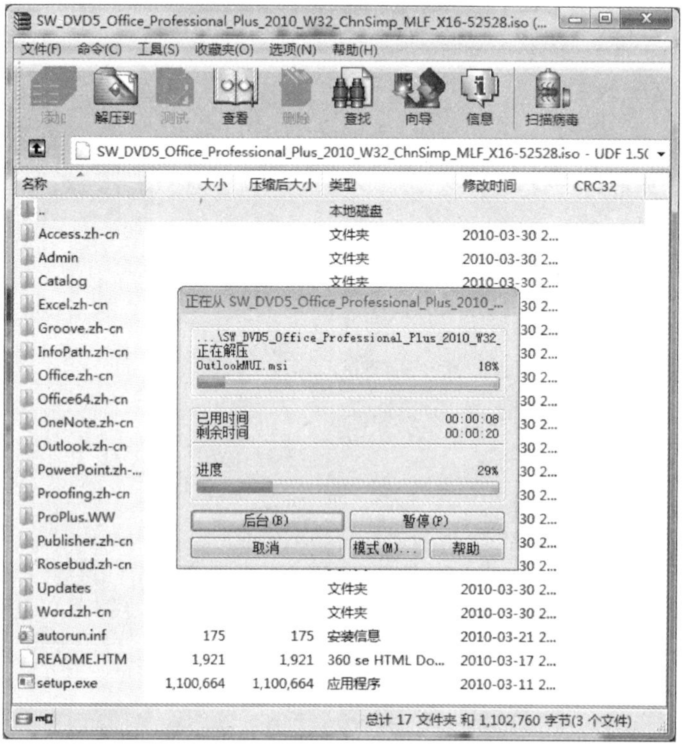

图 2-2-20　解压 Office 2010 安装包

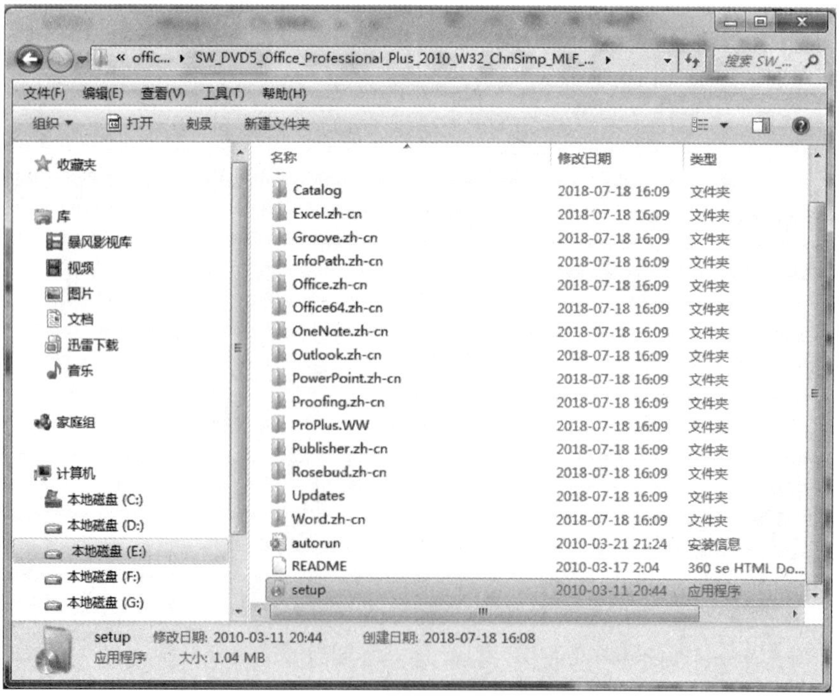

图 2-2-21　启动“setup.exe”应用程序

步骤 3：开始安装后，会出现许可协议界面，如图 2–2–22 所示，勾选“我接受此协议的条款”，并单击“继续”按钮，进行安装。

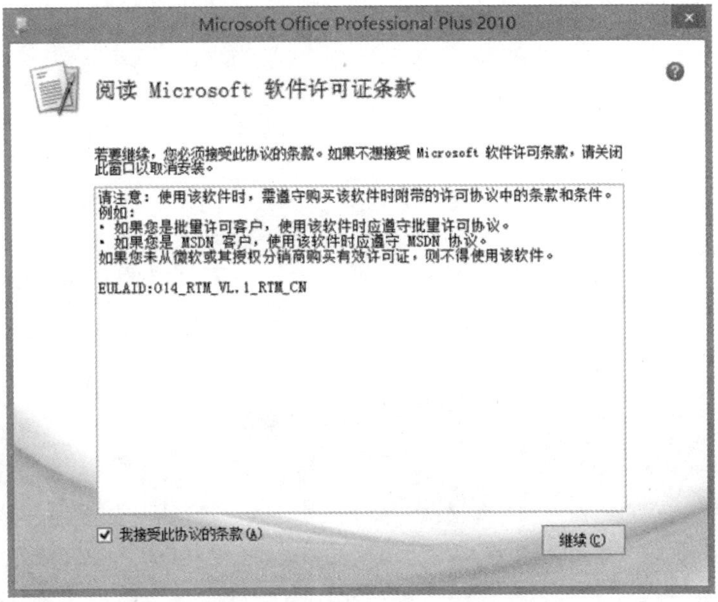

图 2–2–22　许可协议界面

步骤 4：在“选择所需的安装”界面，单击“立即安装”按钮，如图 2–2–23 所示，软件就开始自行安装，如图 2–2–24 所示。

图 2–2–23　选择安装类型

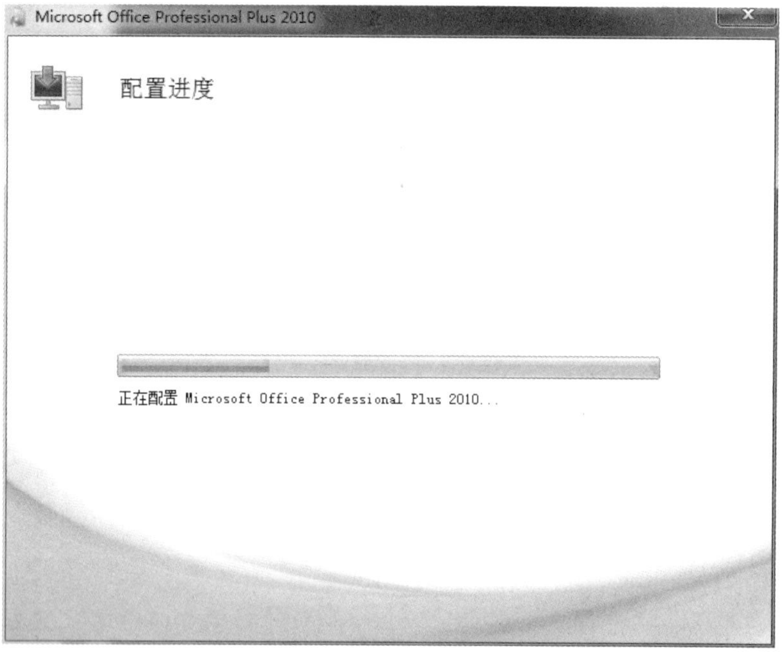

图 2-2-24　安装进度

步骤 5：等待一段时间后，Office 2010 安装完成，如图 2-2-25 所示。

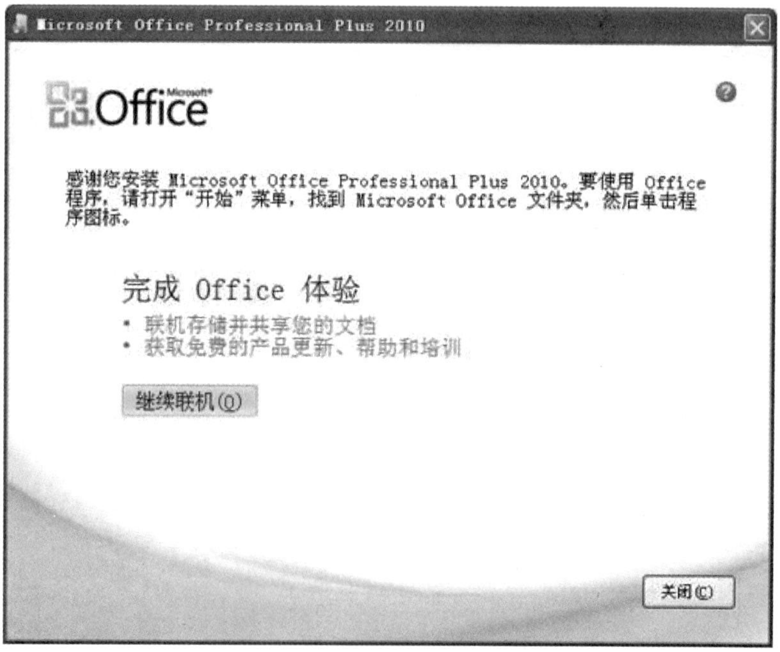

图 2-2-25　Office 2010 安装完成

二、文字处理软件的基本操作

1. Word 2010 的启动

常用以下两种方式启动 Word 2010。

（1）在桌面上双击 Microsoft Word 2010 图标即可。

（2）单击“开始”→“所有程序”→ Microsoft office → Microsoft Word 2010 命令，即可启动。

2. 文字处理软件窗口的组成

Word 2010 的窗口主要由标题栏、功能区、文档编辑区、状态栏、滚动条组成，如图 2-2-26 所示。

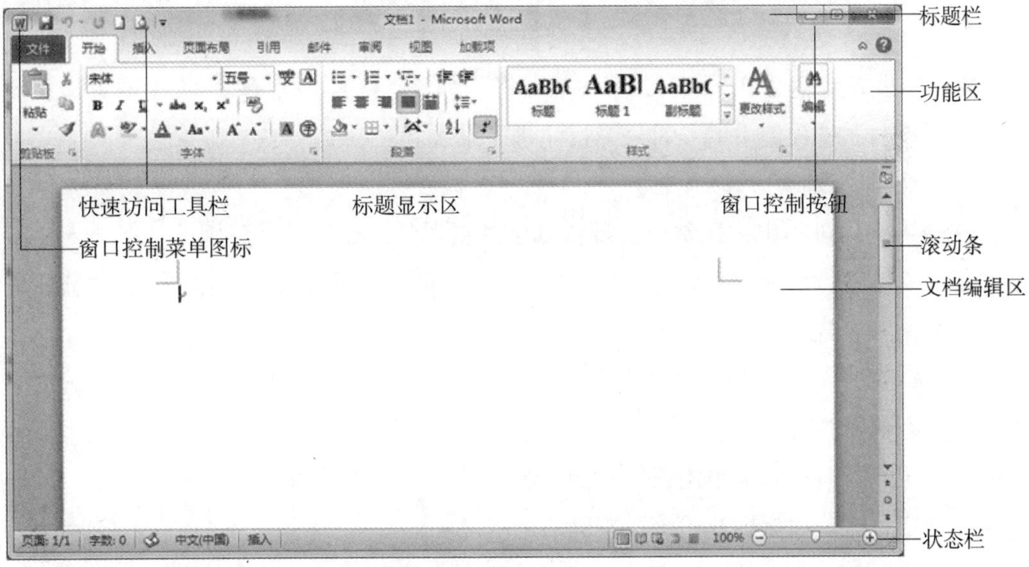

图 2-2-26　文字处理软件窗口

（1）标题栏。位于 Word 操作界面的顶端，从左至右分别显示：窗口控制菜单图标、快速访问工具栏、标题显示区、窗口控制按钮。

（2）功能区。Word 2010 功能区由 8 个功能选项卡组成，分别是“开始”“插入”“页面布局”“引用”“邮件”“审阅”“视图”和“加载项”。每个选项卡又根据功能分为若干设置组，每组中的命令按钮都可以执行一项命令或显示各命令菜单。

（3）文档编辑区。文档编辑区是输入、编辑文本、表格、图形的工作区域。

（4）状态栏。位于操作界面的最底部，显示当前文档的相关信息。

（5）滚动条。可用于更改正在编辑的文档的显示位置。

3. 文本的录入与编辑

（1）文本的录入

启动 Word 2010 后，系统创建一个新文档，默认文档名是“文档 1.doc”。在文档编辑区左上角有一个闪烁竖条，指明了文本插入的位置，称为插入点，此时，用户可进行文本的录入。在录入过程中要注意以下几点。

1）各段文字的录入应从首列开始，这样可以保证格式统一，同时还能提高录入效率，并且为以后排版提供方便，不要使用按空格键来实现缩进两字符。

2）录入到各行结尾时，不要按回车键换行，要继续录入直至文档自动换行。按回车键会形成一个回车符，表明一个段落结束，需要录入新的段落。

3）在录入过程中出现输入错误，可单击“快速访问工具栏”中的“撤销”和“恢复”按钮。

4）在输入键盘上无法直接输入的字符，如☏、🕮、★、❖，可通过单击“插入”→“符号”选项组下的“符号”按钮进行录入。

（2）文本的编辑

在输入文本过程中，经常会出现错别字及错误的标点符号等，因此，在录入文本后需要对文本进行修改，其操作过程称为编辑文档。文本的编辑主要包含文本的删除、插入、复制和查找等基本编辑操作。

1）选定文本。在文档文本编辑操作中要遵循“先选定，后操作”的原则。选定文本的方法有以下几种。

①选定一行。用鼠标单击该行左侧的选定栏。

②选定一段。用鼠标双击该段左侧的选定栏。

③选定整篇文档。用鼠标三击该文档左侧的选定栏或单击“开始”→“编辑”选项组下的“选择”按钮，在列表中选择“全选”或按 Ctrl+A 组合键。

2）删除文本

①按 Backspace 键删除光标左侧的一个汉字或一个字符。

②按 Delete 键删除光标右侧的一个汉字或一个字符。

3）复制、移动文本

①复制文本。选定要复制的文本，单击“开始”→“剪贴板”选项组下的“复制”

按钮，再移动鼠标到插入的位置，单击“粘贴”按钮，即可完成文本的复制。

②移动文本。选定要移动的文本，单击“开始”→“剪贴板”选项组下的“剪切”按钮，再移动鼠标到插入的位置，单击“粘贴”按钮，即可完成文本的移动。

4）撤销与恢复

①撤销。在文档进行编辑操作时，如果对前面的操作感到不满意，可单击“快速访问工具栏”中的“撤销”按钮或按 Ctrl+Z 组合键即可撤销刚才执行的操作。

②恢复。恢复操作能够恢复已撤销的操作，可单击“快速访问工具栏”中的“恢复”按钮或按 Ctrl+Y 组合键即可恢复刚才执行撤销的操作。

4. 文档的保存

文档的保存有以下两种方法。

（1）单击“快速访问工具栏”上的“保存”按钮。

（2）单击“文件”选项中的“保存”命令。

5. 文字处理软件的退出

常用以下两种方式退出文字处理软件。

（1）单击“文件”选项中的“退出”命令。

（2）单击窗口右上角的“关闭”按钮。

三、文档的编排与设置

在 Word 2010 中，输入的文档格式默认为常规、宋体、五号字，段落文本默认两端对齐。但这些往往不能符合用户的要求，需要对文档的格式重新进行编排、设置，使文档变得美观。Word 2010 提供了强大的字符格式和段落格式及文档页面设置的功能，以满足用户的要求。

1. 字符格式的设置

在 Word 2010 中，用户可以为字符设置多种格式，主要包括设置文档中字符的字体、字号及字符的位置和间距等。字符的格式化是一项简单的工作，但对文本的外观影响极大。通常用以下两种方法来进行设置。

（1）使用菜单命令设置字符格式

“字体”选项组如图 2-2-27 所示。

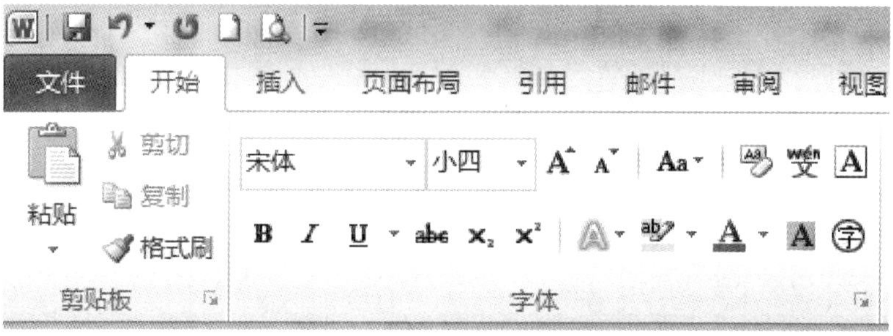

图 2-2-27 “字体”选项组

1）设置字体

①选定需要设置字体的文本。

②单击“开始”→“字体”选项组中的“字体”按钮 宋体 ▾，在下拉列表中选择需要的字体即可，如图 2-2-27 所示。

2）设置字号

①选定需要设置字号的文本。

②单击“开始”→“字体”选项组中的“字号”按钮 五号 ▾，在下拉列表中选择适合的字号即可，如图 2-2-27 所示。

3）设置字形

①选定需要设置字形的文本。

②单击“开始”→“字体”选项组中的“加粗”按钮 **B**，选定文本变成粗体；单击“字体”选项组中的“倾斜”按钮 *I*，选定文本变成倾斜；同时选择“加粗”和“倾斜”按钮，选定文本变成粗体倾斜，如图 2-2-27 所示。

4）设置字体颜色

①选定需要设置字体颜色的文本。

②单击“开始”→“字体”选项组中的“字体颜色”按钮 A ▾，在下拉列表中选择适合的字体颜色即可，如图 2-2-27 所示。

5）添加下划线

①选定需要添加下划线的文本。

②单击“开始”→“字体”选项组中的“下划线”按钮 U ▾，在下拉列表中选择适合的下划线样式和颜色即可，如图 2-2-27 所示。

（2）使用“字体”窗口设置字符格式

除上述设置外，还可用同样的方法对字符的上标、下标、删除线、字符底纹进行设置。这些设置都是用“字体”选项组上的按钮实现的。但实际上有些要求是无法用它来解决的，需要通过“字体”窗口中不同的选项卡来解决，具体操作如下。

1）选定需要设置的文本。

2）单击“开始”→“字体”选项组中右下角的斜箭头，即可弹出“字体”窗口，如图 2–2–28 所示。

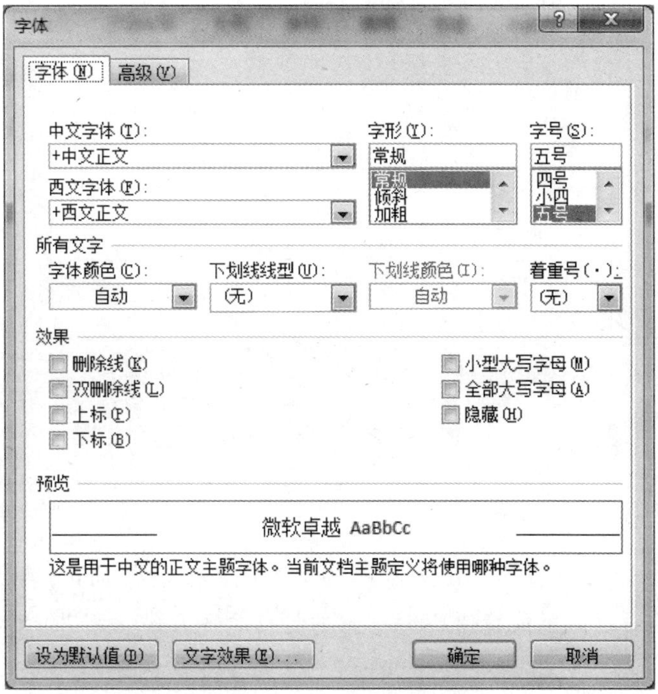

图 2–2–28　“字体”窗口

3）在弹出的“字体”窗口中，可以执行以下操作。

①在“字体”选项卡中，可以一次性对所需设置的文本逐项进行设置。

②在“高级”选项卡中，可以对字符的缩放、间距及位置进行设置。“缩放”是指字符的宽度，以百分数来表示，如 100% 表示字符的宽度和高度相等（默认 100%）；“间距”是指相邻字符间的距离，列表中有“标准”“加宽”“紧缩”三个选项，此外，还可以在“磅值”文本框中输入具体要设置的磅值；“位置”列表中有“标准”“提升”“降低”三个选项，也可在“磅值”文本框中输入具体要设置的磅值，如图 2–2–29 所示。

4）设置完成后，单击“确定”按钮即可。

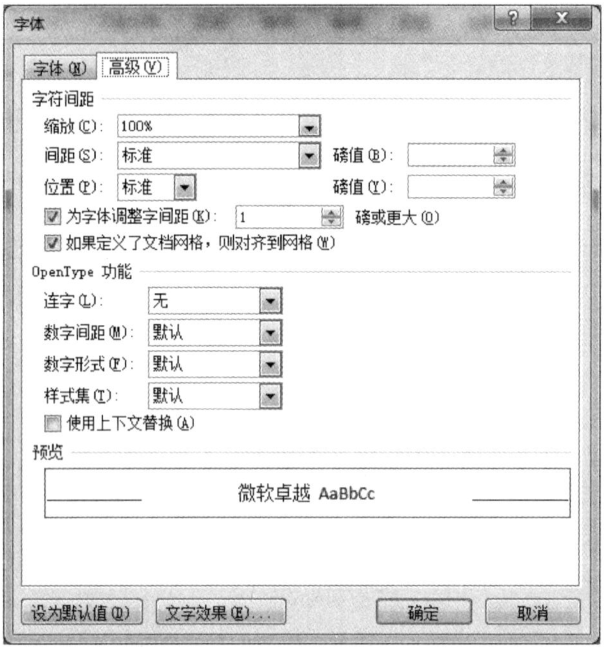

图 2-2-29 “高级”选项卡

2. 段落格式的设置

Word 中的段落指以段落标记为结尾的文本块，按一次 Enter 键产生一个段落标记。段落格式的设置是对段落进行编排，主要有对齐方式、缩进、行间距、段间距、项目符号与编号等设置，通常用以下两种方法来进行设置。

（1）使用菜单命令设置段落格式

菜单命令中“段落”选项组如图 2-2-30 所示。

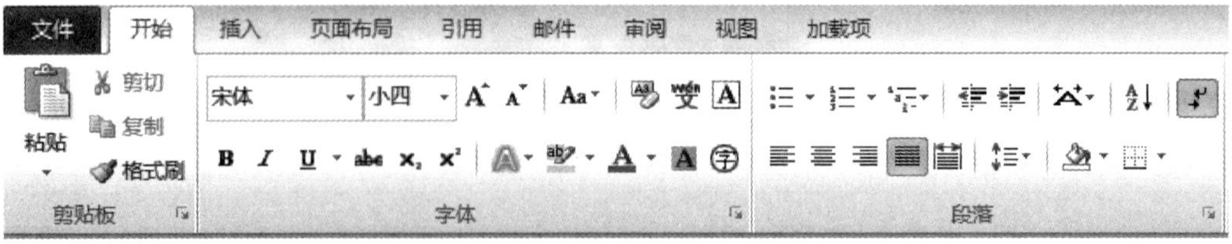

图 2-2-30 菜单命令中“段落”选项组

1）设置段落对齐方式。段落对齐方式是指段落文本的左右对齐方式，共有 5 种，分别是两端对齐、左对齐、居中、右对齐和分散对齐。

①选定要进行设置对齐的段落或将插入点放置该段中。

②单击“开始”→“段落”选项组下的“对齐”按钮，即可看到

设置效果，如图 2–2–30 所示。

2）设置行间距。行间距是指段落中行与行之间的距离。Word 中提供了 6 种，分别是单倍行距、1.5 倍行距、2 倍行距、最小值、固定值和多倍行距。

①选定要进行设置行间距的段落或将插入点放置该段中。

②单击“开始”→“段落”选项组下的“行和段间距”按钮，在下拉列表中选择即可，如图 2–2–30 所示。

3）设置段落间距。段落间距是指段落与段落之间的距离，包括段前和段后两种距离。

①选定要进行设置段落间距的段落或将插入点放置该段中。

②单击“页面布局”→“段落”选项组下的“间距”按钮 段前：0 行 段后：0 行，如图 2–2–31 所示。根据实际需要，在“段前”和“段后”数值框中输入相应的数值或单击增减箭头即可。

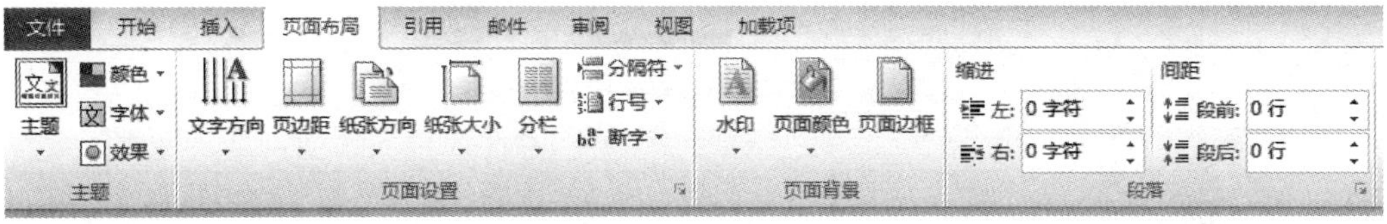

图 2–2–31　“页面布局”菜单

4）设置段落缩进。段落缩进是指段落各行相对于左右页边距的位置，共 4 种，分别是左缩进、右缩进、首行缩进和悬挂缩进。

①选定要进行设置段落缩进的段落或将插入点放置该段中。

②单击“页面布局”→“段落”选项组下的“缩进”按钮 左：0 字符 右：0 字符，如图 2–2–31 所示。根据实际需要，在“左”和“右”数值框中输入相应的数值或单击增减箭头即可。

（2）使用“段落”窗口设置段落格式

使用“段落”选项组中的按钮还可用上述同样的方法对段落的底纹、项目符号、边框等进行设置。除此之外，还可以用“段落”窗口来进行设置，具体操作如下。

1）选定需要进行设置的段落。

2）单击“开始”→“段落”选项组中右下角的斜箭头，即可弹出“段落”窗口，如图 2–2–32 所示。

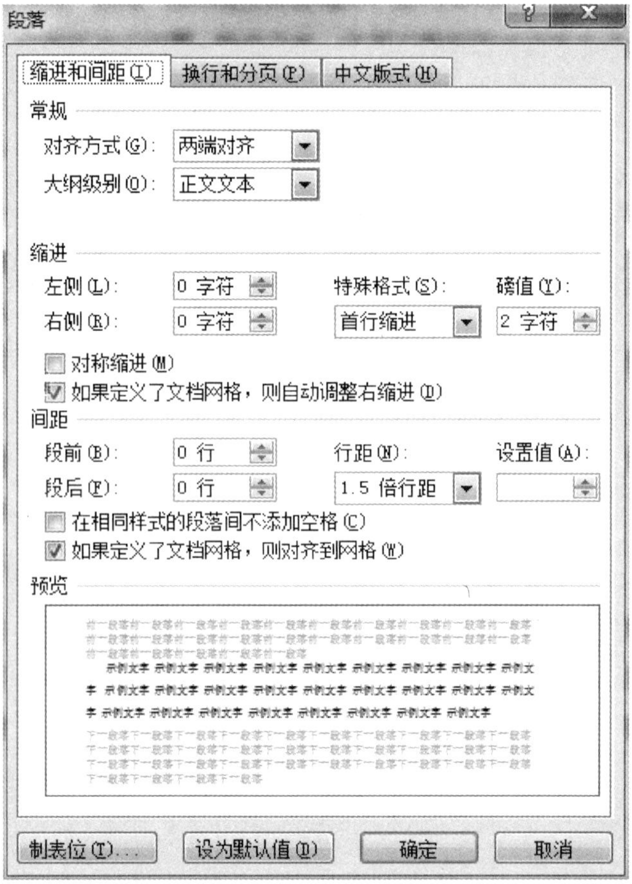

图 2-2-32 “段落”对话框

3）在弹出的“段落”窗口中，可一次性对所需设置的段落逐项进行设置。

4）设置完成后，单击“确定”按钮即可。

3. 文档的页面设置

“页面设置”选项组如图 2-2-33 所示。

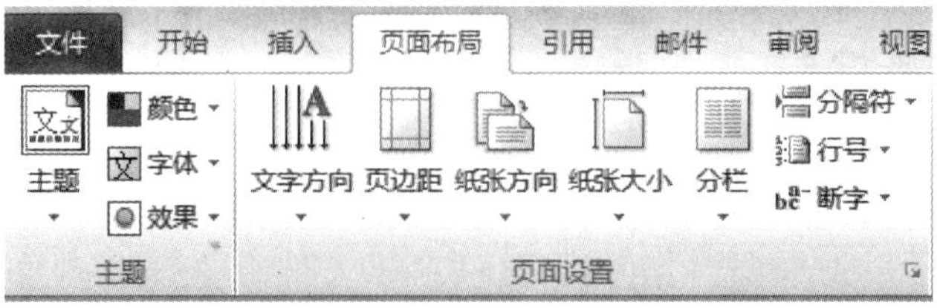

图 2-2-33 “页面设置”选项组

（1）页边距

页边距是页面的边线到文字的距离。

1）单击“页面布局”→“页面设置”选项组中的“页边距”按钮，在列表中选择合适的页边距即可；或单击“页面布局”→“页面设置”选项组中的“页边距”按钮，在列表中选择“自定义边距”，弹出“页面设置”窗口，如图 2–2–34 所示。

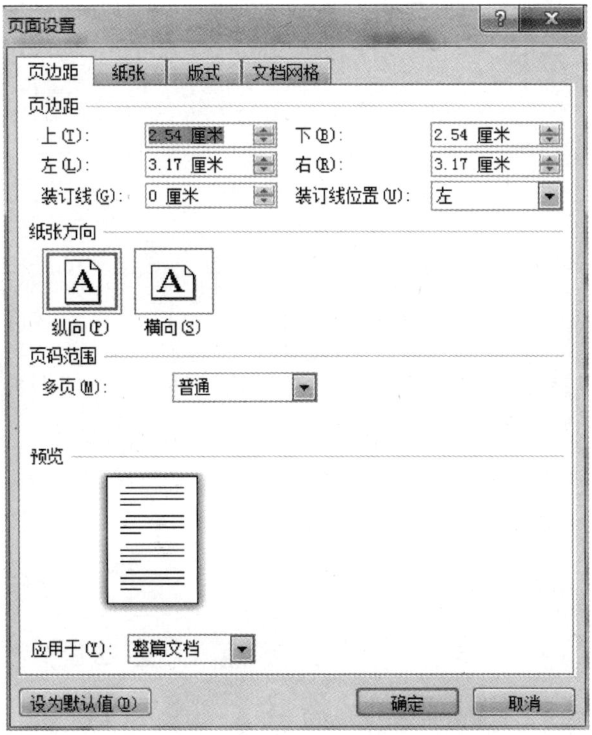

图 2–2–34 “页面设置”窗口

2）单击“页边距”选项卡，在“页边距”选项中分别设置上、下、左、右数值。

3）单击“确定”按钮即可。

（2）纸张方向

单击“页面布局”→“页面设置”选项组中的“纸张方向”按钮，在列表中选择纸张方向即可。

（3）分栏

1）选中要设置分栏的段落。

2）单击“页面布局”→“页面设置”选项组中的“分栏”按钮，在列表中选择分栏数即可；或单击“页面布局”→“页面设置”选项组中的“分栏”按钮，在列表中选择“更多分栏”，弹出“分栏”窗口，如图 2–2–35 所示。

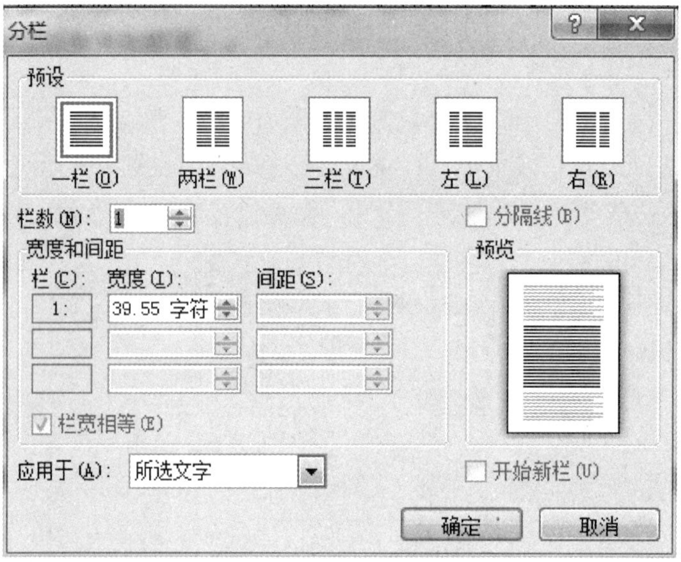

图 2-2-35 “分栏”窗口

3）根据用户需要设置相关参数完成后，单击“确定”按钮即可。

除上述用“页面设置”选项组上的按钮外，还可用同样的方法对文档的纸张大小，文字方向、行号等进行设置。

（4）插入页眉 / 页脚

“页眉和页脚”选项组如图 2-2-36 所示。

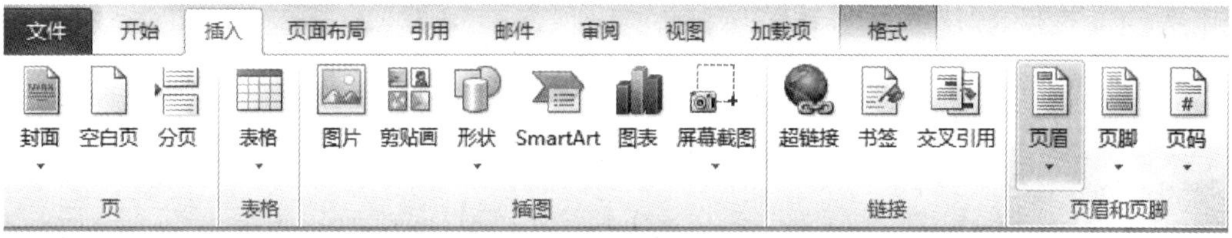

图 2-2-36 “页眉和页脚”选项组

1）单击“插入”→“页眉和页脚”选项组中的“页眉”  或“页脚”按钮 ，在列表中选择满意的页眉 / 页脚样式，如图 2-2-37 所示。

2）选择完成后，在该页面顶端即可添加空白页眉，底部即可添加页脚，如图 2-2-38 所示，在“输入文字”文本框中输入页眉 / 页脚文字即可。

3）输入完成后，可进一步对页眉 / 页脚文字的字体、字号、对齐方式等进行设置。

4）设置完成后，单击“关闭页眉和页脚”按钮，即可查看页眉 / 页脚效果。

5）如果用户对添加的页眉 / 页脚不满意，可单击“插入”选项组中的“页眉”和“页脚”按钮，在列表中选择“编辑页眉”或“编辑页脚”命令即可修改。

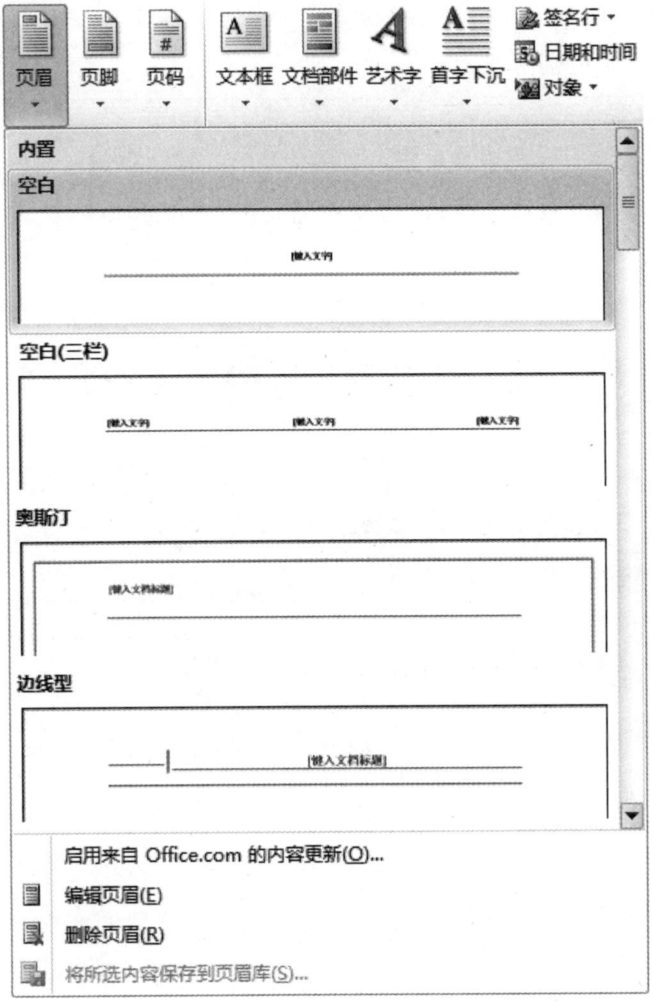

图 2-2-37　“页眉”和“页脚”样式

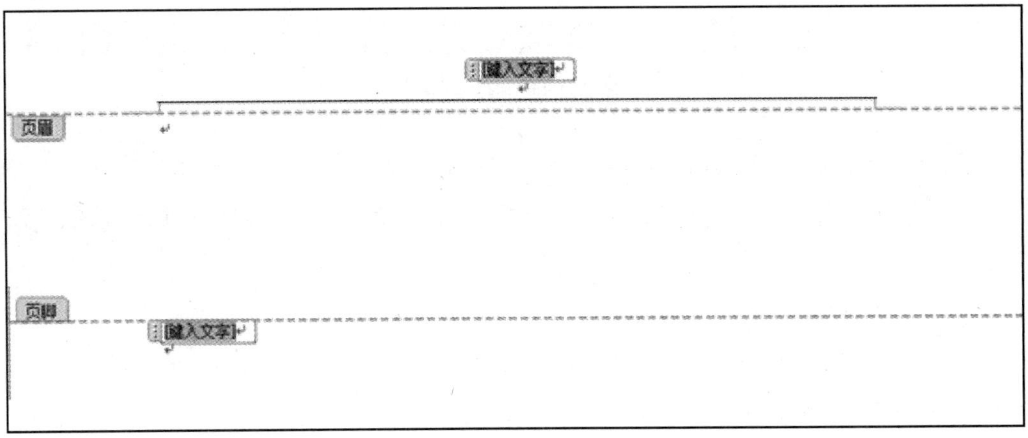

图 2-2-38　页眉 / 页脚区

6）若想删除页眉 / 页脚，可在“页眉”或“页脚”列表中选择“删除页眉”或“删除页脚”命令即可删除。

（5）插入页码

当文档内容太多时，需添加页码。页码就是给文档每页编的号码，便于用户阅读和查找。页码一般放在页眉或页脚中，也可以放在文档的其他地方。

1）单击“插入”→“页眉和页脚”→“页码”，在列表中选择页码显示位置，如图 2-2-39 所示。

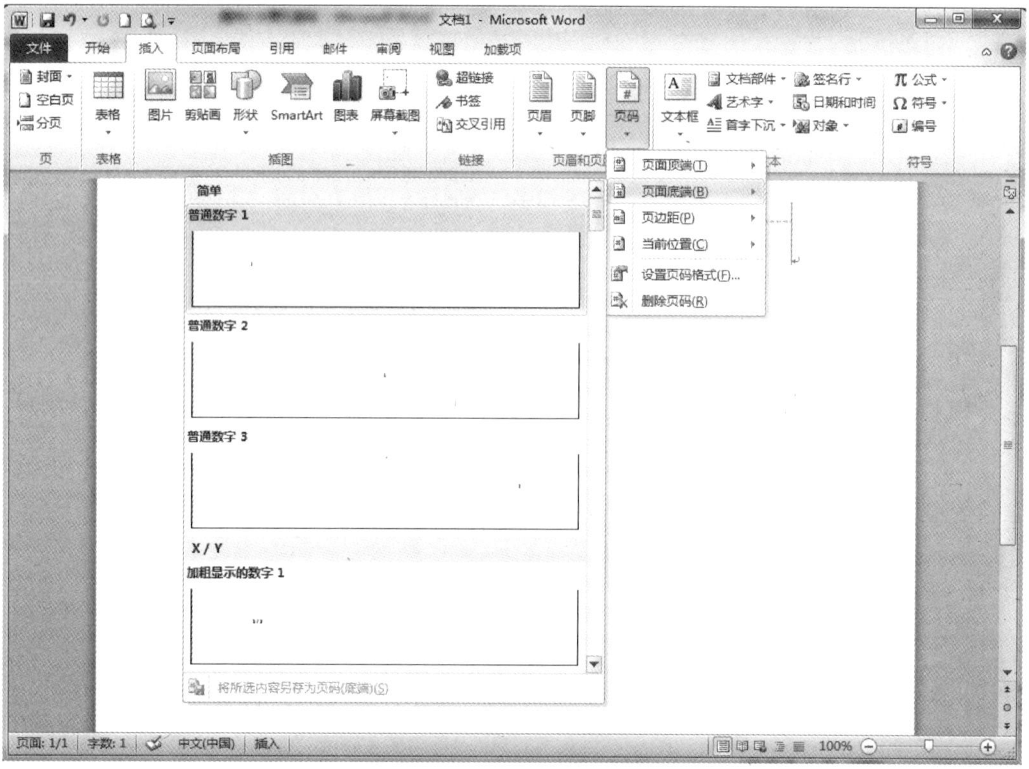

图 2-2-39　页码位置

2）显示文档已经应用插入页码命令，如图 2-2-40 所示。

3）设置完成后，在“页眉和页脚工具”下的“设计”→“关闭”选项组中单击“关闭页眉和页脚”按钮，完成页码样式的设置。

（6）打印文档

1）单击“文件”→“打印”命令，在级联菜单中单击“打印”按钮 打印 即可，如图 2-2-41 所示。

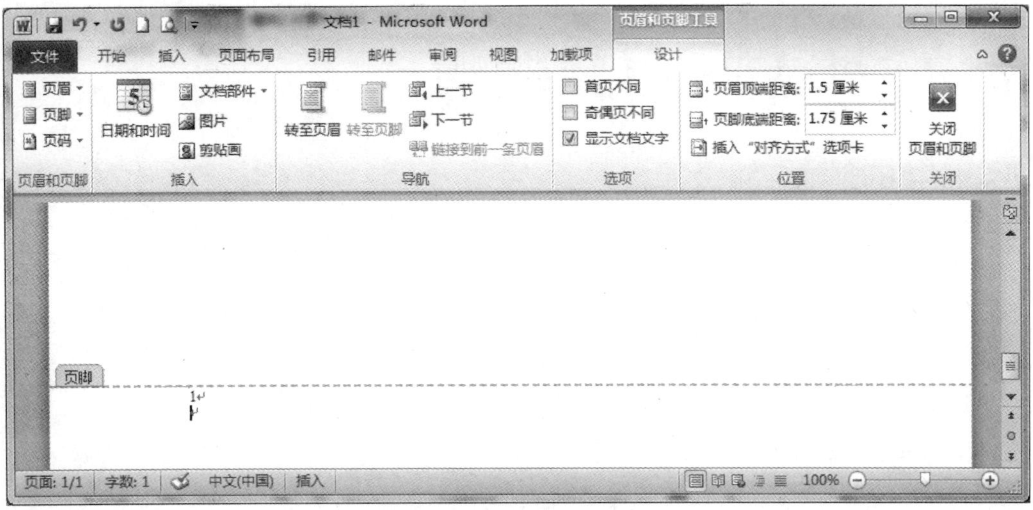

图 2-2-40　插入页码

图 2-2-41　“打印”级联菜单

2）用户可根据需要在“设置”选项下进行设置，如在“打印所有页”下拉列表中，可选择打印范围；在“页数”文本框中输入打印页码范围；在“纵向”选项下拉列表中，可选择纸张的方向等。

3）所有设置完成后，单击“打印”按钮即可。

四、表格的创建与编辑

在文档处理中经常需要使用表格，用表格显示数据既简明又直观。Word 2010 为制作表格提供了许多方便灵活的工具和手段，可制作出满足各种要求的表格。

1. 创建表格

Word 2010 的表格一般是指由若干行和列组成的二维表，行和列交叉形成的区域称为“单元格”，单元格是表格编辑的基本单位。创建表格的操作如下。

（1）将插入点定位到要创建表格的位置。

（2）单击“插入”→“表格”选项，在列表中选择“插入表格”命令，弹出“插入表格”窗口，如图 2-2-42 所示。

（3）根据实际情况设置表格参数。设置完成后，单击“确定”按钮即可。

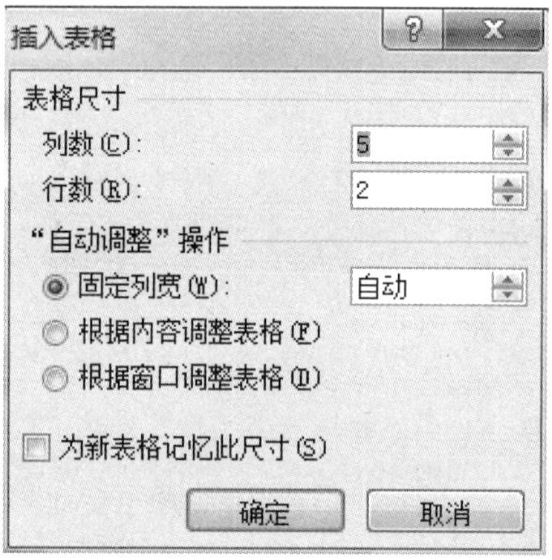

图 2-2-42 “插入表格”窗口

2. 编辑表格

（1）插入行或列。选定行或列，在“表格工具”下的“布局”→“行和列”选项组中，根据用户需要可在选定行上方或下方插入空行；在选定列的左侧或右侧插入空列，如图 2-2-43 所示。

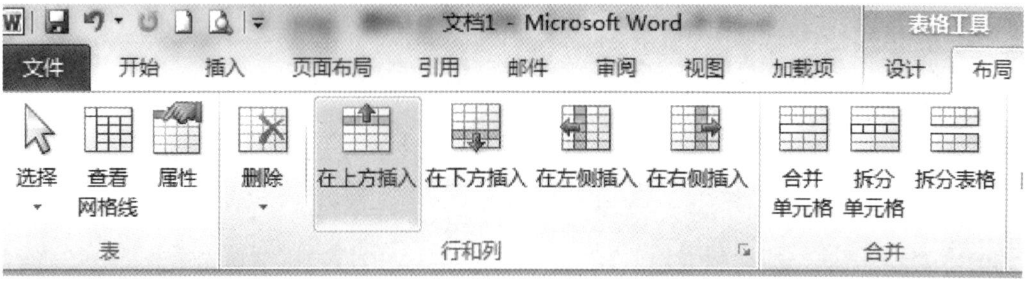

图 2-2-43 在“行和列”选项组中插入行和列

（2）插入单元格。选定单元格，单击“表格工具”下的“布局”→“行和列”选项组右下角的 按钮，弹出“插入单元格”窗口，如图 2–2–44 所示。根据需要在窗口中进行选择即可。

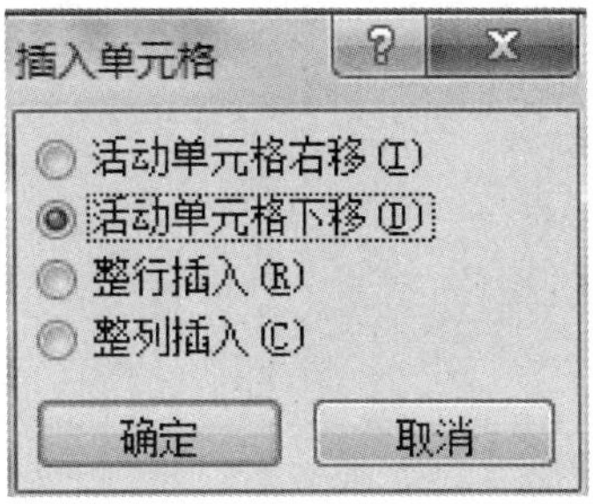

图 2–2–44　“插入单元格”窗口

（3）删除表格、行、列和单元格。选定要删除的区域，单击“表格工具”下的“布局”→“行和列”选项组中的“删除”按钮，选择要删除的选项即可，如图 2–2–45 所示。

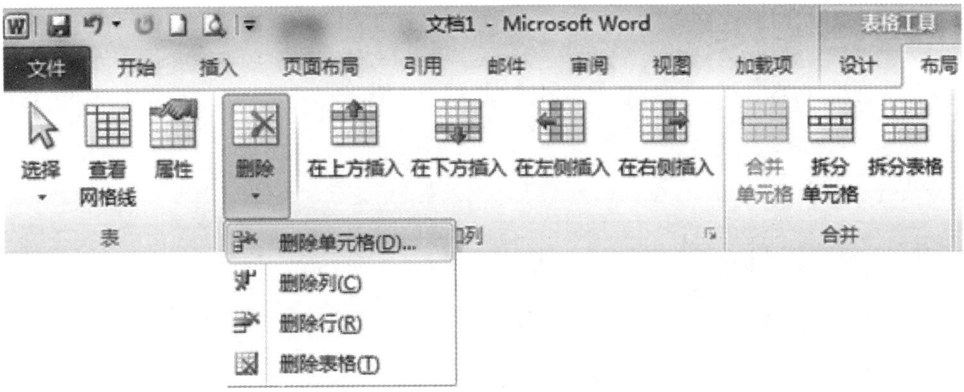

图 2–2–45　在“行和列”选项组中删除选项

（4）单元格的合并与拆分

1）合并单元格：选定要合并的单元格，单击“表格工具”下的“布局”→“合并”选项组中的“合并单元格”按钮，即可将所选单元格合并成一个单元格，如图 2–2–46 所示。

2）拆分单元格：选定要拆分的单元格，单击“表格工具”下的“布局”→“合并”选项组中的“拆分单元格”按钮，即可将所选单元格拆分为多个单元格，如图 2–2–46 所示。

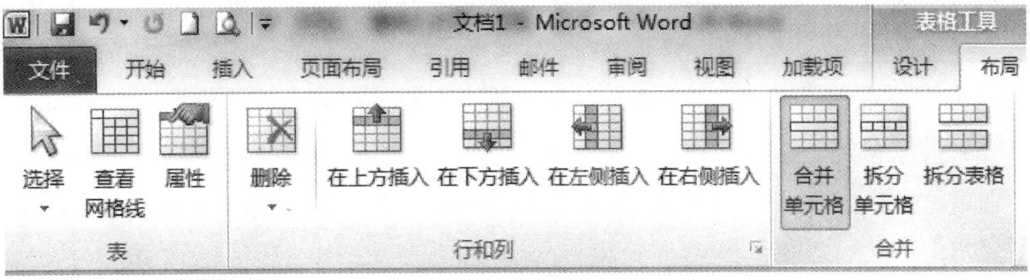

图 2–2–46　“合并”选项组

（5）调整行高、列宽

1）利用鼠标拖动设置。将鼠标移至要调整的行或列边框线上，鼠标指针自动变成“垂直双向箭头”或“水平双向箭头”时，按住鼠标左键，拖动到适合位置后释放鼠标左键即可。

2）利用“表格属性”窗口中调整。选定要调整的区域，单击“表格工具”下的“布局”→“表”选项组中的“属性”按钮，弹出“表格属性”窗口，如图 2–2–47 所示，在对应“行”或“列”选项卡下进行参数设置，设置完成后，单击“确定”按钮即可。

图 2–2–47 “表格属性”窗口

（6）设置边框和底纹

1）添加边框。选定要添加边框的单元格或表格，单击“表格工具”下的“设计”→“表格样式”选项组中的“边框”按钮，在列表中选择“边框和底纹”命令，弹出“边框和底纹”窗口，如图 2–2–48 所示。根据实际情况，分别对“设置”“样式”“颜色”“宽度”选项区进行设置，并应用于“表格”。设置完成后，单击“确定”按钮即可。

2）添加底纹。选定要添加边框的单元格或表格，单击“表格工具”下的“设计”→“表格样式”选项组中的“底纹”按钮，在列表中选择适合的颜色，或单击

"边框"列表下的"边框和底纹"按钮，在其窗口中选择"底纹"选项卡，如图 2-2-49 所示，根据实际情况，可在"填充""图案"选项区进行设置，设置完成后，单击"确定"按钮即可。

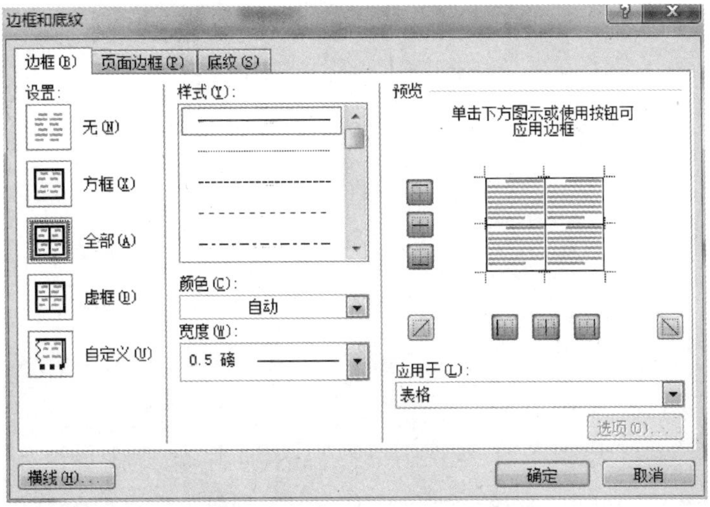

图 2-2-48　"边框和底纹"窗口

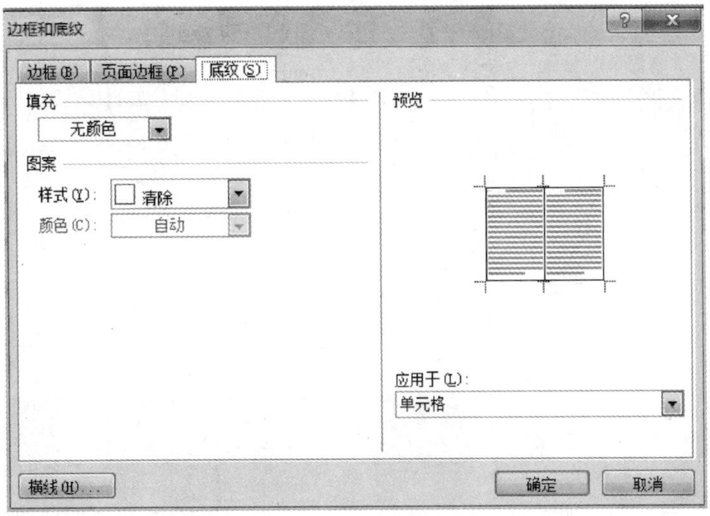

图 2-2-49　添加底纹

（7）设置表格内数据对齐方式

1）选定要设置数据对齐的单元格。

2）单击"表格工具"下的"布局"→"对齐方式"选项组，根据实际情况选择一种对齐方式即可，如图 2-2-50 所示。

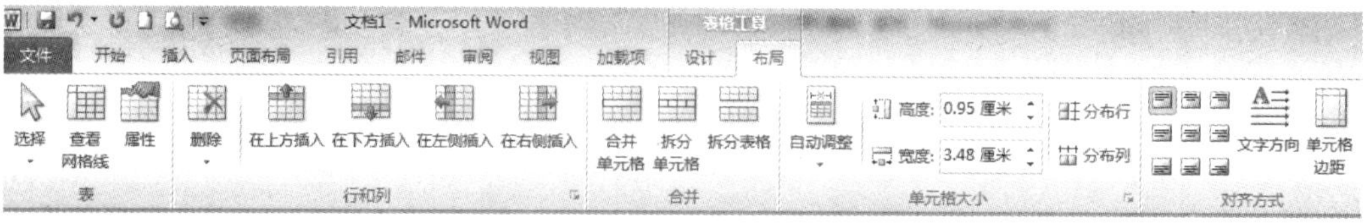

图 2-2-50 “对齐方式”选项组

五、插入并设置对象

1. 插入对象

（1）插入自选图形

1）单击“插入”→“插图”选项组中的“形状”按钮，在列表中单击任意一组中的自选图形。

2）在插入点位置上，会出现绘图画布。单击画布外的空白区域，则会隐藏画布。

3）在画布中，按住鼠标左键拖动至合适位置，即可创建自选图形。

（2）插入图片

1）单击“插入”→“插图”选项组中的“图片”按钮，弹出“插入图片”窗口，如图 2-2-51 所示。

2）在“插入图片”对话框中的“查找范围”列表中找到图片的存放的位置。

3）选中要插入的图片，单击“插入”按钮即可。

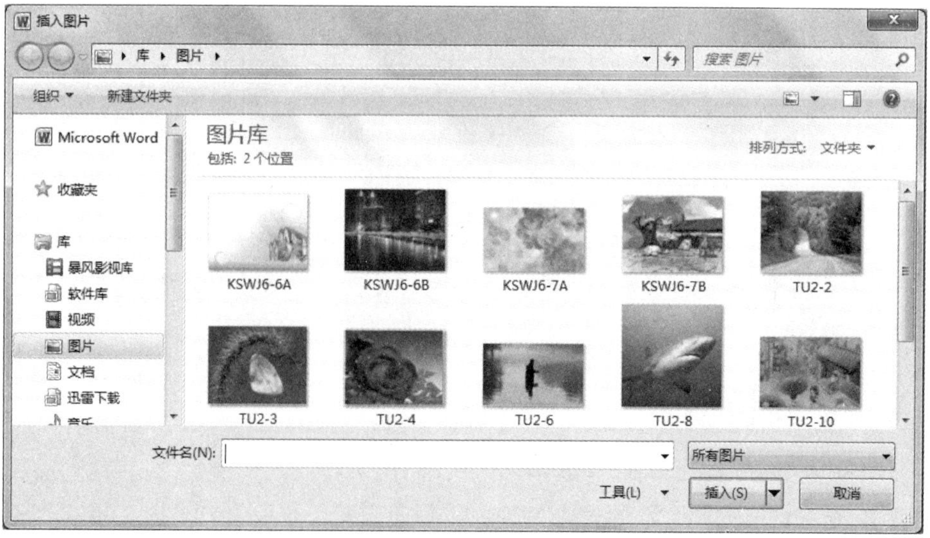

图 2-2-51 “插入图片”窗口

（3）插入艺术字

1）选择需要设置艺术字的文本。

2）单击“插入”→“文本”选项组中的“艺术字”按钮，在列表中选择一种艺术字样式，文档中被选中的文字就以艺术字的效果显示，如图 2–2–52 所示。

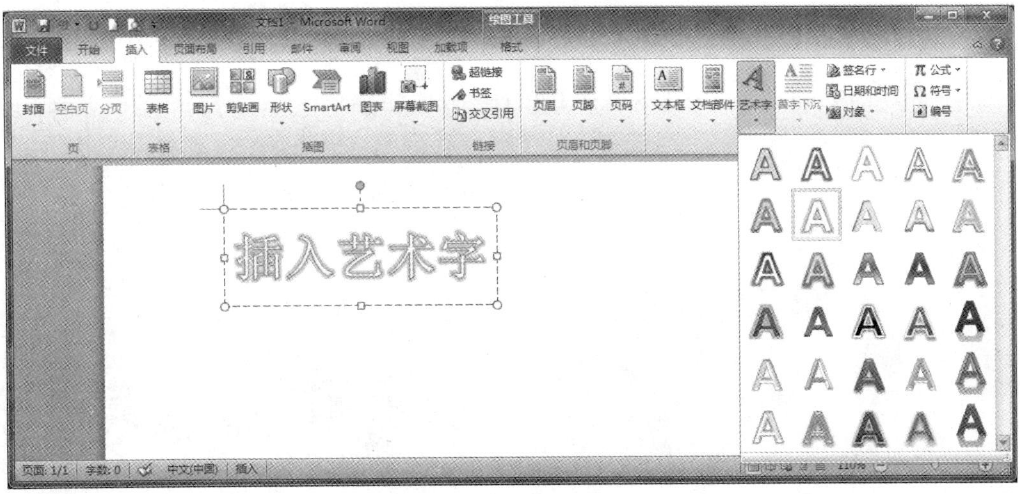

图 2–2–52　插入艺术字

（4）插入文本框

1）单击“插入”→“文本”选项组中的“文本框”按钮，在列表中单击“绘制文本框”或“绘制竖排文本框”按钮，如图 2–2–53 所示。

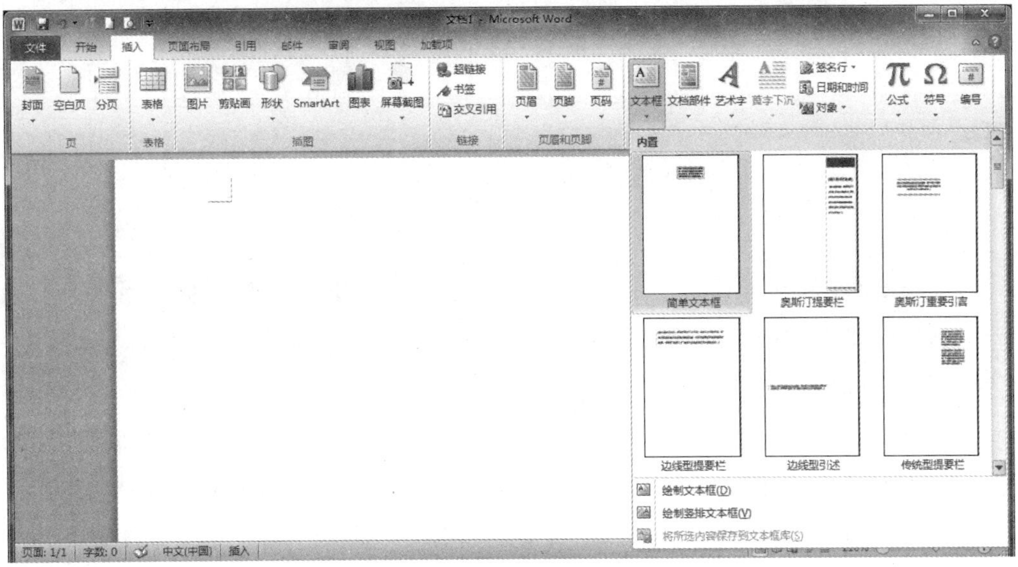

图 2–2–53　插入文本框

2）在文档中，鼠标指针将变成“十”字形，按住鼠标左键拖动，即可绘制一个“横排文本框”或“竖排文本框”。

2. 设置对象

（1）编辑图形

1）选定图形。将鼠标指针移至该图形上，单击鼠标左键即可选定图形。

2）删除图形。选定图形，按键盘上的 Delete 键和 Backspace 键即可删除。

3）改变形态。选定一个自选图形，把鼠标移到图形形态控点（黄色菱形块）上，当鼠标指针形状发生变化时，拖动鼠标，可改变自选图形形态，如图 2–2–54 所示。

图 2–2–54　自选图形改变形态

（2）编辑图片

1）调整图片的大小。选中图片，图片边框上将出现 8 个控制句柄，如图 2–2–55 所示。将鼠标指针指向控制标记，待鼠标指针变成双箭头形状时，按住鼠标左键拖动，可改变图片的大小。

2）裁剪图片。选中图片，单击“图片工具”下的“格式”→“大小”选项组中的“裁剪”按钮，鼠标指针旁出现一个裁剪标记，然后将鼠标指针移到图片边框黑色控制标记上，如图 2–2–56 所示，按住鼠标左键拖动，释放鼠标左键，虚线之外的部分已被裁剪掉。

图 2-2-55　选定图片

图 2-2-56　裁剪图片

3）设置文字环绕方式

①选中需要设置文字环绕方式的图片。

②单击“格式”→“排列”选项组下的“位置”按钮，在列表中选择“其他布局选项”命令，弹出“布局”窗口，如图 2-2-57 所示。

图 2-2-57　“布局”窗口

③单击“文字环绕”选项卡，用户根据需要可设置环绕方式、自动换行和距正文的距离。

④设置完成后，单击“确定”按钮。

（3）编辑艺术字

1）设置艺术字样式

①选定艺术字，在“绘图工具”下的“格式”→“艺术字样式”选项组中，选择一种艺术字样式。

②可分别单击“文本填充”“文本轮廓”“文本效果”按钮，进一步对艺术字样式进行修饰，如图 2-2-58 所示。

2）设置艺术字形状

①选定艺术字，在“绘图工具”下的“格式”→“形状样式”选项组中，选择一种艺术字形状样式。

②可分别单击“形状填充”“形状轮廓”“形态效果”按钮，进一步对艺术字形状样式进行修饰，如图 2-2-58 所示。

3）设置艺术字环绕。选定艺术字，单击“绘图工具”下的“格式”→“排列”选项组中的“自动换行”按钮，可设置所选对象的文字环绕方式，如图 2-2-58 所示。

4）设置艺术字位置。选定艺术字，单击“绘图工具”下的“格式”→“排列”选项组中的“位置”按钮，可设置所选对象放在页面的位置，如图 2-2-58 所示。

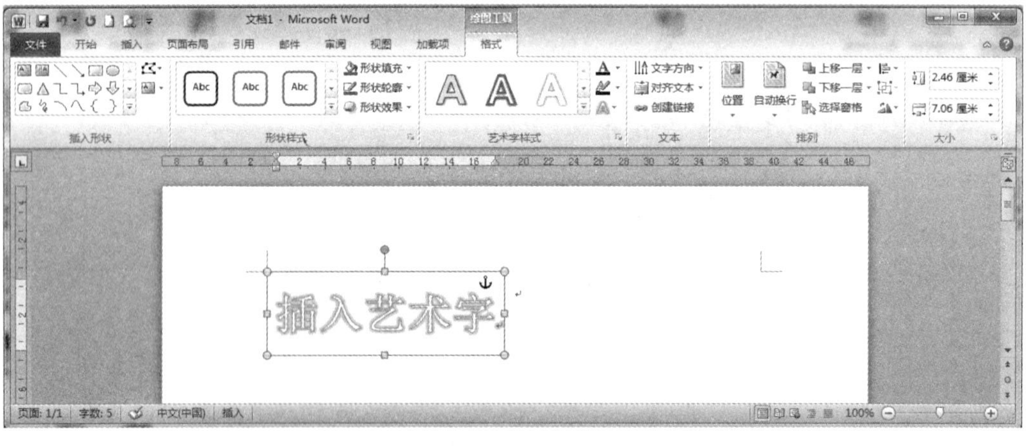

图 2-2-58　编辑艺术字格式

（4）编辑文本框

1）选定文本框。单击文本框边框线，文本框被选定，选定的文本框在周围出现 8 个小控制点。

2）编辑文本框文字。单击文本框内容区域，文本框处于编辑状态，同时出现光标，根据用户需要在文本框中进行文字编辑。

3）设置文本框形状。选定文本框，单击绘图工具下的“格式”→“形状样式”选项组中，分别单击“形状填充”“形状轮廓”“形状效果”按钮，可进一步对文本框形状进行修饰。

学习单元 3　电子表格软件的安装与使用

Excel 2010 是 Microsoft Office 推出的新一代办公软件系列重要的组件之一，是一款功能强大、使用方便的电子表格软件，它能够通过表格中输入的数据，完成计算、统计分析、制表和处理数据等功能。被广泛应用于统计分析、财务管理分析、经济、行政管理等各个方面。在前边学习单元中已经安装，此处不再赘述。

一、电子表格软件的基本操作

1.Excel 2010 的启动

可通过以下两种方法启动 Excel 2010。

（1）在桌面上双击 Microsoft Excel 2010 图标即可。

（2）单击“开始”→“所有程序”→ Microsoft Office → Microsoft Excel 2010 命令，即可启动。

2. 电子表格软件窗口的组成

Excel 2010 窗口主要由标题栏、功能区、编辑栏、工作表编辑区、工作表标签、状态栏等部分组成，如图 2-2-59 所示。

（1）标题栏。标题栏位于 Excel 2010 操作界面的顶端，从左至右分别显示为窗口控制菜单图标、快速访问工具栏、标题显示区、窗口控制按钮。

（2）功能区。Excel 2010 功能区由 8 个功能选项卡组成，分别是“开始”“插入”“页面布局”“公式”“数据”“审阅”“视图”和“加载项”。每个选项卡又根据功能分为若干设置组，每组中的命令按钮都可以执行一项命令或显示各命令菜单。

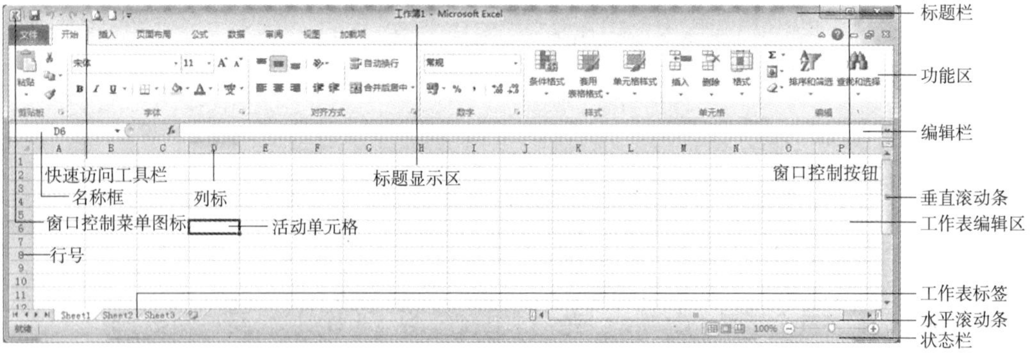

图 2-2-59　电子表格软件窗口

（3）编辑栏。用于输入和修改活动单元格中的数据。当在工作表的某个单元格中输入数据时，编辑栏会同步显示输入的内容。

（4）工作表编辑区。用于显示或编辑工作表中的数据。

（5）工作表标签。位于工作簿窗口的左下角，默认名称为 Sheet1、Sheet2、Sheet3……，单击不同的工作表标签可在工作表间进行切换。

（6）状态栏。位于操作界面的最底部，显示当前文档的相关信息。

（7）滚动条。分垂直滚动条和水平滚动条。拖动滚动条的滚动模块或单击滚动箭头，可显示文档的不同部分。

3. 工作簿的保存

可通过以下两种方法保存工作簿。

（1）单击“快速访问工具栏”上的“保存”按钮。

（2）单击“文件”菜单中的“保存”命令。

4. 电子表格软件的退出

可通过以下两种方法退出电子表格软件。

（1）单击“文件”菜单中的“退出”命令。

（2）单击窗口右上角的“关闭”按钮 ☒。

二、工作表的编辑

在 Excel 单元格中可以输入两种类型的数据：常量和公式。常量的值是不变的，包括数字、文字、日期和时间；公式用于计算数据，可以是一个常量、单元格引用、函数或操作符的序列。

1. 输入数据

（1）输入文本型数据

文本包括汉字、英文字母、作为字符串处理的数字、空格及键盘能输入的符号，文本型数据在单元格中默认左对齐。输入文本型数据时，只要将单元格选中，直接在其中输入文本，按 Enter 键即可，如图 2-2-59 所示。

（2）输入数值型数据

数值型数据是指包括 0 至 9，以及小数点（.）、百分号（%）等在内的数据，这类数据能以整数、小数、分数、百分数及科学记数形式输入到单元格中，数值型数据在单元格中默认右对齐，如图 2-2-60 所示。

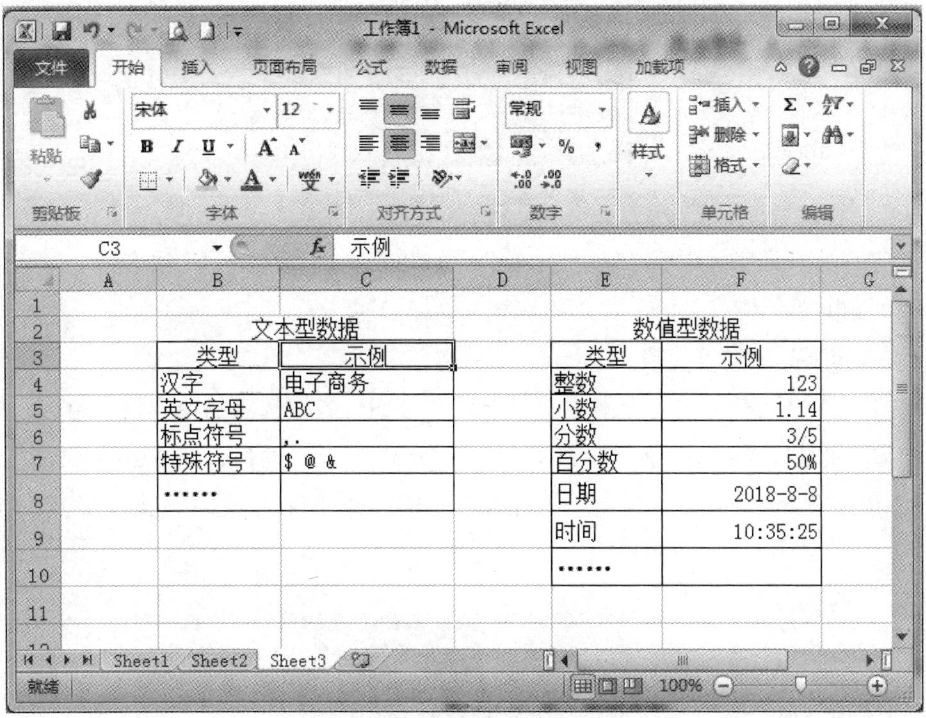

图 2-2-60　输入数据类型

（3）输入日期和时间

日期和时间也是数字，它们有特定的格式，输入时必须按照特定的格式才能正确输入。输入日期时，应按照 MM-DD-YY 的格式输入，即先输入月份，再输入日期，最后输入年份，如 8/8/2018；输入时间时，小时、分、秒之间用冒号分开，如 10：30：25。

2. 编辑单元格

（1）插入单元格

在 Excel 2010 中编辑工作表时，为了避免覆盖原有单元格中的数据，需要在工作表中插入单元格对其进行补充。其操作如下。

1）在插入位置选定一个单元格。

2）单击“开始”→“单元格”→“插入”按钮，弹出“插入”窗口，如图 2-2-61 所示。

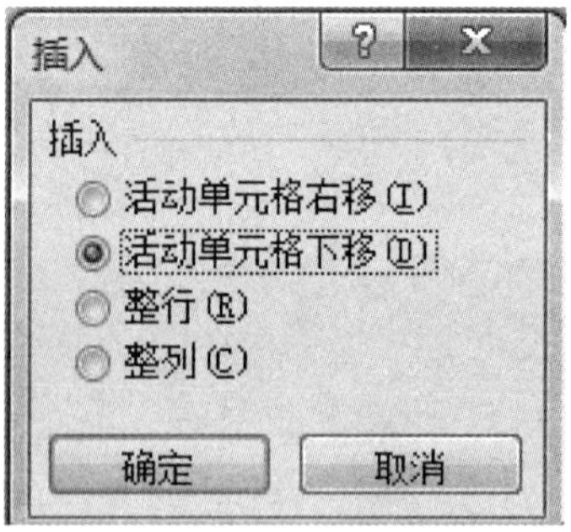

图 2-2-61 “插入”窗口

3）在“插入”窗口中选择一种插入方式，单击“确定”按钮即可。

（2）删除单元格

1）选定要删除的单元格。

2）单击“开始”→“单元格”→“删除”按钮，或在选定的单元格中单击鼠标右键，在弹出的快捷菜单中选择“删除”命令，弹出“删除”窗口，如图 2-2-62 所示。

3）在“删除”窗口中根据具体情况选择一种删除方式，单击“确定”按钮即可。

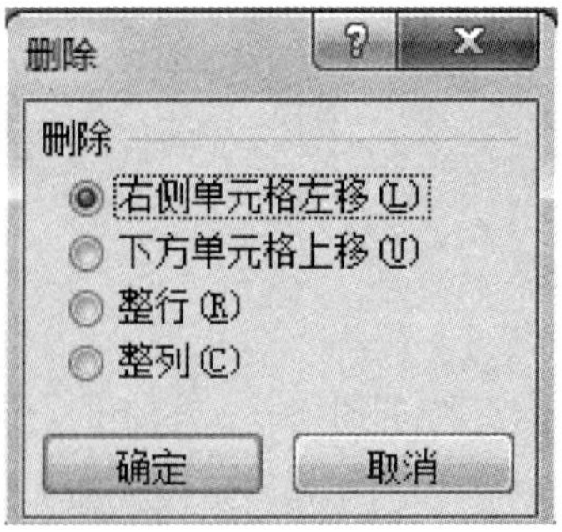

图 2-2-62 “删除”窗口

（3）清除单元格

如果要清除单元格中的错误内容，其操作如下。

1）选定要清除内容的单元格或单元格区域。

2）选择“开始”→“编辑”→“清除”按钮，弹出其下拉菜单，如图 2-2-63 所示。

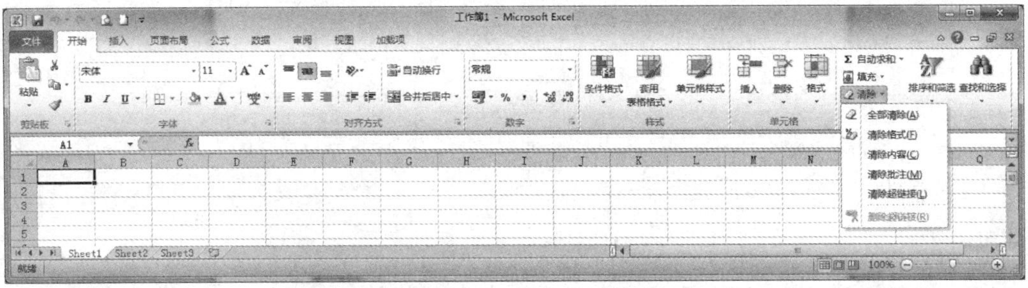

图 2-2-63　“清除”下拉菜单

3）在“清除”下拉菜单中根据需要选择一种清除方式，其作用如下。

①“全部清除”命令。清除工作区域中所有单元格的内容和格式，包括超级链接和批注。

②“清除格式”命令。只清除选定工作区域的单元格格式，单元格内容和批注均不改变。

③“清除内容”命令。删除选定工作区域单元格中的内容（包括公式和数据），单元格格式和批注均不改变。

④“清除批注”命令。只删除选定工作区域单元格批注，单元格内容和格式均不改变。

⑤“清除超链接”命令。只清除选定工作区域单元格超链接属性，单元格内容和格式均不改变。

⑥“删除超链接”命令。除选定工作区域单元格内容不变外，其超链接、格式、批注等均被删除。

3. 编辑工作表

创建好工作表后，往往还要对工作表进行选定、重命名、删除等操作，以使其符合用户的需求，下面将对这些常见的编辑操作进行介绍。

（1）选中工作表

对工作表进行各种编辑操作前，必须先将目标工作表选中，然后才能进行其他相关操作。

1）单击工作表选项卡，即可选中该选项卡对应的工作表。

2）按住 Shift 键的同时单击两个工作表选项卡，可选中这两个工作表之间的所有工作表。

3）按住 Ctrl 键的同时依次单击多个工作表选项卡，可选中多个不连续的工作表。

4）在工作表选项卡上单击鼠标右键，从弹出的快捷菜单中选择“选定全部工作表”命令，即可选中工作簿中的所有工作表。

（2）重命名工作表

当工作表比较多时，根据需要可对工作表进行重新命名，常用以下几种方法。

1）双击要重新命名的工作表标签，使之反白显示，直接输入新的工作表名称即可。

2）选中要重命名的工作表标签上单击鼠标右键，从弹出的快捷菜单中选择“重命名”命令，输入新的工作表名称即可，如图 2-2-64 所示。

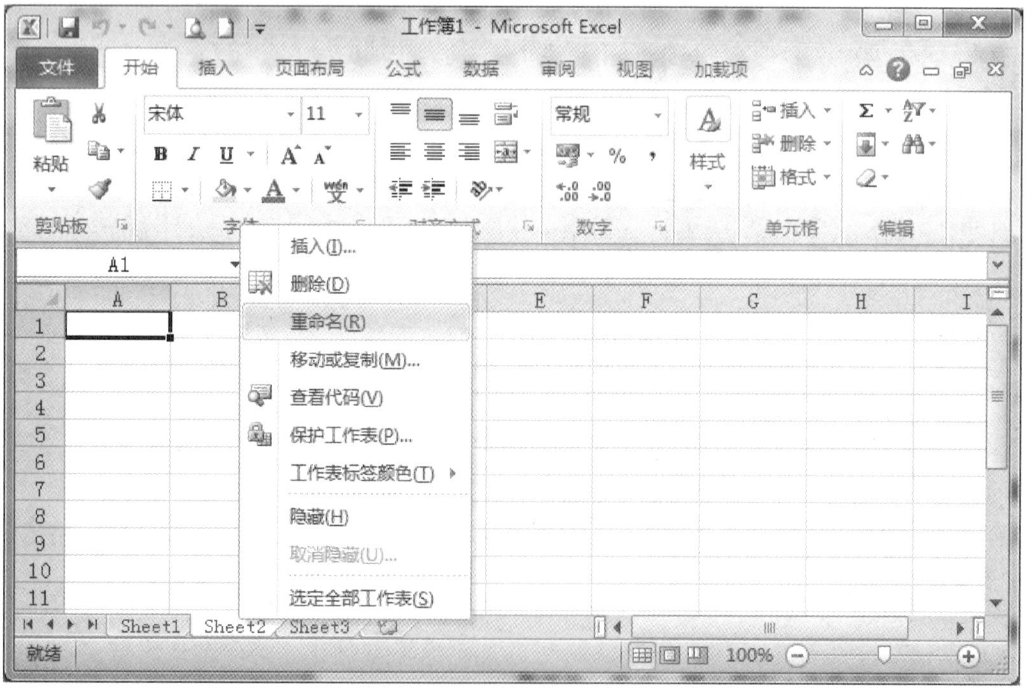

图 2-2-64　利用快捷菜单重命名工作表

3）选中要重命名的工作表，单击“开始”→“单元格”→“格式”→“重命名工作表”命令，输入新的工作表名称即可，如图 2-2-65 所示。

（3）删除工作表

当工作簿中的工作表不再使用时，可将其删除，常用以下两种方法删除工作表。

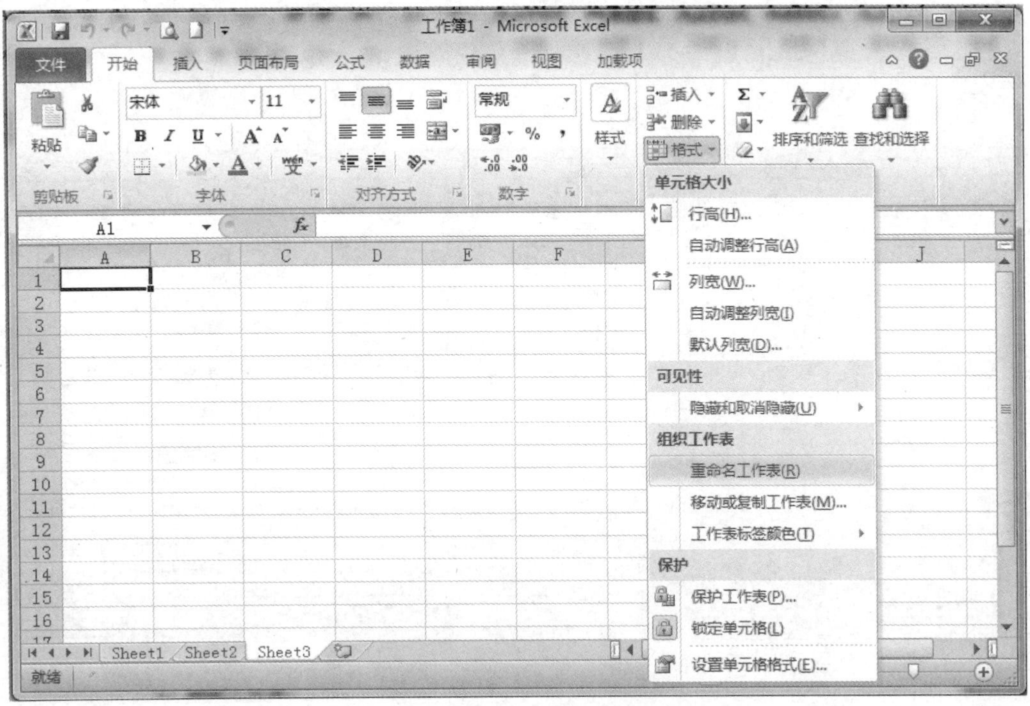

图 2-2-65　利用菜单命令重命名工作表

1）选中要删除的工作表，单击鼠标右键，从弹出的快捷菜单中选择“删除”命令即可，如图 2-2-66 所示。

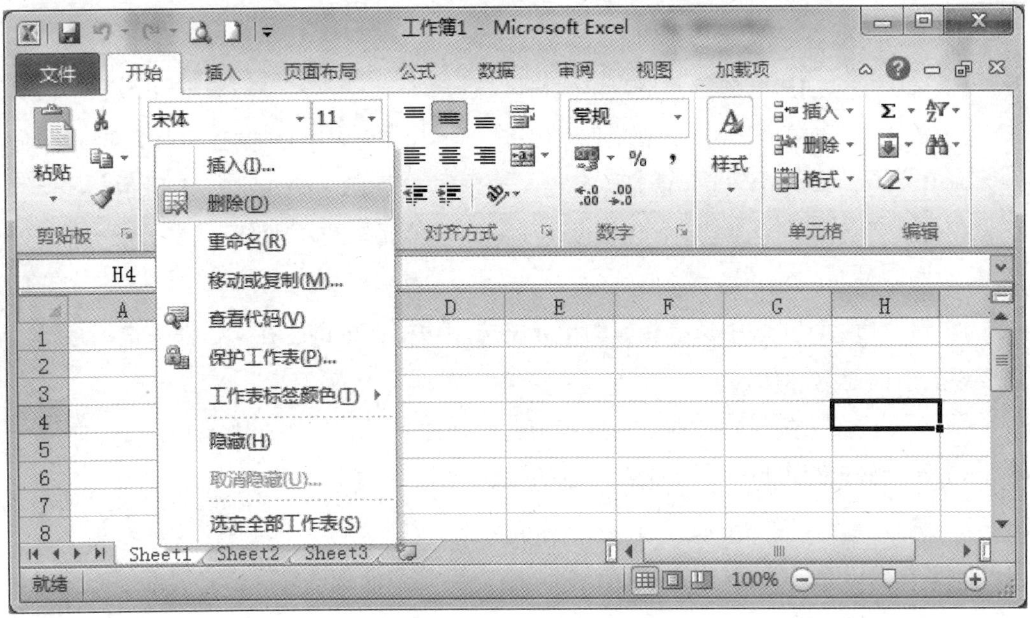

图 2-2-66　利用快捷菜单删除工作表

2）选中要删除的工作表，单击“开始”→“单元格”→“删除”→“删除工作表”命令即可，如图 2-2-67 所示。

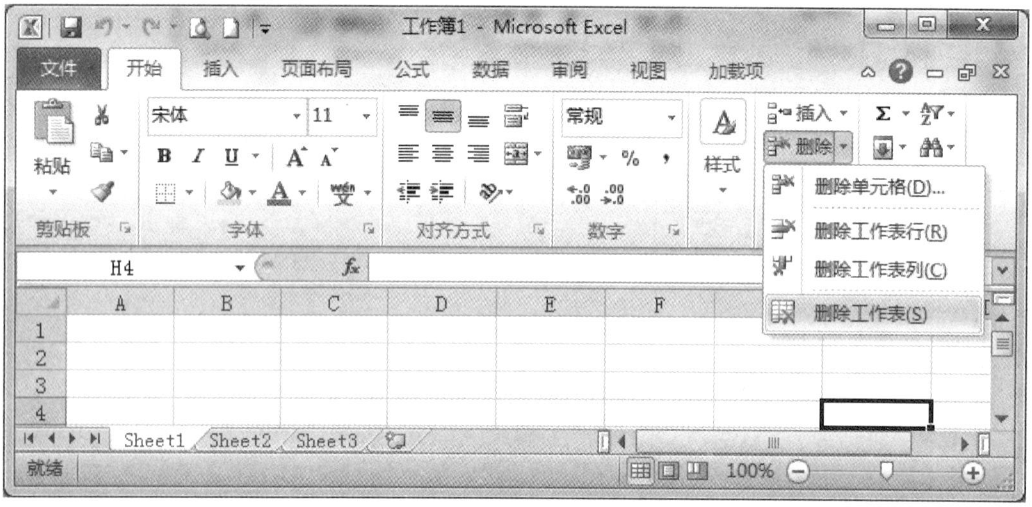

图 2-2-67　利用菜单命令删除工作表

4. 格式化工作表

工作表编辑完成后，用户可以利用 Excel 2010 提供的工具美化工作表，如工作表中数据的字体、对齐方式、数字格式、边框和底纹等内容。

（1）添加边框

1）选中要添加边框的单元格或单元格区域。

2）单击“开始”→“单元格”→“格式”下拉菜单中的“设置单元格格式”命令，弹出“设置单元格格式”窗口，单击“边框”选项卡，如图 2-2-68 所示。

3）在“预置”选区中选择相应的选项，设置单元格或单元格区域的内边框和外边框。

4）在“边框”选区中选择相应的单元格应用边框，也可以在“边框”选区预览框内要添加边框处单击鼠标。

5）在“线条”选区的“样式”列表中选择一种线型。

6）在“颜色”下拉列表中选择一种边框颜色。

7）所有参数设置完毕后，可在“边框”区查看预设效果，如图 2-2-69 所示，单击“确定”按钮即可。

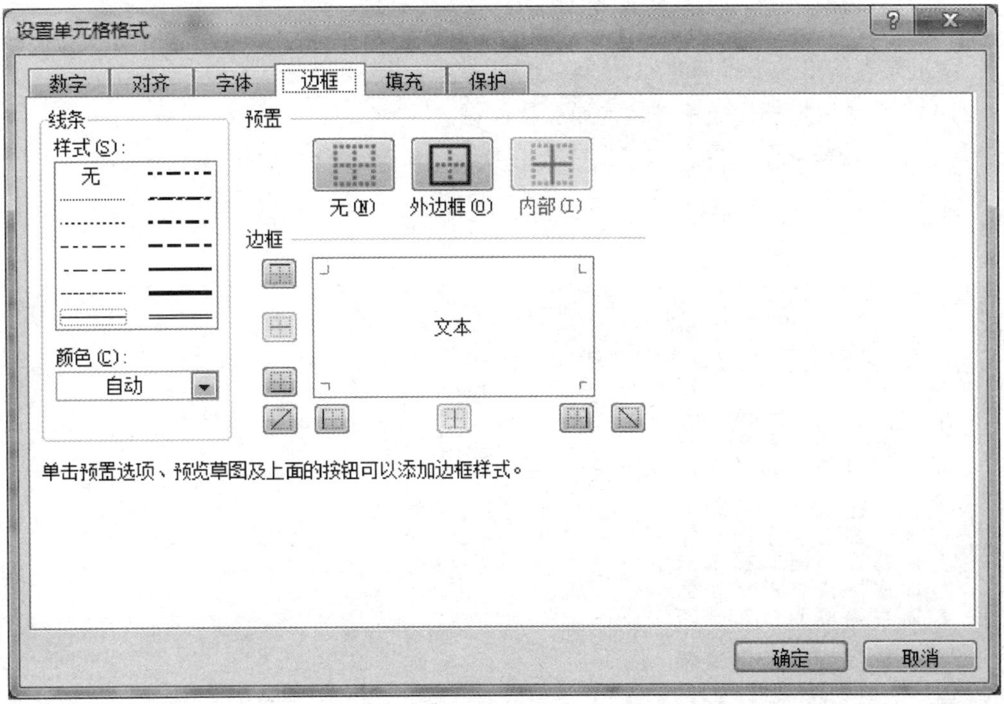

图 2-2-68　“边框”选项卡

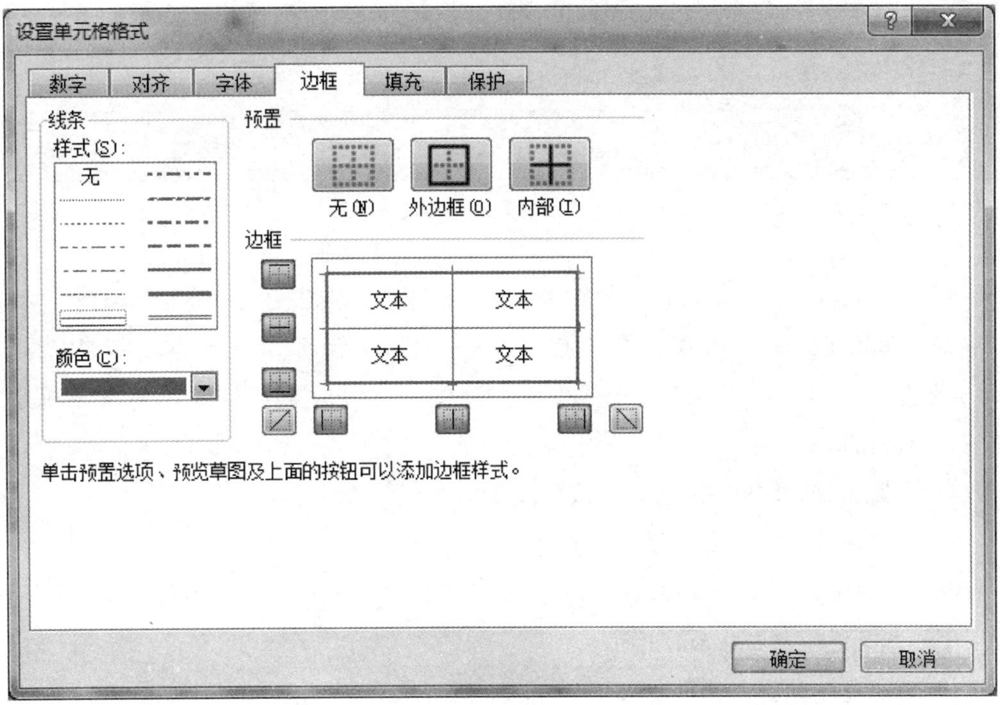

图 2-2-69　预设边框效果

（2）添加底纹

给工作表的单元格添加背景，可以改善工作表的视觉效果。

1）选定要添加底纹的单元格或单元格区域。

2）单击“开始”→“单元格”→“格式”下拉菜单中的“设置单元格格式”命令，弹出“设置单元格格式”窗口，单击“填充”选项卡，如图 2-2-70 所示。

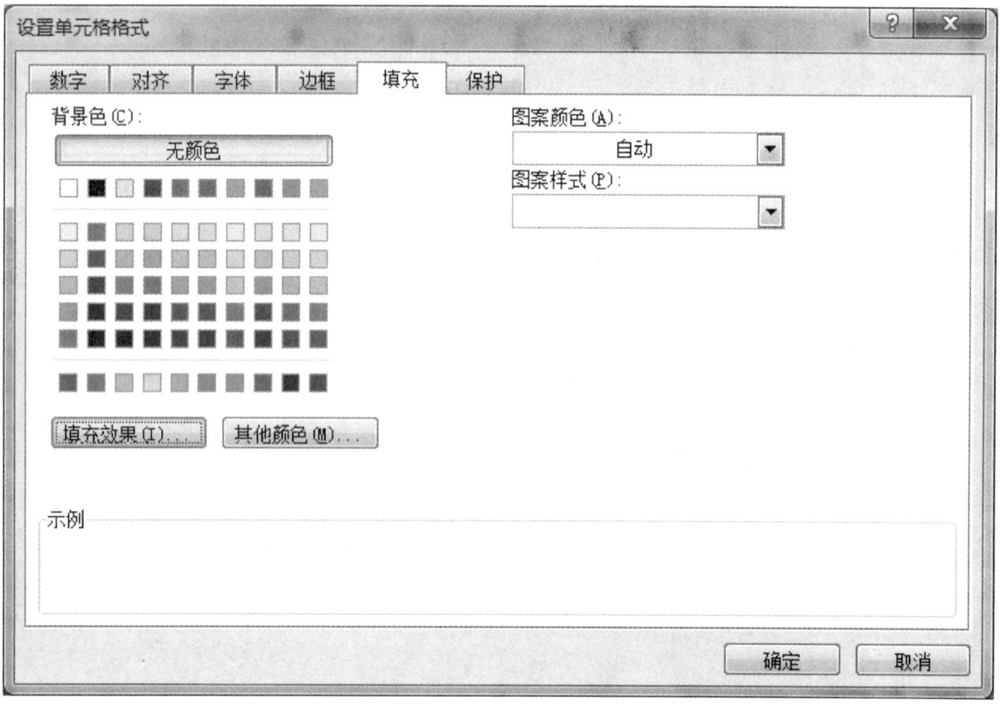

图 2-2-70 “填充”选项卡

3）在该选项卡的“背景色”列表中选择一种颜色；在“图案样式”下拉列表中选择一种图案样式；在“图案颜色”下拉列表中选择一种颜色；单击“填充效果”弹出“填充效果”窗口，在“渐变”选项卡中选择“颜色”和“底纹样式”，单击“确定”按钮，返回窗口。

4）设置完成后，单击“确定”按钮。

（3）设置字符格式

为单元格中的数据设置合适的格式，有助于美化工作表。单元格中数据字体、字形、字号和颜色的设置方法如下。

1）选定要设置字符格式的单元格或单元格区域。

2）单击“开始”→“单元格”→“格式”下拉菜单中的“设置单元格格式”命

令，弹出“设置单元格格式”窗口，单击“字体”选项卡，对字体、字形、字号等进行设置，如图 2-2-71 所示。

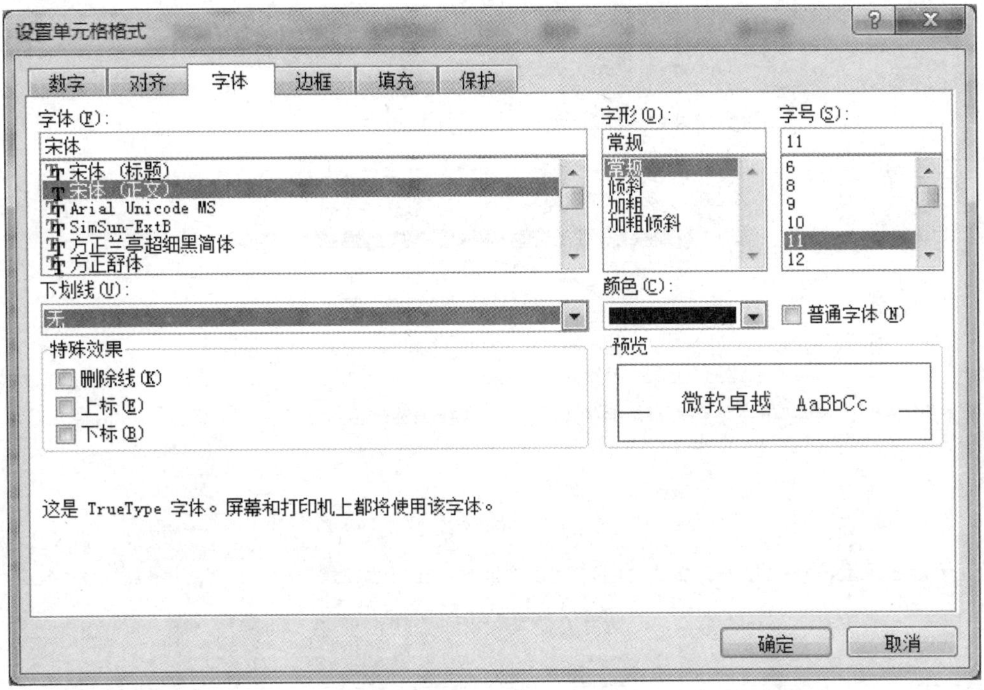

图 2-2-71　“字体”选项卡

3）设置完成后，单击“确定”按钮。

（4）设置数字格式

Excel 2010 包含多种数字格式，如货币格式、日期格式等，具体设置方法如下。

1）选定要设置的单元格或单元格区域。

2）单击“开始”→“单元格”→“格式”下拉菜单中的“设置单元格格式”命令，弹出“设置单元格格式”窗口，单击“数字”选项卡，选择数字格式类型进行设置，如图 2-2-72 所示。

3）单击“确定”按钮即可。

（5）设置数据对齐方式

1）选定要进行设置的单元格或单元格区域。

2）单击“开始”→“单元格”→“格式”下拉菜单中的“设置单元格格式”命令，弹出“设置单元格格式”窗口，单击“对齐”选项卡，选择数据的对齐方式，如图 2-2-73 所示。

3）设置完成后，单击“确定”按钮即可。

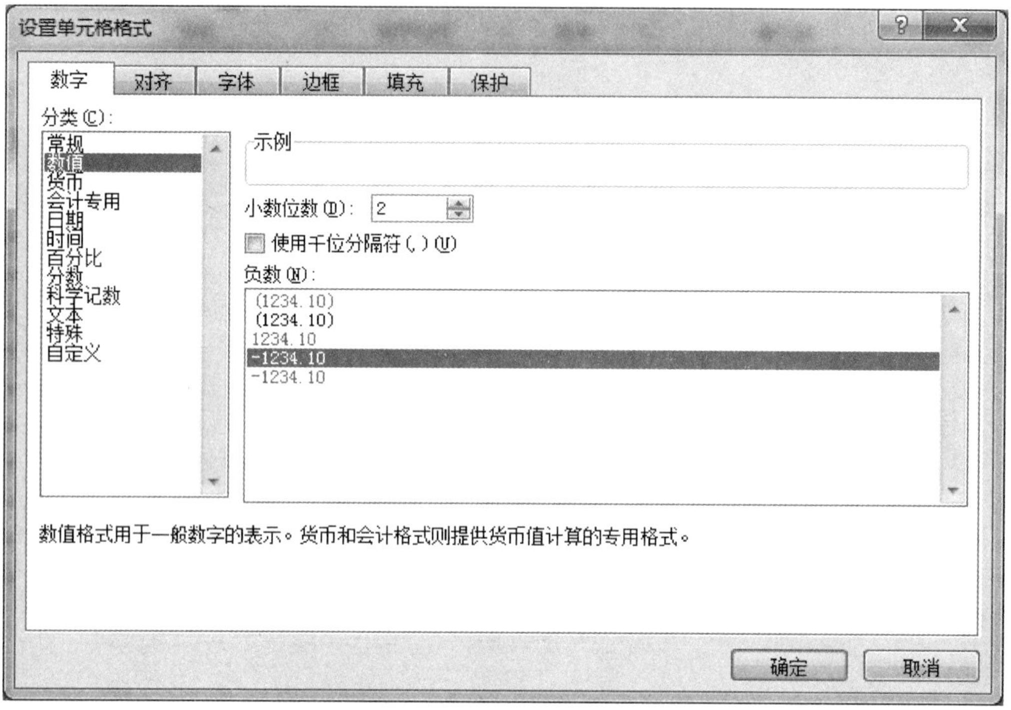

图 2-2-72 “数字”选项卡

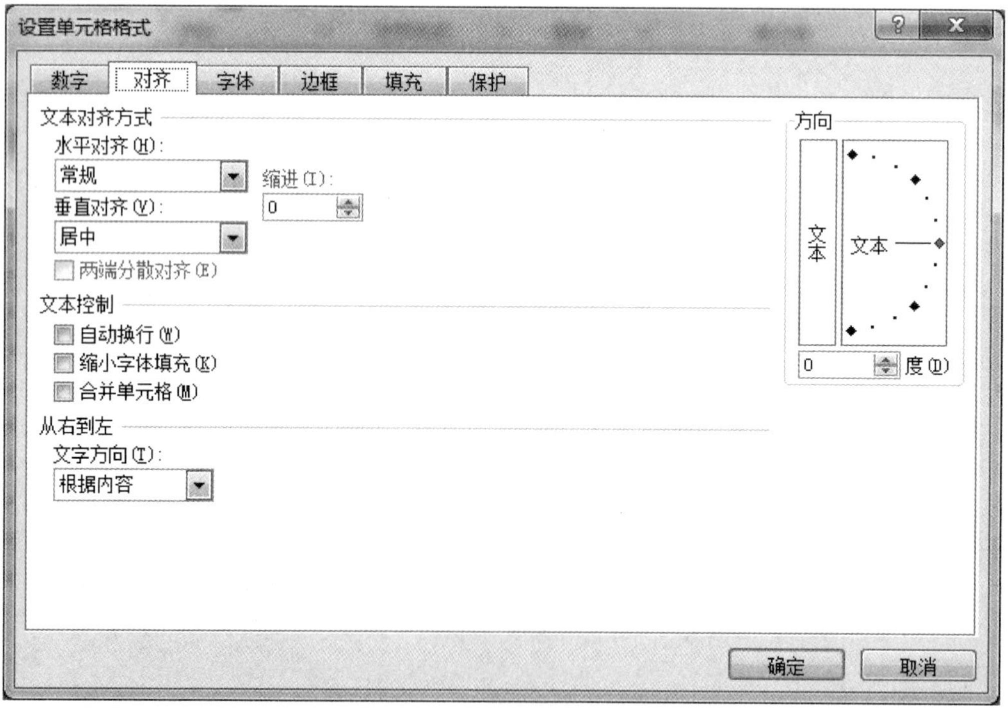

图 2-2-73 “对齐”选项卡

5. 设置行高和列宽

当用户建立工作表时，Excel 中所有单元格具有相同的宽度和高度。在单元格宽度固定的情况下，当单元格中输入的字符长度超过单元格的列宽时，超长的部分将被隐去，数字则用“#######”表示。

（1）精确调整行高或列宽

1）选定要调整行高或列宽的行标题或列标题。

2）单击“开始”→“单元格”→“格式”按钮，从弹出的下拉菜单中选择“行高”或“列宽”命令，如图 2-2-74 所示。

3）在“行高”和“列宽”文本框中输入设置的值，单击“确定”按钮即可。

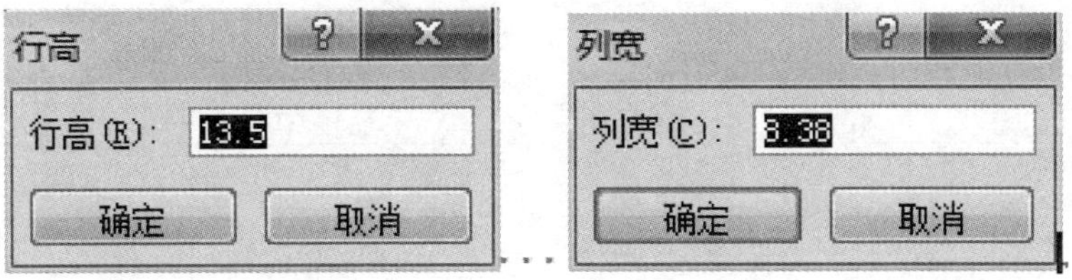

图 2-2-74　“行高”和“列宽”窗口

（2）手动调整行高或列宽

在对于单元格高度和宽度要求不十分精确时，可以利用鼠标拖动来调整。其操作方法是：将鼠标指针移到某行行号的下框线处或某列列标的右框线处，此时鼠标指针变成 或 双向箭头，按住鼠标左键上下或左右拖动，到合适位置后释放鼠标左键即可。

三、公式与函数的使用

Excel 2010 主要功能除显示、存储数据外，更重要的是它具有强大的数据分析计算能力。灵活运用 Excel 2010 中公式和函数的使用方法，能方便快捷地完成大量的数据计算，大大提高工作效率。

1. 公式的使用

（1）输入公式

公式可以用来执行各种运算，公式包括运算符、常量、变量、单元格引用位置、工作表函数等。输入公式和输入文字型数据相似，但是输入公式时须先输入一个等号

“=”，然后才能输入公式的表达式。

1）选中输入公式的单元格“F3”。

2）输入等号“=”，然后输入公式表达式“C3+D3+E3”，如图 2–2–75 所示。

图 2–2–75　输入公式

3）输入完成后按 Enter 键，或单击编辑栏中的“输入”按钮，即可显示计算结果。

（2）编辑公式

输入完公式后，用户可以根据需要对输入的公式进行编辑，如修改、移动、复制等。

1）修改公式。双击要修改公式所在的单元格，然后在编辑栏中直接对公式进行修改即可。

2）移动公式。移动公式与移动单元格中数据的方法类似，操作如下。

①单击要移动含公式的单元格。

②单击“开始”→“剪贴板”→“剪切”按钮。

③将光标定位于目标位置，单击“开始”→“剪贴板”→“粘贴”按钮即可。

3）复制公式。利用 Excel 2010 中的选择性粘贴功能，可方便地复制公式，其操作如下。

①单击要复制的包含公式的单元格。

②单击“开始”→“剪贴板”→“复制”按钮。

③将光标定位于目标位置，选择“开始”→“剪贴板”→“粘贴”→“选择性粘贴”命令，弹出“选择性粘贴”窗口，如图 2-2-76 所示。

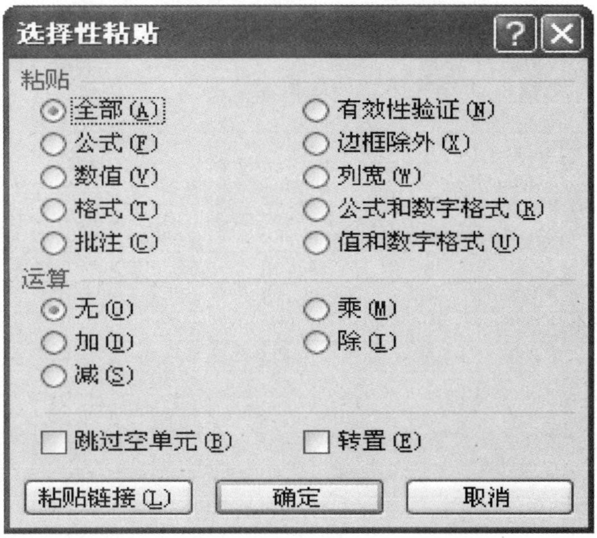

图 2-2-76 “选择性粘贴”窗口

④在“粘贴”列表框中选择“公式”选项，单击“确定”按钮。

2. 函数的使用

在 Excel 2010 中，用户可以使用以下两种方法在单元格中输入函数。

（1）使用编辑工作组

1）选中要输入函数的单元格。

2）单击“开始”→“编辑”→“自动求和”按钮 。

3）选择要引用单元格的区域，按 Enter 键即可，如图 2-2-77 所示。

（2）使用函数向导。对于比较复杂的函数，可以使用函数向导来输入，其操作如下。

1）选中要输入函数的单元格。

2）单击“公式”→“函数库”→“插入函数”按钮 或单击编辑栏上的“插入函数”按钮 ，弹出“插入函数”窗口，如图 2-2-78 所示。

图 2-2-77　自动求和

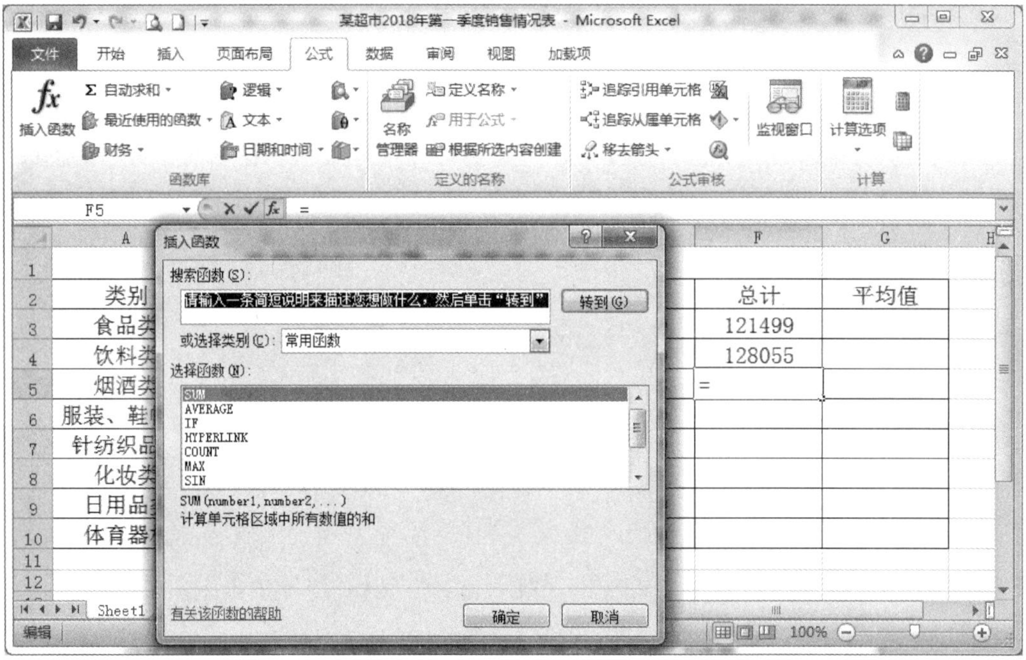

图 2-2-78　“插入函数”窗口

3）在“或选择类别”下拉列表框中选择函数的类别，在“选择函数”列表框中选择需要使用的函数，单击“确定”按钮，弹出“函数参数”窗口，如图 2–2–79 所示。

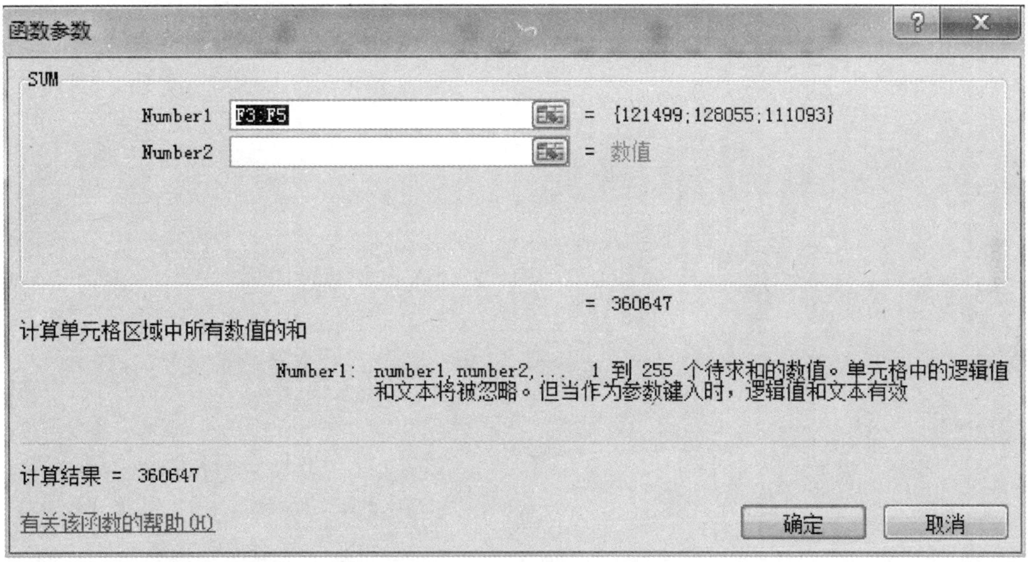

图 2–2–79　“函数参数”窗口

4）单击 Number1 右侧的“折叠”按钮，在工作表中选择要引用的单元格区域。

5）选中单元格区域后，单击该窗口右下角的“返回”按钮，此时，选中的单元格区域将会显示在 Number1 文本框中。

6）设置好参数后，单击“确定”按钮即可。

3. 常用函数介绍

Excel 函数是指预先定义的，执行计算、分析等处理数据任务的特殊公式，如“SUM（number1，number2，…）”。其中“SUM”称为函数名称，它决定了函数的功能和用途，函数名称后紧跟括号里的数据表示参数，参数间用逗号分隔。常用函数见表 2–2–1。

表 2–2–1　常用函数

函数	功能	语法	参数
SUM	SUM 函数用于计算单个或多个单元格参数之和	SUM（number1，number2，…）	number1，number2，…为 1～255 个需要求和的参数（包括逻辑值及文本表达式）、区域或引用

续表

函数	功能	语法	参数
AVERAGE	对所有参数计算算术平均值	AVERAGE（number1，number2，…）	number1，number2，…为 1～255 个需要计算平均值的参数。参数应为数字，或者包含数字的名称、数组或单元格引用等。如果数值或单元格引用参数中有文本、逻辑值或空白单元格，则忽略不计，但单元格中的数字“0”将计算在内
COUNT	计算参数表中的数字参数和包含数字的单元格个数	COUNT（value1，value2，…）	value1，value2，…为 1～255 个可以包含或引用各种不同类型数据的参数，但只对数字型数据进行计算
MAX	求数据集中的最大值	MAX（number1，number2，…）	number1，number2，…为 1～255 个需要求最大值的参数。可以将参数指定为数字、空白单元格、单元格区域、逻辑值或数字的文本表达式等。如果参数为错误值或不能转换成数字的文本，将产生错误。如果参数不包含数字，函数 MAX 返回 0
MIN	求数据集中的最小值	MIN（number1，number2，…）	number1，number2，…为 1～255 个需要求最小值的参数。可以将参数指定为数字、空白单元格、单元格区域、逻辑值或数字的文本表达式等。如果参数为错误值或不能转换成数字的文本，将产生错误。如果参数不包含数字，函数 MIN 返回 0

四、数据的管理

Excel 2010 除了具有丰富的函数功能外，还提供了强大的数据管理、分析和汇总功能。

1. 数据排序

排序是将数据记录按关键字值的大小顺序进行排序。用户可根据数据区域中的数值对数据进行排序。排序时，Excel 2010 将按照指定的排序方式重新排列行 / 列或单元格。排序的方式有升序（1 到 9，A 到 Z）和降序（9 到 1，Z 到 A）。

Excel 2010 默认状态是按字母顺序对数据区域排序，也可使用自定义排序顺序。

（1）单列或单行数据的排序

1）选定需要排序的数据区域，如“总计”列，按“升序”方式排序。

2）单击“数据”→“排序和筛选”选项组下的“升序”按钮 或“降序”按钮 即可完成排序，结果如图 2-2-80 所示。

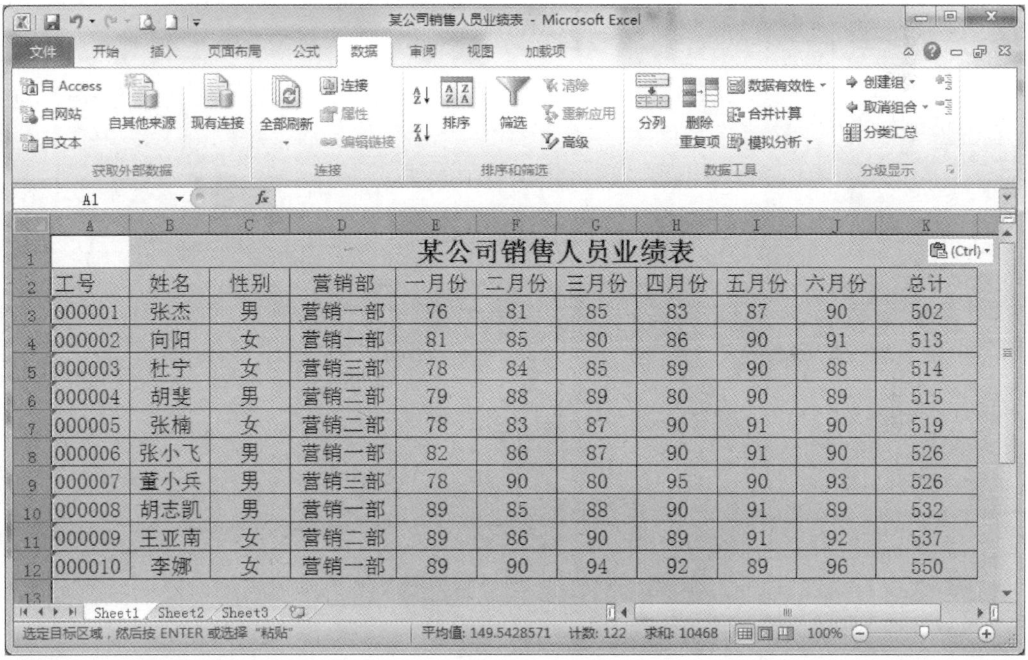

图 2-2-80　升序排序结果

（2）多列或多行数据进行排列

当工作表某列或某行有相同的情况时，如果采取单列排序，可能无法满足用户的要求，这时，需要用多列或多行排列。

1）选定需进行排序的数据区域。

2）单击“数据”→“排序和筛选”选项组下的“排序”按钮 排序，弹出“排序”窗口，如图 2-2-81 所示。单击“选项”按钮并选择“数据包含标题”复选框，首先把“主要关键字”按照“一月份”数值降序排列，单击“添加条件”按钮后，在“次要关键字”的下拉列表中选择“二月份”，在“排序数据”的下拉列表中选择“数值”，在“次序”下拉列表中选择“降序”。

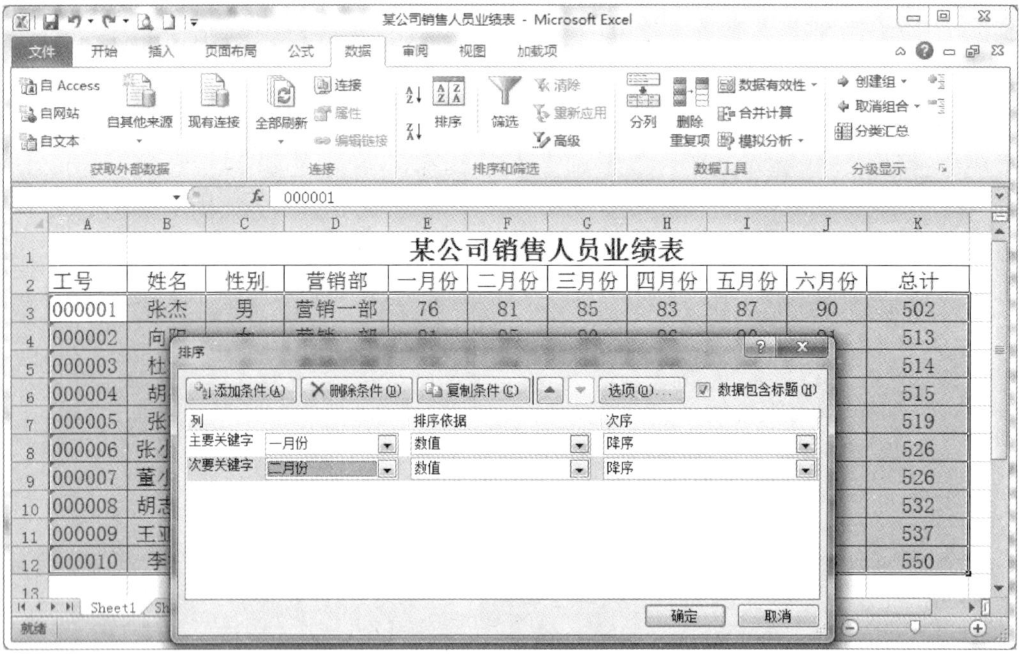

图 2-2-81 “排序”窗口

3）单击“确定”按钮后，首先按一月份业绩数值降序排列，一月份业绩数值相同时则按二月份业绩数值降序排列，排序后的结果如图 2-2-82 所示。

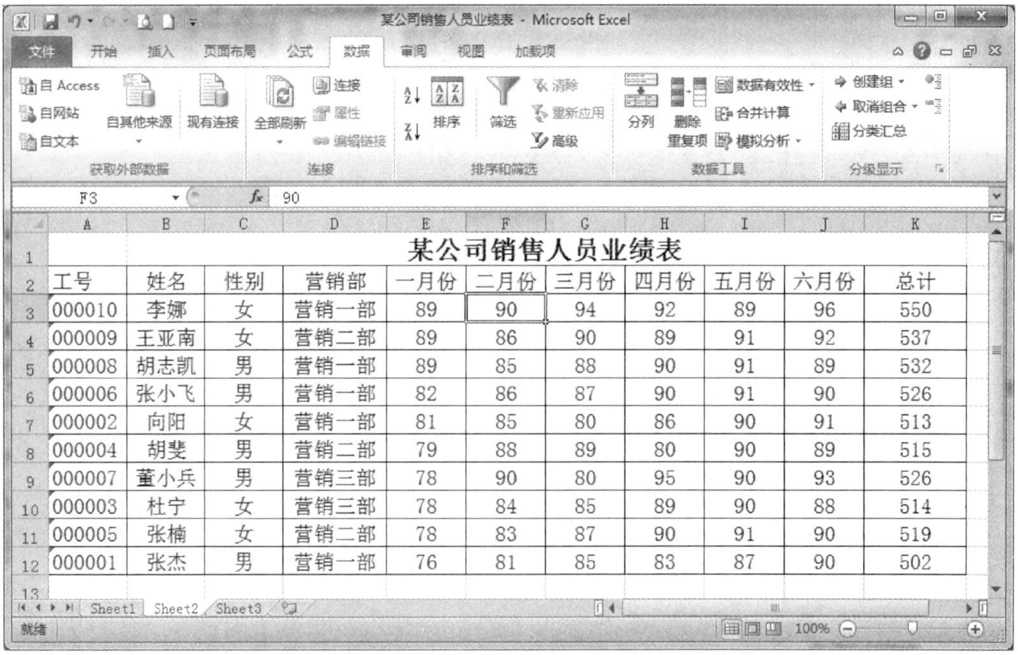

工号	姓名	性别	营销部	一月份	二月份	三月份	四月份	五月份	六月份	总计
000010	李娜	女	营销一部	89	90	94	92	89	96	550
000009	王亚南	女	营销二部	89	86	90	89	91	92	537
000008	胡志凯	男	营销一部	89	85	88	90	91	89	532
000006	张小飞	男	营销一部	82	86	87	90	91	90	526
000002	向阳	女	营销一部	81	85	80	86	90	91	513
000004	胡斐	男	营销二部	79	88	89	80	90	89	515
000007	董小兵	男	营销三部	78	90	80	95	90	93	526
000003	杜宁	女	营销三部	78	84	85	89	90	88	514
000005	张楠	女	营销二部	78	83	87	90	91	90	519
000001	张杰	男	营销一部	76	81	85	83	87	90	502

图 2-2-82 多列数据排序结果

用户可根据需要，继续单击“添加条件”按钮，实现更多列数据的排序。

2. 数据筛选

筛选就是从数据清单中找出满足指定条件的数据，数据筛选包括自动筛选和高级筛选两种。自动筛选采用简单的条件来筛选记录，高级筛选则采用复杂条件来筛选记录。

利用某公司销售人员业绩表中的数据，筛选出每月业绩均大于或等于 80 的人员名单。

（1）自动筛选

1）在要进行筛选的数据区域选定任意单元格。

2）单击“数据”→“排序和筛选”选项组下的“筛选”按钮，如图 2-2-83 所示。

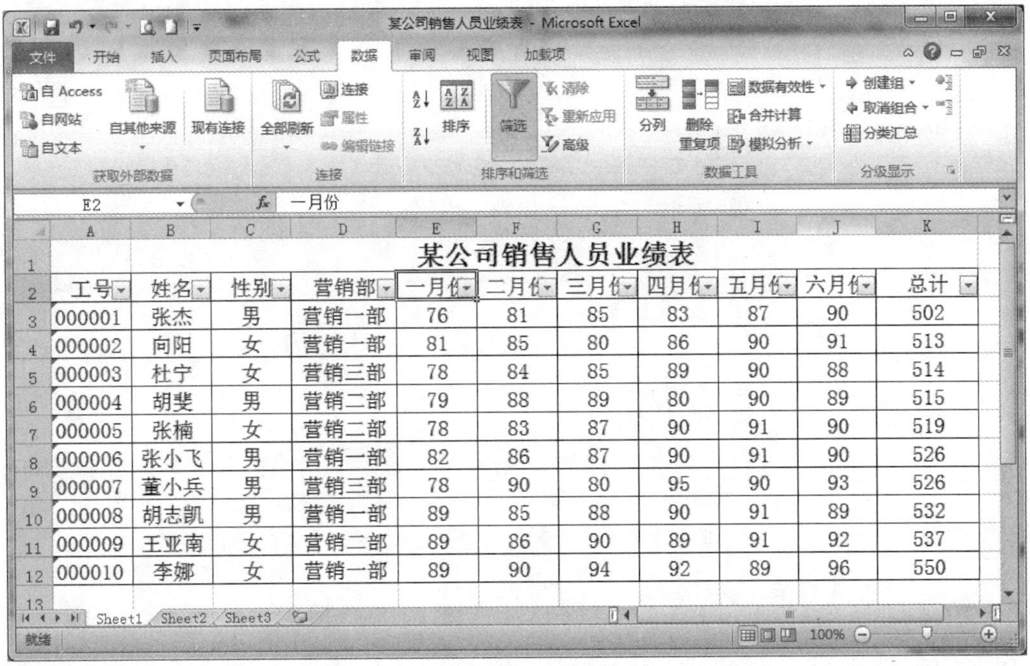

某公司销售人员业绩表

工号	姓名	性别	营销部	一月份	二月份	三月份	四月份	五月份	六月份	总计
000001	张杰	男	营销一部	76	81	85	83	87	90	502
000002	向阳	女	营销一部	81	85	80	86	90	91	513
000003	杜宁	女	营销三部	78	84	85	89	90	88	514
000004	胡斐	男	营销二部	79	88	89	80	90	89	515
000005	张楠	女	营销二部	78	83	87	90	91	90	519
000006	张小飞	男	营销一部	82	86	87	90	91	90	526
000007	董小兵	男	营销三部	78	90	80	95	90	93	526
000008	胡志凯	男	营销一部	89	85	88	90	91	89	532
000009	王亚南	女	营销二部	89	86	90	89	91	92	537
000010	李娜	女	营销一部	89	90	94	92	89	96	550

图 2-2-83　自动筛选

3）单击需设置筛选条件列的自动筛选箭头，如“一月份”列 一月份，在下拉菜单中选择“数字筛选”，在级联菜单中根据用户需要，可选择一种选项，如图 2-2-84 所示，弹出“自定义自动筛选方式”窗口，如图 2-2-85 所示。

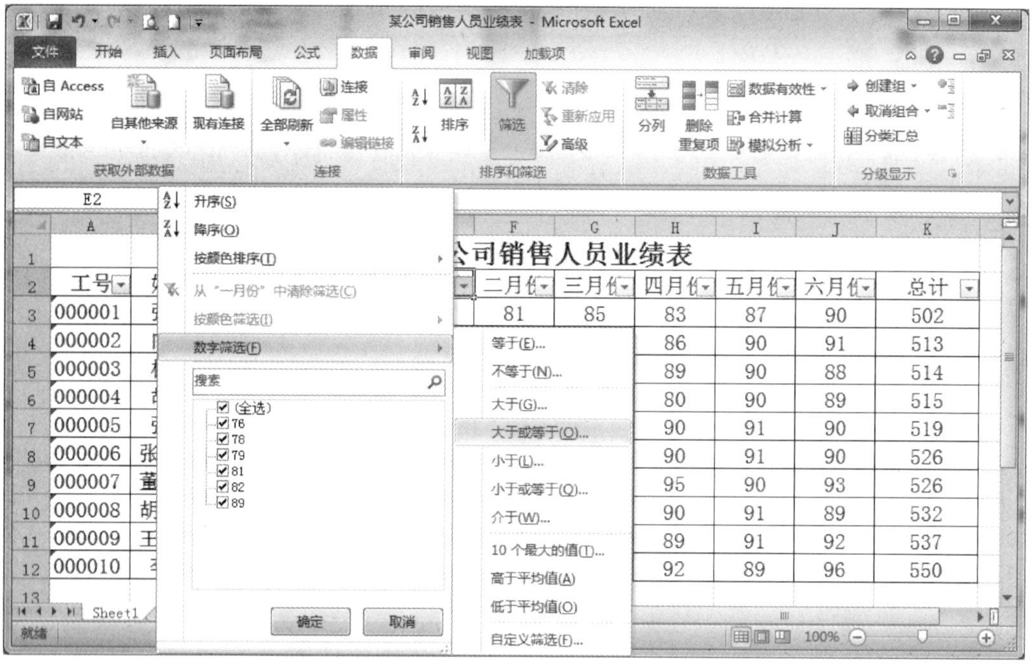

图 2-2-84 “数字筛选”级联菜单

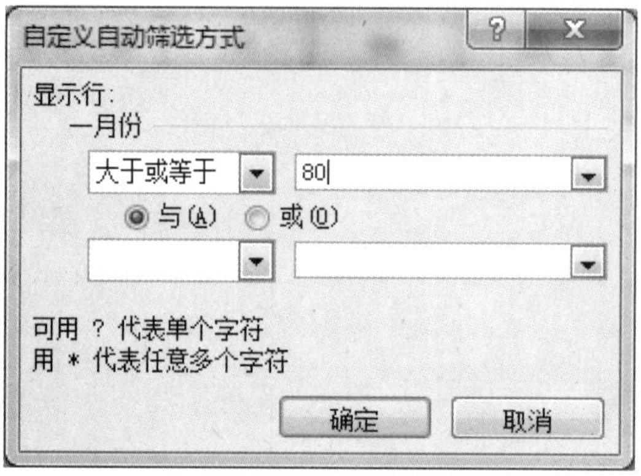

图 2-2-85 “自定义自动筛选方式”窗口

4）在“大于或等于”右侧的下拉列表中输入“80”，单击“确定”按钮，则工作表即显示销售成绩大于或等于 80 的员工情况，如图 2-2-86 所示。

5）完成筛选后，“一月份”列的自动筛选箭头变成 一月份，可逐一进行操作设置。

（2）高级筛选

如果筛选的数据区域中的列和筛选条件比较多，可使用 Excel 2010 中的高级筛选功能来处理。

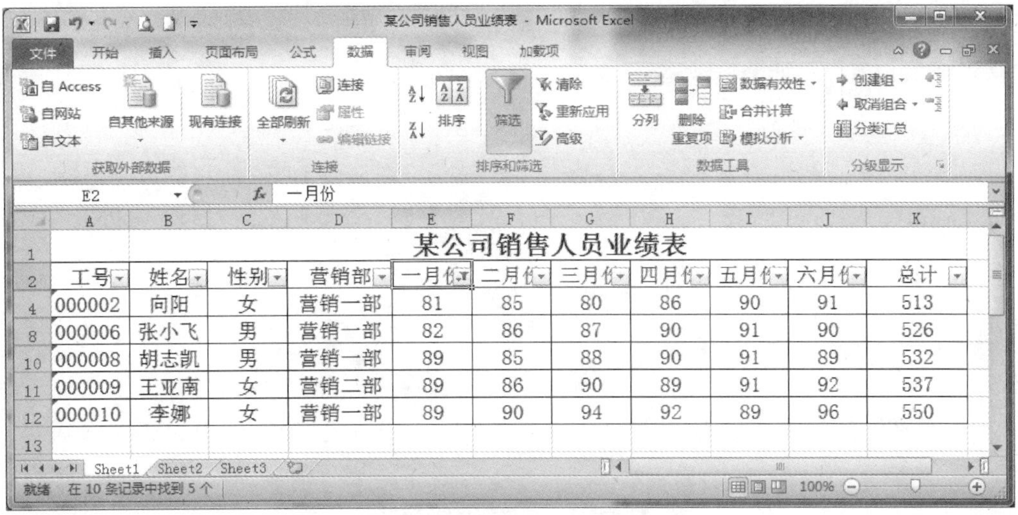

工号	姓名	性别	营销部	一月份	二月份	三月份	四月份	五月份	六月份	总计
000002	向阳	女	营销一部	81	85	80	86	90	91	513
000006	张小飞	男	营销一部	82	86	87	90	91	90	526
000008	胡志凯	男	营销一部	89	85	88	90	91	89	532
000009	王亚南	女	营销二部	89	86	90	89	91	92	537
000010	李娜	女	营销一部	89	90	94	92	89	96	550

图 2-2-86　“自定义自动筛选方式”筛选结果

1）打开要进行筛选的工作表，并在筛选数据区域之外建立一个条件区域，用于输入筛选条件，筛选条件区域一般建立在数据清单的上方或下方并输入条件，如图 2-2-87 所示。

工号	姓名	性别	营销部	一月份	二月份	三月份	四月份	五月份	六月份	总计
000001	张杰	男	营销一部	76	81	85	83	87	90	502
000002	向阳	女	营销一部	81	85	80	86	90	91	513
000003	杜宁	女	营销三部	78	84	85	89	90	88	514
000004	胡斐	男	营销二部	79	88	89	80	90	89	515
000005	张楠	女	营销二部	78	83	87	90	91	90	519
000006	张小飞	男	营销一部	82	86	87	90	91	90	526
000007	董小兵	男	营销三部	78	90	80	95	90	93	526
000008	胡志凯	男	营销一部	89	85	88	90	91	89	532
000009	王亚南	女	营销二部	89	86	90	89	91	92	537
000010	李娜	女	营销一部	89	90	94	92	89	96	550

工号	姓名	性别	营销部	一月份	二月份	三月份	四月份	五月份	六月份	总计
				>=80	>=80	>=80	>=80	>=80	>=80	

图 2-2-87　建立条件区域

2）单击“数据”→“排序和筛选”选项组下的“高级”图标高级，弹出“高级筛选”窗口，如图 2–2–88 所示。

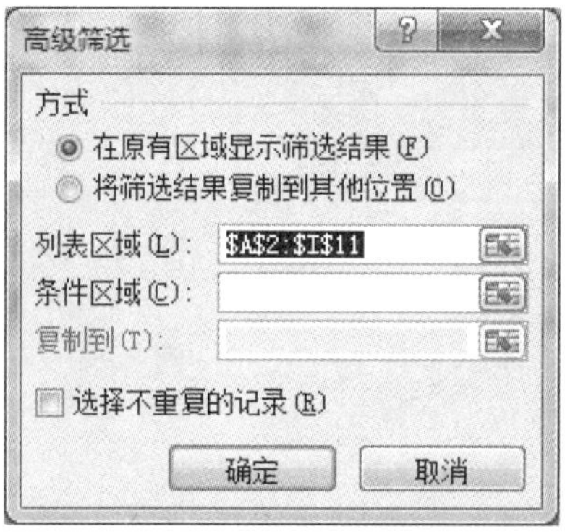

图 2–2–88 “高级筛选”窗口

3）在该对话框的“方式”栏处，选择“在原有区域显示筛选结果”单选框，在“列表区域”文本框中输入数据区域范围，在“条件区域”文本框中输入条件区域范围，设置完成后，单击“确定”按钮，其筛选结果如图 2–2–89 所示。

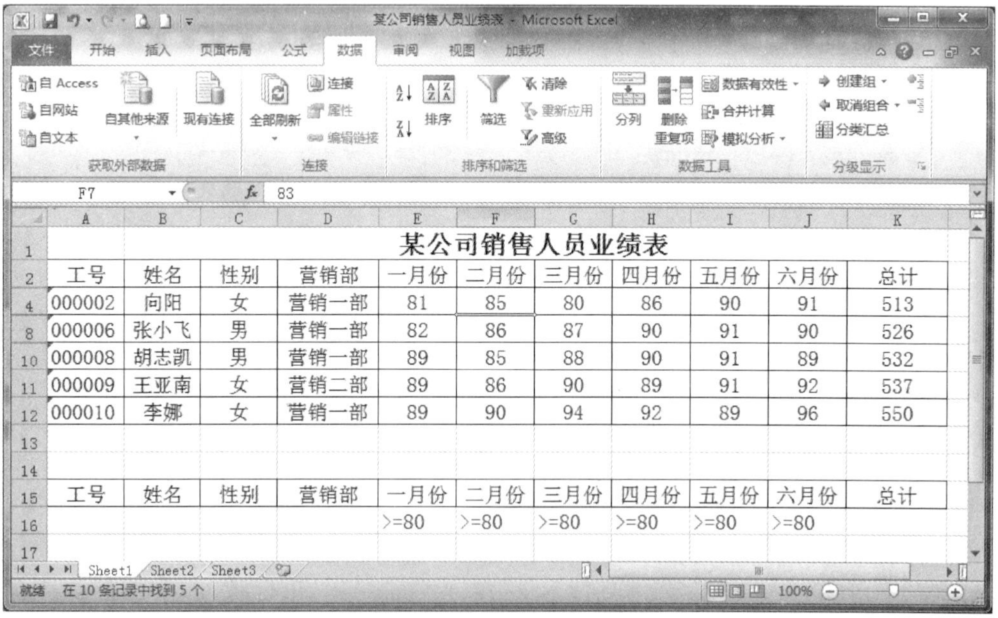

图 2–2–89 执行“在原有区域显示筛选结果”的结果

4）如果在“方式”中选择“将筛选结果复制到其他位置”单选项，则要在“复制到”框中输入放置筛选结果区域单元格位置，也可以用鼠标单击该单元格，如图 2–2–90 所示。设置完成后，单击“确定”按钮，高级筛选的结果如图 2–2–91 所示。

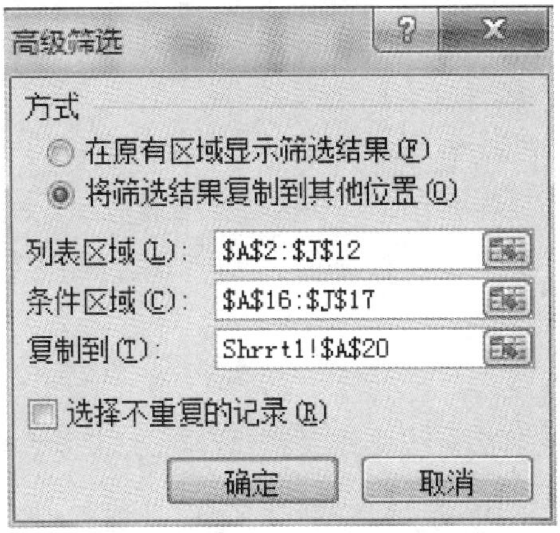

图 2-2-90　“高级筛选”窗口

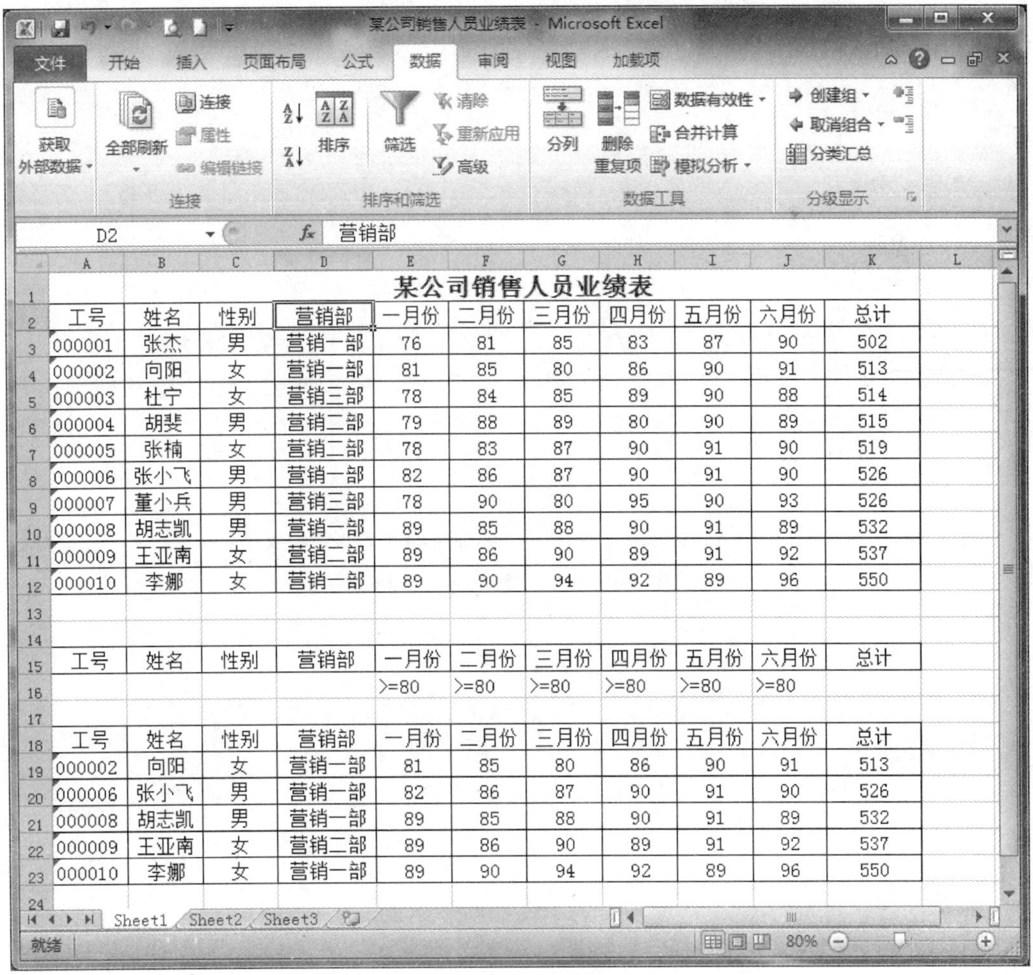

	A	B	C	D	E	F	G	H	I	J	K
1					某公司销售人员业绩表						
2	工号	姓名	性别	营销部	一月份	二月份	三月份	四月份	五月份	六月份	总计
3	000001	张杰	男	营销一部	76	81	85	83	87	90	502
4	000002	向阳	女	营销一部	81	85	80	86	90	91	513
5	000003	杜宁	女	营销三部	78	84	85	89	90	88	514
6	000004	胡斐	男	营销二部	79	88	89	80	90	89	515
7	000005	张楠	女	营销二部	78	83	87	90	91	90	519
8	000006	张小飞	男	营销一部	82	86	87	90	91	90	526
9	000007	董小兵	男	营销三部	78	90	80	95	90	93	526
10	000008	胡志凯	男	营销一部	89	85	88	90	91	89	532
11	000009	王亚南	女	营销二部	89	86	90	89	91	92	537
12	000010	李娜	女	营销一部	89	90	94	92	89	96	550
13											
14											
15	工号	姓名	性别	营销部	一月份	二月份	三月份	四月份	五月份	六月份	总计
16					>=80	>=80	>=80	>=80	>=80	>=80	
17											
18	工号	姓名	性别	营销部	一月份	二月份	三月份	四月份	五月份	六月份	总计
19	000002	向阳	女	营销一部	81	85	80	86	90	91	513
20	000006	张小飞	男	营销一部	82	86	87	90	91	90	526
21	000008	胡志凯	男	营销一部	89	85	88	90	91	89	532
22	000009	王亚南	女	营销二部	89	86	90	89	91	92	537
23	000010	李娜	女	营销一部	89	90	94	92	89	96	550

图 2-2-91　执行“将筛选结果复制到其他位置”的结果

3. 数据的分类汇总

分类汇总是先将数据按某一字段分类，然后对各类数值字段进行数值汇总。如果要插入分类汇总，必须先对要分类汇总的数据清单按某一字段进行排序。

利用某公司销售人员业绩表中的数据，以“营销部”为分类字段，将各月份业绩进行“求和”分类汇总。

（1）添加分类汇总

1）先对要进行分类汇总的分类字段进行排序，如图 2–2–92 所示。

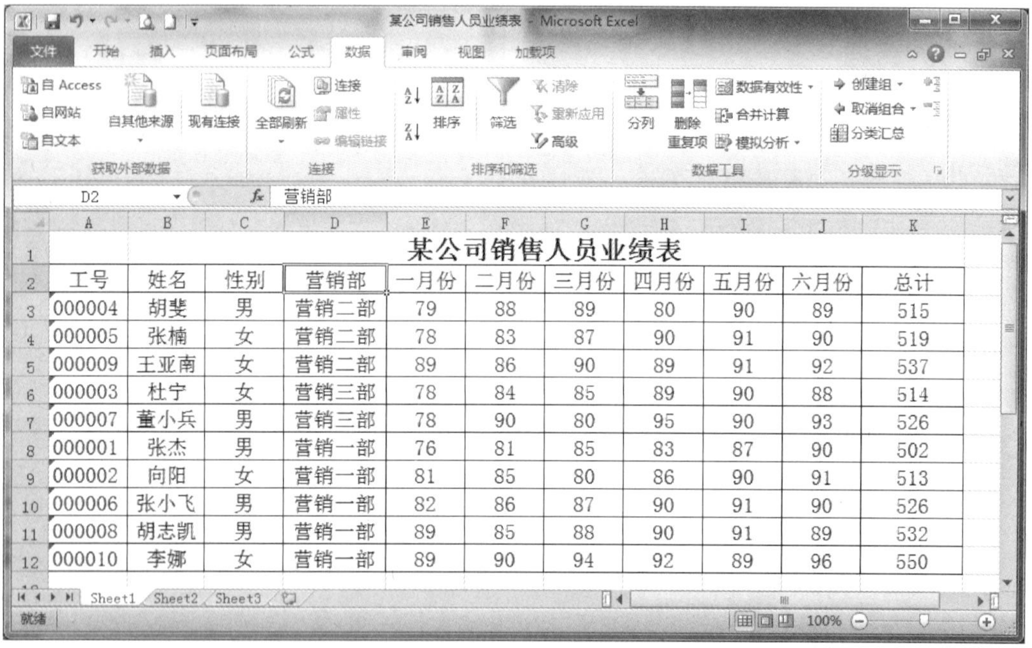

某公司销售人员业绩表

工号	姓名	性别	营销部	一月份	二月份	三月份	四月份	五月份	六月份	总计
000004	胡斐	男	营销二部	79	88	89	80	90	89	515
000005	张楠	女	营销二部	78	83	87	90	91	90	519
000009	王亚南	女	营销二部	89	86	90	89	91	92	537
000003	杜宁	女	营销三部	78	84	85	89	90	88	514
000007	董小兵	男	营销三部	78	90	80	95	90	93	526
000001	张杰	男	营销一部	76	81	85	83	87	90	502
000002	向阳	女	营销一部	81	85	80	86	90	91	513
000006	张小飞	男	营销一部	82	86	87	90	91	90	526
000008	胡志凯	男	营销一部	89	85	88	90	91	89	532
000010	李娜	女	营销一部	89	90	94	92	89	96	550

图 2–2–92　分类字段排序后结果

2）单击要分类汇总的数据区域中的任意单元格。

3）单击“数据”→“分级显示”选项组下的“分类汇总”按钮，弹出“分类汇总”窗口，如图 2–2–93 所示。

4）在“分类字段”下拉列表中选择分类汇总的列，在“汇总方式”下拉列表中选择所需要的汇总函数，在“选定汇总项”列表框中选中要进行分类汇总的字段的复选框，如图 2–2–93 所示。

5）设置完成后，单击“确定”按钮，汇总结果如图 2–2–94 所示。

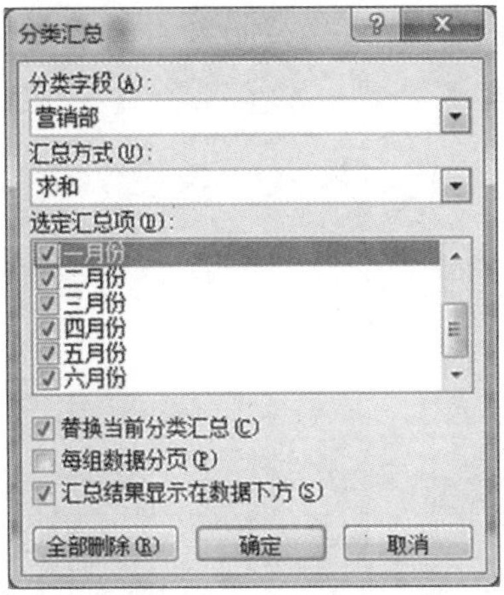

图 2-2-93　“分类汇总”窗口

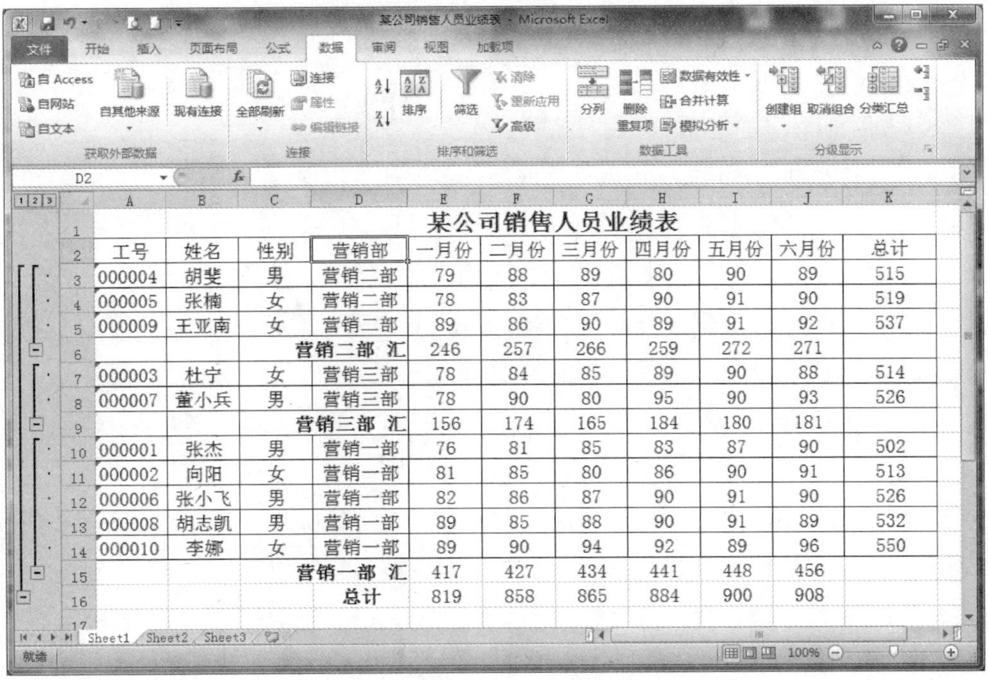

图 2-2-94　分类汇总结果

（2）分级显示

在创建分类汇总后，将分级显示数据清单中的数据。1、2、3是分级显示符号。

1）单击1，只显示“总计”结果，不显示数据清单的明细数据和分类汇总结果。

2）单击2，只显示“分类汇总”结果和“总计”结果，不显示数据清单的明细数据。

3）单击 3 ，显示全部数据清单的明细数据和“总计”及“分类汇总”结果。

如果只显示各营销部的总计，则单击分级显示符号 2 ，结果如图 2-2-95 所示。

图 2-2-95　分级显示

（3）删除所有分类汇总

对于不需要的分类汇总，可以将之取消，步骤如下：

1）在分类汇总数据清单中选择任意一个单元格。

2）单击“数据”→“分级显示”选项组下“分类汇总”按钮。

3）在“分类汇总”窗口中单击“全部删除”按钮即可。

五、图表的使用

Excel 的图表功能可以将工作表中的抽象数据以图形的形式表现出来，极大地增强了数据的直观效果，便于查看数据的差异、分布并进行趋势预测。

1. 图表的创建

（1）图表的类型

根据数据表示的不同，Excel 2010 提供了 11 种类型的图表，而且每种图表还有若干个子类型，需要创建或更改现有图表时还可以在各种图表的子类型中选择。

1）柱形图。柱形图用于显示一段时间内的数据变化或显示各项之间的比较情况。在柱形图中，通常沿水平轴组织类别，而沿垂直轴组织数值。

2）折线图。折线图可显示随时间变化的连续数据，非常适用于显示在相等时间间隔下数据的趋势。在折线图中，类别数据沿水平轴均匀分布，所有值数据沿垂直轴均匀分布。

3）饼图。饼图显示一个数据系列中各项的大小与各项总和的比例。饼图中的数据点显示为整个饼图的百分比。

4）条形图。条形图显示各个项目之间的比较情况。

5）面积图。面积图强调数量随时间变化的程度，也可用于引起人们对总值趋势的注意。

6）散点图。散点图显示若干数据系列中各数值之间的关系，或者将两组数绘制为 *xy* 坐标的一个系列。

7）股价图。股价图经常用来显示股价的波动。

8）曲面图。曲面图显示两组数据之间的最佳组合。

9）圆环图。像饼图一样，圆环图显示各个部分与整体之间的关系，但是它可以包含多个数据系列。

10）气泡图。排列在工作表列中的数据可以绘制在气泡图中。

11）雷达图。雷达图可以比较若干数据系列的聚合值。

（2）图表元素

图表元素又称为图表对象，见表 2–2–2。

表 2–2–2　图表元素

名称	说明
标题	用于标明图表的名称
数据系列	在图表中绘制的相关数据点，在图表中用相同的颜色或图案表示的一组相关的数据
数据标志	代表源于数据表单元格的单个数据点或值
坐标轴	位于图形边缘的直线，大多数图表都有水平 *X* 轴（分类轴）、垂直 *Y* 轴（数值轴），有的图表（如三维图表）还有 *Z* 轴，有的图表（如饼形图）没有坐标轴
网格线	平行于各轴、便于读数的参照线
图例	用于定义图表中各数据系列的颜色及图案，常用于识别图表中的不同数据系列
图表区	图表的整个背景区域
绘图区	显示实际图表的部分，包括绘图数据、坐标轴和坐标轴选项卡

（3）图表的创建

在 Excel 2010 中，用户在图表向导的指引下，利用某公司销售人员业绩表中的数据，为各月份员工业绩销售表制作一个簇状柱形图表。

1）先选中 A2：A12 和 D2：I12 的数据区域。

2）单击“插入”→“图表”选项组下的“柱形图”按钮，在下拉列表中选择一个用户需要的类型，如图 2–2–96 所示。选择簇状柱形图即可插入图表，如图 2–2–97 所示。

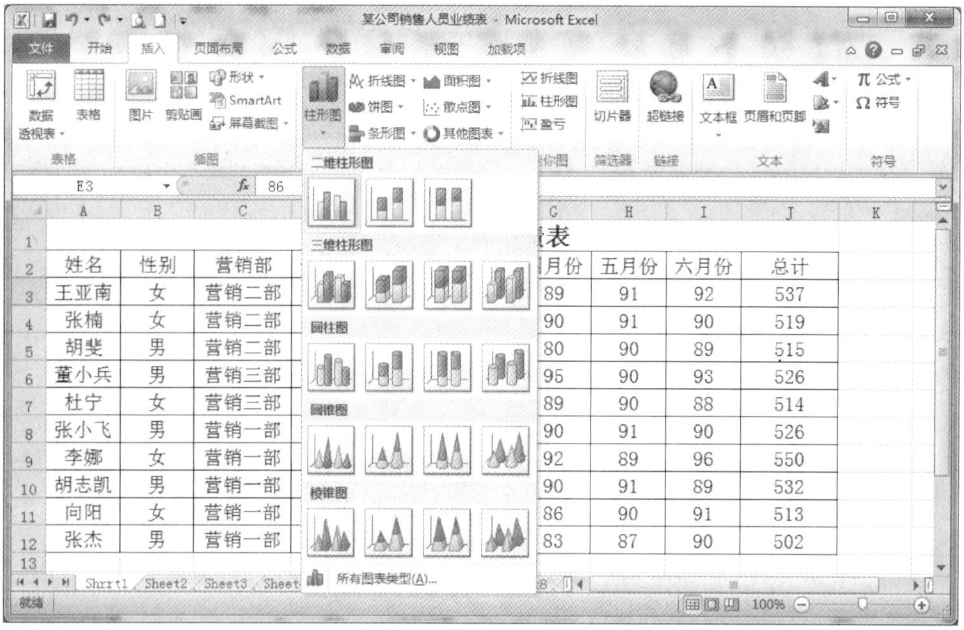

图 2–2–96　选择图表命令

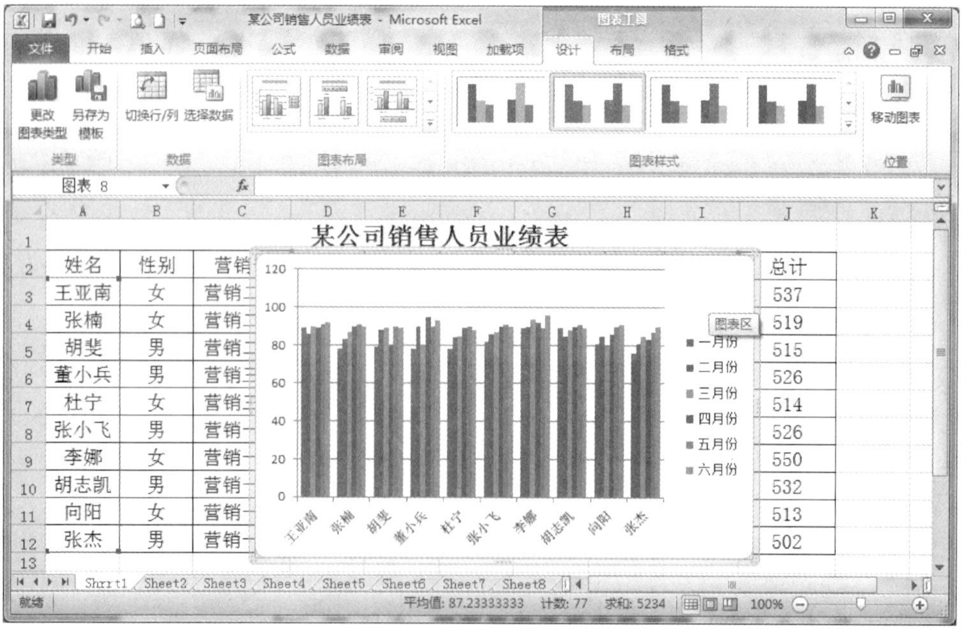

图 2–2–97　插入图表后的效果

2. 图表的编辑

插入图表后，这时生成了“图表工具”功能区，在此功能区下添加了“设计”“布局”和“格式”选项卡，可对图表进行编辑。

（1）添加标题

1）选择需要添加的标题的图表，单击“图表工具”下的“布局”→“标签”选项组中的“图表标题”按钮，在列表中，选择标题位置，如图 2–2–98 所示。

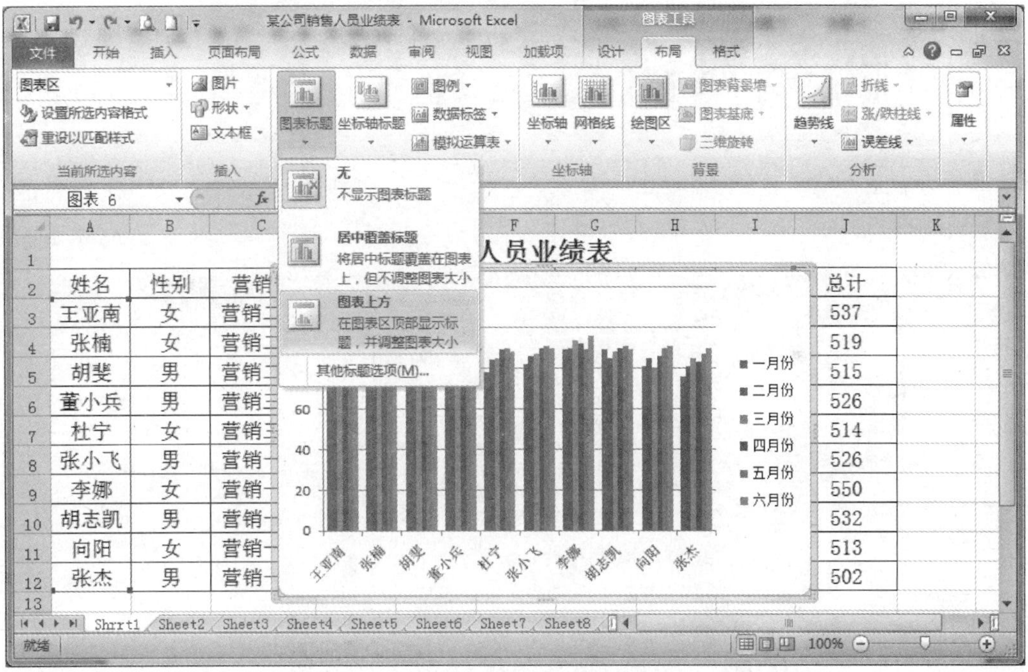

图 2–2–98 添加图表标题

2）在“图表标题”文本框中，输入所需的图表标题内容即可，如图 2–2–99 所示。

（2）添加坐标轴标题

1）选择需要添加的坐标轴标题的图表，单击“图表工具”下的“布局”→“标签”选项组中的“坐标轴标题”按钮，单击“主要横坐标轴标题”或“主要纵坐标轴标题”选项，在弹出的级联菜单中选择坐标轴标题位置，如图 2–2–100 所示。

2）在“坐标轴标题”文本框中，输入坐标轴标题内容即可，如图 2–2–101 所示。

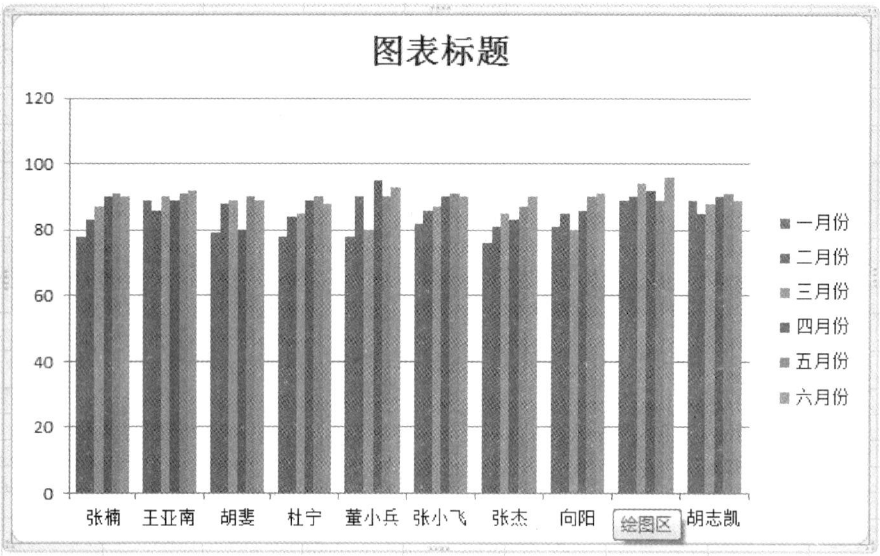

图 2-2-99　输入图表标题

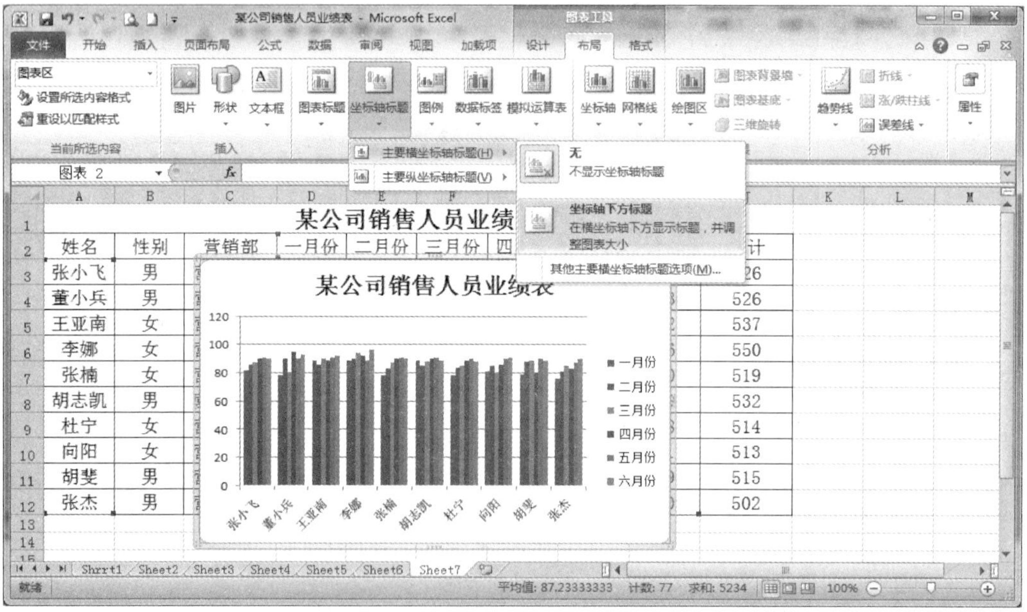

图 2-2-100　添加坐标轴标题

（3）添加图例

选择需要添加图例的图表，单击“图表工具”下的“布局”→“标签”选项组下的“图例”按钮，在列表中，选择图例显示位置即可，如图 2-2-102 所示。

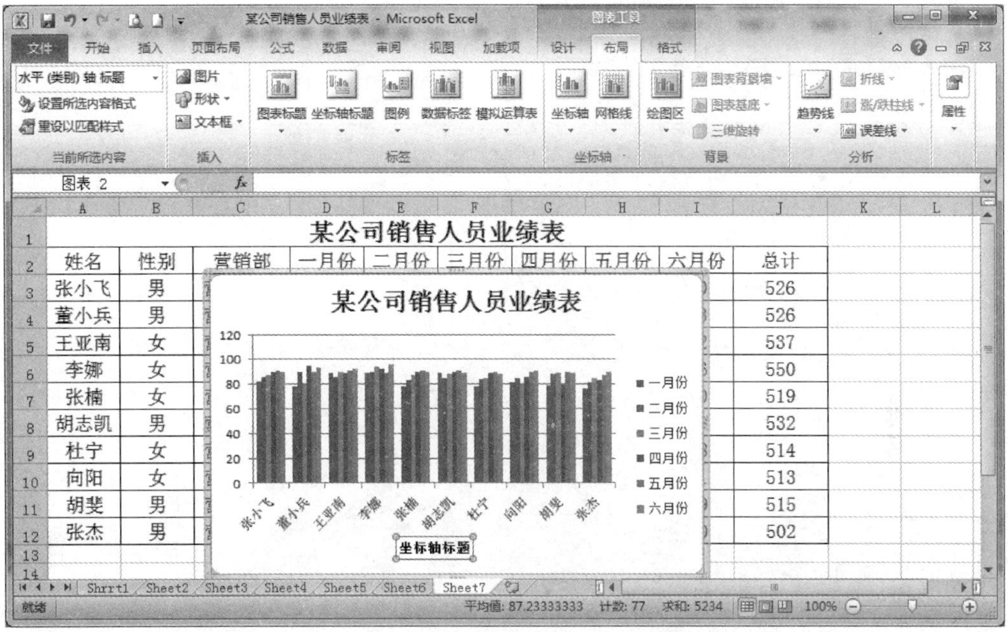

图 2-2-101　输入坐标轴标题

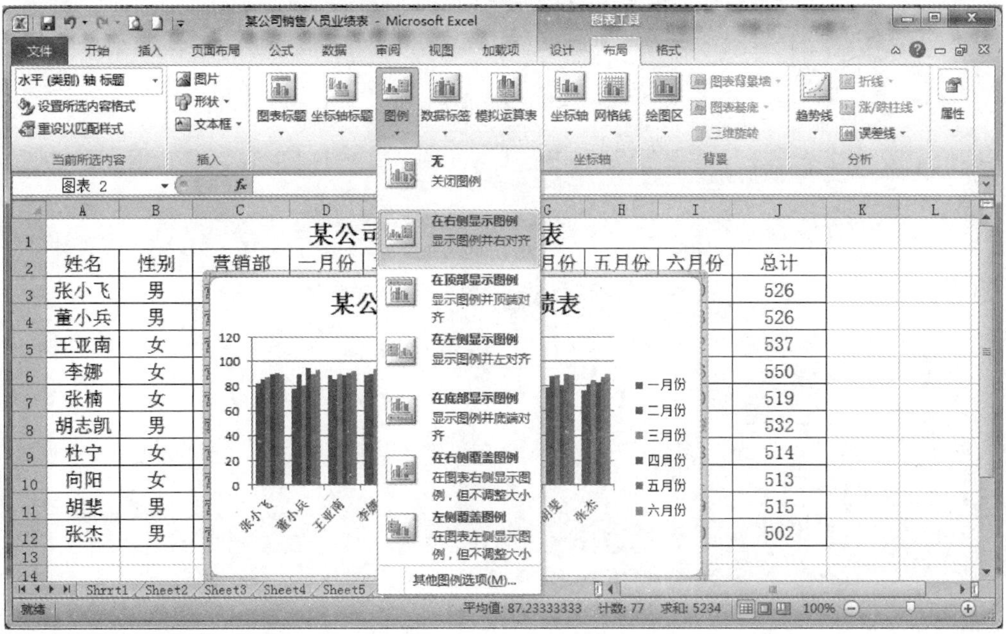

图 2-2-102　添加图例

除上述外，还可以在标签组添加数据标签、模拟运算表进行设置。

（4）更改图表类型

选择需要更改图表类型的图表，单击“图表工具”下的“设计”→“更改图表类型”按钮，在弹出的“更改图表类型”窗口中，重新选择图表类型即可更改，且内容不变，如图 2–2–103 所示。

图 2–2–103　“更改图表类型”窗口

（5）更改图表样式

选择需要更改图表样式的图表，单击“图表工具”下的“设计”→“图表样式”选项组中的任意一种样式即可更改图表样式，如图 2–2–104 所示。

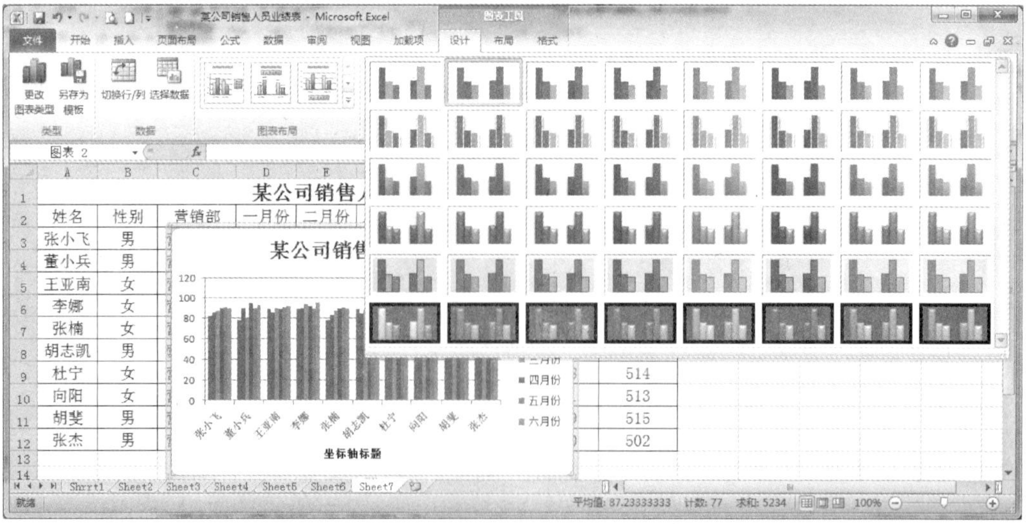

图 2–2–104　更改图表样式

（6）更改图表布局

选择需要更改图表布局的图表，单击“图表工具”下的“设计”→“图表布局”选项组中的任意一种布局即可更改图表布局，如图 2-2-105 所示。

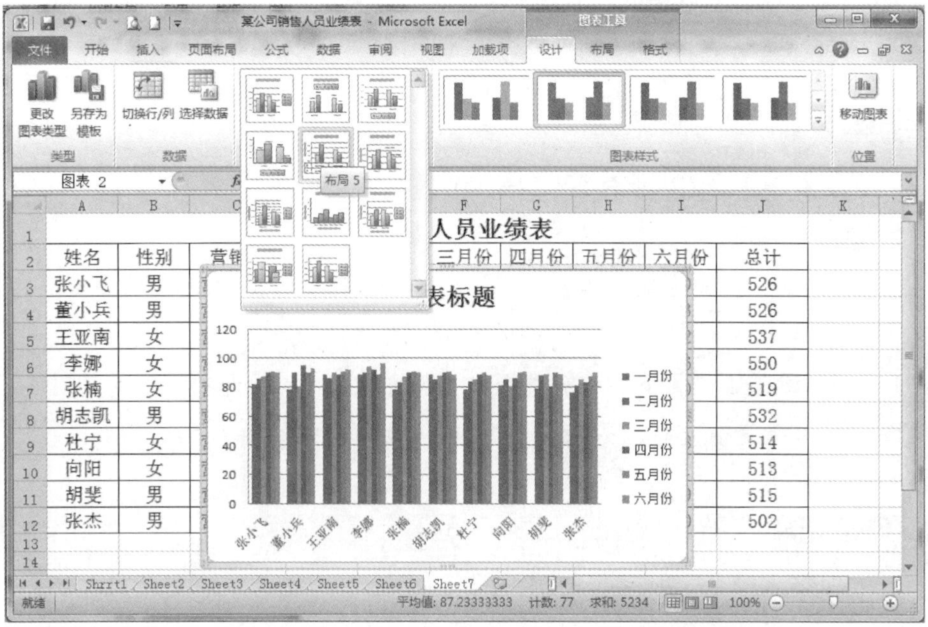

图 2-2-105　更改图表布局

（7）更改图表数据

1）选择需要更改图表数据的图表，单击“图表工具”下的“设计”→“数据”选项组中“选择数据”按钮，弹出“选择数据源”窗口，如图 2-2-106 所示。

图 2-2-106　“选择数据源”窗口

2）重新选择引用数据源的位置后，单击“确定”按钮，即可更改图表中的数据，但图表类型和样式不变。

（8）切换数据行列位置

选择需要更改图表数据的图表，单击“图表工具”下的“设计”→“数据”选项组中“切换行 / 列”按钮，即可切换数据产生的位置。

3. 图表的格式化

图表格式化是指对图表中各个图表对象的格式进行设置。

（1）更改图表元素格式

1）单击图表，此时生成“图表工具”功能区，其中包含“设计”“布局”和“格式”选项卡。

2）单击“图表工具”下的“格式”→“当前所选内容”选项组中的“图表元素”框中的箭头，在列表中选中需要更改格式的图表元素，如图 2–2–107 所示。

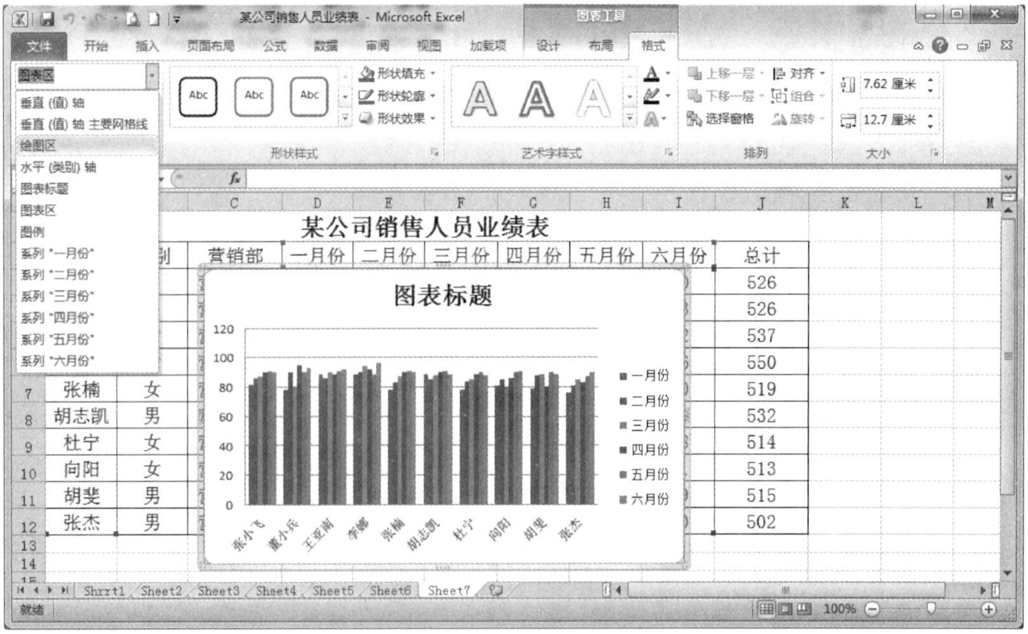

图 2–2–107　图表元素

3）根据所选图表元素，可在相对应的选项组中进行逐项设置，如形状样式、大小等。

（2）调整图表大小

插入图表后可以用以下方式对图表的大小进行调整。

1）利用鼠标调整。将光标放置在图表的任意一个角上，当光标变为双向箭头后，按住鼠标左键并拖动直至合适位置后释放鼠标即可。

2）利用“图表工具”功能区命令调整。选中图表后，单击“图表工具”下的“格式”→“大小”选项组，输入“宽度”和“高度”所需数值即可，如图 2-2-108 所示。

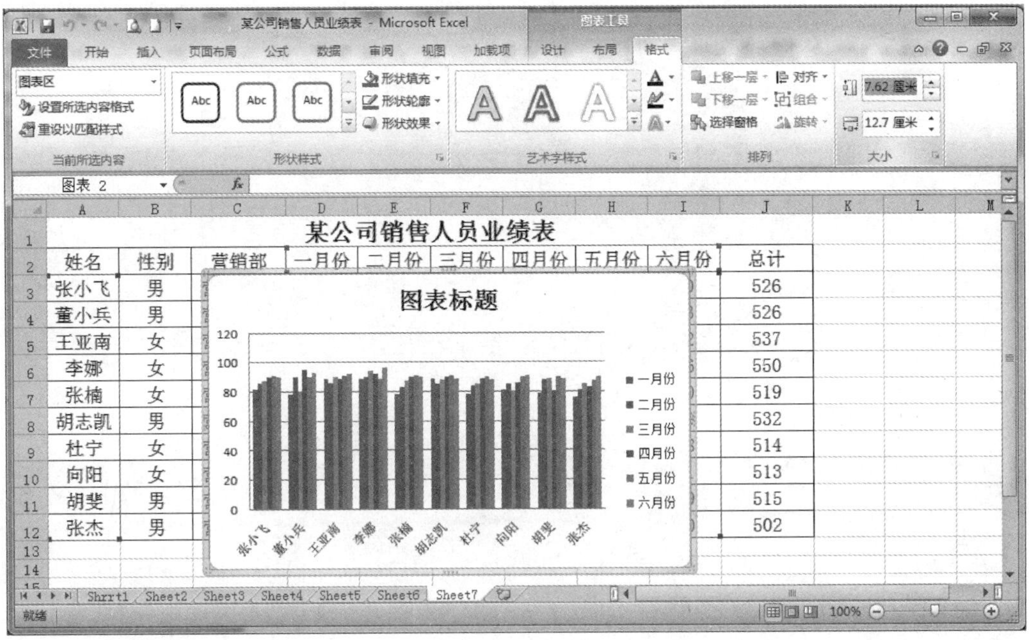

图 2-2-108　利用“图表工具”功能区命令调整

（3）添加图表背景

1）添加自选图片背景

①选择需要添加背景的图表，选择“图表工具”下的“格式”→“形状样式”→“形状填充”下拉列表中的“图片”选项，弹出“插入图片”窗口，如图 2-2-109 所示。

②在弹出的窗口中选择满意的图片，然后单击“插入”按钮即可。

2）使用系统自带图片。选择图表区，选择“图表工具”下的“格式”→“形状样式”→“形状填充”下拉列表中的“纹理”选项，在级联选项中选择满意的纹理图样即可，如图 2-2-110 所示。

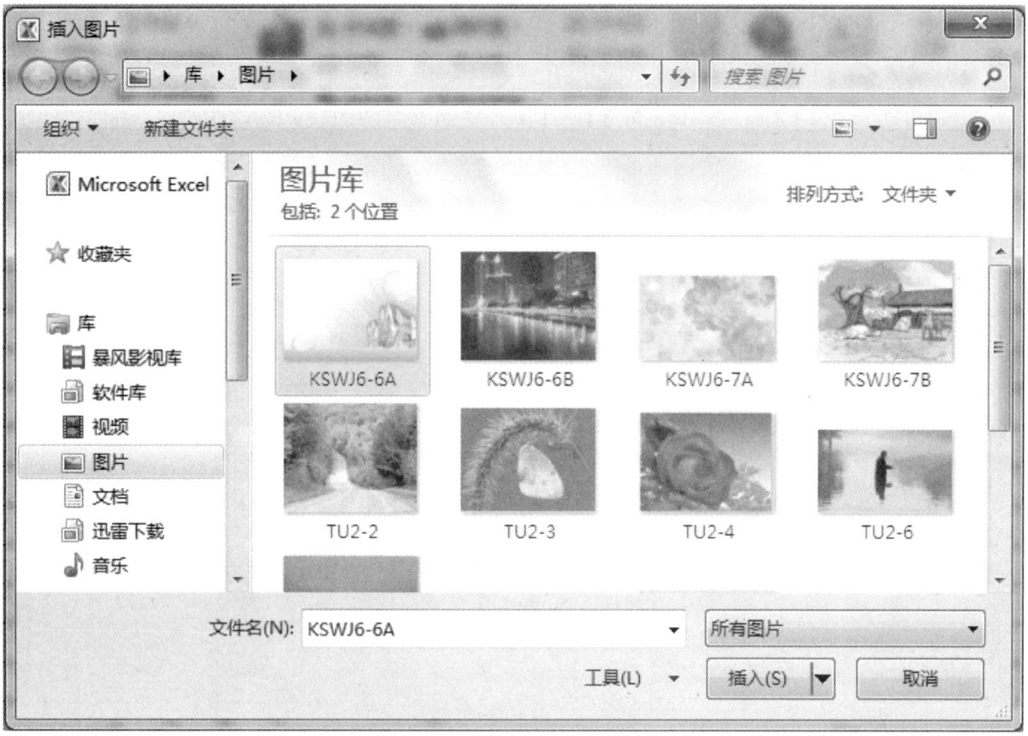

图 2-2-109　插入图片

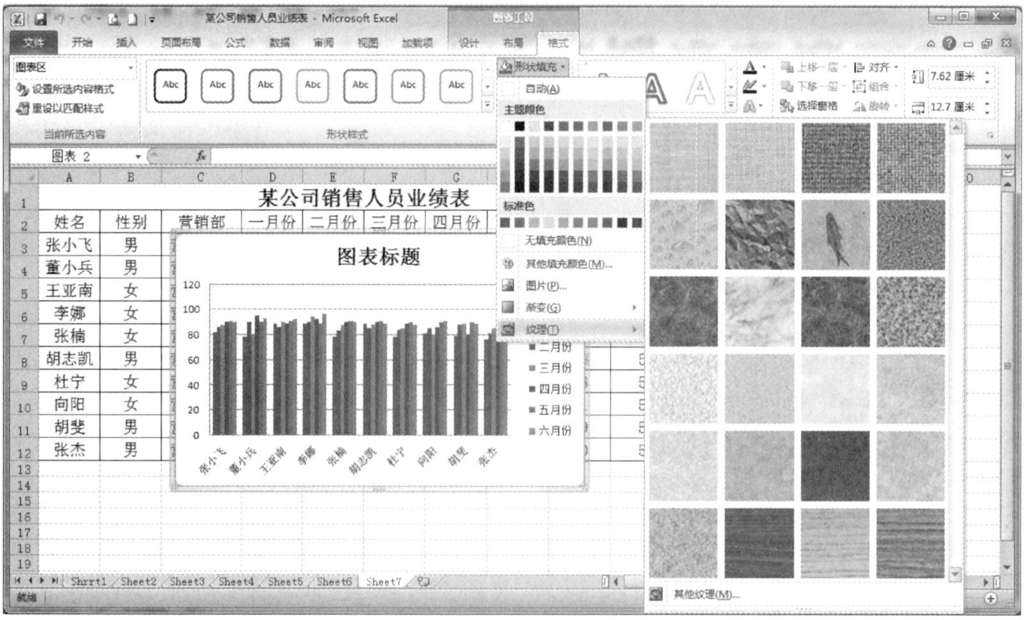

图 2-2-110　填充纹理

学习单元 4　幻灯片软件的安装与使用

PowerPoint 2010 是 Microsoft Office 推出的新一代办公软件系列重要的组件之一，是一个专门用来制作和放映多媒体幻灯片的软件，也是一个可以把文字、声音、图像、影像、动画等多种媒体有机结合在一起的多媒体制作平台。其制作功能强大，已成为人们工作生活的重要组成部分，被广泛应用于工作汇报、企业宣传、产品推介、婚礼庆典、项目竞标、管理咨询等领域。软件安装在前面学习单元中已经学过，不再赘述。

一、幻灯片软件的基本操作

1. 幻灯片软件的启动

可使用以下两种方式启动 PowerPoint 2010。

（1）在桌面上双击 Microsoft PowerPoint 2010 图标即可。

（2）单击“开始”→“所有程序”→“Microsoft office”→“Microsoft PowerPoint 2010”命令即可。

2. 幻灯片软件窗口的组成

PowerPoint 2010 的窗口主要由标题栏、功能区、幻灯片编辑工作区、大纲 / 幻灯片浏览窗格、备注窗格、状态栏等组成，如图 2–2–111 所示。

（1）标题栏。位于 PowerPoint 操作界面的顶端，从左至右分别显示为窗口控制菜单图标、快速访问工具栏、标题显示区和窗口控制按钮。

（2）功能区。PowerPoint 2010 功能区由 9 个功能选项卡组成，分别是“开始”“插入”“设计”“切换”“动画”“幻灯片放映”“审阅”“视图”和“加载项”。每个选项卡又根据功能分为若干设置组，每组中的命令按钮都可以执行一项命令或显示各命令菜单。

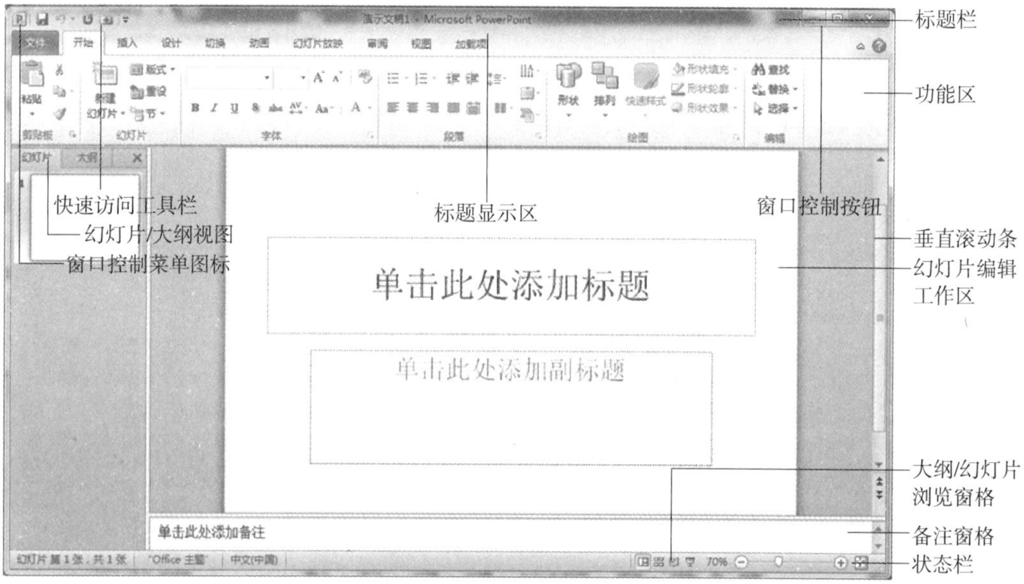

图 2-2-111　幻灯片软件窗口

（3）幻灯片编辑工作区。幻灯片编辑工作区是编辑幻灯片的主要区域，在其中可以为当前幻灯片添加文本、图形、声音、影片、动画等，还可以创建超链接或设置动画。

（4）大纲 / 幻灯片浏览窗格。利用“大纲视图”或“幻灯片视图”可以快速查看整个演示文稿中的任意一张幻灯片。“大纲”选项卡显示了幻灯片的文本大纲；“幻灯片”选项卡显示了幻灯片的缩略图。

（5）备注窗格。备注窗格用来编辑幻灯片的一些“备注”文本。

（6）状态栏。状态栏显示当前幻灯片的信息，包括幻灯片的总数和当前操作的是第几张，以及比例、视图模式等信息。

3. 幻灯片的保存

可以通过以下两种方式保存幻灯片。

（1）单击“快速访问工具栏”上的“保存”按钮。

（2）单击“文件”菜单中的“保存”命令。

4. 幻灯片软件的退出

可以通过以下两种方式退出幻灯片软件。

（1）单击“文件”菜单中的“退出”命令。

（2）单击窗口右上角的“关闭”按钮 。

二、幻灯片的编辑

1. 文本处理

文本处理是制作演示文稿最基本的操作，要使制作的演示文稿美观大方，具有吸引力，必须处理好幻灯片的文本。文本处理包括文本输入、文本编辑、文本的格式化和文本段落格式设置。

输入文本后，与 Word 2010 中文档的编辑方法基本相同，不再赘述。

2. 图形处理

将图形和文本组合在一起，可以增强演示文稿的渲染力和效果。

（1）插入图片

1）选定要插入图片的位置。

2）单击“插入”→“图像”选项组中的“图片”按钮，弹出“插入图片”窗口，如图 2-2-112 所示。

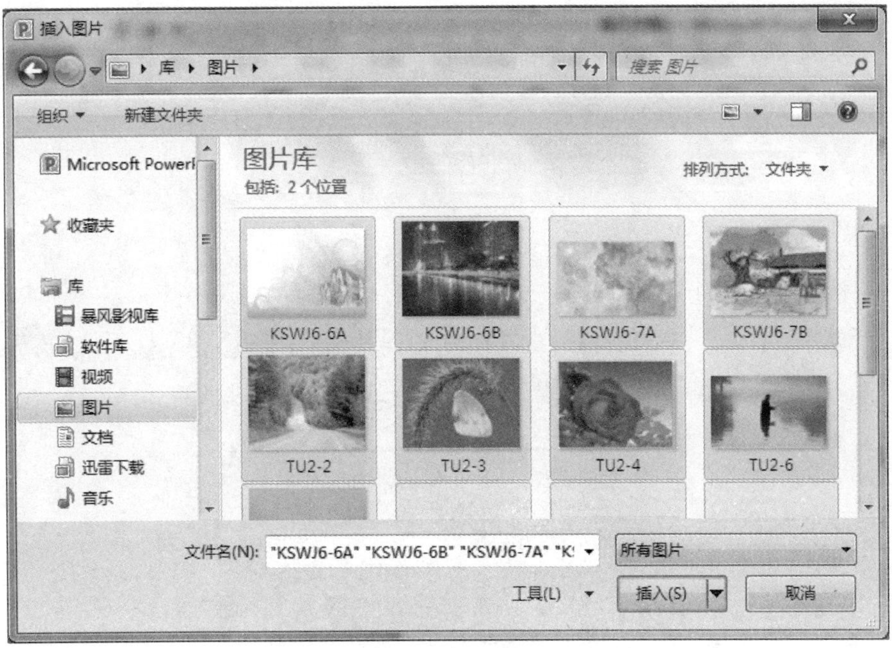

图 2-2-112　插入图片

3）在“插入图片”对话框中的“查找范围”列表中找到图片的存放位置。

4）单击要插入的图片，单击“插入”按钮即可。

插入图片后，与 Word 2010 中图片的编辑方法相同，不再赘述。

（2）插入艺术字

1）选择需要设置艺术字的文本。

2）单击“插入”→“文本”选项组中的“艺术字”按钮 A，在列表中选择一种艺术字样式，文档中被选中的文字就会以艺术字的效果显示，如图 2-2-113 所示。

插入艺术字后，与 Word 2010 中艺术字的编辑方法相同，不再赘述。

图 2-2-113　插入艺术字

3. 表格处理

（1）选定要插入表格的位置。

（2）单击“插入”→“表格”选项组中的“表格”按钮，在下拉列表中，选择“插入表格”选项，弹出“插入表格”窗口，如图 2-2-114 所示。

图 2-2-114　“插入表格”窗口

（3）在“插入表格”窗口中输入要插入表格列数和行数值。

（4）单击“确定”按钮即可。

插入表格后，可以通过选择“设计”选项卡中的“表格样式”，进一步美化表格。

4. 多媒体处理

（1）插入视频与修饰

1）插入视频。制作幻灯片时可以插入视频文件，在演示的过程中按需播放，能够增加对观众视觉的冲击力和吸引力。

①选定要插入视频的位置。

②单击“插入”→“媒体”选项组下的“视频”按钮，在列表中选择“文件中的视频”选项，弹出“插入视频文件”窗口，如图 2–2–115 所示。

图 2–2–115　“插入视频文件”窗口

③在“插入视频文件”窗口中的“查找范围”列表中找到视频文件的存放位置，选定所需视频，单击“插入”按钮。

④设置完成后，调整视频窗口的大小与位置，单击窗口下方的“播放 / 暂停”按钮即可预览视频播放效果。

2）视频修饰。视频文件插入幻灯片后，可以根据需要对其进行修饰，使其与整体环境相协调。

①选中幻灯片中的视频文件。

②单击“视频工具”下的“格式”→“视频样式”选项组中的一种视频样式。

③分别单击“视频形状”“视频边框”“视频效果”按钮，可进一步对视频样式进行逐项修饰，如图 2–2–116 所示。

图 2–2–116　视频样式修饰

④在“视频工具”下的“播放”→“编辑”选项组中可剪裁视频、设置淡化持续时间；在“视频选项”选项组中可设置音量大小、放映方式等，如图 2–2–117 所示。

（2）插入音频与修饰

1）插入音频。为了使幻灯片更具有吸引力，常常会为其添加一些音频文件，其操作如下：

①选定需插入音频的位置。

②单击“插入”→“媒体”选项组中的“音频”按钮，在列表中选择“文件中的音频”选项，弹出“插入音频”窗口，如图 2–2–118 所示。

③在“插入音频”窗口中的“查找范围”列表中找到音频文件的存放位置，选中所需的音频文件，单击“插入”按钮。

④设置完成后，幻灯片中将会出现小喇叭图标。

图 2-2-117　视频播放设置

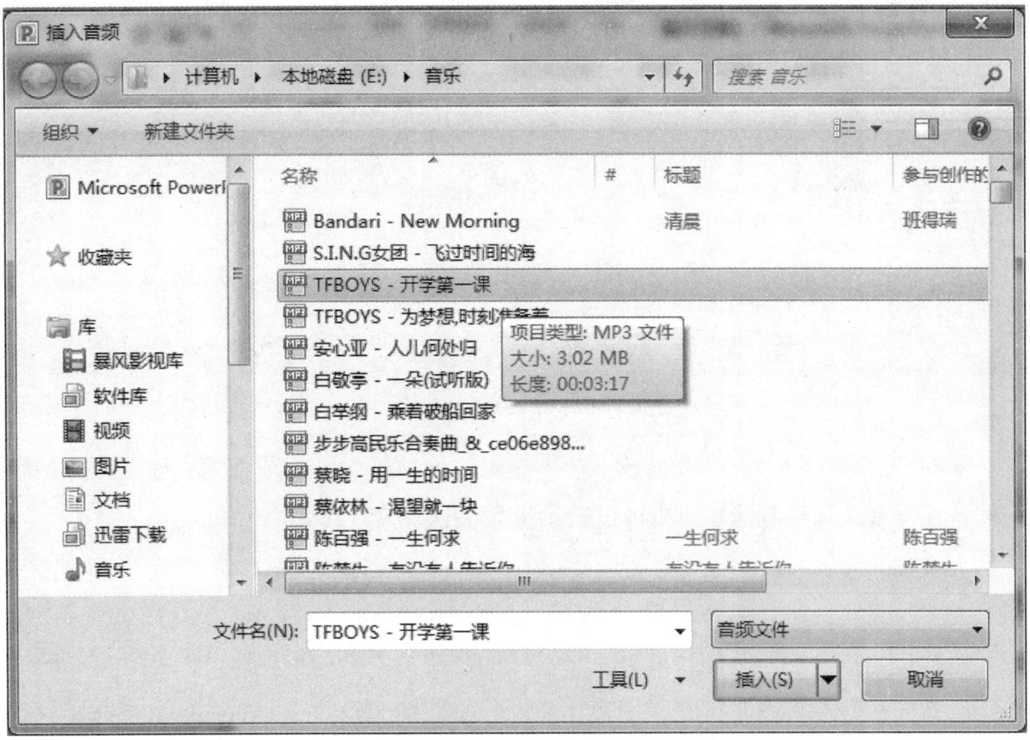

图 2-2-118　“插入音频”窗口

2）音频修饰。幻灯片中插入音频文件后，为了美化幻灯片界面，通常会对音频文件的显示效果进行设置，具体操作如下：

①选中小喇叭图标，单击“音频工具”下的“格式”→“调整”选项组中的“更改图片”按钮

，在弹出的“插入图片”窗口中选择合适图片并插入。

②返回编辑区，选择新更换的图片，单击“音频工具”下的“格式”→“调整”→“删除背景”按钮，将其多余的显示去掉。

③通过拖动图片四周的边框，确认所要保留的区域，单击“背景消除”选项卡中的“保留更改”按钮。

④待准确获取图片后，在“格式”→“调整”选项组中，单击“更正”按钮

，可调整其亮度和对比度；单击“颜色”按钮

，可调整其颜色；单击“艺术效果”按钮

，可调整其艺术效果。

⑤设置完成后，返回编辑区即可看到上述设计效果，如图 2–2–119 所示。

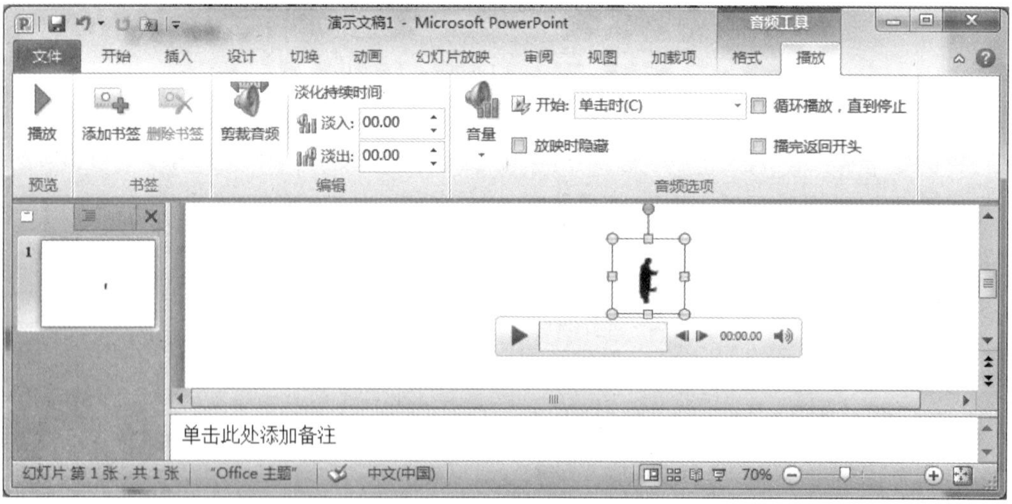

图 2–2–119　设计后效果图

⑥在“音频工具”下的“播放”→“编辑”选项组中可剪裁音频、设置淡化持续时间；在“音频选项”选项组中可设置音量大小、放映方式等。

5. 设置超链接

超链接是指从一个载体指向另一个目标的链接关系，这个载体可以是文字、图片等，所指向的目标可以是网页、图片、文件、文档中的位置等，通过单击超链接的载体，可以打开或转到所指向的位置。

（1）演示文稿中的内容与网站链接

为了更好地介绍演示文稿，可以使用链接功能，将演示文稿中的内容与网站页面进行链接，下面介绍实现链接功能的方法。

1）打开演示文稿，选中需要插入链接的幻灯片内容，单击“插入”→“链接”选项组中的“超链接”按钮，弹出“插入超链接”窗口，如图 2–2–120 所示。

图 2–2–120　“插入超链接”窗口

2）打开“插入超链接”窗口，在“地址”右侧的文本框中输入需要链接的网址，单击“确定”按钮，链接的网站地址已经关联在演示文稿中。

3）选中插入链接的幻灯片内容，在其上单击鼠标右键，从弹出的快捷菜单中选择“打开超链接”命令，即可进入该网站，如图 2–2–121 所示。

（2）现有文件中的内容链接到演示文稿

为了更加形象地展示演示文稿，可以将其与文件中的图片、表格以及文档内容进行链接。

1）打开演示文稿，选中需要添加链接的幻灯片内容，单击“插入”→“链接”选项组中的“超链接”按钮，弹出“插入超链接”窗口。

2）单击“插入超链接”窗口中“查找范围”右侧的“浏览文件”按钮，如图 2–2–120 所示。

3）打开“链接到文件”窗口，如图 2–2–122 所示，从中选择需要链接的文档，单击“确定”按钮。

4）返回到“插入超链接”窗口，单击“确定”按钮即可完成链接到文件的操作。

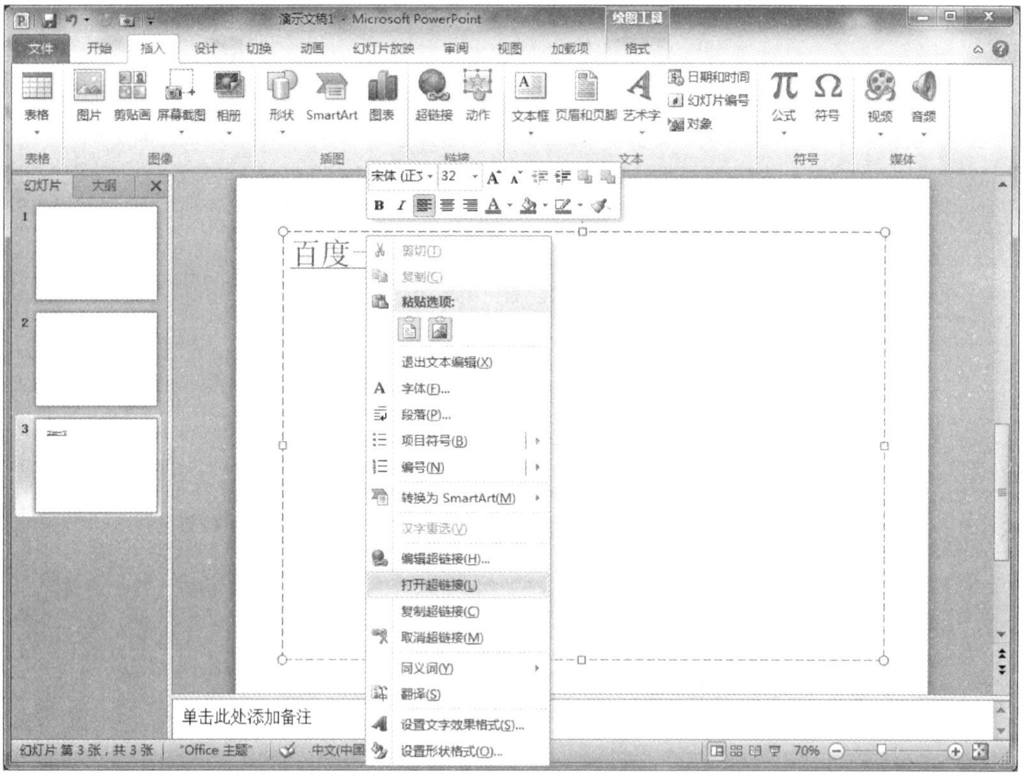

图 2-2-121　利用快捷菜单打开超链接命令

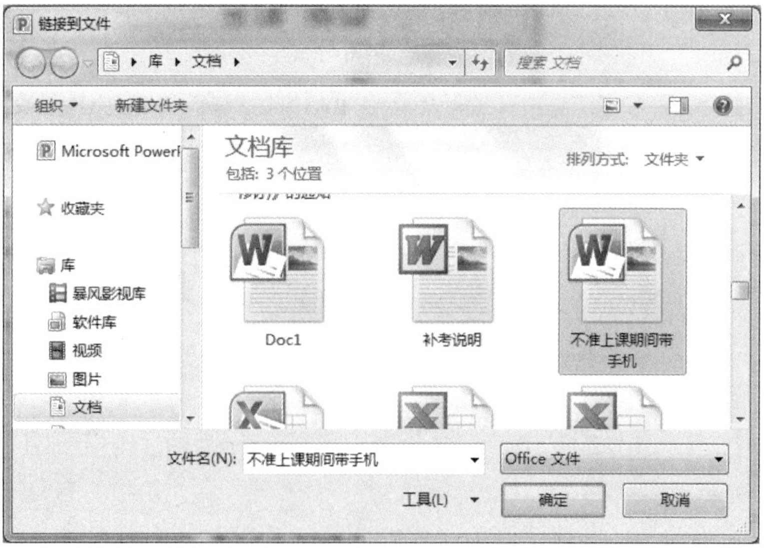

图 2-2-122　“链接到文件”窗口

（3）本文档中幻灯片与幻灯片对象间的链接

在幻灯片播放时，可以为幻灯片添加动作按钮，使幻灯片的放映更加生动、形象。

1）打开演示文稿，选中需要添加链接的幻灯片内容，单击“插入”→“链接”选项组中的“动作”按钮，弹出“动作设置”窗口，如图 2–2–123 所示。

2）在默认的“单击鼠标”选项卡中，单击“超链接到”单选按钮，选择要链接的幻灯片，如图 2–2–124 所示，单击“确定”按钮。

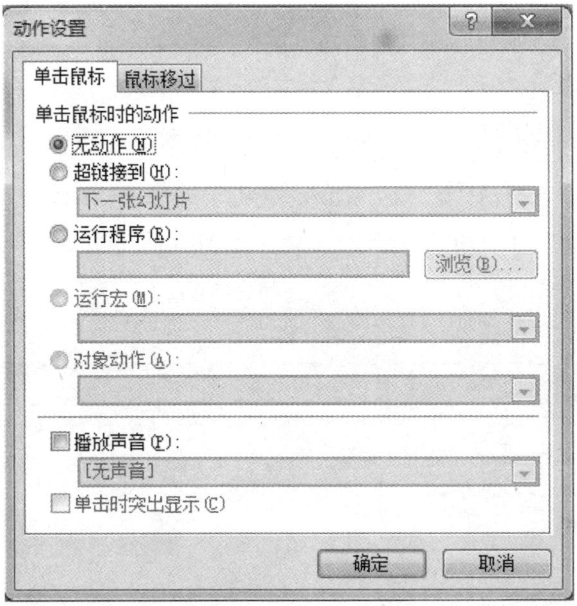

图 2–2–123　“动作设置”窗口

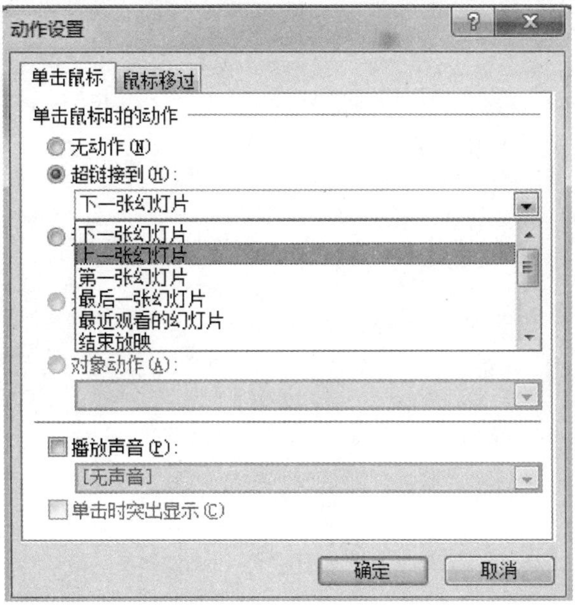

图 2–2–124　链接目标幻灯片列表

3）放映该幻灯片时，当鼠标移动到该动作按钮上时，光标会显示手的形状，单击即可。

三、幻灯片的修饰

1. 幻灯片模板

根据用户工作领域的不同，制作的幻灯片也会有所不同。PowerPoint 软件，提供了多种模板，如教育、科技等，用户根据需要可选择相应的模板下载使用。

（1）启动 PowerPoint 软件，单击“文件”选项卡的“新建”命令，打开相对应的选项面板，如图 2-2-125 所示。

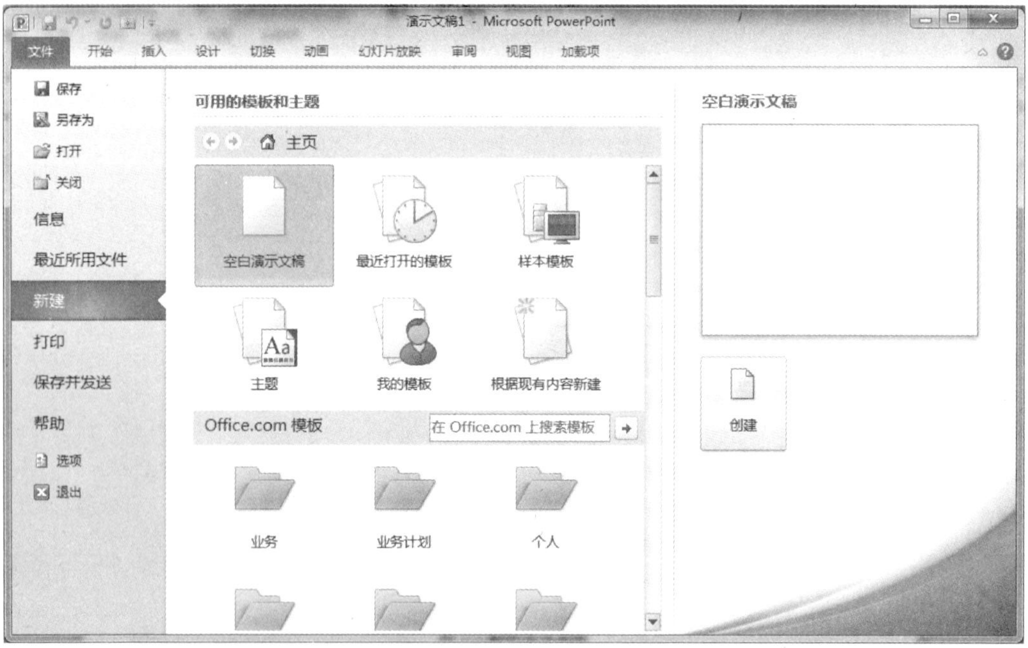

图 2-2-125　模板选项面板

（2）在“Office.com 模板”中，选择所需模板选项，打开相对应的界面，如“业务计划”→“销售提案演示文稿”，单击右侧“下载”按钮，即可打开并使用，如图 2-2-126 所示。

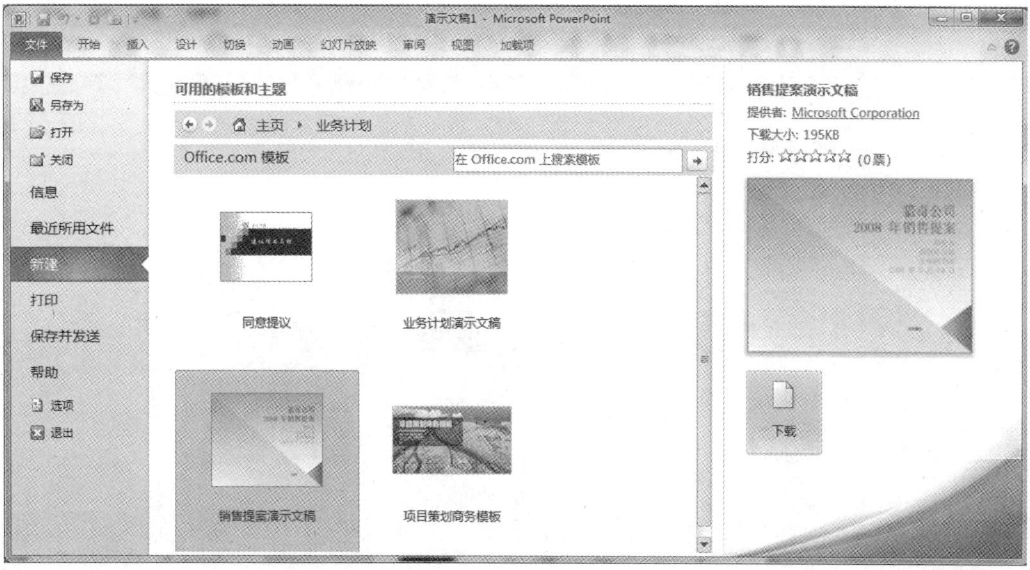

图 2-2-126　选择模板

2. 幻灯片的配色方案

整个演示文稿可以使用一个色彩方案，也可以分成若干部分，每个部分使用不同的色彩方案，同时还可以随心所欲地设计自己的色彩方案，如幻灯片的标题文字颜色、内容文字颜色、超链接颜色等。

（1）更改主题样式

选中所需幻灯片，单击“设计”→“主题”选项组中任意一种主题样式即可更改，如图 2–2–127 所示。

（2）更改主题颜色

1）单击“设计”→“主题”选项组中的“颜色”按钮 颜色 ▾，在其列表中重新选择一种主题颜色，如图 2–2–128 所示。

2）选择完成后，该幻灯片已发生了相应的改变。也可在列表中，选择“新建主题颜色”选项，创建个性主题颜色。

3）在“新建主题颜色”窗口中，可设置自己喜欢的主题颜色，如图 2–2–129 所示。单击所需要更改的颜色按钮，在颜色面板中选择所需颜色即可。

4）设置完成后，在该窗口下方“名称”文本框中，输入所需保存的主题名称，单击“保存”按钮，即可查看到该幻灯片颜色的变化。

5）单击“设计”→“颜色”按钮，在列表中即可查看刚才保存的主题颜色。

除上述设置外，还可用同样的方法对主题的字体样式、主题效果进行设置。

图 2-2-127　主题样式

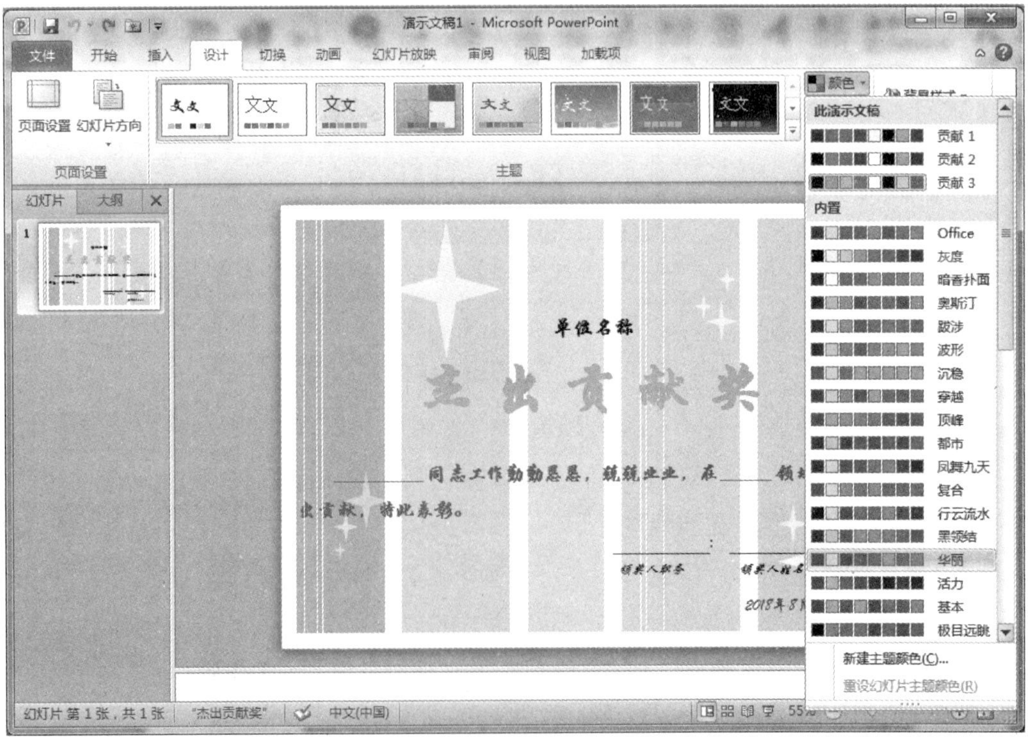

图 2-2-128　选择主题颜色

图 2-2-129 “新建主题颜色”窗口

（3）设置背景

幻灯片背景可以实现美化的效果，给阅读者耳目一新的感觉。

1）选择需要设置背景的幻灯片，单击“设计”→“背景”选项组中的“背景样式”按钮。在列表中，选择一款背景样式，如图 2-2-130 所示。

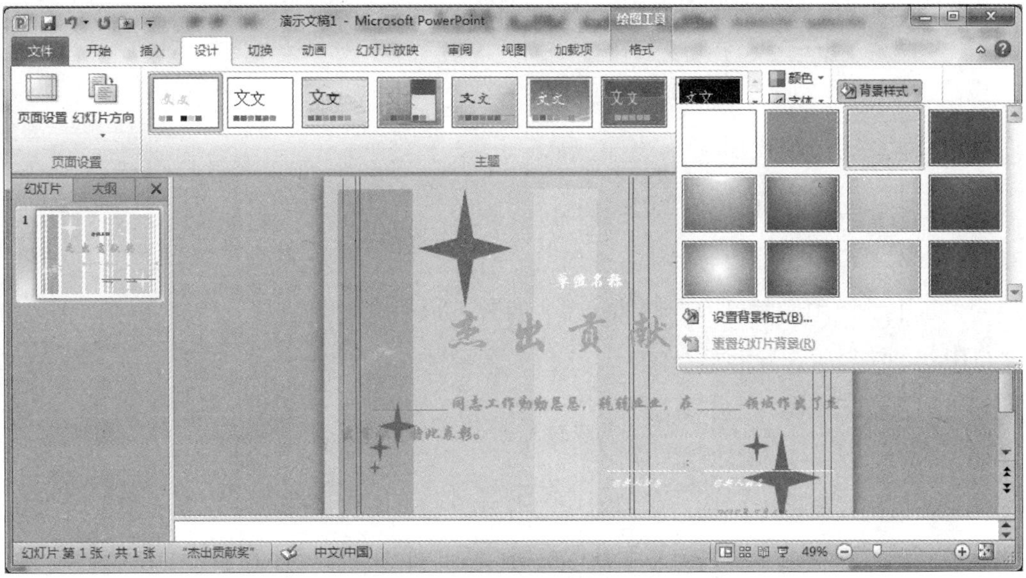

图 2-2-130　背景样式

2）若列表中没有合适的样式，可选择“设置背景格式”命令，弹出“设置背景格式”窗口，如图 2-2-131 所示。

图 2-2-131 “设置背景格式”窗口

3）在“设置背景格式”窗口中，对“填充”“图片更正”“图片颜色”“艺术效果”四个选项进行相应的设置。

4）设置完成后，单击“全部应用”按钮即可。

3. 幻灯片母版

所谓“母版”，就是一种特殊的幻灯片，它包含可出现在每一张幻灯片上的显示元素，如文本占位符、图片、动作按钮等。幻灯片母版上的对象将出现在每张幻灯片的相同位置上。使用母版可以方便地统一幻灯片的风格。母版通常包括幻灯片母版、讲义母版和备注母版 3 种形式。

（1）单击“视图”→“母版视图”选项组中的“幻灯片母版”按钮，打开幻灯片母版视图，如图 2-2-132 所示。

（2）在左侧窗格中，选择所需母版幻灯片，并在右侧编辑区中，选择需要设置的文本框，对其字体、字号及颜色等进行重新设置，如图 2-2-133 所示。

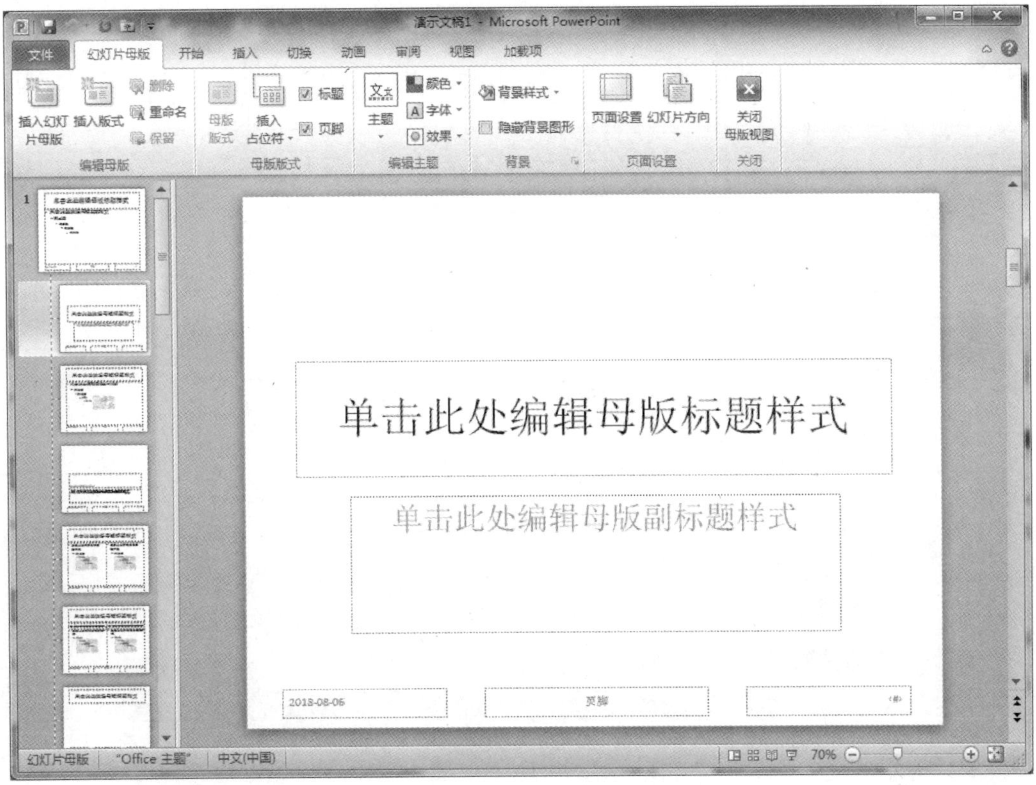

图 2-2-132　幻灯片母版视图

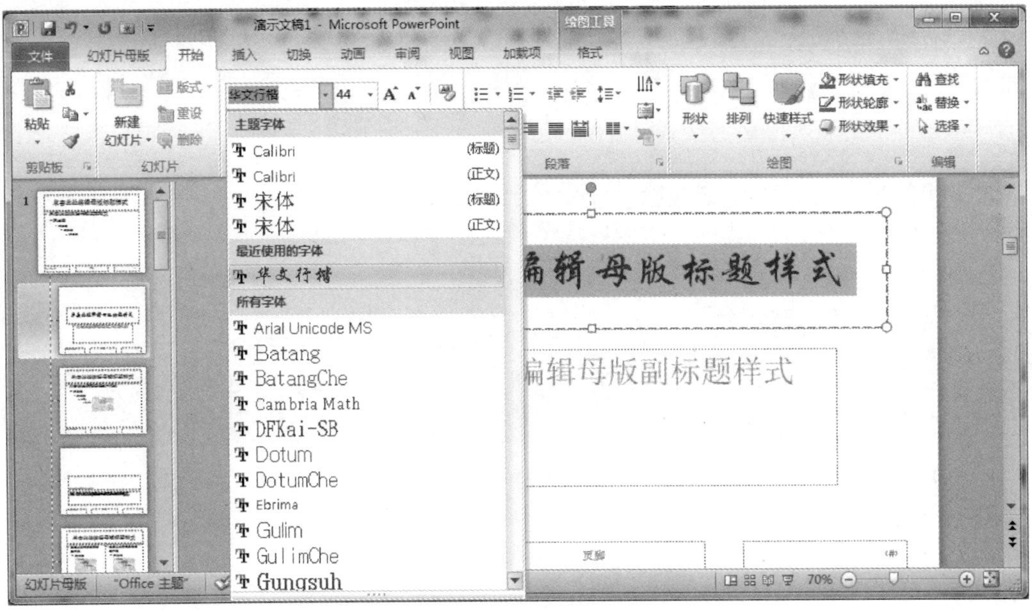

图 2-2-133　重新设置母版格式

（3）选择标题文本框，按住鼠标左键，拖动该文本框至幻灯片合适位置，对其进行移动操作，如图 2-2-134 所示。

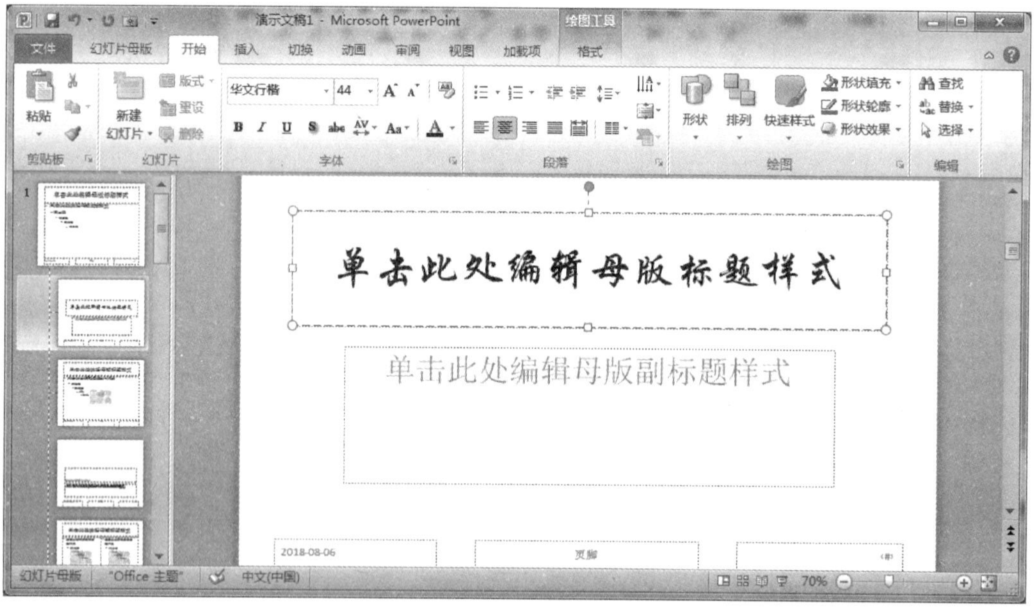

图 2-2-134 调整文本框位置

（4）分别选中幻灯片底部的时间、页脚及编号文本框，直接输入相关内容即可。若不需要，按 Delete 键将其删除即可。

（5）所有设置完成后，单击“幻灯片母版”→“关闭”→“关闭母版视图”按钮即可。

四、幻灯片的切换效果和动画设置

1. 设置幻灯片的切换效果

为了使幻灯片的演示效果更加精彩，可以为幻灯片页面设置切换效果，以营造动态感觉。

（1）选中要设置的幻灯片，单击“切换”→“切换到此幻灯片”选项组中的“切换样式”列表，选择合适的切换样式即可，如图 2-2-135 所示。

（2）设置完成后，单击“效果选项”，更进一步设置切换效果。

（3）在“计时”选项组中设置切换的声音、持续时间及换片方式。

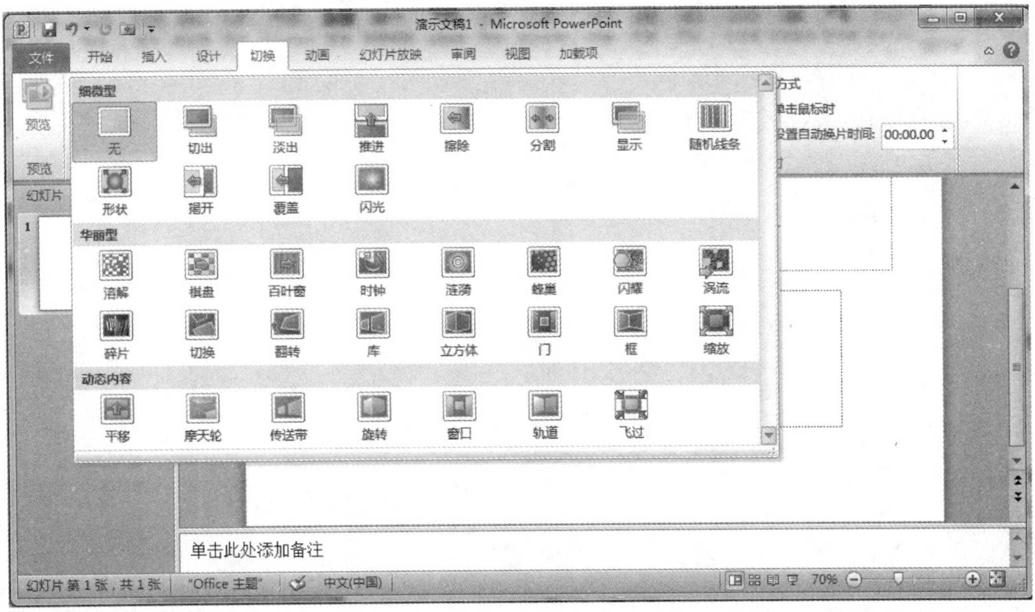

图 2-2-135　幻灯片切换样式

（4）用同样的方法依次对各张幻灯片的切换效果进行设置，设置完成后，保存即可。

2. 设置动画效果

（1）设置进入动画效果

1）选中需要设置动画的内容，单击“动画”→“动画”选项组中的“动画样式”，在列表中选择一种进入动画样式，如“旋转”，如图 2-2-136 所示；或单击列表中“更多进入效果”命令，在弹出的窗口中进行选择，如图 2-2-137 所示。

2）返回编辑区，单击“动画”→“预览”选项组中的“预览”按钮，即可查看该进入动画效果。

3）用同样的方法为其他图片设置动作路径，最后预览其动画效果。

（2）设置退出动画效果

1）选中需要设置动画的内容，单击“动画”→“动画”选项组中的“动画样式”，在列表中选择一种退出动画样式，如图 2-2-136 所示，如“淡出”，或单击列表中“更多退出效果”命令，在弹出的窗口中进行选择，如图 2-2-138 所示。

2）返回编辑区，单击“动画”→“预览”选项组中的“预览”按钮，即可查看该退出动画效果。

3）用同样的方法为其他内容设置退出动画效果，最后预览其动画效果。

图 2-2-136　幻灯片动画样式

图 2-2-137 “更改进入效果”窗口

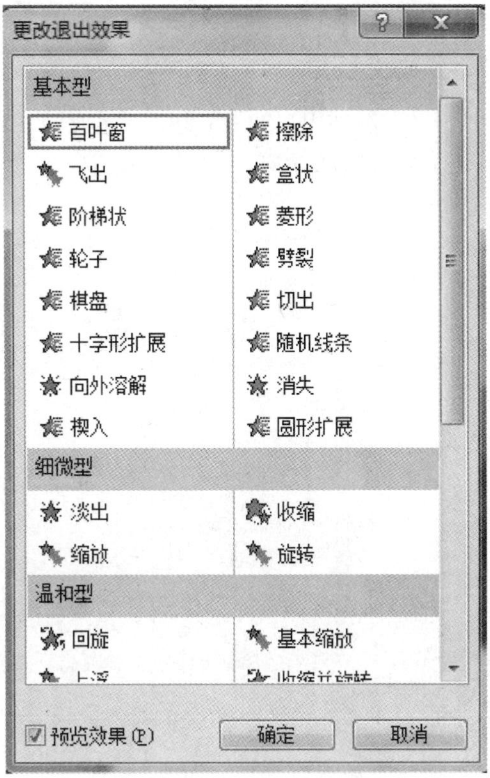

图 2-2-138 “更改退出效果”窗口

除上述设置外，还可以用同样的方法对强调动画效果、其他动作路径等进行设置。

五、幻灯片放映

1. 启动幻灯片放映

幻灯片制作完成后，可以采用多种放映方式，最常用的是从头开始和从当前幻灯片开始两种方式。

在“幻灯片放映”→“开始放映幻灯片”选项组中，单击“从头开始”按钮，可实现幻灯片从头开始放映；单击“从当前幻灯片开始”按钮，可从当前幻灯片开始放映。放映时单击鼠标左键可切换到下一张幻灯片。

2. 设置幻灯片的放映方式

如果需要更全面的放映控制，则可设置放映方式。

（1）单击“幻灯片放映”→“设置”选项组中的“设置幻灯片放映”按钮，弹出“设置放映方式”窗口，如图 2-2-139 所示。

（2）根据用户需要，可对幻灯片放映类型、放映选项、换片方式等进行设置。

（3）设置完成后，单击“确定”按钮即可。

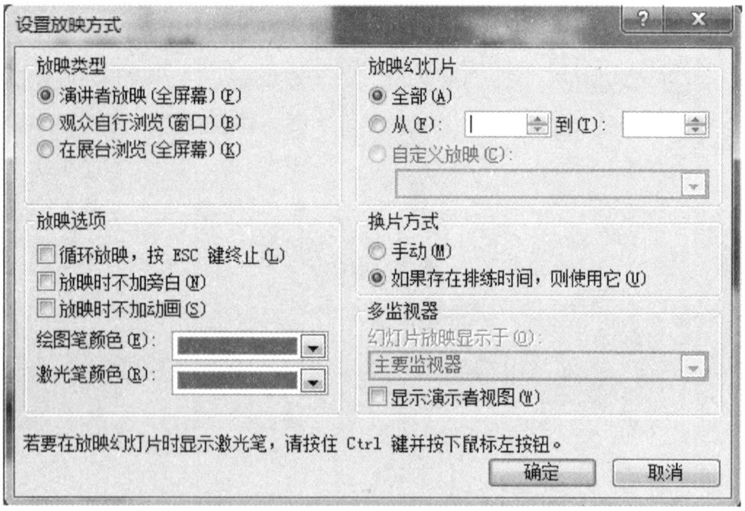

图 2-2-139 “设置放映方式”窗口

学习单元 5　常用工具软件的安装与使用

一、浏览器的安装

Internet Explorer，简称 IE，是微软公司开发的一款可视化图形界面的网页浏览软件。其主要作用是接受用户请求到相应网站获取网页并显示出来，是最常见的一种浏览器。

其他浏览器有火狐（Firefox）、谷歌（Google Chrome）、百度浏览器、360 浏览器、UC 浏览器等。下面以 Internet Explorer 8 为例，具体安装步骤如下：

步骤 1：运行 IE 浏览器安装程序，运行确认直至出现欢迎界面，如图 2-2-140 所示，单击“下一步”按钮，开始安装。

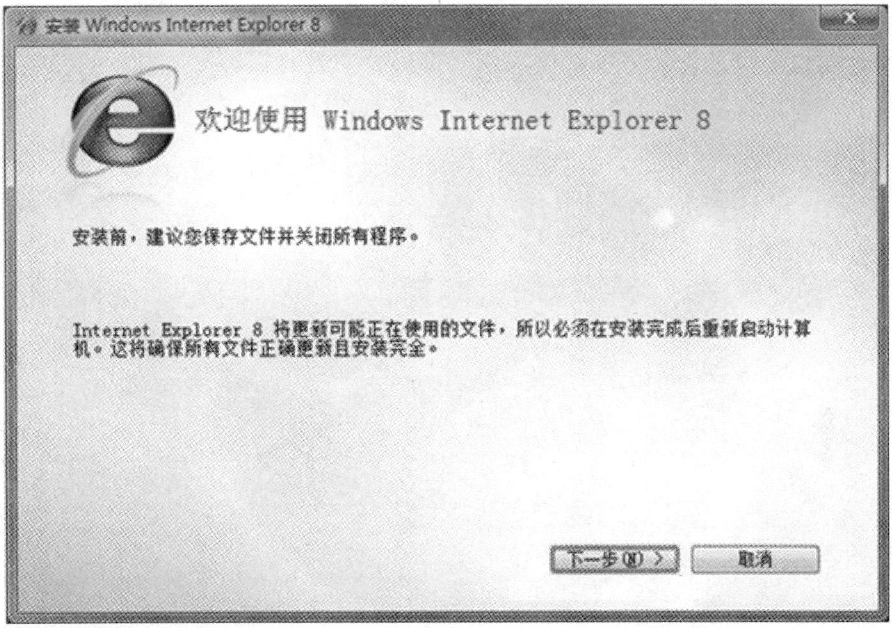

图 2-2-140　欢迎使用 Windows Internet Explorer 8 界面

步骤 2：推荐勾选“安装更新”选项，系统会在安装过程中把一些相关更新与主程序一并安装，从而保证安装后的浏览器是当前最新版本。勾选完毕后单击“下一步”按钮，如图 2-2-141 所示。

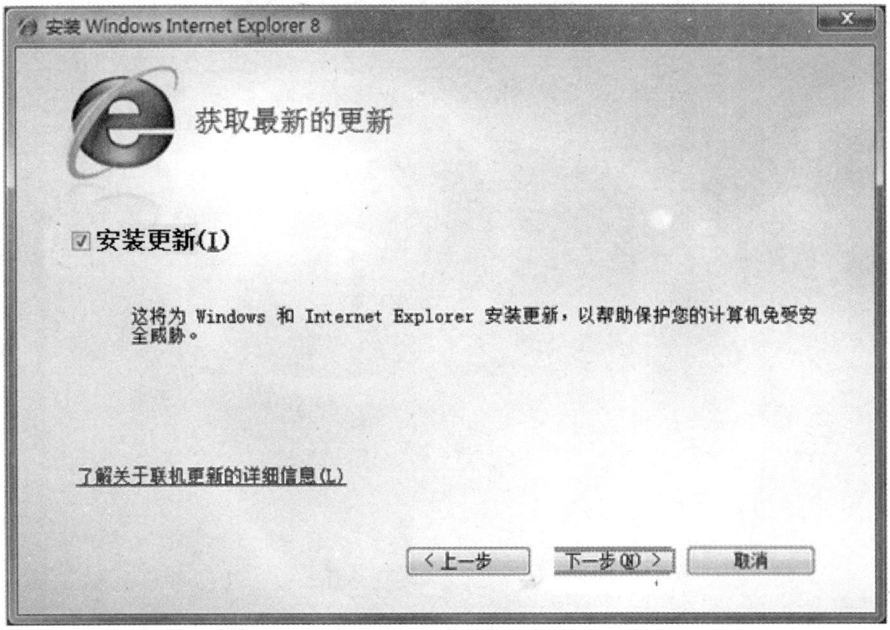

图 2-2-141　勾选选项

步骤 3：进入 IE 浏览器的自动安装阶段，无须手动操作。耐心等待安装过程。安装所需时间根据计算机的硬件配置而定，硬件配置越高，安装过程相对越快，如图 2–2–142 所示。

步骤 4：程序安装完成，根据提示重新启动计算机，待重新进入系统后，IE 浏览器安装完毕，如图 2–2–143 所示。

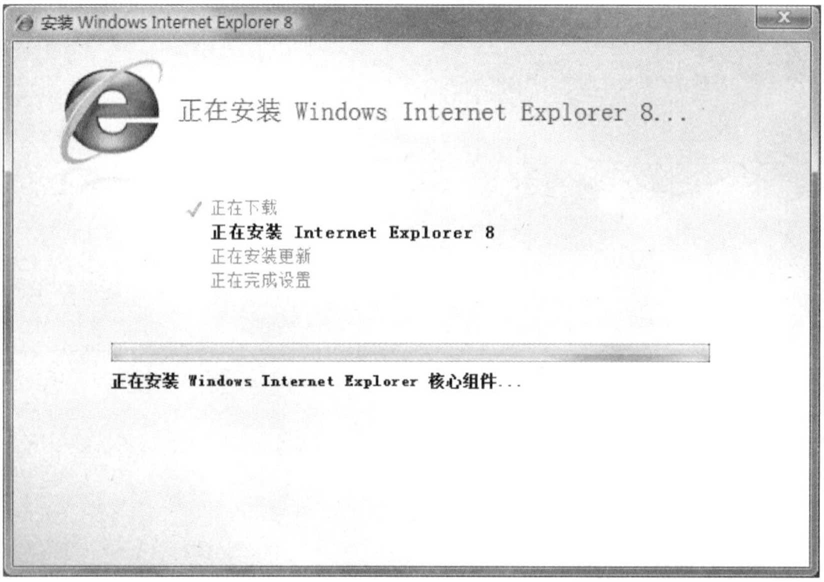

图 2–2–142　安装进度

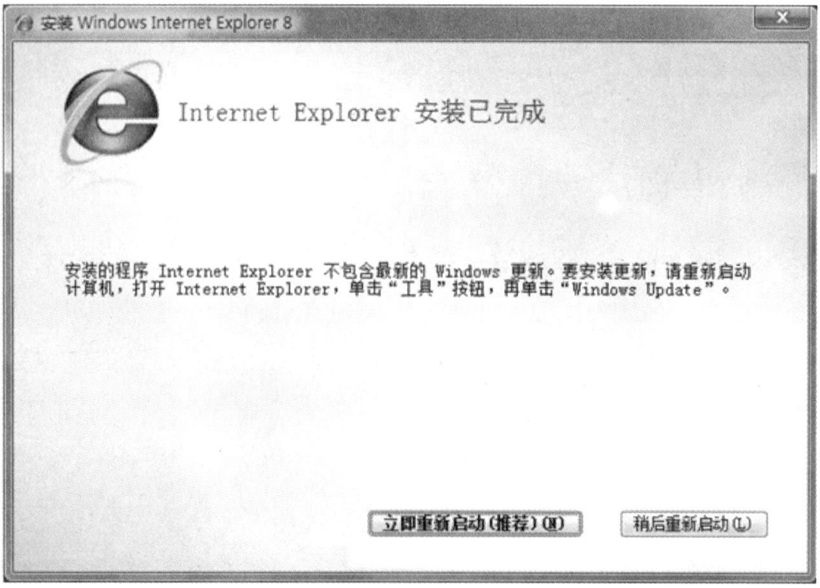

图 2–2–143　安装完成

二、浏览器的使用

1. 浏览网页内容

（1）IE 浏览器的启动

可通过以下两种方式启动 IE 浏览器。

1）单击“开始”→“所有程序”→ Internet Explorer 程序。

2）在桌面上双击 IE 浏览器快捷图标 Internet Explorer 即可启动。

（2）IE 浏览器窗口

IE 浏览器窗口主要由标题栏、地址栏、菜单栏、工具栏等组成，如图 2-2-144 所示。

图 2-2-144　IE 浏览器窗口

1）标题栏。显示浏览器当前正在访问网页的标题。

2）菜单栏。含有 IE 所有功能的命令，通过下拉菜单，可以打开相应的操作。

3）工具栏。提供了常用命令的工具按钮，如前进、后退、刷新等。

4）地址栏。用于输入要浏览的网页地址。

5）浏览区。窗口中面积最大的区域，显示当前访问的网页内容以便用户浏览。

6）状态栏。显示浏览器下载的网页的实际工作状态。

（3）浏览器工具

后退：回到浏览器访问过的上一个网页。

前进：回到浏览器访问过的下一个网页。

刷新：重新下载当前网页。

停止：停止下载当前网页。

2. 搜索并保存网页内容

（1）搜索内容

1）打开 IE 浏览器，在地址栏输入百度地址（www.baidu.com），按 Enter 键，打开百度首页，如图 2–2–145 所示。

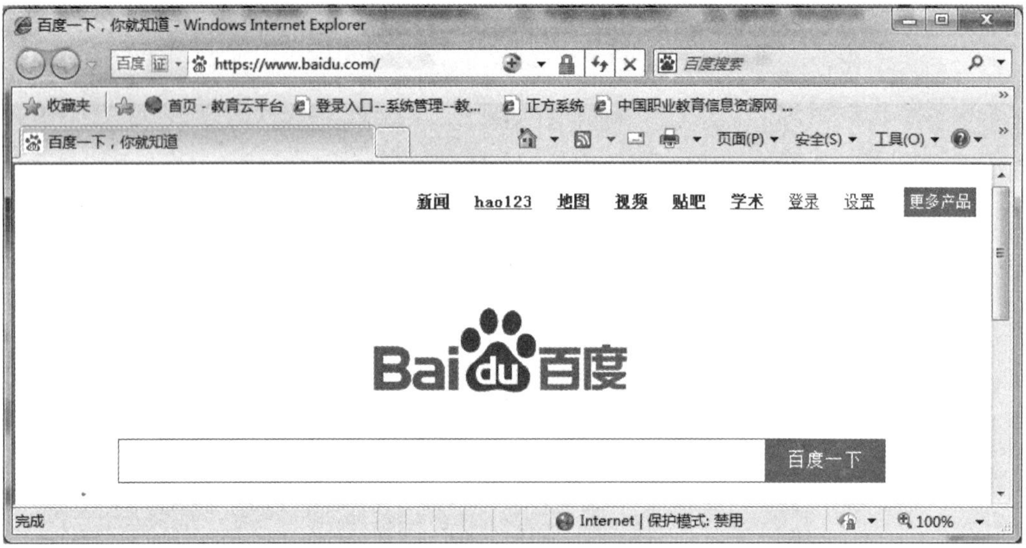

图 2–2–145　IE 浏览器百度首页

2）在搜索文本框中输入“中华人民共和国电子商务法”，然后单击“百度一下”按钮或按 Enter 键，可以看到关于“中华人民共和国电子商务法”的诸多网站或网页超链接，单击某一链接查看相关内容，如图 2–2–146 所示。

3）继续搜索与“中华人民共和国电子商务法”相关的视频，单击页面中的视频链接，查看相关的视频。

（2）保存网页

网络中许多内容对学习和生活都有指导意义，可以把这些内容保存下来，以备今后使用，也可以在无法上网的时候方便查阅。

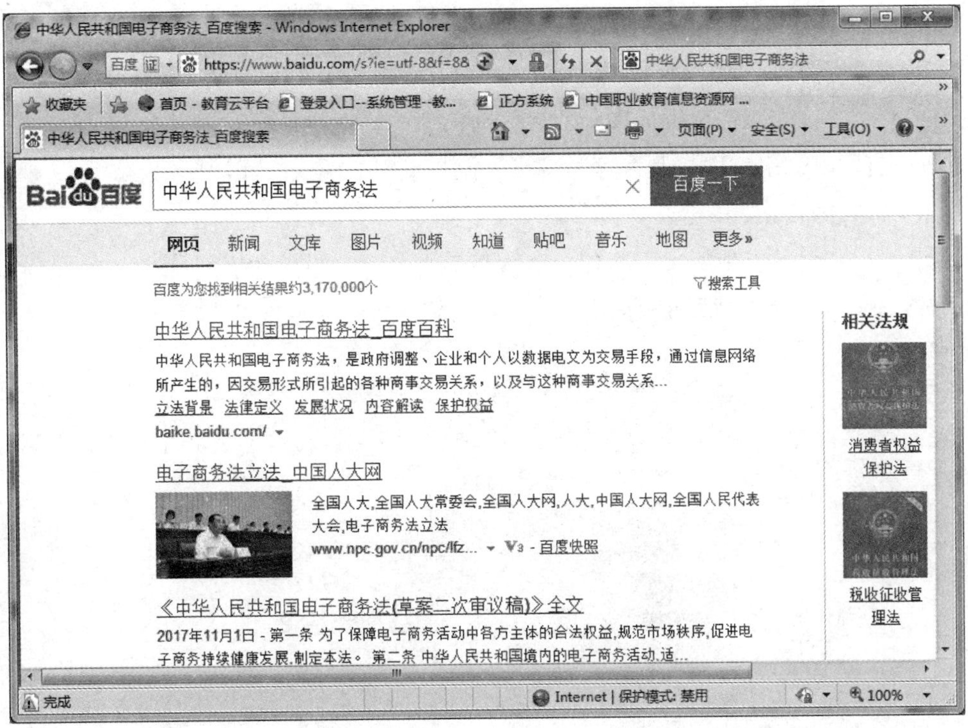

图 2-2-146　搜索结果

1）在打开的网页中，选择“文件”→“另存为”命令，打开“保存网页”窗口，如图 2-2-147 所示。

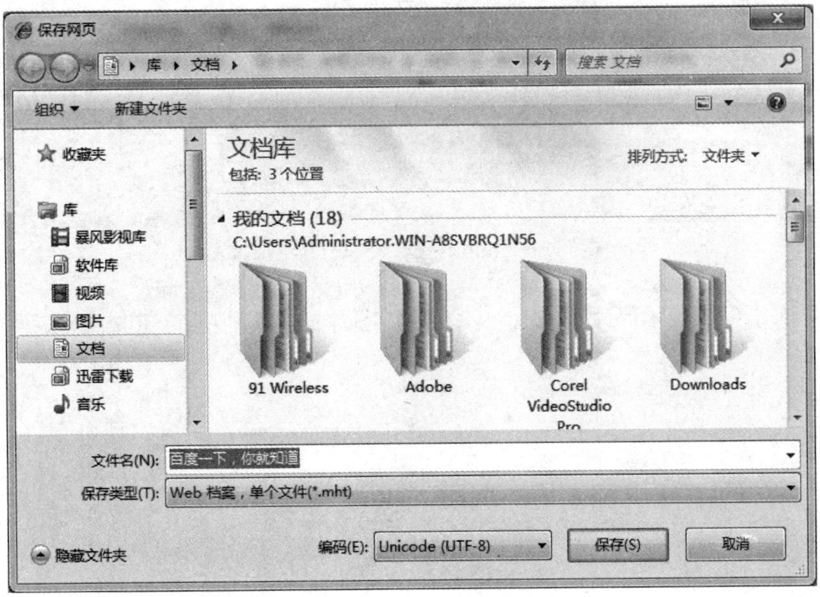

图 2-2-147　“保存网页”窗口

2）在“保存网页”对话框中，找到要保存网页的位置，在“文件名”文本框中输入文件名，在“保存类型”列表中选择“网页”选项，单击“保存”按钮即可。

3）选中该文件双击鼠标，即可打开保存的网页。提示：保存的是当前页面，如果计算机没有联网，也可以打开保存的网页，但是里面的超链接无法使用。

（3）保存图片

1）在打开的网页中，选中图片，单击鼠标右键，在弹出的快捷菜单中选择“图片另存为”命令，如图 2–2–148 所示。

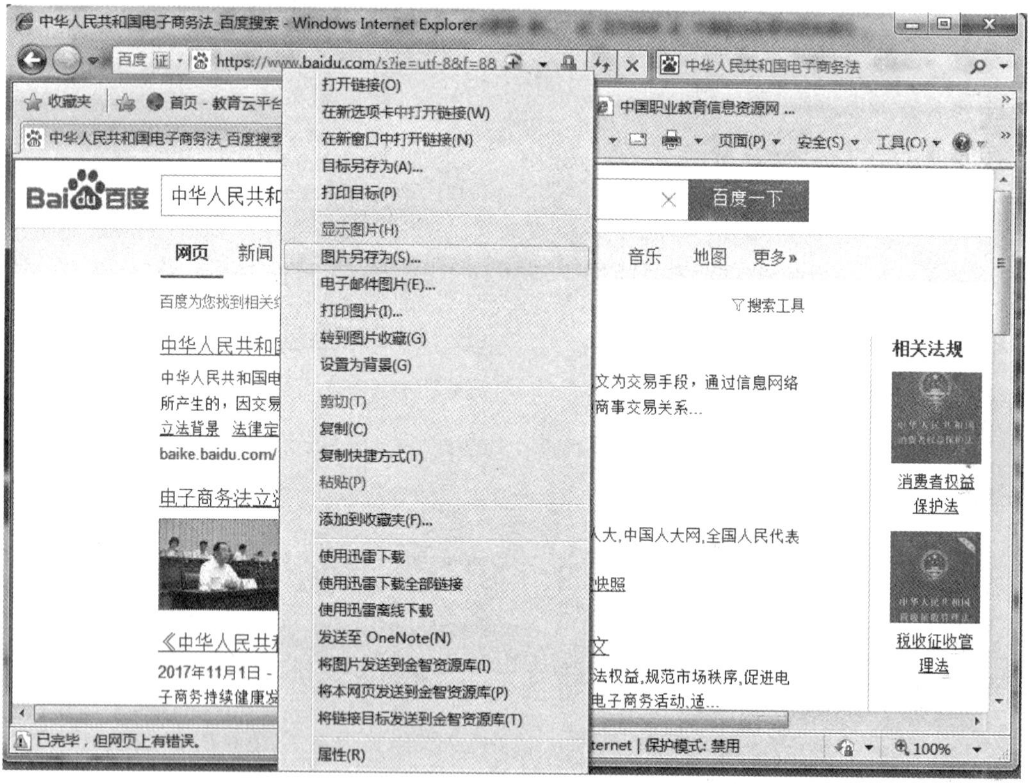

图 2–2–148　利用快捷菜单打开“另存为命令”

2）在弹出的“保存图片”窗口中，找到图片的保存位置，单击“保存”按钮即可，如图 2–2–149 所示。

3. 管理收藏夹与历史记录

（1）添加收藏夹

如果经常访问某一网站或网页，可以直接将页面收藏起来，以便今后使用。

图 2–2–149 “保存图片”窗口

1）打开 IE 浏览器，输入“中华人民共和国电子商务法”，打开相应链接首页，如图 2–2–146 所示。

2）单击“收藏夹”→“添加到收藏夹”→“添加到收藏夹栏”命令，该网页即保存在收藏夹栏中，如图 2–2–150 所示。

（2）管理收藏夹

经常上网浏览网页，总会把有用的网页添加到收藏夹中，时间一久，收藏的网页就越来越多，为了规范有序，需要对收藏夹进行整理。

1）打开 IE 浏览器，单击“收藏夹”→“添加到收藏夹”→“整理收藏夹”命令，如图 2–2–150 所示。

2）在系统自动弹出的“整理收藏夹”窗口中单击“新建文件夹”按钮，系统会自动在创建一个新的文件夹，输入文件名，如图 2–2–151 所示。

3）创建成功后的文件夹是空的，选定相关的网站按住鼠标左键直接拖曳放到该文件夹目录中。

（3）历史记录

1）打开 IE 浏览器，单击“收藏夹”→“历史记录”选项，如图 2–2–152 所示。

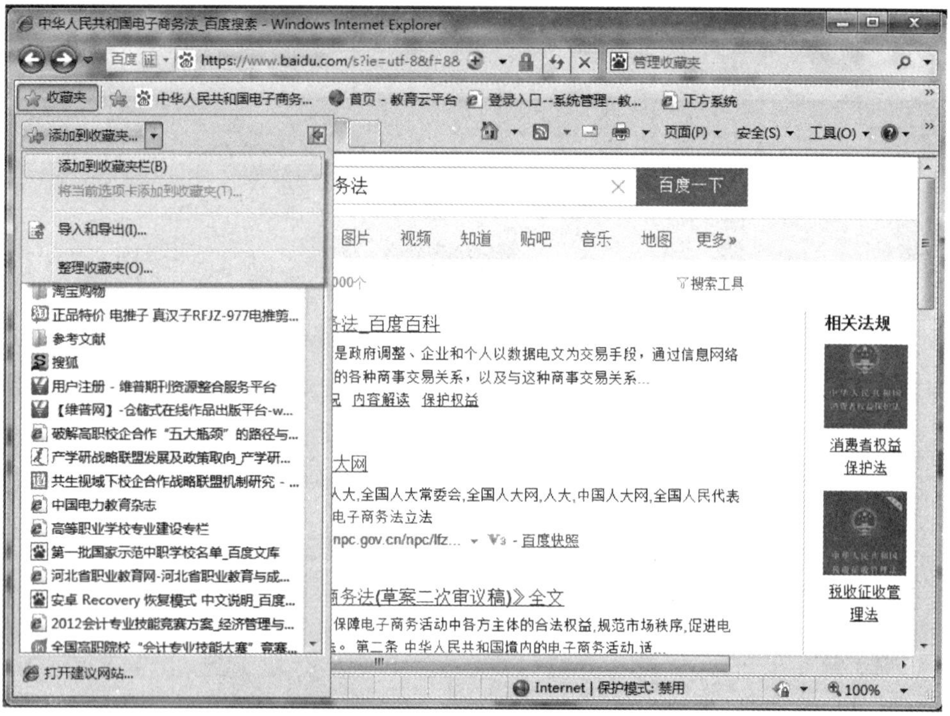

图 2-2-150　添加到收藏夹

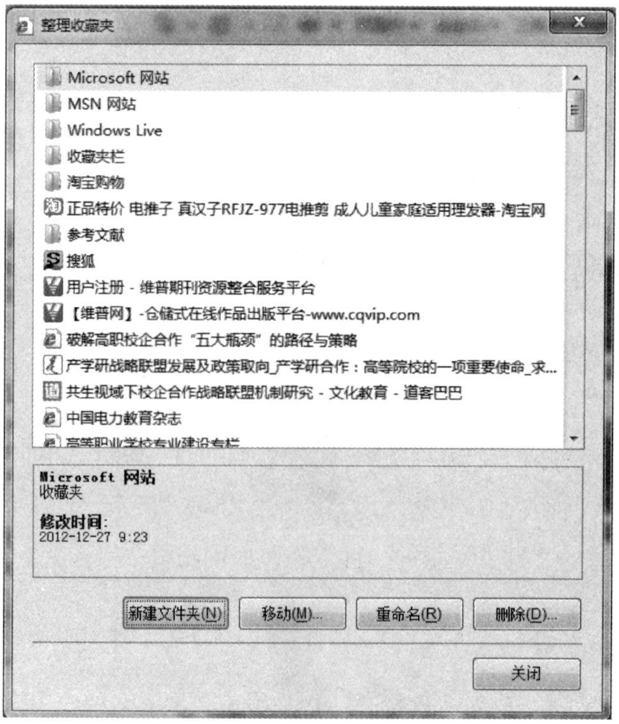

图 2-2-151　“整理收藏夹”窗口

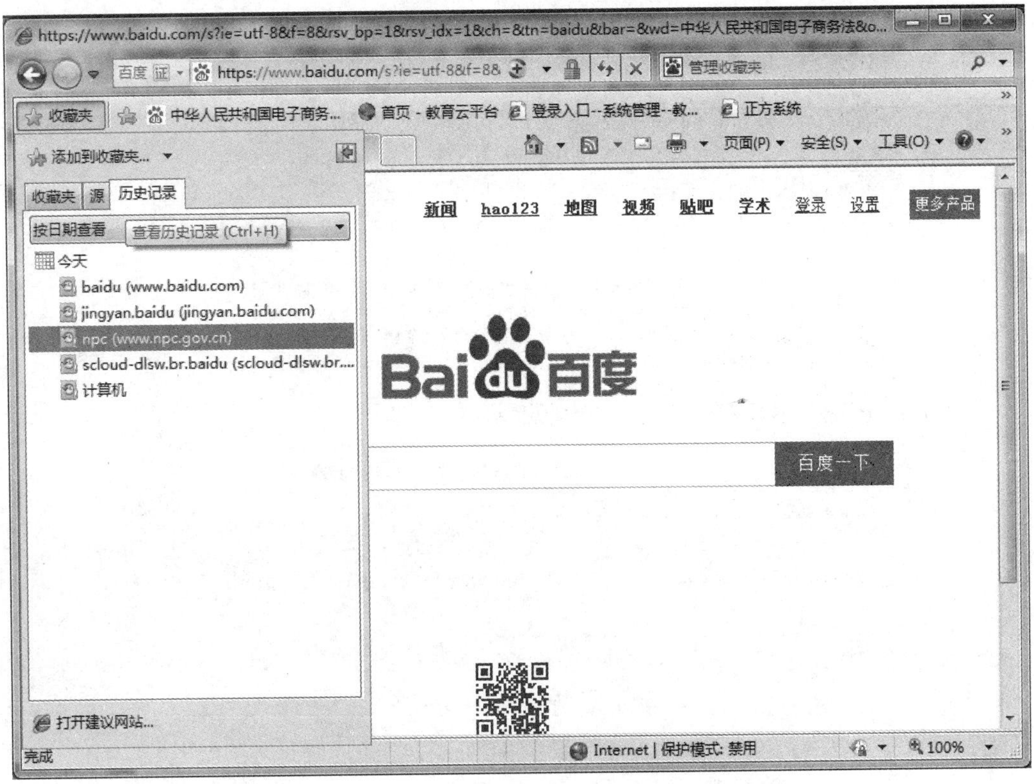

图 2-2-152　“历史记录”选项卡

2）在“历史记录”选项卡中可以按日期查询最近浏览过的网页。

三、压缩软件的安装

压缩软件是现代办公常用的工具软件之一，是利用算法将文件有损或无损地处理，以达到保留最多文件信息，使文件体积变小的应用软件。其功能是节省存储空间，方便文件的存储、传输等。压缩软件一般同时具有解压缩的功能。常见的压缩软件有 WinRAR、好压、WinZip、360 压缩等，下面以 WinRAR 中文版为例进行安装。

步骤 1：下载最新版的 WinRAR 软件安装包，双击运行，弹出安装窗口，如图 2-2-153 所示。

步骤 2：单击“安装”按钮，进行相关参考设置，然后单击“确定”按钮，如图 2-2-154 所示。

步骤 3：单击“完成”按钮，安装完毕，如图 2-2-155 所示。

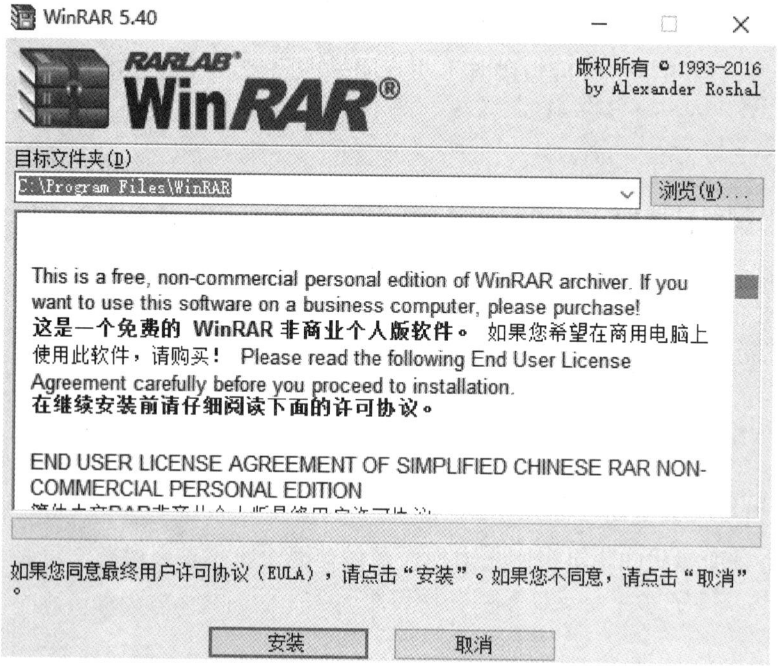

图 2-2-153　运行安装界面

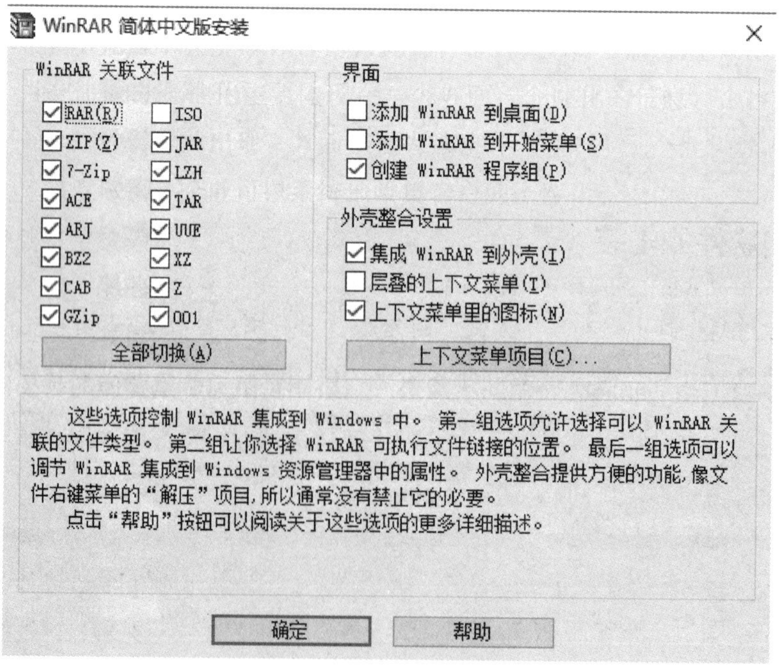

图 2-2-154　相关参数设置

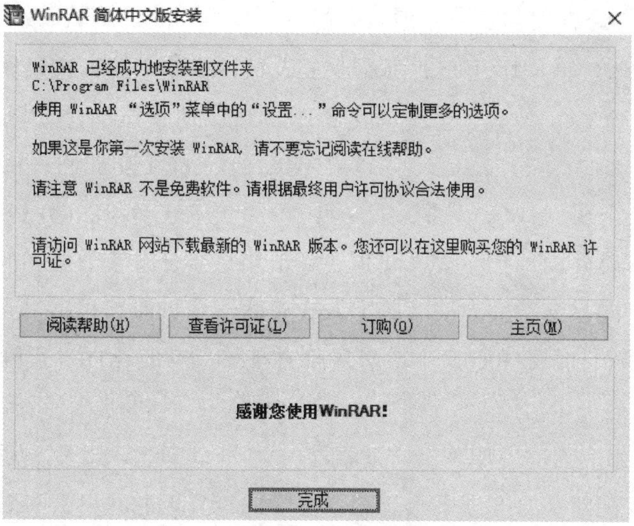

图 2-2-155　安装完成

四、压缩软件的使用

1. 压缩文件

WinRAR 支持在右键快捷菜单中压缩文件，操作十分简单。

（1）选中要压缩的文件夹，单击鼠标右键，在弹出的快捷菜单中选择“添加压缩文件”命令，弹出“压缩文件名和参数”窗口，如图 2-2-156 所示。

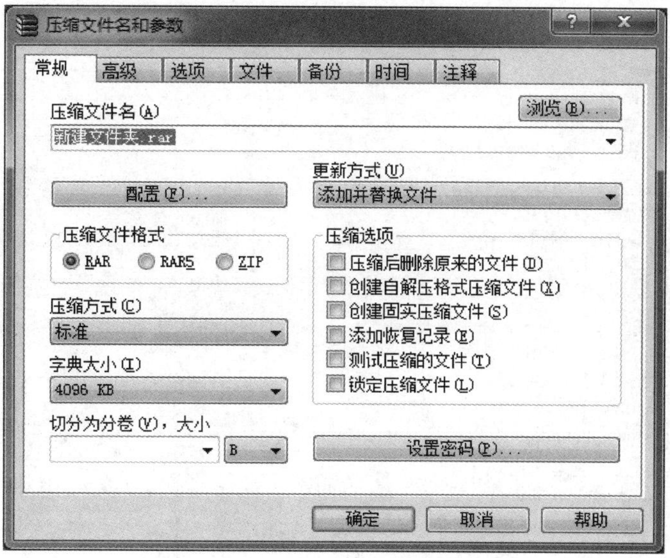

图 2-2-156　“压缩文件名和参数”窗口

（2）在“压缩文件名和参数”窗口中，根据用户需要设定相关的参数。

（3）设置完成后，单击“确定”按钮，文件开始压缩，如图 2-2-157 所示。

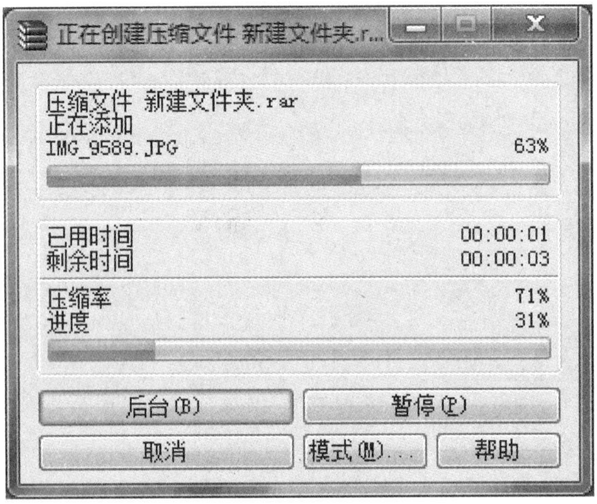

图 2-2-157　压缩过程

2. 解压文件

（1）选中要解压的文件，单击鼠标右键，在弹出的快捷菜单中选择“解压文件”命令，弹出“解压路径和选项”窗口，如图 2-2-158 所示。

图 2-2-158　“解压路径和选项”窗口

（2）在“解压路径和选项”窗口中，根据用户需要设定相关的参数。

（3）设置完成后，单击“确定”按钮，文件开始解压，如图 2-2-159 所示。

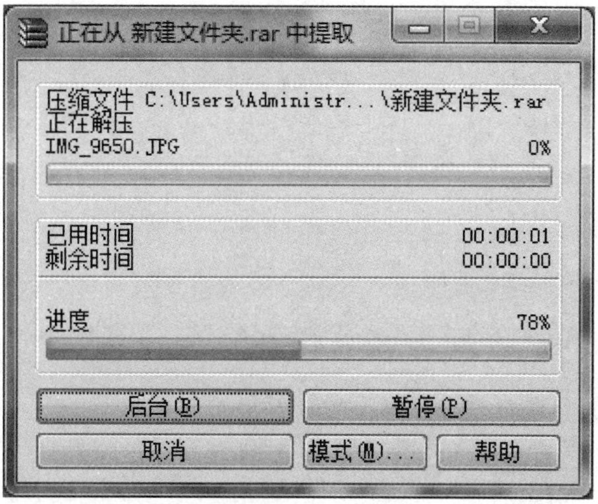

图 2-2-159　解压过程

综合实训

一、Windows 基础知识

1. 在 D 盘下建立如下的文件夹结构：

计算机基础 ——— Windows
　　　　　　 ├── Word
　　　　　　 ├── Excel
　　　　　　 └── PowerPoint

2. 更改桌面背景图片并设置“我的青春我做主”字幕屏幕保护。

3. 修改计算机系统的日期和时间为 2018 年 8 月 8 日，时间为 8：00。

二、文字处理软件

在 Word 中输入【原文 1】，如图 2-2-160 所示。按以下要求进行操作，设置最终效果【样文 1】，如图 2-2-161 所示。

1. 新建文档：在 Word 2010 中新建一个文档，文件命名为“笑对人生”，保存到自己的文件夹。

2. 页面设置：上、下 2.3 厘米，左、右 2.8 厘米。

3. 设置字体：正文第 1 段为楷体，第 2、3 段为隶书。

4. 设置字号：正文各段文字设置为四号字。

5. 设置字形：正文第 1 段文字除“曾经读过这样的一段话：”外，全部加着重号，正文第 2 段文字加红色波浪下划线。

6. 设置段落缩进：正文各段首行缩进设置 2 个字符。

7. 设置行（段落）间距：正文第 2、3 段文字的段前、段后设置为 0.5 行，正文各段文字的行距设置为固定值 20 磅。

8. 设置艺术字：将标题“笑对人生”设置为艺术字，艺术字的样式为第 5 行第 5 列；将艺术字形状设置为第 4 行第 3 个。艺术字的环绕方式为“紧密型”。

9. 设置分栏：正文第 3 段文字设置为三栏，加分割线。

10. 插入图片：在【样文 1】所示位置插入图片，图片的大小缩放为原图的 55%，图片的环绕方式为“四周型”。

11. 页眉和页脚：按【样文 1】位置添加页眉文字“笑对人生”，并将页眉文字的字体设置为华文行楷，字号为五号。

12. 表格创建与设置：按照【样文 2】创建表格并输入内容，结果如图 2-2-162 所示。

【原文 1】

笑对人生
曾经读过这样的一段话：“人生是一条漫长的河流，从涓涓细流的上游到惊涛骇浪的中游，最后注入宽阔的海洋。上游是美丽的童年，淙淙小溪从幽静的林间穿过，像一首浪漫的抒情诗。中游是沉重的中年，巨大的落差产生了飞流直下的瀑布；险恶的暗礁又使河面布满了龙潭虎穴，像一部惊险离奇的小说。”
人生就像一场戏，戏中的主角是我们自己。在人生的大舞台上，我们演绎着变化无常的喜怒哀乐，品尝着生活的酸甜苦辣。人生又是一场梦，重要的不是这个梦有多长，而是有多好，所以我们不能游戏人生，否则将一事无成。
人生充满痛苦与磨难。磨难是福，是人生摆脱贫苦的契机。人生不足畏，没有经历过坎坷磨难的人生，永远领略不到奇异的风景，永远不会走向成熟与深刻。瑰丽雄奇的风景都在常人难及的深谷山巅之处。所以，我们要笑对人生，这是人生的基石。我们要有一颗平淡的心，既不因暂时的成功而沾沾自喜，骄傲不前；也不能怨天尤人。宿命论只是意志薄弱者的借口，命运的纤绳永远掌握在自己手中。

图 2-2-160 【原文 1】

笑对人生

【样文1】

笑对人生

曾经读过这样的一段话：“人生是一条漫长的河流，从涓涓细流的上游到惊涛骇浪的中游，最后注入宽阔的海洋。上游是美丽的童年，淙淙小溪从幽静的林间穿过，像一首浪漫的抒情诗。中游是沉重的中年，巨大的落差产生了飞流直下的瀑布；险恶的暗礁又使河面布满了龙潭虎穴，像一部惊险离奇的小说。”

人生就像一场戏，戏中的主角是我们自己。在人生的大舞台上，我们演绎着变化无常的喜怒哀乐，品尝着生活的酸甜苦辣。人生又是一场梦，重要的不是这个梦有多长，而是有多好，所以我们不能游戏人生，否则将一事无成。

人生充满痛苦与磨难。磨难是福，是人生摆脱贫苦的契机。人生不足畏，没有经历过坎坷磨难的人生，永远领略不到奇异的风景，永远不会走向成熟与深刻。瑰丽雄奇的风景都在常人难及的深谷山巅之处。所以，我们要笑对人

生，这是人生的基石。我们要有一颗平淡的心，既不因暂时的成功而沾沾自喜，骄傲不前；也不能怨天尤人。宿命论只是懦夫弱者的借口，命运的纤绳永远掌握在自己手中。

图 2-2-161 【样文 1】

【样文2】

汽车运输集团单据封面

编制单位：

科　　目			
单据张数	张	附　　件	张
单据金额	元		
预算金额			
填制日期：	年　　月　　日	批准日期	年　　月　　日
会　　计		审 核 人	

图 2-2-162 【样文 2】

三、电子表格软件

1. 在 Excel 工作表中输入【原文 2】信息，如图 2-2-163 所示，并按以下要求完成操作。

（1）新建文档

在 Excel 2010 中新建一个工作簿，文件命名为“某公司销售人员业绩表”，保存到自己的文件夹。

（2）录入数据

按照图 2-2-163 所示录入文本型和数值型数据。

操作提示：“工号”的输入应为“文本”格式，而非默认的“数字”格式。应输入“'000001”，或者将单元格格式设为“文本”格式再进行输入。

	A	B	C	D	E	F	G	H	I	J	K
1	某公司销售人员业绩表										
2	工号	姓名	性别	营销部	一月份	二月份	三月份	四月份	五月份	六月份	总计
3	000001	张杰	男	营销一部	76	81	85	83	87	90	502
4	000002	向阳	女	营销一部	81	85	80	86	90	91	513
5	000003	杜宁	女	营销三部	78	84	85	89	90	88	514
6	000004	胡斐	男	营销二部	79	88	89	80	90	89	515
7	000005	张楠	女	营销二部	78	83	87	90	91	90	519
8	000006	张小飞	男	营销一部	82	86	87	90	91	90	526
9	000007	董小兵	男	营销三部	78	90	80	95	90	93	526
10	000008	胡志凯	男	营销一部	89	85	88	90	91	89	532
11	000009	王亚南	女	营销二部	89	86	90	89	91	92	537
12	000010	李娜	女	营销一部	89	90	94	92	89	96	550

图 2-2-163 【原文 2】

（3）设置单元格格式

将单元格区域 A1：K1 合并及居中；设置字体为黑体、字号 18 磅、加粗，字体颜色为蓝色。

将单元格区域 A2：K12 的对齐方式设置为水平居中，设置字体为隶书，字号 14 磅，并添加粉色底纹。

（4）设置表格边框线

将单元格区域 A2：K2 的外边框设置成红色的粗实线，内边框设置成淡蓝色细实线。

（5）设置工作表行、列

在标题行下方插入一行，设置行高为 6.00。

将“性别”一列设置列宽为 6，将“一月份”至“六月份”各列设置列宽为 7。

（6）重命名并复制工作表

将 sheet1 工作表重命名为“销售人员业绩表”，结果见【样文 3】，如图 2-2-164

所示。

	A	B	C	D	E	F	G	H	I	J	K
1	某公司销售人员业绩表										
3	工号	姓名	性别	营销部	一月份	二月份	三月份	四月份	五月份	六月份	总计
4	000001	张杰	男	营销一部	76	81	85	83	87	90	502
5	000002	向阳	女	营销一部	81	85	80	86	90	91	513
6	000003	杜宁	女	营销三部	78	84	85	89	90	88	514
7	000004	胡斐	男	营销二部	79	88	89	80	90	89	515
8	000005	张楠	女	营销二部	78	83	87	90	91	90	519
9	000006	张小飞	男	营销一部	82	86	87	90	91	90	526
10	000007	董小兵	男	营销三部	78	90	80	95	90	93	526
11	000008	胡志凯	男	营销一部	89	85	88	90	91	89	532
12	000009	王亚南	女	营销二部	89	86	90	89	91	92	537
13	000010	李娜	女	营销一部	89	90	94	92	89	96	550

图 2-2-164 【样文 3】

（7）建立图表

用【原文 2】sheet1 工作表中的姓名和总计两列数据创建一个三维饼图，显示数据标签，结果见【样文 4】，如图 2-2-165 所示。

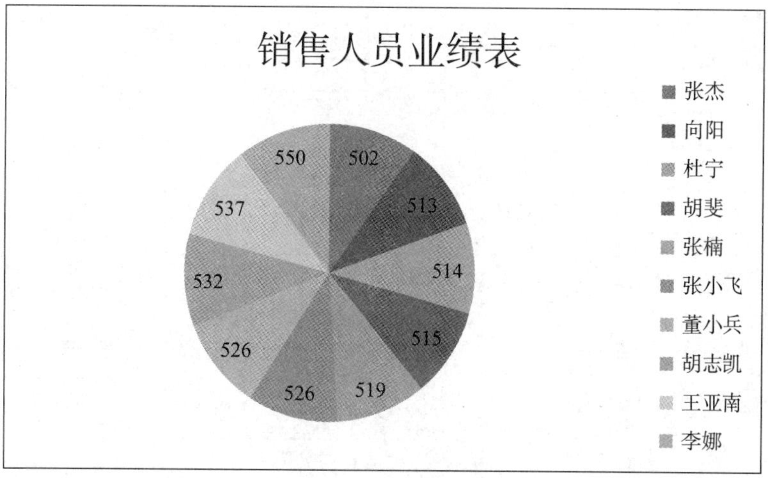

图 2-2-165 【样文 4】

2. 打开工作簿【原文 3】（sheet2），如图 2-2-166 所示，按要求完成操作，计算结果见【样文 5】，如图 2-2-167 所示。

（1）利用公式计算表中的“总计”值。

（2）利用函数计算表中的“平均值”，保留两位小数。

	A	B	C	D	E	F	G
1	某超市2018年第一季度销售情况表						
2	类别	销售区间	一月	二月	三月	总计	平均值
3	食品类	食用品区	20500	40450	60549		
4	饮料类	食用品区	50000	48005	30050		
5	烟酒类	食用品区	30420	46580	34093		
6	服装、鞋帽类	服装区	20400	30560	39900		
7	针纺织品类	服装区	49050	50030	53300		
8	化妆类	日用品区	5400	25400	8050		
9	日用品类	日用品区	42300	32400	45700		
10	体育器材	日用品区	40050	16800	45600		

图 2-2-166 【原文 3】

	A	B	C	D	E	F	G
1	某超市2018年第一季度销售情况表						
2	类别	销售区间	一月	二月	三月	总计	平均值
3	食品类	食用品区	20500	40450	60549	121499	40499.67
4	饮料类	食用品区	50000	48005	30050	128055	42685.00
5	烟酒类	食用品区	30420	46580	34093	111093	37031.00
6	服装、鞋帽类	服装区	20400	30560	39900	90860	30286.67
7	针纺织品类	服装区	49050	50030	53300	152380	50793.33
8	化妆类	日用品区	5400	25400	8050	38850	12950.00
9	日用品类	日用品区	42300	32400	45700	120400	40133.33
10	体育器材	日用品区	40050	16800	45600	102450	34150.00

图 2-2-167 【样文 5】

3. 打开工作簿【原文 4】(sheet3)，如图 2-2-168 所示，按要求完成操作。

	A	B	C	D	E	F
1	某家电城洗衣机销售情况表					
2	品牌	类型	第一季度（元）	第二季度（元）	第三季度（元）	第四季度（元）
3	爱妻号洗衣机	全自动C18	86000	65000	25500	54000
4	海尔洗衣机	普通	24000	25000	98000	26000
5	菲力浦洗衣机	全自动C69	85000	80000	24000	86000
6	菲力浦洗衣机	普通	65000	54000	24000	65000
7	海尔洗衣机	全自动G21	30000	32000	78000	45000
8	爱妻号洗衣机	普通	56000	56600	56000	70000
9	爱妻号洗衣机	全自动C10	54000	55000	28000	68000
10	海尔洗衣机	全自动K12	38000	28000	65000	34000
11	海尔洗衣机	全自动K67	26000	25500	85000	29000

图 2-2-168 【原文 4】

（1）数据排序

使用 sheet3 工作表中的数据，以“第三季度”为关键字，降序排序，结果见【样文 6】，如图 2-2-169 所示。

	A	B	C	D	E	F
1	某家电城洗衣机销售情况表					
2	品牌	类型	第一季度（元）	第二季度（元）	第三季度（元）	第四季度（元）
3	海尔洗衣机	普通	24000	25000	98000	26000
4	海尔洗衣机	全自动K67	26000	25500	85000	29000
5	海尔洗衣机	全自动G21	30000	32000	78000	45000
6	海尔洗衣机	全自动K12	38000	28000	65000	34000
7	爱妻号洗衣机	普通	56000	56600	56000	70000
8	爱妻号洗衣机	全自动C10	54000	55000	28000	68000
9	爱妻号洗衣机	全自动C18	86000	65000	25500	54000
10	菲力浦洗衣机	全自动C69	85000	80000	24000	86000
11	菲力浦洗衣机	普通	65000	54000	24000	65000

图2-2-169 【样文6】

（2）数据筛选

使用 sheet3 工作表中的数据，筛选出每个季度销售额均大于 50 000 的记录结果，结果见【样文7】，如图 2-2-170 所示。

	A	B	C	D	E	F
1	某家电城洗衣机销售情况表					
2	品牌	类型	第一季度（元）	第二季度（元	第三季度（元	第四季度（元
8	爱妻号洗衣机	普通	56000	56600	56000	70000

图2-2-170 【样文7】

（3）分类汇总

使用 sheet3 工作表中的数据，以“品牌”为分类字段，将每个季度值进行“求和”分类汇总，结果见【样文8】，如图 2-2-171 所示。

	A	B	C	D	E	F
1	某家电城洗衣机销售情况表					
2	品牌	类型	第一季度（元）	第二季度（元）	第三季度（元）	第四季度（元）
7	海尔洗衣机 汇总		118000	110500	326000	134000
10	菲力浦洗衣机 汇总		150000	134000	48000	151000
14	爱妻号洗衣机 汇总		196000	176600	109500	192000
15	总计		464000	421100	483500	477000

图2-2-171 【样文8】

四、幻灯片软件

在幻灯片中输入【样文9】，如图 2-2-172 所示，并按以下要求完成操作。

1. 幻灯片创建与编辑

操作提示：插入新幻灯片时，根据内容选择幻灯片版式。单击“开始”→“幻灯片”→“新建幻灯片”按钮，在列表中选择幻灯片版式。插入幻灯片后也可单击“版式”按钮，在列表中重新更换幻灯片版式。

图 2-2-172 【样文 9】

（1）在 PowerPoint 2010 中新建一个空演示文稿，文件名为“个人简历 .ppt”，保存到自己文件夹。

（2）第 1 张幻灯片，选择“标题”版式的幻灯片并录入文本。设置文本字体为黑体、加粗；“标题”字号为 72；“副标题”字号为 40、加粗。

（3）第 2 张幻灯片，选择“标题和表格”版式的幻灯片，录入文本并插入表格。设置文本字体为黑体、加粗；“标题”字号为 40；表格内文本字号为 24；按照【样文 9】调整表格的行高、列宽，合并单元格。

（4）第 3 张幻灯片，选择“两栏内容”版式的幻灯片并录入文本。设置文本字体为黑体、加粗，“标题”字号为 40，“两栏文本”字号为 28，行距 1.5 行。

（5）第 4 张幻灯片，选择“标题和内容”版式的幻灯片并录入文本。设置文本字体为黑体、加粗，“标题”字号为 40，“文本”字号为 28，行距 1.5 行。

（6）第 5 张幻灯片，选择“标题，文本与内容”版式的幻灯片，录入文本并插入剪贴画。设置“标题”字号为 40；文本字体为黑体，字号为 28；加粗；行距 1.5 行；

调整剪贴画的大小及位置。

（7）第 6 张幻灯片，选择“空白”版式的幻灯片并插入艺术字。艺术字样式为第 6 行第 3 列；设置艺术字字体为华文行楷，字号为 80。

2. 幻灯片的修饰

根据【样文 10】，如图 2-2-173 所示，按以下要求完成操作。

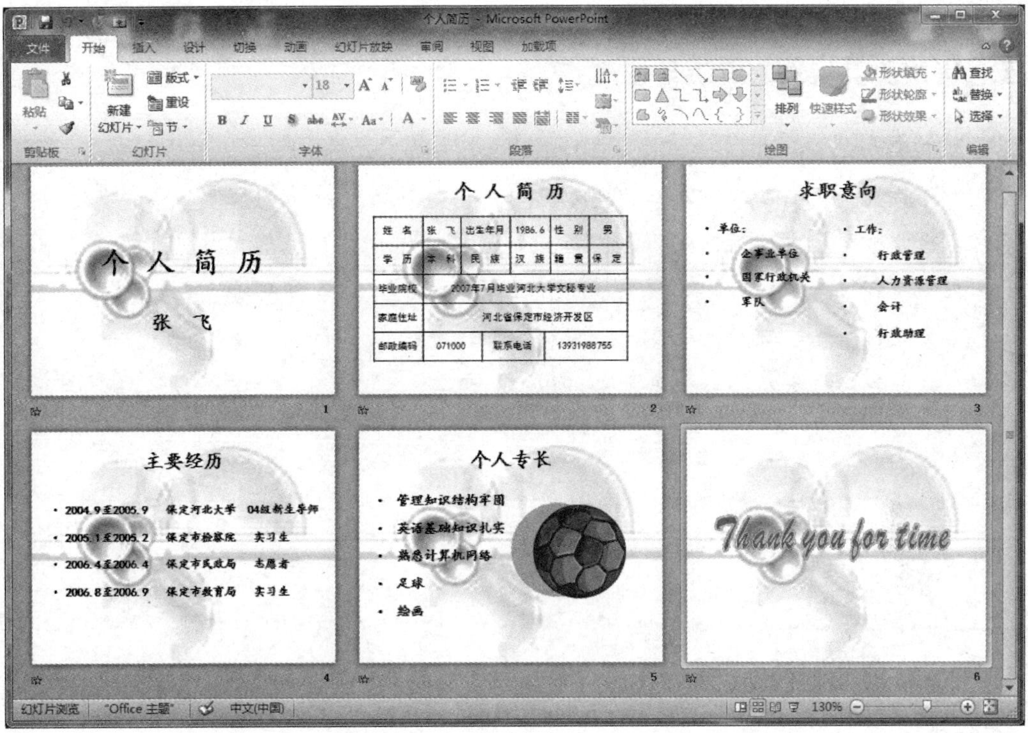

图 2-2-173 【样文 10】

操作提示：

为使幻灯片中各个构成要素的格式和内容统一，可以使用幻灯片母版。

（1）所有幻灯片添加背景样式：自选一张自己喜欢图片作为背景样式。

（2）设置第 1 张标题幻灯片中字体为楷体、加粗；“标题”字号为 72 磅，“副标题”字号为 48 磅。

（3）设置第 2、3、4、5 张幻灯片中的字体为楷体、加粗，“标题”字号 48 磅，“文本”字号为 36 磅、行距 1.5 行。

（4）调整图片大小及位置。

（5）设置艺术字样式为第 4 行第 1 列，设置艺术字字体为华文行楷、字号为 80，文本填充为红色，文本效果为正方形。

3. 幻灯片放映

打开修饰好的【样文 10】，按以下要求完成操作。

（1）设置所有幻灯片切换方式为“缩放”。

（2）设置所有幻灯片动画效果为“飞入”，效果选项为“自左下部”。

（3）幻灯片放映方式为“从头开始”，放映类型为“演讲者放映”，换片方式为“手动”。

五、常用工具软件的安装与使用

1. 登录浏览器，并按以下要求进行操作。

（1）保存网页：打开 http：//www.baidu.com，利用该网站的搜索引擎，搜索与关键字“职业教育”相匹配的内容，把搜索到的网页保存到自己的文件中，并重新命名为“职业教育”。

（2）保存图片：将网页上百度的图标保存到自己的文件中。

2. 将以自己姓名命名的文件夹进行压缩、解压。

模块 3

电子商务基础

课程设置

课程	学习单元	课堂学时
3-1　电子商务认知	电子商务认知	2
3-2　电子商务交易模式	电子商务交易模式	2

课程 3-1　电子商务认知

学习内容

学习单元	课程内容	培训建议	课堂学时
电子商务认知	1）电子商务基本知识 2）传统商务的特点及其与电子商务的比较 3）电子商务发展环境	（1）方法：讲授法、案例教学法 （2）重点：电子商务基本知识 （3）难点：电子商务与传统商务的比较	2

学习单元　电子商务认知

一、电子商务基本知识

1. 电子商务的概念

电子商务是一个不断发展的概念，电子商务的先驱 IBM 公司于 1996 年提出了

E-Commerce（Electronic Commerce）的概念，到了 1997 年，该公司又提出了 E-Business（Electronic Business）的概念。我国在引进这些概念的时候都将其翻译成电子商务。

E-Commerce 强调的是实现整个贸易过程中各阶段贸易活动的电子化，是指交易各方以电子交易方式而不是通过当面交易或直接面谈方式进行的任何形式的商业交易。其业务范围包括信息交换、售前售后服务、销售、电子支付、运输等。因此可以这样理解，狭义的电子商务主要是指借助计算机网络进行的交易活动。

E-Business 是利用网络实现所有商务活动流程的电子化，不仅包括了 E-Commerce 面向外部的所有业务流程，如网络营销、电子支付、物流配送、电子数据交换等，还包括了企业内部的业务流程，如企业资源计划、管理信息系统、客户关系管理、供应链管理、人力资源管理、网上市场调研、战略管理及财务管理等。所以，广义的电子商务不仅包括企业内部商务活动，如生产、管理、财务等，也包括企业对外的商务活动，将上下游业务合作伙伴联合起来开展业务。

2. 电子商务的特点

电子商务是在传统商务的基础上发展起来的，由于有了信息技术的支撑，电子商务呈现出的特点有以下几点。

（1）交易电子化

通过互联网进行商务活动，交易双方从搜集信息、贸易洽谈、合同签订、支付货款到电子报告，无须当面接触，均可以通过互联网运用电子化手段进行。电子商务实现了无纸贸易，大量减少了商务活动中的资金消耗，节省了费用。

（2）贸易全球化

互联网打破了时空界限，扩大了经营范围，把全球市场连接成为一个整体。在网上任何一个企业都可以面向全世界销售自己的产品，可以在全世界寻找合作伙伴，有利于实现生产要素的最佳配置。

（3）运作高效化

由于实现了标准化的电子数据交换，使商业信息能在瞬间完成传递与计算机自动处理，电子商务克服了传统贸易方式费用高、易出错、处理速度慢等缺点，极大地缩短了交易时间，提高了商务活动的运作效率及资金的周转速度。

（4）交易透明化

互联网上的交易是透明的，极大地减少了信息不对称的现象。通过互联网，买方可以对众多企业的产品进行比较，使买方行为更加理性，对产品选择余地更大。畅通、快速的信息传输有利于买卖双方对各种信息进行核对，防止伪造单据和贸易欺骗行为。

电子招标系统可以避免招投标过程中的暗箱操作，使不正当交易、贿赂投标等腐败现象得以制止。实现电子报告与银行的联网有助于杜绝进出口贸易的假出口、偷漏税、骗退税等行为。

（5）操作方便化

互联网几乎遍及全球的各个角落，用户通过网络可以方便地与贸易伙伴传递商业信息和文件。在电子商务环境中，人们不再受时间和空间限制，顾客能以非常简单的方式完成商务活动，有利于消费者选购货物，实现电子订货。企业可以随时上网查询信息，通过网上银行全天候划拨资金，足不出户订购商品，跨越国界进行贸易洽谈。

（6）部门协作化

电子商务是协作经济，需要企业内部各部门及生产商、批发商、零售商、银行、配送中心、通信、技术服务等多个环节的通力协作。网络技术的发展使得企业间的合作完全可以如同企业内部各部门间的合作一样紧密，企业无须追求“大而全”，而应追求“精而专”。企业应该集中于自己的核心业务，把自己不具备竞争优势的业务外包出去，通过协作来提高竞争力。

（7）服务个性化

到了电子商务阶段，企业可以进行市场细分，针对特定的市场生产不同的产品，实现服务个性化。服务个性化主要体现在三个方面：个性化的信息、个性化的产品、个性化的服务。这种情况的出现一方面是因为消费者已经产生了个性化的需求；另一方面是因为通过互联网，企业可以系统地收集客户的个性化需求信息，并通过智能系统自动处理这些信息。

3. 电子商务的分类

电子商务涉及的领域和应用范围很广，按照不同的分类标准，电子商务可以分为不同类型，常见的电子商务类型见表 3–1–1。

表 3–1–1　常见的电子商务类型

分类标准	类型
按照交易对象	B2B、B2C、C2C、B2G、C2G
按照商务活动的运作方式	完全电子商务、非完全电子商务
按照开展电子交易的范围	本地电子商务、远程国内电子商务、全球电子商务

（1）按照交易对象分类

按照交易对象分类，电子商务可分为企业对企业的电子商务（B2B）、企业对消费者的电子商务（B2C）、消费者对消费者的电子商务（C2C）、企业对政府的电子商务（B2G）和消费者对政府的电子商务（C2G）等。

（2）按照商务活动的运作方式分类

按照商务活动的运作方式分类，电子商务可分为完全电子商务和非完全电子商务。

完全电子商务是指可以通过电子商务方式实现和完成完整交易的交易行为和过程。也就是说，商品和服务的全部交易都是在信息网络上实现的，如计算机软件、音像制品、电子报刊、网络广告、各种咨询服务等。

非完全电子商务是指不能完全依靠电子商务方式实现和完成完整交易的交易行为和过程。它还要依靠一些外部因素，如配送系统等，才能实现完整的交易过程。

（3）按照开展电子交易的范围分类

按照开展电子交易的范围分类，电子商务可分为本地电子商务、远程国内电子商务和全球电子商务。

本地电子商务是指利用本城市或本地区的信息网络实现的电子商务活动，本地电子商务系统是开展远程国内电子商务和全球电子商务的基础系统。

远程国内电子商务是指在本国范围内进行的网上电子交易活动，交易范围较大，对软硬件和技术要求较高，要求在全国范围内实现商业电子化、自动化和金融电子化，特别是对配送提出了更高的要求。

全球电子商务是指在全世界范围内进行的电子交易活动，涉及双方国家进出口公司、海关、金融、税务、运输、保险等。

4. 电子商务的产生和发展

从 20 世纪 70 年代开始，电子商务的发展经历了以下 3 个阶段。

（1）基于电子数据交换（EDI）的电子商务

该阶段为 20 世纪 60 年代末至 20 世纪 90 年代。EDI 在 20 世纪 60 年代末产生于美国，美国首先利用电子设备使簿记工作自动化（无纸化办公），降低了成本，提高了效率。然后从最初单项业务的电子化，逐步发展成为应用第三方服务或商业增值网，以统一的数据标准进行多项业务的电子化处理，形成了以计算机、局域网和数据标准为框架的商务系统，即基于 EDI 的电子商务。

（2）基于 Internet 的电子商务

该阶段为 20 世纪 90 年代以后，Internet 迅速普及，逐步从大学、科研机构走向百姓家庭和企业，其功能从信息共享演变成为一种大众化的信息传播工具。同时，以XML（可扩展标记语言）为代表的新技术不断涌现，它们不仅能融合原有的EDI系统，还可协调和集成异构数据，支持不同应用平台，能电子化处理整个商业信息。从此，局限于局域网、基于EDI的电子商务发生了质的飞跃，形成了以计算机和信息技术为支撑，基于Internet的电子商务。

（3）E概念的电子商务

2000年以来，由于电子商务具有全球性、方便快捷性、成本低等不可比拟的优势，伴随着信息技术的发展、个性化需求的不断增加和不同企业的大量进入，电子商务的内涵和外延在不断充实，逐步扩展到了E（Electronic）概念的高度，开拓了更广阔的应用空间。凡是通过电子方式进行的各项社会活动，即利用信息技术来解决问题、创造商机、降低成本、满足个性化需求等活动，如电子政务、电子医疗、远程教育、在线银行、虚拟企业、虚拟研发中心等均被概括为E概念的电子商务。

5. 我国电子商务的发展

我国电子商务的发展经历了以下3个阶段：

第一阶段——萌芽阶段（1999—2002年）

那时，互联网是一种神奇的存在，谁都没有想到它会产生如此大的作用，甚至改变了人们以后的消费模式。在此阶段，网络生活方式还仅仅停留在电子邮件和新闻浏览的阶段。网民未成熟，市场未成熟，以8848为代表的B2C电子商务站点能说得上是当时最闪耀的亮点。可惜8848最终逝去，萌芽期的电子商务环境没能养活几家电子商务平台，只是孕育了一批初级的网民。这个阶段要发展电子商务难度相当大。

第二阶段——高速增长阶段（2003—2006年）

随着互联网的飞速发展，众多的创业者、公司都纷纷踏足互联网这块蕴藏着无数宝藏的土地。当当、卓越、阿里巴巴、慧聪、全球采购、淘宝等这些生在网络、长在网络的企业，在短短数年内崛起，和网游、SP（服务提供商）企业等一起搅翻了整个通信和网络世界。这个时期的互联网几乎吸引了全国乃至全世界的关注，互联网给我们的生活带来了翻天覆地的变化，例如，淘宝网的出现改变了人们的消费习惯，更多的人加入网购大军队伍中。此时，人们逐步接受了网络购物的生活方式，并且电子商务平台规模也在高速扩张。众多的中小企业从B2B电子商务中获得订单，获得销售机会，“网商”的概念深入人心。电子商务基础环境不断成熟，物流、支付、诚信等问题被不断提出和解决，电子商务向一个健全的方向发展，许多商家积累了大量的电子商务运营相关的管理经验和资金。

第三阶段——电子商务纵深发展阶段（2007 年至今）

这个阶段最明显的特征就是电子商务已经不仅仅是互联网企业的天下。越来越多的传统企业和资金流入电子商务领域。电子商务认知面扩大，越来越多的企业知道了电子商务，并积极加入电子商务大潮中，各企业对相关的理论知识和操作有了大致的了解，同时与电子商务平台磨合，加速了电子商务的发展，而电子商务从业人员也针对当时的发展情况开发出了更多适合企业的网络应用产品。

阿里巴巴、网盛上市标志着 B2B 领域的发展步入了规范化、稳步发展的阶段，给广大做电子商务的企业树立了一个很好的标杆，也使国内众多电子商务平台有了发展的动力。电子商务与其相关的物流、第三方支付等领域的发展使得电子商务发展到了一个前所未有的高度。可以说，由传统企业延伸过来的电子商务公司和互联网中成长起来的中小网商将会是未来我国电子商务发展的核心力量。

专家预言，对于 B2B 电子商务平台，承载其盈利模式的 90% 以上都是中小企业。随着 B2B 领域的竞争格局趋于稳定，B2B 领域的规模扩张将会降温，取而代之的是结构优化和业务深挖。在 C2C 领域，随着 B2C 的进一步发展以及市场管理的日益规范，纯 C2C 交易规模的增长速度也会放缓。在 B2C 领域，随着传统企业的资金涌入，B2C 电子商务会获得高速发展。而且，拥有独立品牌、优势货源、良好口碑、服务完善的各行业 B2C 商家会为整个电子商务领域带来前所未有的百花齐放的盛况。电子商务专业化、规模化发展将成为主流趋势。

6. 电子商务对社会和经济的影响

（1）改变了商务活动的方式

传统的商务活动，最典型的情景就是“推销员满天飞”“采购员遍地跑”“说破了嘴、跑断了腿”，消费者在商场中筋疲力尽地寻找自己所需要的商品。现在，通过互联网，人们只要动动手，就可以进入网上商场浏览、采购各类产品，而且还能得到在线服务，商家们可以在网上与客户联系，利用网络进行货款结算服务，政府还可以方便地进行电子招标、政府采购等。

（2）改变人们的消费方式

网上购物的最大特征是消费者的主导性，购物意愿掌握在消费者手中。同时，消费者还能以一种轻松自由的自我服务方式来完成交易，消费者主权可以在网络购物中充分体现出来。

（3）改变企业的生产方式

由于电子商务是一种快捷、方便的购物手段，消费者的个性化、特殊化需求可以完全通过网络展示在生产商面前，为了争取顾客和市场，针对消费者需求来进行产品设计和研发，许多生产企业纷纷发展和普及电子商务。

（4）为传统行业带来一场革命

在商务活动的全过程中，电子商务通过人与电子通信方式的结合，极大地提高了商务活动的效率，减少了不必要的中间环节。传统的制造业借此进入小批量、多品种的时代，“零库存”成为可能；传统的零售业和批发业开创了“无店铺”“网上营销”的新模式；各种线上服务为传统服务业提供了全新的服务方式。

（5）带来一个全新的金融业

由于在线电子支付是电子商务的关键环节，也是电子商务得以顺利发展的基础条件。随着电子商务在电子交易环节上的突破，网上银行、银行卡支付网络、银行电子支付系统以及电子支票、电子现金等服务，将传统的金融业带入一个全新的领域。

（6）转变政府的行为

政府承担着大量的社会、经济、文化管理和服务功能，在企业应用电子商务进行生产经营，银行实现金融电子化，以及消费者实现网上消费的同时，电子商务时代对政府管理行为提出新的要求，电子政务（或称网上政府）将与电子商务一起快速发展推进。

二、传统商务的特点及其与电子商务的比较

1. 传统商务的特点

（1）交易过程的传统性

在传统商务活动中，交易行为主体之间的交易一般借助于传统手段来实现，以纸质货币为媒介，以实物交易和现场交易为特征，同时借助单据进行交易。这些传统的交易方式现在来看效率较低，交易成本较高，手段和交易媒介均具有非电子化特征。

（2）交易范围的地域性

地域性反映在传统商务活动中。由于交易手段的限制，市场交易活动主要在不同的地域内部开展，各种跨区域的市场交易尽管也大量存在，但由于手段的局限性，限制了其进一步扩展的可能。

（3）交易的多环节性

传统模式下的市场交易由于交易手段、交易形式的限制，使得交易过程中必须借助中间商环节将商品送到最终客户手中，只有中间商才能弥补企业与客户之间的空间距离。

2. 传统商务与电子商务的比较（见表 3-1-2）

表 3-1-2　传统商务与电子商务的比较

项目	传统商务	电子商务
交易活动过程	要消耗一定人力、时间、资金	通过网站可以实现对多个卖家信息的查询，省时、省力、省钱
交易环节	环节较多	环节较少
交易费用	费用高	费用较低
交易环境	面对面实际环境的商务谈判	网上不谋面的虚拟环境谈判

（1）从交易活动过程来看

传统交易方式下的交易活动要投入一定的人力、物力，并要消耗一定的时间和资金才能实现。而电子商务方式下，交易双方通过网络就可以实现询价、产品信息发布、交易磋商等一系列活动，通过网络实现这些活动只在“一瞬间”。

（2）从交易环节来看

电子商务不需要中间环节。传统交易方式下，受厂商的资金、能力等因素影响，商品交易大多必须通过中间商的参与才能将商品送到顾客手中。而电子商务方式下，商品从咨询到交易谈成，厂商与客户之间不需要任何中间环节，只是在货物送达环节可能要借助第三方配送服务。

（3）从交易费用来看

由于网络的普及，电子商务已经不只局限于大企业或大公司使用，中小企业也可以使用。其原因是网络使用成本大大降低，并且通过电子方式，交易环节的虚拟化给所有企业带来的机会是一样的，使中小企业获得了更公平的竞争环境。

（4）从交易环境来看

传统交易是实景操作，买卖双方面对面地进行磋商、讨价还价、拟定交易条款等，而电子商务方式下这些活动都是通过网络完成的，买卖双方不需要面对面。

三、电子商务发展环境

电子商务发展环境包括电子商务发展的外部环境和内部环境，在很大程度上影响了电子商务的发展。

1. 电子商务发展的外部环境

（1）计算机普及率及上网人数

我国幅员辽阔，经济发展不均衡，计算机用户的增长数量在各地也呈现出不均衡的现象。在北京、上海、广州等经济发达地区，无论是上网人数，还是域名注册数量在全国均处于领先地位，而中西部地区发展则较为缓慢。从全国总体来看，无论是个人上网人数的上升速度，还是企业域名注册的增长速度，与世界发达地区的水平相比还有一定的差距。

（2）金融电子化水平

金融电子化是电子商务的重要组成部分。银行系统在电子商务中承担着制定电子支付规则、实现支付中介、创造信用流通工具、提供电子支付安全保护措施等一系列重大职责。只有加快金融机构的电子化步伐，提供高质、高效、安全的金融服务，才能确保电子商务支付和结算的顺利进行。

（3）网络安全保障

电子商务基于互联网，而互联网是开放的网络，所以在安全性方面，互联网被认为是开放有余而安全不足的。在互联网上开展电子商务，无论是报价、询价还是签约成交，都会涉及许多商业秘密，特别是信用卡密码和账户等敏感信息，一旦泄密，将会给企业带来巨大的损失。

目前电子商务安全体系的发展已逐步完善，防火墙技术、加密技术、电子签名和认证是网上比较成熟的安全手段。同时，一些相关安全标准的制定，从侧面提升了电子商务的交易安全。但目前的技术各有其自身的不足，例如，Netscape（网景）开发的安全套接层，可以有效地保证信息传递过程的安全性，但无法知道传递过程是否遭到拦截。防火墙技术在一定程度上解决了网络内部的安全问题，但是它无法扫描用户从互联网上下载的软件和文档中的病毒，无法防备内部人员的攻击，同时它还限制了信息传输的速度。

（4）电子商务的法律规范

电子商务是一种全新的商业交易模式，在数字化的虚拟市场中实现交易。原有适用于书面合同贸易方式的法律，并不适合于电子方式的网上交易。电子商务活动必须要有一套全新的法律、法规、政策、道德规范等来约束和管理，使之能有序进行。

（5）电子商务的标准体系建设

电子商务的核心是商务，为了更好地实现电子化的商务活动，必须建设现代物流、信用服务、在线支付、安全认证等一系列支撑体系。电子商务不是要解决某个政府或企业内部的业务活动规范化和信息化，而是要重点解决政府、消费者、不同行业和不同领域的企业之间在参与电子商务时的技术互操作和商务互操作问题，从而实现既定的商业活动和目标。

（6）保证电子商务发展的物流配送系统

电子商务作为一个高速发展的行业，必须在现代物流技术和物流信息系统的支持下，建立一个社会化、产业化和现代化的高效合理的物流配送体系，能快速、准确地获取销售反馈信息和配送货物跟踪信息，不断满足消费者对商品品质和服务内容不断提高的需求，从而将商品快速而完整地送到消费者手中。

2. 电子商务发展的内部环境

企业电子商务的发展，在企业内部环境条件（指企业自身可控因素）中，不仅包括物流因素、技术因素，还包括人的因素、组织因素、管理因素和文化因素。

（1）企业领导的重视程度

企业电子商务化的程度取决于企业最高决策者的认识和重视程度。实践证明，电子商务的建设只有在企业领导的高度重视和亲自领导下，才能克服来自各方的压力。实行电子商务将不可避免地涉及观念、作风和习惯的转变，涉及企业的业务流程、机构体制和职责的变革。因此想要加快实施企业电子商务，应该让企业的经营者转变观念、提高认识，增强他们实施电子商务的积极性和主动性。

（2）企业信息化水平

无论是企业与企业之间的电子商务，还是企业与消费者之间的电子商务，都需要企业在业务活动和管理工作中实行信息化管理，企业的信息化程度决定了企业以后开展电子商务的可能性。

（3）人员素质

开展电子商务需要有一大批具有责任心、懂业务的专业技术与管理人员，如电子商务师、电子商务经理、网站开发策划人员、网站设计制作人员及网络管理人员等。目前，我国十分重视对电子商务领域的专业技术人才的培养及电子商务从业人员的知识培训。

课程 3-2　电子商务交易模式

学习内容

学习单元	课程内容	培训建议	课堂学时
电子商务交易模式	1）B2B 电子商务模式 2）B2C 电子商务模式 3）C2C 电子商务模式 4）其他电子商务交易模式	（1）方法：讲授法、案例教学法 （2）重点：B2C 电子商务模式 （3）难点：B2B 电子商务模式	2

学习单元　电子商务交易模式

随着电子商务在世界范围内的迅速发展，多种电子商务模式相继出现。电子商务按交易的对象可分为企业对企业的电子商务模式（B2B）、企业对消费者的电子商务模式（B2C）、消费者对消费者的电子商务模式（C2C）、企业对政府的电子商务模式（B2G）等。近几年，随着 O2O（Online to Offline，线上和线下相结合）电子商务模式的兴起，使得线上和线下得以结合，能够更好地利用本地资源，做好电子商务。但目前，B2B、B2C 和 C2C 依然是最基本的电子商务运作模式。

一、B2B 电子商务模式

B2B 电子商务模式是企业与企业之间通过 Internet 或者专用网络等现代信息技术进行的商务活动。例如，生产企业利用 Internet 等向供应商采购，然后利用网络付款等。企业与企业之间的交易之所以引入电子商务，是因为采用电子商务方式能够使双方产生大量收益，企业也需要通过电子商务来建立竞争优势。B2B 电子商务模式是电子商务中历史最长、发展最完善的商业模式。

1.B2B 电子商务模式的功能

（1）供货管理

电子商务使得企业能够减少订单处理费用、缩短交易时间、减少人力占用，同时加强与供应商的合作关系，概括地说就是“加速收缩供应链”。

（2）库存管理

电子商务缩短了从发出订单到货物装运的时间，从而使企业可以保持一个合理的库存数量，甚至实现“零库存”，促进存货周转，消除存货不足和存货不当。

（3）安全管理

在电子商务环境中，企业每一笔单证都是经过加密的，包含了电子签名，并由专门的中介机构记录在案，从而保证了交易的安全性。

（4）运输管理

电子商务使得运输过程所需的各种单证能够快速准确地到达交易各方，由于单证是标准的，也保证了所含信息的准确性。

（5）信息传递、交易文档管理

在电子商务环境中，信息能够以更快、更大量、更准确、更便宜的方式流动，并且能够被监视和跟踪。

对于流通企业来说，由于没有生产环节，电子商务活动几乎覆盖了整个企业的经营管理活动，是利用电子商务最快的企业。通过电子商务，企业可以及时准确地获取消费者信息，从而准确订货、减少库存，并通过网络促进销售，以提高效率、降低成本，获取更大的利益。

2.B2B 电子商务模式的优势

企业间电子商务的实施可以带动企业成本的下降，同时扩大企业收入来源。

（1）降低采购成本

企业通过与供应商建立企业间电子商务，实现网上自动采购，可以减少双方为进行交易投入的人力、物力和财力。另外，采购方企业可以通过整合企业内部的采购体系，统一向供应商采购，实现批量采购，获取折扣。

（2）降低库存成本

企业通过与上游的供应商和下游的企业建立企业间电子商务，实现以销定产，以产定供，实现物流的高效运转和统一，最大限度地控制库存。

（3）节省周转时间

企业可以通过与供应商和顾客建立统一的电子商务系统，实现企业的供应商和企业的顾客直接沟通和交易，减少周转环节。

（4）扩大市场机会

企业通过与潜在的客户建立网上商务关系，可以覆盖原来难以通过传统渠道覆盖的市场，增加企业的市场机会。

（5）全天无间断运作

传统的交易受到时间和空间的限制，而基于 Internet 的电子商务则是全年 365 天无间断运作，网上的业务可以开展到传统营销人员和广告促销所达不到的市场范围。

3.B2B 电子商务的运营模式

（1）垂直 B2B

垂直 B2B 可以分为两个方向，即上游和下游。生产商或商业零售商可以与上游的供应商形成供货关系，比如 Dell 公司与上游的芯片和主板制造商就是通过这种方式进行合作的。生产商与下游的经销商可以形成销货关系，比如 Cisco 公司与其分销商之间进行的交易。

（2）水平 B2B

水平 B2B 是将各个行业中相近的交易过程集中到一个场所，为采购方企业和供应方企业提供交易机会，利用网上中介服务网站将买方和卖方集中到一个市场，进行信息交流、广告促销、拍卖竞标、商品交易、仓储配送等商业活动，如阿里巴巴等电子商务平台都是为传统企业提供网上中介服务。这种模式之所以称为水平 B2B 电子商务，是因为利用这种模式的行业广泛、企业众多，很多行业和企业都可以在同一个网站上进行商务贸易活动。

（3）自建 B2B

行业龙头企业自建 B2B 模式是大型行业龙头企业基于自身的信息化建设程度，搭建的以自身产品供应链为核心的行业化电子商务平台。行业龙头企业通过自身的电子商务平台，串联起行业整条产业链，供应链上下游企业通过该平台实现资讯共享、沟通和交易。但此类电子商务平台过于封闭，缺少产业链的深度整合。

（4）关联行业 B2B

关联行业 B2B 模式是相关行业为了提升电子商务交易平台信息的广泛程度和准确性，整合水平 B2B 模式和垂直 B2B 模式而建立起来的跨行业电子商务平台。

4.B2B 电子商务平台的盈利模式

B2B 电子商务平台盈利的主要模式有以下几种。

（1）会员费

企业通过第三方电子商务平台参与电子商务交易，必须注册为 B2B 网站的会员，每年要交纳一定的会员费，才能享受网站提供的各种服务，目前会员费已成为我国 B2B 网站最主要的收入来源之一。

（2）广告费

网络广告是门户网站的主要盈利来源，同时也是 B2B 电子商务网站的主要收入来源之一。

（3）竞价排名

企业为了促进产品的销售，都希望在 B2B 网站的信息搜索中将自己的排名提高，而网站在确保信息准确的基础上，会根据会员交费额度的不同对排名顺序做相应的调整。

（4）增值服务

B2B 网站通常除了为企业提供贸易供求信息以外，还会提供一些独特的增值服务，包括企业认证、独立域名、行业数据分析报告、搜索引擎优化等。

（5）线下服务

线下服务主要包括展会、期刊、研讨会等。通过展会，供应商和采购商能够面对面地交流，一般中小企业还是比较青睐这种方式。期刊主要是提供行业资讯等信息，期刊里也可以植入广告。

（6）商务合作

商务合作包括与广告联盟、政府、行业协会、传统媒体的合作等。广告联盟通常是网络广告联盟。但在我国，联盟营销还处于萌芽阶段，大部分网站对联盟营销还比较陌生。

二、B2C 电子商务模式

B2C 电子商务是指企业对消费者的商务交易模式。许多电子商务网站，如天猫、京东等，都采用的是 B2C 模式。B2C 电子商务有 3 个基本组成部分：为顾客提供在线购物场所的网上商店，负责为顾客配送所购商品的物流配送系统，负责货款结算的电子支付系统。

不同网上商店的购物流程可能会略有差异，但大部分网上商店进行网上销售的操作流程是相似的。网上商店业务流程如图 3–2–1 所示。

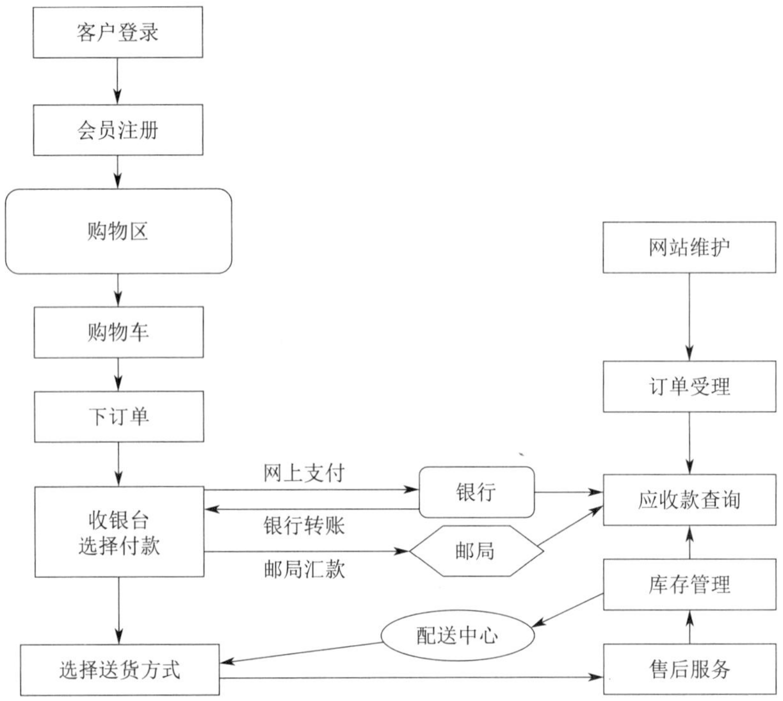

图 3–2–1　网上商店业务流程

1. 网上商店的系统结构

网上商店又称虚拟商店、在线商店，是商家直接面向消费者的场所。网上商店通过精心编辑的文字、图片和视频来描述他们所提供的产品和服务，并利用数据库为用户提供在线交易。消费者一旦发出订单，企业将安排生产、组织送货。

网上商店可分为两大部分：第一部分是消费者可以接触到的网上商店的前台部分，即顾客在网上商店中选择商品、通过购物车核对所购商品的品种数量、下电子订单、进行电子支付、选择付款方式和送货方式等一系列过程。第二部分是网上商店的后台管理部分，包括网站的维护和更新、客户关系管理、订单管理、电子支付平台、库存管理、商品配送系统等。

2. 用户注册

网络消费者在第一次访问所选定的网上商店进行购物时，要先在该网上商店填写姓名、地址、电话、E-mail 等必要的客户信息，然后才能在网上商店进行相关的操作。

3. 网上单证的类型及作用

网上商店的单证是商家与客户之间交易的凭证，一个设计完美的单证体系既要做到让客户体会到本商店网上购物的方便性，也要让网上商店的管理者能够准确处理订单数据。

常见的网上单证有以下几种类型：

（1）身份注册类网上单证的操作，即在目标网站注册成为客户或会员，用于各网站收集客户信息和确认客户身份。一般各个网站的会员注册窗口就是身份注册类单证。

（2）普通信息交流类网上单证的操作，即向目标网站发送相关需求、建议或向该网站管理人员咨询问题，用于网站自身建设或为客户进行需求调查或收集客户反馈信息。

（3）信息发布类网上单证的操作，即完成使用目标网站提供的信息发布服务单证，该单证往往作为一项服务与网站相应发布空间相联系。

4. 购物车的功能

购物车伴随网络消费者在网上商店进行购物，商店最后按照客户购物车的信息确定客户的订单。根据一般网上商店的单证后台处理流程，购物车应该具备以下功能：

（1）自动跟踪并记录消费者在网上购物过程中所选择的商品，并在购物车中显示商品清单以及这些商品的一些简要信息，如品名、编号、单价、数量等。

（2）允许客户随时更新购物车中的商品，包括修改商品的数量或删除某种已选择的商品等，同时所涉及的相关商品的信息也被同步修改。

（3）自动累计客户购物总金额，并按照客户选择的送货方式和资金结算方式计算相应的服务费用，最后显示该客户本次消费的总金额。

（4）在对客户所选购商品的数据进行校验的基础上，根据客户所购买的商品生成订单，并检查数据的完整性和一致性。

（5）在用户确认了支付方式、送货方式、送货地点等订货信息和支付信息后，确认和支付模块完成对客户订单的存档和数据库更新，同时根据支付方式的不同选择是否唤醒电子钱包，完成和支付网关接口的接通。

5. 支付结算

一般网上商店常用的支付方式有货到付款、网上在线支付、通过第三方支付平台支付、手机支付等。

6. 物流配送

网上销售无形商品与销售实物商品的物流配送有很大的不同。

（1）无形商品的物流配送。网络本身具有信息传递的功能，又有信息处理的功能，因此无形商品和服务（如信息、软件、视听娱乐产品等）就可以通过网络浏览、下载等形式直接向消费者提供。

（2）实物商品的物流配送。在互联网上成交的实物商品，其实际产品的交付仍然要通过物流配送，不能通过网络载体来实现。

三、C2C 电子商务模式

C2C 电子商务模式（消费者对消费者的电子商务模式）是伴随着 Internet 的普及而发展起来的一种商务模式，通常以拍卖、竞价的方式进行商务活动。卖方可以将所要出售物品的介绍、定价等信息在相应的交易平台上发布，买卖双方通过网络来讨价还价，买卖商品。网站充当第三方的角色，起着监督双方买卖、保证交易公平的作用。

国内的 C2C 电子商务模式是以 eBay 为榜样的。C2C 最大的特点就是利用专业网站提供的大型电子商务平台，以免费或较少的费用在网络平台上销售自己的商品。该模式可以给用户带来便宜的商品，网上开店不需要店铺租金，不受地域、时间限制，可以面对来自全国甚至全世界的客户。

目前，C2C 电子商务模式的电子商务中介商主要有两种形式。一种是提供一个虚拟开放的网上中介市场，消费者可以在上面直接发布买卖信息，由买卖双方自己达成交易，这种电子商务中介商主要提供一个信息交互平台。另一种是通过网上拍卖实现交易，交易双方通过拍卖、竞价确定成交价格。拍卖时，消费者通过互联网轮流公开竞价，在规定时间内价高者赢得购买权。C2C 模式的电子商务网站有很多，如淘宝网、易趣网、拍拍网等。

1.C2C 电子商务模式的优势

（1）C2C 能够为用户带来真正的实惠

过去，卖方往往具有决定商品价格的绝对权利，消费者议价空间非常有限，而拍卖网站的出现，使得消费者也有权利决定产品价格，并且可以通过消费者相互之间的竞价结果，让价格更有弹性。因此，通过这种网上拍卖方式，消费者在掌握了议价的主动权后，可以获得真正的实惠。

（2）C2C 能够吸引用户

由于 C2C 网站上经常有商品打折等活动，这无疑能引起消费者的关注。对于有明确目标的消费者，他们会受利益的驱动频繁光顾，而那些没有明确目标的消费者，他们会为了享受购物过程中的乐趣而流连于此。

2.C2C 电子商务模式的运作方式

（1）拍卖平台运作方式

这种方式是 C2C 电子商务企业为买卖双方搭建拍卖平台，按比例收取交易费用。网上拍卖是指网络服务提供商利用互联网通信传输技术，向商品所有者或者某些权益所有者提供有偿或无偿使用的互联网技术平台，让商品所有者或者某些权益所有者在其平台上独立开展以竞价、议价方式为主的在线交易。网上拍卖一方面遵循传统拍卖方式的基本规则，另一方面又与传统拍卖方式有很大的不同，主要表现在拍卖的运作成本、拍卖周期、拍品展示、拍卖过程的监控、支付方式等方面。

（2）店铺平台运作方式

在这种方式下，电子商务企业提供平台，方便个人在其平台上开设店铺，以会员制的方式收费，也可通过广告或提供其他服务等方式收费，个人入驻网上商城开设网店可以依托网上商城的基本功能和服务。由于顾客主要为相应网上商城的访问者，因此，平台的选择非常重要。

3.C2C 电子商务平台的盈利模式

（1）会员费

会员费就是会员制服务收费。由于平台提供的是多种服务的有效组合，比较适应会员的需求，因此这种模式的收费比较稳定，费用到期后需要客户续费，续费后再提供下一年度的服务。

（2）交易提成

交易提成是 C2C 网站的主要利润来源。因为 C2C 网站是一个交易平台，它为交易双方提供机会，就相当于现实生活中的交易所、大卖场，从交易中收取提成是其市场本性的体现。

（3）广告费

企业将网站上有价值的位置用于放置各类型广告，根据网站流量和网站人群精确标定广告位价格，然后通过各种形式向客户出售。如果C2C网站具有充足的访问量和用户黏度，广告业务会非常大。但网站出于对用户体验的考虑，均没有完全开放此业务，只有个别广告位不定期开放。

（4）搜索排名竞价

商品在搜索中的排名非常重要，用户可以为某关键词提出自己认为合适的价格，在有效时间内该商品可以获得与价格相匹配的排位。只有卖家认为竞价为他们带来了理想的收益，才愿意花钱使用。

（5）支付环节收费

支付问题一直是制约电子商务发展的瓶颈，直到阿里巴巴推出了支付宝，才在一定程度上促进了网上在线支付业务的开展。买家可以先把预付款通过网上银行打到支付公司的个人专用账户，待收到卖家发出的货物后，再通知支付公司把货款打入卖家账户，这样买家不用担心收不到货还要付款，卖家也不用担心发了货而收不到款。支付公司按成交金额的一定比例收取手续费。

4.C2C模式存在的问题

（1）法律制度有待完善

法律制度的不完善不仅使参与网上交易的个人、企业的权益得不到保障，更会使网上拍卖成为一种新的销赃手段。因此，急需制定合适的法律来规范C2C电子商务的交易行为。

（2）交易信用与风险控制

互联网的虚拟性决定了C2C交易风险更加难以控制。电子交易平台提供商必须扮演主要角色，建立起一套合理的交易机制，一套有利于在线交易达成的机制，从而促进C2C电子商务的发展。

（3）在线支付方式有待完善

目前国内信用卡使用规模还不大，而且国内的金融结算系统还不能完全适应电子商务的要求，其安全性有待提高，认证体系需要加以完善，无法完全消除用户对交易安全性的顾虑。

（4）技术实力有待提高

由于互联网的特点，对C2C电子商务平台提供商来说，技术是至关重要的。只有拥有先进的技术，才能保障网络服务的不间断，保证用户资料的完整和准确，才能为用户提供更安全和理想的交易环境。

四、其他电子商务交易模式

除了以上讲述的三种基本模式外，电子商务还包括企业与政府之间（B2G）的电子商务模式、企业内部（B2E）的电子商务模式、政府对消费者（G2C）的电子商务模式、政府对政府（G2G）的电子商务模式、线上线下（O2O）结合的电子商务模式等。

1.B2G 电子商务模式

B2G 电子商务涵盖了政府与企业间的各项事务，包括政府采购、税收、商检、管理条例发布，以及法规政策颁布等。政府一方面作为消费者，可以通过 Internet 来发布自己的采购清单，公开、透明、高效、廉洁地完成所需物品的采购；另一方面，政府对企业宏观调控、指导规范、监督管理的职能通过网络以及电子商务方式能更充分、及时地发挥作用。

2.B2E 电子商务模式

为整合企业内部资源、挖掘员工工作潜能、提高企业竞争力，一些企业推出了 B2E 电子商务模式，即企业内部的电子商务。企业内部网是一种有效的商务工具，它可以用来自动处理商务操作与工作流程，增加对重要系统和关键数据的存取和共享，共同解决客户问题，保持组织内部的联系。

3.G2C 电子商务模式

G2C 电子商务主要运作方式是“政府上网”，就是将政府职能上网，在网络上成立一个虚拟的政府，在 Internet 上实现政府的职能工作。“政府上网”后，可以在网上发布政府部门的名称、职能、机构组成等，增加办事执法的透明度，为公众与政府接触提供便利，同时也接受公众的民主监督，提高公众的参政议政意识。此外，由于 Internet 是跨国界的，“政府上网”能够加强各国政府间的相互了解和交流，适应全球经贸一体化的趋势。

4.G2G 电子商务模式

G2G 是指实现政府内部管理工作程序的计算机化和通信联络的网络化，并与社会经济各部门、各行业的计算机网络互联，在线办理各种审批手续，提高工作效率，降低开支，减轻社会负担。

5.O2O 电子商务模式

O2O 电子商务模式将线下商务的机会与互联网结合在一起，让互联网成为线下交易的前台，这样线下服务就可以用线上方式来揽客，快速积累用户资源，消费者也可以用线上方式来筛选服务，在线上成交。

模块4

网络营销基础

课程设置

课程	学习单元	课堂学时
4-1　网络营销认知	网络营销基本概念	1
4-2　网络营销环境	网络营销环境	2
4-3　网络消费者购买行为分析	（1）消费者购买动机	1
	（2）影响消费者购买行为的主要因素	1
	（3）购买决策	1
4-4　网络营销策略	（1）产品策略	1
	（2）价格策略	1
	（3）渠道策略	2
	（4）促销策略	2

课程 4-1　网络营销认知

学习内容

学习单元	课程内容	培训建议	课堂学时
网络营销基本概念	1）网络营销的特点 2）网络营销的层次 3）网络营销的基本功能 4）全面深入理解网络营销	（1）方法：讲授法、案例教学法 （2）重点：网络营销的特点和基本功能 （3）难点：全面深入理解网络营销	1

学习单元　网络营销基本概念

对网络营销（E–Marketing）目前没有统一的、公认的、完善的定义。它是随着互联网进入商业应用而生的，尤其是万维网（WWW）、电子邮件（E–mail）、搜索引擎、社交软件等得到广泛应用之后，网络营销的价值才越来越明显。应用网络营销可以利用多种手段，如 E–mail 营销、博客与微博营销、网络广告营销、视频营销、媒体营销、竞价推广营销、SEO 优化排名营销等。总体来讲，凡是以互联网或移动互联为主要平台开展的各种营销活动，都可称为网络营销。简单地说，网络营销就是以互联网为主要平台进行的，为达到一定营销目的的全面营销活动。

网络营销不是网上销售，销售是营销到一定阶段的产物，销售是结果，营销是过程；网络营销的推广手段不仅依靠互联网，传统电视、户外广告、传单同样也可以。一般认为网络营销不仅限于网上，一个完整的网络营销方案，除了在网上做推广外，还有必要利用传统方式进行线下推广。

一、网络营销的特点

网络营销作为一种基于互联网的全新营销方式，除有与传统营销相通的部分性质外还具有以下特点。

1. 跨时空性

通过互联网能够超越时间和空间的限制进行信息交换，使得营销活动脱离时空限制达成交易成为可能，企业能有更多的时间在更大的空间中进行营销，每天 24 小时随时随地向客户提供全球性营销服务，以达到尽可能多地占有市场份额的目的。

2. 多媒体性

互联网上可以传输文字、声音、图像、动画等多媒体信息，从而使为达成交易进行的信息交换可以用多种形式进行，能够充分发挥营销人员的创造性和能动性，以多种信息形式展示商品信息，吸引消费者。

3. 交互性

互联网不仅可以展示商品信息、链接商品信息，更重要的是可以实现和顾客互动，进行双向沟通，收集顾客反馈的意见、建议，从而切实、有针对性地改进商品、服务，提供高效和优质的客户服务。

4. 个性化

企业通过互联网可以方便地收集用户资料，从而能够发现、满足用户的需求，通过信息提供与交互沟通，可以实现一对一的个性化服务，进行更具有针对性的促销，更易于与用户建立长期良好的关系。

5. 成长性

遍及全球的消费者数量飞速增长，而且其中大部分是年轻的、具有较高收入和高教育水平的群体，由于这部分群体的购买力量具有很强的市场影响力，因此，网络营销是一个极具开发潜力的市场渠道。

6. 整合性

企业在互联网上开展的营销活动，一方面，可以完成从商品信息的发布到交易操作的完成和售后服务的全过程，这是一种全程的营销渠道。另一方面，企业可以借助互联网将不同的传播营销活动进行统一的设计规划和协调实施，通过统一的传播途径向消费者传达信息，从而可以避免不同传播渠道中的不一致性产生的消极影响。

7. 超前性

互联网是一种功能强大的营销工具，它同时兼具渠道、促销、电子交易、顾客服务以及市场信息分析与提供等多种功能。它所具备的一对一营销能力，正符合定制营销与直复营销的未来趋势。

8. 高效性

网络营销应用计算机储存大量的信息，可以帮助消费者进行查询，所传送的信息数量与精确度远远超过其他传统媒体。同时，还能适应市场的需求，及时更新产品陈列或调整商品的价格，因此能及时有效地了解和满足消费者的需求。

9. 经济性

网络营销使交易双方通过互联网进行信息交换，代替传统的面对面的交易方式，可以减少印刷与邮递成本，进行无店面销售而免交租金，节约水电与人工等销售成本，同时也减少了由于交易双方之间的多次交流所带来的损耗，提高了交易的效率。

10. 技术性

网络营销是建立在高新技术作为支撑的互联网基础上的，企业在实施网络营销时必须有一定的技术投入和技术支持，改变传统的组织形态，提高信息管理部门的功能，引进懂营销与计算机技术的复合型人才，才能具备市场竞争优势。

二、网络营销的层次

网络营销不仅仅是一种新的技术和手段，更是一种影响企业未来生存及长远目标的选择。根据企业对网络营销作用的认识及应用能力的划分，企业网络营销可以划分为五个层次。

1. 企业宣传

企业网络宣传是网络营销最基本的应用方式，是把互联网作为一种新的信息传播媒体基础上开展的营销互动。

2. 网上市场调研

调研市场信息，从中发现消费者需求动向，从而为企业细分市场提供依据，是企业开展市场营销的重要内容。

3. 网络分销

企业传统的分销渠道仍然是企业的宝贵资源，但互联网所具有的高效及时的双向沟通功能，为加强企业与分销商的联系提供了有利的平台。

4. 网上直接销售

数量众多的无形商城已经在互联网上开张营业，这就是从事网上直接销售的网站。互联网是企业和个人相互面对的乐园，是直接联系分散在广阔空间中数量众多的消费者的最短渠道。它排除了时间的限制，缩短了地理上的距离，清除了障碍，并提供了更大范围的消费选择机会和灵活的选择方式。因此，网上直接销售为网络消费者创造了实现消费需求的新机会。

5. 网上销售集成

互联网是一种新的市场环境，这一环境不只是对企业的某一环节和过程产生影响，还将在企业组织、运作及管理观念上产生重大影响。一些企业已经迅速融入这一环境，依靠网络与原料商、制造商、消费者建立密切联系，并通过网络收集、传递信息，从而根据消费者需求，充分利用网络伙伴的生产能力，实现产品设计、制造及销售服务的全过程，这种模式称为网上销售集成。

三、网络营销的基本功能

网络营销的核心思想就是营造网上经营环境。实践证明，网络营销的基本功能有建立网络品牌、推广企业网站和促进销售等。

1. 建立网络品牌

网络营销的重要任务之一就是在互联网上建立并推广企业品牌。知名企业的网下品牌可以在网上得以延伸，通过互联网树立品牌形象，并提升企业整体形象。网络品牌建设以企业网站建设为基础，通过一系列推广措施，达到顾客和公众对企业的认知和认可。从一定程度上说，网络品牌的价值甚至高于通过网络获得的直接收益。

2. 推广企业网站

推广企业网站是网络营销最基本的功能之一，在网络营销的初始阶段，有人甚至认为网络营销就是网站推广。相对于其他功能来说，网站推广显得更为迫切和重要。通过互联网手段进行网站推广，使企业网站获得必要的访问量是网络营销取得成效的基础。企业可以利用搜索引擎、相关的网上论坛和资源，以及其他网络手段进行网站推广。

3. 促进销售

营销的基本目的是为增加销售提供帮助，网络营销也不例外，大部分网络营销方法都与直接或间接促进销售有关，但促进销售并不限于促进网上销售。事实上，网络营销在很多情况下对促进网下销售也十分有价值。

除了以上所列出网络营销的基本功能外，网络营销还可以进行信息搜索和发布、客户关系管理、网上调研、拓宽销售渠道等。开展网络营销的意义在于充分发挥其各种功能，使网络营销的整体效益最大化，因此，不能仅仅由于某些方面效果欠佳而否认网络营销的作用。

四、全面深入理解网络营销

综上所述，网络营销的实质就是“营造网上经营环境”，即基于营销导向的企业网站，综合运用网络资源、技术和手段，与顾客、网络服务商、合作伙伴、供应商、销售商等建立良好关系，从而提升品牌形象、增进顾客关系、改善顾客服务、开拓网上销售渠道，并最终扩大销售。

1. 网络营销是手段而不是目的

网络营销具有明确的目的，但网络营销本身不是目的，网络营销是营造网上经营环境的过程，也就是综合利用各种网络营销的方法、工具、条件，并协调其间的相互关系，从而更加有效地实现企业营销目的的手段。

2. 网络营销不是孤立存在的

网络营销是企业整体营销战略的一个组成部分，网络营销活动不可能脱离一般营销环境而独立存在。在很多情况下，网络营销是传统营销在互联网环境中的应用和发展，也是互联网时代市场必不可少的内容。

3. 网络营销不等于网上销售

（1）网络营销的效果表现在多个方面。例如，提升企业品牌价值、加强与客户之间的沟通、拓展对外信息发布的渠道、改善顾客服务等。

（2）网站的推广手段通常不仅仅依靠网络营销，往往还要采取许多传统的方式，如在传统媒体上做广告、召开新闻发布会、印发宣传册等。

（3）网络营销的目的并不仅仅是促进网上销售，很多情况下，网络营销活动不一定能实现网上直接销售的目的，但可能促进网下销售，并且增强顾客的忠诚度。

4. 网络营销不等于电子商务

网络营销本身并不是一个完整的商业交易过程，而只是促进商业交易的一种手段。网络营销是电子商务的基础，开展电子商务离不开网络营销，但网络营销并不等于电子商务。

5. 网络营销不仅限于网上

网络营销是传统营销的一种扩展，即向互联网上的延伸，所有的网络营销活动都是实实在在的。网络营销的手段不仅限于网上，应注意网上网下相结合的营销策略。网上营销与网下营销不是相互独立的，而是一个相辅相成、互相促进的营销体系。

课程 4-2　网络营销环境

学习内容

学习单元	课程内容	培训建议	课堂学时
网络营销环境	1）网络营销的宏观环境 2）网络营销的微观环境	（1）方法：讲授法、案例教学法 （2）重点与难点：网络营销的宏观、微观环境	2

学习单元　网络营销环境

任何企业都是在一定的外部环境条件下开展网络营销活动，并受到各种环境因素的影响和制约的。企业所处的外部环境条件时刻都在发生变化，企业所处的网络营销环境更是日新月异。一方面，它给企业创造了新的市场机会；另一方面，它又给企业带来某种威胁。因此，网络营销环境对企业的生存和发展具有重要意义。企业必须重视对网络营销环境的分析和研究，并根据网络营销环境的变化制定有效的网络营销战略，扬长避短、趋利避害、适应变化、抓住机会，从而实现企业网络营销的战略目标。

一、网络营销的宏观环境

宏观环境是指一个国家或地区的政治、法律、人口、经济、社会文化、科学技术等因素影响企业进行网络营销活动的宏观条件。宏观环境对企业短期的利益可能影响不大，但对企业长期的发展具有很大的影响。所以，企业一定要重视宏观环境的分析研究。宏观环境主要包括以下六个方面的因素，如图 4–2–1 所示。

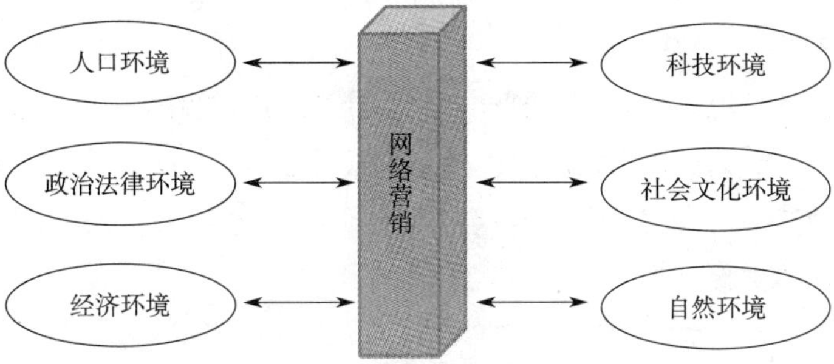

图 4–2–1　网络营销宏观环境

1. 人口环境

人口是构成市场的第一要素，人口的多少直接决定市场的潜在容量。人口的数量水平、年龄分布、婚姻状况、出生率、死亡率、人口密度、人口流动性及其文化教育程度等特性在一定程度上都会对市场格局产生深刻影响，并直接影响着企业的市场活动和企业的经营管理活动。因此，企业必须重视人口因素的影响，密切关注人口因素的发展动向，适时调整营销策略以适应人口因素的变化。

2. 政治法律环境

政治法律环境包括国家政治体制、政治的稳定性、国际关系、法制体系等。它对企业网络营销的影响主要表现在两个方面：一是保障作用，二是规范作用。

3. 经济环境

经济环境是影响企业网络营销活动的主要环境因素，它不仅包括经济体制、经济增长、经济周期与发展阶段，以及经济政策体系等大的方面的内容，同时也包括收入水平、市场价格、利率、汇率、税收等经济参数和政府调节取向等内容。

4. 科技环境

经济全球化是社会发展的趋势，这种趋势突破了传统企业在本地组织生产、经济活动和在本地、本国寻求市场及资源的经验模式。信息技术为企业从事经营活动提供了技术平台，这个技术平台突破了传统企业经营活动中的地域限制。在网络环境下，企业可以跨国、跨地区来组织各种生产、经营，在世界范围内规划自己的营销和发展战略。

5. 社会文化环境

所谓社会文化环境，是指在一种社会形态下已经形成的信息、价值、观念、宗教信仰、道德规范、审美观念，以及世代相传的风俗习惯等社会所公认的各种行为规范。企业在进行营销活动时，必须分析和研究所在地的社会文化环境，针对不同的文化环境制定不同的营销策略。

6. 自然环境

自然环境是指一个国家或地区的客观环境因素，主要包括自然资源、气候、地形地质、地理位置等。通常，企业在选择其所在地时，应综合考虑保证企业生产和运转的资源是否丰富，交通是否便利等因素。因为自然物质条件对企业而言，是节约成本的重要途径之一。

二、网络营销的微观环境

微观环境由企业及其周围的活动者组成，直接影响着企业为顾客服务的能力。它包括企业内部环境、供应者、营销中介、顾客（或用户）、竞争者、合作者和社会公众等，如图 4–2–2 所示。

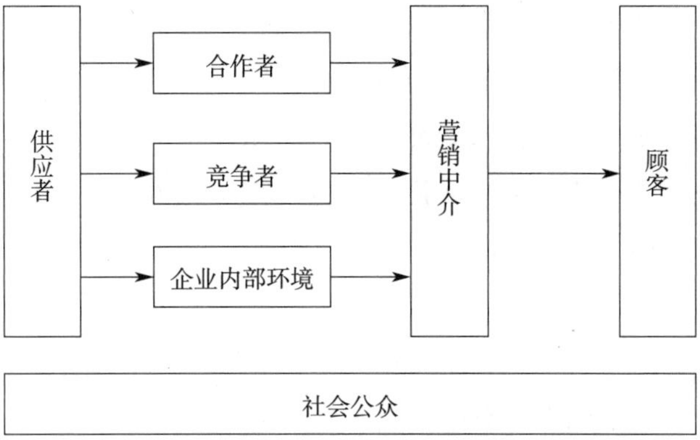

图 4-2-2　网络营销微观环境

1. 企业内部环境

企业内部环境是指企业内部物质、文化环境的总和，包括企业资源、企业能力、企业文化等因素，也称企业内部条件。企业内部环境是企业经营的基础，是制定战略的出发点、依据和条件，是竞争取胜的根本。

2. 供应者

供应者是指向企业及其竞争者提供生产经营所需原料、部件、能源、资金等生产资源的公司或个人。企业在选择自己的供应商时，应选择那些有国家权威评级机构评定的在质量和效率方面有良好信誉的供应商，企业最好与这些供应商建立长期稳定的合作关系，保证企业生产资源的质量和供应的稳定性。

3. 营销中介

营销中介主要包括中间商、实体分配机构、营销服务机构和金融机构等。中间商主要包括批发商和零售商两大类，实体分配机构主要是指运输公司，营销服务机构包括广告公司、广告媒介经营公司、市场调查公司、营销咨询公司和财务公司，金融机构包括银行、信托公司和保险公司等。

企业可以直接地向顾客（或用户）提供产品和服务，但一般离不开营销中介的转销、促销和营销服务。营销中介既可以为某一企业从事中介服务，也可以为具有竞争关系的若干企业提供中介服务。除了拥有完整营销体系的少数大公司，在一般情况下，若与企业合作的营销中介数量多，服务能力强，组织分布广泛合理，则企业对微观环境的适应性和利用能力就强。

4. 顾客（或用户）

顾客（或用户）是企业直接或最终的营销对象，是最重要的环境因素。因此，如何通过互联网发现他们、吸引他们、满足他们的需求、留住他们并与他们建立稳定的联系等，都是网络营销活动必须认真解决的问题。

5. 竞争者

在开展网上营销的过程中，不可避免地要遇到业务与自己相同或相近的竞争对手，取长补短是克敌制胜的好方法。

要关注竞争者的主要方面包括行业内竞争企业的数量、竞争企业的规模和能力、竞争企业对竞争产品的依赖程度、竞争企业所采取的营销策略、竞争企业供应渠道及销售渠道等。

6. 社会公众

社会公众是指在营销活动中与营销活动发生关系的群体，这些群体的行为会对营销环境产生影响。其主要包括：金融公众，包括银行、投资公司、证券公司、股东等；媒介公众，包括报纸、电台、杂志、电视台等，直接影响对企业的评价和认识；政府公众，指政府机构部门，其制定的政策会对营销活动产生限制或提供机遇。

课程 4-3　网络消费者购买行为分析

学习内容

学习单元	课程内容	培训建议	课堂学时
（1）消费者购买动机	1）消费者购买动机的形成 2）消费者购买动机的分类	（1）方法：讲授法、案例教学法 （2）重点：消费者购买动机的分类 （3）难点：消费者购买动机的形成	1

续表

学习单元	课程内容	培训建议	课堂学时
（2）影响消费者购买行为的主要因素	1）文化因素 2）社会因素 3）个人因素 4）心理因素	（1）方法：讲授法、案例教学法 （2）重点：影响消费者购买行为的个人因素 （3）难点：影响消费者购买行为的心理因素	1
（3）购买决策	1）购买行为的类型 2）购买行为的过程	（1）方法：讲授法、案例教学法 （2）重点与难点：购买行为的实现	1

学习单元 1　消费者购买动机

一、消费者购买动机的形成

所谓动机，是指推动人进行活动的内部原动力（内在的驱动力），即激发人们行动的原因。网络消费者的购买动机是指在网络购买活动中，能使网络消费者产生购买行为的某些内在的驱动力。

动机是一种内在的心理状态，不容易被直接观察到或被直接测量出来，但它可根据人们的长期的行为表现或自我陈述加以了解和归纳。购买动机是推动消费者进行购买的愿望和设想。消费者的购买行为总是由一定的购买动机所引起的。

对于企业促销部门来说，通过了解消费者的动机，就能有依据地说明和预测消费者的行为，从而采取相应的促销手段。对于网络销售来说，动机研究则更为重要。因为网络销售是一种不见面的销售，网络消费者复杂的、多层次的、交织的和多变的购买行为不能直接观察到，只能通过文字或语言的交流加以想象和体会。

网络消费者的购买动机基本上可分为两大类：需求动机和心理动机。需求动机是指人们由于各种需求，包括低级和高级的需求而引起的购买动机；心理动机是由于人们的认识、感情、意志等心理过程而引起的购买动机。

1. 需求动机

在传统营销过程中，需求层次理论被广泛应用。美国心理学家马斯洛认为，人是有欲望的动物，需要什么取决于已经有了什么，只有尚未被满足的需求才能够影响人的行为。人的基本需求按其重要程度的大小排列，依次为生理需求、安全需求、社会需求、尊重需求和自我实现需求，如图 4-3-1 所示。

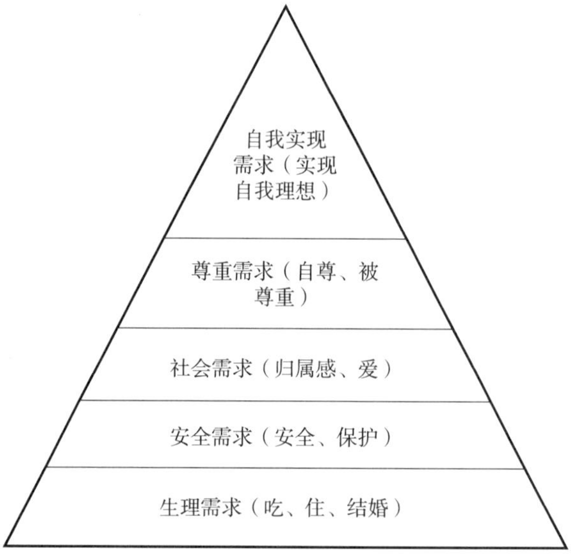

图 4-3-1　马斯洛需求层次

马斯洛的需求层次理论可以解释虚拟市场中消费者的许多购买行为，但是虚拟社会毕竟与现实社会有很大的差别，马斯洛的需求层次也面临着不断补充的需求。在虚拟社会中，人们联系的基础实质是人们希望满足虚拟环境下的三种基本需求，即聚集、兴趣和交流。互联网提供了让具有相似经历和喜好的人聚集的机会，这种聚集不受时间和空间的限制，在这样的群体当中，一个人把感兴趣的产品通过分享和交流直接影响到其他人。

2. 心理动机

网络消费者购买行为的心理动机主要体现在理智动机、感情动机和惠顾动机三个方面。

（1）理智动机

理智动机是建立在人们对在线商场所推销商品的客观认识基础上的，众多网络购物者大多是中、青年，具有较高的分析判断能力。他们的购买动机是在反复比较各个在线商场的商品之后才做出的，对所要购买的商品的特点、性能和使用方法早已非常了解。

（2）感情动机

感情动机是由于人的情绪和感情所引起的购买动机。这种购买动机还可以分为以下两种形态：一种是低级形态的感情购买动机，它是由喜欢、满意、快乐、好奇而引起的，一般具有冲动性和不稳定性的特点。另一种是高级形态的感情购买动机，它是由人们的道德感、美感、群体感所引起的，具有较大的稳定性。而且由于在线商场提供异地买卖、送货的业务，大大促进了这类购买动机的形成。

（3）惠顾动机

惠顾动机是基于理智经验和感情之上的，对特定的网站、图标广告、商品产生特殊的信任与偏好而重复地、习惯性地前往访问并购买的一种动机。具有惠顾动机的网络消费者，往往是某一站点的忠实浏览者，他们不仅自己经常光顾这一站点，而且对其他网民也具有较大的宣传和影响能力，甚至在企业的商品或服务意识出现某种过失时，可以主动给予谅解。

二、消费者购买动机的分类

1. 生理性购买动机

生理性购买动机是指消费者为保持和延续生命有机体而引起的各种需要所产生的购买动机，如消费者为了寻求温饱安全、组织家庭、繁衍后代、增强体质与智力，需要各种商品以满足这些需求。生理性购买动机又可分为维持生命的动机、保护生命的动机、延续生命的动机和发展生命的动机等种类。

由生理性因素引起的购买动机，是消费者本能的、最能促成购买的内在驱动力，其购买的商品也是生活必需品，需求弹性比较小，一般比较稳定，具有经常性、普遍性、重复性、习惯性和主导性等特点。有时也与其他购买动机联系在一起，尤其表现在对所要购买的生活用品的外观、质量、性能和价格的选择方面。

随着生产力的提高和广大消费者物质生活、精神生活条件的改善，消费者的购买行为单纯受生理性动机驱使的情况已经不多，即使是购买食物充饥往往也混合着非生理性动机，如对食品的色、香、味、形的要求，就体现了消费者的表现欲、享受欲和审美欲等。

2. 心理性购买动机

心理性购买动机是指人们由于心理需要而产生的购买动机。心理性购买动机比生理性购买动机更为复杂多样。特别是当经济发展到一定水平，社会信息传播技术越现代化，消费者与社会的联系越紧密，激起人们购买行为的心理性购买动机就越占有重要地位。从引起消费者心理性购买动机的主要因素来分析，心理性购买动机又可分为感情动机、理智动机和惠顾动机等。

3. 社会性购买动机

社会性购买动机即社会化购买动机，指由社会性因素引起的消费者购买商品的动机。因为每一个消费者都在一定的社会环境中生活，并在社会教育的影响下成长，其购买和消费商品必然受到所处地理环境、风俗习惯、科学文化、经济状况、阶层群体的影响和制约，这些因素都会产生激励其购买满足社会性需要的商品的动机。

消费者的社会性购买动机是在后天社会因素的影响下形成的，一般可分为基本的社会性动机和高级的社会性动机。由社会交往、归属、自主等意念引起的购买动机，属于基本的社会性购买动机；由成就、威望等意念引起的购买动机，属于高级的社会性购买动机。

随着社会经济的不断发展、消费者经济收入和支付能力的逐步提高，社会性购买动机对消费者购买行为的支配也逐步明显，并成为对某些消费者起主导作用的购买动机。企业重视和研究消费者社会性购买动机，采取适当的营销策略，对于满足消费者需要，提高经济效益是十分重要的。

学习单元 2　影响消费者购买行为的主要因素

一、文化因素

不同的人有着不同的价值观念、审美观念、生活标准和行为准则。因此，文化是引起消费者需求与购买行为差异的重要因素。

文化是在人们社会实践中逐渐形成的，包括人们的审美观念、价值观念、风俗习惯、语言文字等。每个人都生活在一定的文化氛围中并深受影响，这一影响也延伸到了他们的购买行为。

1. 社会文化

文化是人类欲望和行为最基本的决定因素，低级动物的行为主要受其本能的控制，而人类行为大部分是学习来的。因此，文化是人类从生活实践中建立起来的价值观念、伦理道德、风俗习惯、文化禁忌、语言文字、宗教信仰、音乐艺术、思维方式等人类社会物质财富和精神财富的总和。

2. 亚文化

亚文化是指存在于一个较大的社会群体中的一些较小的社会群体所具有的特色文化，这种特色文化表现为民族亚文化、宗教亚文化、种族亚文化、地理亚文化等。

如民族亚文化，实际上许多国家，除了具有相对统一的某种文化类型外，都存在着许多以民族传统为基础的亚文化。例如，我国除了汉族外还有众多其他民族，他们有各自不同的民族习惯和生活方式；宗教亚文化，以我国来说，就存在伊斯兰教、佛教、天主教、基督教等，各个宗教特有的信仰、偏好和禁忌也形成某种亚文化，在购买行为和购买种类上表现出许多特征；种族亚文化，不同的人种有不同的文化形态和态度；地理亚文化，如我国华南地区与西北地区、沿海地区与内地偏远地区，各有不同的生活方式，因而在购买上也会有很大的不同。

二、社会因素

消费者购买行为不但受到广泛的文化因素的影响，同时也受到社会因素的影响，如参照群体、家庭、社会角色与地位、社会阶层等。

1. 参照群体

参照群体，就是能对个人的态度、意见、偏好和行为有重大影响的群体，包括直接参照群体和间接参照群体。

（1）直接参照群体

直接参照群体即某人所属的群体或与其有直接关系的群体。直接参照群体分为首要群体和次要群体。首要群体是指与某人直接、经常接触的一群人，一般都是非正式群体，如家庭成员、亲戚朋友、同事、邻居等；次要群体对其成员并不经常发生影响，但一般都是较为正式的群体，如宗教组织、行业协会等。

（2）间接参照群体

间接参照群体即某人不属于其中的成员，但又受其影响的群体。间接参照群体分为向往群体和厌恶群体。向往群体是指某人推崇的一些人或希望加入的组织，如明星就是其崇拜者的向往群体。厌恶群体是指某人讨厌或反对的一群人。一个人总是不愿意与厌恶群体发生任何关系，在各方面都希望与其保持一定的距离，甚至经常反其道而行之。

参照群体对人们购买行为的影响有三个方面：第一，参照群体向人们展示新的行为模式和生活方式；第二，由于消费者有效仿其参照群体的意愿，因而消费者对某些事物的看法和对某些产品的态度也会受到相关群体的影响；第三，参照群体促使消费者的行为趋于某种“一致化”，从而影响消费者对某些产品和品牌的选择。

2. 家庭

家庭是社会的基本单位，对购买者的行为显然有着重要的影响。一般人在整个人生历程中所受的家庭影响基本来自两个方面：一是来自自己的父母；二是来自自己已组成的家庭。当消费者做出购买决策时，必然要受到这两个家庭的影响，其中，受原来家庭的影响比较间接，受现有家庭的影响比较直接。

3. 社会角色与地位

一个人一生中会加入许多团体，如家庭、单位、协会及各类俱乐部等组织。每个人在团体中的位置可用角色和地位来确定，不同的角色和地位会有不同的需求和购买行为。

4. 社会阶层

社会阶层是指在一个社会中具有相对同质性和持久性的群体，可依据职业、收入、受教育程度、社会地位以及居住区域等因素的综合来划分。同一阶层的成员具有相似的价值观、兴趣爱好和行为方式，因此，他们的消费行为也大致相似。

三、个人因素

消费者购买行为受其个人特性的影响，特别是受其所处的人生阶段、职业、经济状况、生活方式、个性，以及自我观念的影响。这其中，生活方式是一个人的生活模式，消费者生活方式通过其主要的活动、兴趣和观念去衡量。个性是一个人所特有的心理特征，它导致一个人对其所处环境的相对一致和持续不断的反应。个性经常可以用性格属性来描述。例如，这个人是自信的、适应性强的等。人的自我观念反映了消费者的自我形象与其拥有物之间的关系。例如，人们对某一特定物品的消费，可能是为了印证自己的品位、教养和时尚。

四、心理因素

从本质上讲，消费者的购买行为受到动机、知觉、学习，以及信念和态度等主要心理因素的影响。

1. 动机

动机是推动人从事某项活动的内在机能。购买动机则是促使消费者采取购买行为的内在机能，是消费者购买行为的基础。购买动机可分为求实动机、求美动机、求廉动机、求名动机、求新动机和求安全动机等。

2. 知觉

知觉是对事物的各种属性和各个部分的整体反应，是人的认识活动的重要环节和基础，也是影响消费者购买行为的一个重要的心理因素。不同的人对同一刺激物会产生不同的知觉，这是因为知觉是一个有选择的过程，要经历选择性注意、选择性曲解、选择性记忆三个知觉过程。

（1）选择性注意

一个消费者每天会接收数以千计的信息，显然，他不可能全部接收这些信息，于是就产生了选择性注意，即购买者不自觉地控制信息的接收过程。一般来说，有三种信息会引起人们的注意：消费者目前需要的、预期要出现的、刺激强度大的。

（2）选择性曲解

有些信息虽被消费者注意和接收，但其影响作用不一定会与信息发布者原来所预期的相同。因为在消费者对所接收的信息进行加工处理的过程中，往往在客观的基础上加上自己的理解和想法。也就是说，消费者一旦将信息接收过来，就会将它与自己的观点和以前接收的信息协调一致起来，使得接收到相同信息的消费者有不同的知觉。

（3）选择性记忆

人们对其接触、了解过的东西常常会遗忘，而只记得那些与其观点、态度和信念一致的信息。

3. 学习

学习是指顾客在购买和使用产品过程中不断获得知识、经验和技能，不断完善其购买行为的过程。消费者的购买行为都是经验积累的结果。

4. 信念和态度

信念是人们对事物所持有的认识，消费者对产品的信念一旦建立，往往很难改变；态度是人们对事物所持有的一种具有持久性和一致性的行为倾向，态度对人们的行为有决定性的影响，消费者对产品好坏的态度直接影响其购买行为。

学习单元 3　购买决策

在消费品市场上，消费者的购买活动和产品消费往往是以家庭为单位的，所以通常家庭成员都会不同程度地参与购买决策。根据家庭成员在购买活动中起到的作用，一般可分为发起者、影响者、决策者、购买者和使用者。

一、购买行为的类型

1. 按消费者购买目的确定程度划分

（1）确定型购买行为

确定型购买行为指消费者在购买商品以前已经有明确的购买目的，对商品的名称、型号、规格、式样、商标以及价格的幅度都有明确的要求。

（2）半确定型购买行为

半确定型购买行为指消费者在购买商品以前，已有大致的购买目标，但具体要求还不够明确，最后购买需要经过选择比较才能完成。

（3）不确定型购买行为

不确定型购买行为指消费者在购买商品以前，没有明确的或既定的购买目标。这类消费者进入商城主要是参观游览、休闲，漫无目的地观看商品或随便了解一些商品的销售情况，有时遇到有兴趣或合适的商品会购买，有时则观后离开。

2. 按消费者购买态度和要求划分

（1）习惯型购买行为

习惯型购买行为的特点是喜欢根据过去的购买经验、使用习惯来购买商品。

（2）理智型购买行为

理智型购买行为表现为冷静购买，即消费者在走进商店之前不仅广泛搜集了所需购买商品的信息，而且经过分析和思考后才做出购买决定。

（3）感情型购买行为

这类消费者对感情体验比较重视，具有特别丰富的想象力和联想力，审美感觉也比较灵敏，因此，这类消费者在选购商品时往往容易受到外界环境因素的影响；基于审美的要求，他们对购物环境具有一定的要求。

（4）冲动型购买行为

冲动型购买行为的特点是在购物时对外界环境的刺激比较敏感，情绪不易自控，容易冲动购买。一旦接受了外界刺激，这类消费者的心境会发生转变。

（5）经济型购买行为

购买商品时多从经济和价格等方面考虑是经济型购买行为的特点。这类消费者由于各方面原因的作用，在购物时往往对价格、质量、效果特别敏感，因此，对商品要反复挑选。

（6）从众型购买行为

从众型购买行为的特点是易受他人购买倾向的影响，对商品一般不进行仔细分析、比较，从众心理较强。这类消费者一般经济条件较好，缺乏商品知识和主见。

（7）疑惑型购买行为

这类消费者对外界缺乏应有的信任，往往有过上当受骗的经历，他们在选购商品时从不冒失仓促地做出决定，挑选时间较长。

（8）随意型购买行为

随意型购买行为的特点是缺乏购买经验，购买心理不稳定，这类消费者大多是新购买者。

3. 按消费者购买情感反应划分

（1）沉静型购买行为

沉静型购买行为的特点是在购买过程中其感情不外露，行为把握得当，对所需购买的商品有自己的主见。这类消费者在选购商品时很少受外界因素影响。

（2）谦和型购买行为

谦和型的消费者在购买过程中，愿意听取销售人员相关的介绍和意见，为人谦和、友善，做出购买决定较快。这类消费者一般具有一定的文化修养，选购商品比较快，对服务也比较放心。

（3）健谈型购买行为

健谈型购买行为的特点是消费者思维比较活跃，较易接近，容易沟通。这类消费者喜欢与人交谈，在选购商品时能很快与销售人员接近，愿意与他人就所选购的商品交换意见。

（4）反抗型购买行为

反抗型购买行为的特点是在购买过程中不愿听取不同意见，尤其是对销售人员的介绍持有戒心。这类消费者对销售人员持不信任态度，甚至有逆反心理，销售人员过于详细地介绍商品反而适得其反。

（5）激动型购买行为

激动型购买行为的特点是消费者情绪容易激动，易受个人心情和外界环境的影响。这类消费者在选购商品时以自我为中心，甚至用命令的口气提出要求；一旦得不到满足或稍有差池，就会与销售人员发生争吵。

二、购买行为的过程

每个消费者在购买商品时都会有一个购买决策的过程，而且由于消费者的类型不同，消费者的购买决策过程也不相同。典型的消费者购买决策过程一般可以分为五个阶段：确认需要、寻求信息、比较评价、决定购买、购后评价，如图 4–3–2 所示。

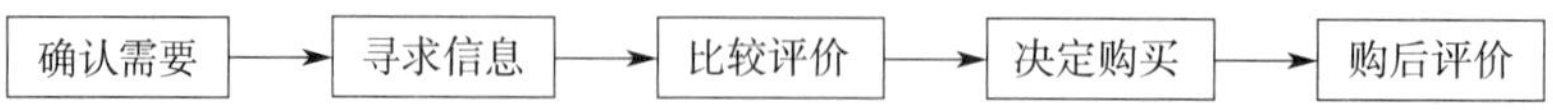

图 4–3–2　消费者购买决策过程

1. 确认需要

当消费者意识到对某种商品有需要时，购买过程就开始了。消费者需要可以由内在因素引起，也可以由外在因素引起。此阶段，企业必须通过市场调研，确定促使消费者认识到需要的具体因素，营销活动应致力于做好两项工作：一方面是发掘消费驱动力；另一方面是规划刺激、强化需求。

2. 寻求信息

在多数情况下，消费者要考虑买什么品牌的商品、花多少钱、在哪里买等问题，需要寻求信息，了解商品信息。寻求的信息一般有：产品质量、功能、价格、品牌、已经购买者的评价等。当消费者的需要被唤起后可能会去寻求更多的信息，一般消费者的信息来源主要有 5 个方面：记忆来源、个人来源、商业来源、公共来源和经验来源。

3. 比较评价

消费者进行比较评价的目的是能够识别哪一种品牌、类型的商品最适合自己的需要。消费者对商品的比较评价，是根据收集的资料对商品属性做出的价值判断。消费者对商品属性的评价因人因时因地而异，有的评价注重价格，有的注重质量，有的注重品牌和样式等。

4. 决定购买

消费者通过可供选择的商品进行评价，并做出选择后，就形成购买意图。在正常情况下，消费者通常会购买他们最喜欢的品牌。但有时也会受他人态度和意外事件等因素的影响而改变购买决定。

5. 购后评价

消费者购买商品后，购买的决策过程还在继续，他要评价已购买的商品。企业应密切注意消费者购后的感受，并采取措施，消除不满，提高满意度。

课程 4-4　网络营销策略

学习内容

学习单元	课程内容	培训建议	课堂学时
（1）产品策略	1）网络营销产品概念 2）产品组合策略 3）商标与品牌策略	（1）方法：讲授法、案例教学法、演示法 （2）重点：产品的选择 （3）难点：产品组合策略	1
（2）价格策略	1）企业定价目标 2）定价方法 3）定价策略	（1）方法：讲授法、案例教学法、演示法 （2）重点：定价方法 （3）难点：定价策略	1
（3）渠道策略	1）分销渠道的概念 2）分销渠道的参与者 3）影响分销渠道选择的因素 4）分销渠道的模式	（1）方法：讲授法、案例教学法 （2）重点：分销渠道的概念 （3）难点：分销渠道的模式	2
（4）促销策略	1）促销的概念及作用 2）促销组合的概念及影响因素 3）促销的基本策略	（1）方法：讲授法、案例教学法 （2）重点：促销组合的影响因素 （3）难点：促销的基本策略	2

学习单元 1　产品策略

所谓产品策略，即指企业制定经营战略时，首先要明确企业能提供什么样的产品和服务去满足消费者的需求，也就是要解决产品策略问题。

一、网络营销产品概念

1. 产品的整体含义

在网络营销中，产品的整体概念可以分为五层含义：核心产品层次、有形产品层次、期望产品层次、附加产品层次和潜在产品层次，见表 4–4–1。

表 4–4–1　产品基本层次

层次	含义
核心产品层次	指产品能够供给消费者的基本效用或益处，是消费者真正想要购买的基本效用或益处
有形产品层次	是产品在市场上出现的具体物质形态，主要表现在几个方面：品质、特征、样式、商标、包装，它们是核心利益的载体
期望产品层次	是消费者在购买产品前，对所购产品的质量、使用方便程度、特点等方面的期望值
附加产品层次	指由产品的生产者或经营者提供的，购买者有需求但又超出其期望之外的效用或益处
潜在产品层次	是企业提供满足客户潜在需求的产品层次，它主要是产品的一种增值服务，与附加产品层次的主要区别是，即使没有潜在产品层次，消费者仍然可以很好地使用所需要的核心利益和服务

2. 产品的分类

随着网络技术的发展和其他配套技术的进步，越来越多的产品适合在网上销售。在网上销售的产品，按照产品性质的不同，可以分为两大类：有形产品和无形产品。

（1）有形产品

有形产品是指具有具体物理形状的物质产品。在网络营销里，通常是指传统市场中的各种看得到、摸得着的产品，如服装、食品、电器等。其营销方式主要是通过客户在线浏览和选择，然后由企业或第三方机构组织送货上门。

（2）无形产品

无形产品与有形产品的本质区别在于：无形产品一般是无形的，即使表现出一定的形态也只是作为载体，产品本身的性质和性能必须通过其他方式才能体现出来。

在网络上销售的无形产品可以分为软件和服务两大类。

1）软件。软件包括计算机系统软件和应用软件。网上软件销售商常常提供一段时间的试用期，允许用户尝试使用并提出意见。

2）服务。服务可以分为普通服务和信息咨询服务两大类。普通服务包括网络交友、计算机游戏、远程医疗、法律援助、航空 / 火车订票、入场券预订、饭店旅游服务预约和医院挂号等；信息咨询服务包括股市行情分析、金融服务、医药咨询、法律咨询、资料库检索、电子新闻和电子报刊等。

3. 产品的选择

在网络店铺经营的过程中，产品的选择是必不可少的，在市场中永远不缺乏产品，缺乏的是对产品款式受欢迎的把握以及对产品质量的保证。产品选对了，对于后面的工作会有很大帮助。

在网上由于大的卖家已经形成自己的选品模式，在此不再赘述。对于刚入行的中小卖家来说，有两种情况：一种是刚刚从事电子商务，没有确定产品类目的商家；另一种是已经有店铺和固定产品，需要选品的商家。

（1）刚开始从事电子商务，没有确定产品类目的商家

1）参考电商平台。最简单的方法就是参考电商平台。例如，商家可在淘宝首页参考一下热搜词，这些词不单是被搜索次数多，也是淘宝经过几年的数据积累产生的热点词。除此之外，淘宝的热门排行榜也可参考，但这些数据不能单看一天的，因为可能存在偶然性，需要在一段时间内观察其发展趋势。

2）观察流行趋势。经常通过各个渠道了解最新趋势，如一些当季流行款、流行网络词汇等，还可以参考一些传播媒介，它们也会有新产品推出，不论服装还是化妆品，很多人看过一些媒介上的产品后会习惯地去网上搜索同款产品。

3）因地制宜。每个地方都有自己的特色，这些都可以作为开发市场的有利条件。例如，北京的烤鸭、天津的泥人等，只要是本地生产的，有本地地域特色的，均可作为考察对象。

（2）已经有店铺和固定产品，需要选品的商家

很多人已经有了自己的店铺，并且店铺已经做到了一定级别，所以不想更换类目，这种情况一定要对产品进行分析，可以考察市场行情，按宝贝排名，可以选择数量少但搜索量大的产品进行分析，可能会找到一个很好的切入点。

例如服装，在选择款式时就要选择有一定受众群体的，如欧美风或者韩风，或者可以专攻某一受众群体，如大码服装。但要注意的是，逆向思维选款时一定要保证受众群体，太小众对于中小卖家来说，流量没有保证，压力会很大。

二、产品组合策略

产品组合是指一个企业生产或经营的全部产品线和产品项目的组合方式。它包括四个参数，即产品组合的宽度、长度、深度和关联度。

产品组合策略是指使企业根据市场需求、竞争形式和自身能力对产品组合的宽度、长度、深度和关联度方面做出的决策。由于产品组合的宽度、长度、深度和关联度同销售业绩有密切的关系，因此，在网络营销中，确定经营哪些产品或服务，明确产品之间的相互关系，是企业产品组合策略的主要内容。

企业在制定产品组合策略时，根据不同的情况和目标市场的不同特点，可以选择以下具体策略。

1. 扩充产品组合策略

扩充产品组合策略即扩展产品组合的长度和宽度，增加产品系列或项目，扩大经营范围，以满足市场需求。例如，亚马逊书店在稳稳占领了图书这个主营商品市场后，开始增加新的经营品种，其业务范围从图书和音像制品成功地拓展到其他利润丰厚的商品上。

该策略有利于综合利用企业资源，扩大经营规模，降低经营成本，提高企业竞争能力；有利于满足客户的多种需求，进入和占领多个细分市场。但该策略要求企业具有多条分销渠道，采用多种促销方式，对企业资源条件要求较高。

2. 缩减产品组合策略

缩减产品组合策略与扩充产品组合策略正好相反，是缩减产品组合的长度和宽度，减少一些产品系列或项目，集中力量经营一个系列的产品或少数产品项目，提高专业化水平，以求从经营较少的产品中获得较多的利润。该策略有利于减少企业资金占用，加速资金周转；有利于广告促销和明确分销渠道，从而提高营销效率。

3. 产品延伸策略

产品延伸策略即全部或部分地改变企业原有的产品市场定位。具体做法有三种：

（1）向上延伸

向上延伸是指由原来经营中低档产品向高档产品延伸，进入高档产品市场。一般来讲，向上延伸可以有效地提升产品品牌资产价值，改善品牌形象。一些国际著名品牌，特别是一些原来定位于中档的大众品牌，为了达到上述目的，不惜花费巨资，以向上延伸策略拓展市场。

（2）向下延伸

向下延伸即企业以高档品牌推出中低档产品，通过品牌向下延伸策略扩大市场占有率。一般来讲，采用向下延伸策略的企业可能是因为中低档产品市场存在空隙，销售和利润空间较为可观，也可能是在高档产品市场受到打击，企图通过拓展低档产品市场来反击竞争对手，或者是为了填补自身产品线的空档，防止竞争对手的攻击性行为。

（3）双向延伸

双向延伸是指原定位于中档产品市场的企业占据了市场优势以后，决定向产品大类的上下两个方向延伸，一方面增加高档产品，另一方面增加低档产品，扩大市场阵地。

三、商标与品牌策略

1. 品牌

品牌是用以识别某个销售者或某群销售者的产品或服务，并使之与竞争对手的产品或服务区分开来的商业名称及其标志，通常由文字、标记、符号、图案和颜色等要素或这些要素的组合构成。品牌是一个集合概念，它包括品牌名称和品牌标志两部分。

品牌就实质来说，代表着商家对交付给消费者的产品特征、利益和服务的一贯性承诺。品牌还是一个更为复杂的符号，蕴含着深刻的含义，包括属性、利益、价值、文化、个性、用户等。

2. 商标

品牌或品牌的一部分在政府有关部门依法注册后，成为商标。品牌与商标都是用以识别不同生产经营者的不同种类、不同品质产品的商业名称及其标志。品牌是市场概念，是产品和服务在市场上通行的牌子，它强调与产品及其相关质量、服务等的关系，品牌实质上是品牌使用者对顾客在产品特征、服务和利益等方面的承诺。而商标是法律概念，它是已获得专用权并受法律保护的品牌，是品牌的一部分。

3. 品牌策略

（1）品牌有无策略

品牌运营的第一个作业环节就是企业生产经营的产品是否应该有品牌。不言而喻，拥有自己的品牌，必然要付出相应的费用（包括包装、法律等费用），增加企业运营总成本，同时也要承担一定的市场风险（若某品牌不受欢迎，损失自负），但品牌对使用者或营销者的益处是不可低估的。品牌的有益作用是企业选用有品牌策略的重要缘由。

实践中，有的营销者为了节约包装、广告等费用，降低产品成本，吸引低购买力消费者，提高市场竞争力，也常采用无品牌策略。必须说明的是，商品无品牌也有可能是对品牌认识不足、缺乏品牌意识等原因导致的。当然，商品有无品牌不是一成不变的。随着品牌意识的增强，近年来，我国企业品牌化程度不断提高。

（2）品牌归属策略

企业有三种可供选择的策略：一是企业使用属于自己的品牌，这种品牌被称为企业品牌或生产者品牌；二是企业将其产品售给中间商，由中间商使用自己的品牌将产品转卖出去，这种品牌被称为中间商品牌；三是企业对部分产品使用自己的品牌，而对另一部分产品使用中间商品牌。

企业选择生产者品牌或中间商品牌，即品牌归属生产者还是中间商，要全面考虑各相关因素，综合分析收益、损失，最关键的是要看生产者和中间商谁在这个产品的分销链上居主导地位、拥有更好的市场信誉和拓展市场的潜能。

（3）品牌统分策略

1）统一品牌。统一品牌即企业所有的产品（包括不同种类的产品）都统一使用一个品牌。采用统一品牌策略，能够降低新产品宣传费用，可在品牌已赢得良好市场信誉的情况下顺利推出新产品，同时有助于显示企业实力，塑造企业形象。不过，不可忽视的是，若某一种产品因某种原因（如质量）出现问题，就可能影响全部产品和整个企业的信誉。

2）个别品牌。个别品牌是指企业对各种不同的产品分别使用不同的品牌。这种品牌策略可以保证企业的整体信誉不受某种商品声誉的影响，便于消费者识别不同质量、档次的商品，同时有利于企业的新产品向多个目标市场渗透。当然，促销费用较高也是不可忽视的。

3）分类品牌。分类品牌指企业在产品分类的基础上，对各类产品使用不同的品牌。如企业可以将自己生产经营的产品分为器具类产品、妇女服装类产品、主要家庭设备类产品，并分别对各类产品赋予不同的品牌名称及品牌标志。这种策略是对前两种策略的一种折中。

4）企业名称加个别品牌。其做法是企业对其各种不同的产品分别使用不同的品牌，但需在各种产品的品牌前面冠以企业名称。这种在不同产品品牌名称前冠以企业名称的做法，可以使新产品与老产品统一化，进而享受企业的整体信誉。与此同时，各种不同的新产品分别使用不同的品牌名称，又可以使不同的新产品各具特色。

（4）品牌扩展策略

品牌扩展是指企业利用其成功品牌的声誉来推出改良产品或新产品。品牌扩展策略可以使新产品借助成功品牌的市场信誉在节省促销费用的情况下顺利地进占市场。值得注意的是，品牌扩展策略是一把双刃剑。若利用已成功的品牌开发并投入市场的新产品不尽如人意，消费者不认可，会影响已成功品牌的市场信誉。

（5）多品牌策略

多品牌策略是企业同时为一种产品设计两种或两种以上互相竞争的品牌的做法。这种策略由宝洁公司首创并获得了成功。运用多品牌策略可以在产品销售过程中占有更大的货架空间，进而压缩或挤占竞争者产品的货架面积，为获得较高的市场占有率奠定基础。而且还应看到，多种不同的品牌代表了不同的产品特色，多品牌可吸引多种不同需求的顾客，提高市场占有率。

在运用多品牌策略时，要注意各品牌市场份额的大小变化趋势，适时撤销市场占有率过低的品牌，以免造成自身品牌过度竞争。

（6）品牌重新定位策略

品牌重新定位策略也称再定位策略，是指全部或部分调整、改变品牌原有市场定位的做法。

学习单元2　价格策略

产品的销售价格是企业市场营销过程中一个十分敏感而又最难有效控制的因素，它直接关系着市场对产品的接受程度，影响着市场需求量（即产品销售量）的大小和企业利润的多少。

定价是管理者每天都关心的问题，是营销活动中最活跃的因素，企业不能随心所欲地给产品定价。影响企业定价的主要因素有生产成本、商品特点、顾客需求、竞争者的产品价格，以及国家物价政策法规等。

一、企业定价目标

企业定价目标即企业通过采取定价手段所要达到的目的。企业在为产品定价时，首先必须要有明确的目标。不同企业、不同产品、不同市场、不同时期有不同的营销目标，因而采取的定价策略也不相同。在网络营销中，企业的定价目标主要有以下几种。

1. 以维持企业生存为目标

当企业经营不善，或由于市场竞争激烈、顾客的需求偏好突然发生变化等原因，造成产品销路不畅、大量积压、资金周转不灵，甚至濒临破产时，企业只能为其积压的产品定低价，以求迅速出清存货，收回资金。但这种目标只能是企业面临困难时的短期目标，长期目标还是要获得发展，否则企业终将破产。

2. 以保持和提高市场占有率为目标

市场占有率最大化是指企业希望占领的市场份额最大化。在市场占有的份额越大，意味着企业的影响力也越大。企业通过确立市场占有率最大化的目标，采用降价等方式吸引消费者，来维持和增加商品在市场中的比例，形成更大规模的经济效益。

3. 以获取理想利润为目标

利润最大化目标是以追求企业长期目标的总利润最大化为定价目标。利润最大化包含两层含义：一是指长期总利润最大化。有时为达到这一目标，企业短期内还可能牺牲一定的利润。二是整体经营效益的最大化。企业经营多种产品时，可能会把有些品种的价格定得很低，亏本出售，以此来招揽顾客，帮助其他商品获利。

4. 以抑制竞争为目标

有些企业为了阻止竞争者进入自己的目标市场，而将产品的价格定得很低，这种定价目标一般适用于实力雄厚的大企业。中小型企业在市场竞争激烈的情况下，一般是以市场为导向，随行就市定价，也可以缓和竞争、稳定市场。

5. 以树立企业形象为目标

以树立企业形象为目标是指新老企业为树立一定的市场形象而确定的定价目标。企业的价格或为维护企业重信誉、重质量的形象而定高，或为树立企业产品物美价廉的形象而定低。

二、定价方法

1. 成本导向定价法

成本导向定价法是一种主要以成本为依据的定价方法，包括成本加成定价法和目标定价法两种。其特点是简便、易用。

（1）成本加成定价法

成本加成定价法指按照单位成本加上一定比例的加成来制定产品的销售价格。加成的含义就是一定比例的利润，即以单位总成本加企业的预期利润定价，售价与成本之间的差额就是“加成”。其计算公式为：

单位产品价格 = 单位产品成本 ×（1+ 成本加成率）

例如，某电器零售商向制造商购买烤箱，每台购价是 20 美元，而在商店中的零售价为 30 美元，在成本上加了一个 50% 的加成。该商店的毛利是 10 美元，如果该商店每出售一台烤箱的经营成本为 8 美元，则该商店的净利为 2 美元。

该定价方法的优点是简便易行，正常情况下，可以使企业获得预期利润。但其在定价时只考虑成本，忽略了市场需求及竞争等因素，缺乏灵活性，难以适应市场竞争。

成本加成定价法很常用，这有许多原因：第一，成本的不确定性一般比需求的不确定性小，基于单位成本的定价方法可以大大简化企业定价程序，而不必根据需求情况的瞬息万变而做调整。第二，只要行业中所有企业都采用这种定价方法，则价格在成本与加成相似的情况下也大致相似，价格竞争也会因此减至最低限度。第三，许多人感到成本加成定价法对买方和卖方来讲都比较公平，当买方需求强烈时，卖方不利用这一有利条件谋取额外利益而仍能获得公平的投资报酬。

（2）目标定价法

目标定价法是指根据估计的总销售额和估计的销售量来制定价格的一种方法。这种定价法有一个重要缺陷，即企业以估计的销售量求出应制定的价格，殊不知价格恰恰是影响销售量的重要因素。

2. 需求导向定价法

需求导向定价法是一种以市场需求强度及消费者感受为主要依据的定价方法，包括认知价值定价法、反向定价法。

（1）认知价值定价法

认知价值定价法就是企业根据消费者对产品的认知价值来制定价格的一种方法。消费者对商品的认知价值，是他们根据自己对产品的功能、效用、质量、档次等多方面的印象，综合购物经验、对市场行情和同类产品的了解而对价格做出的评判，即人们购买商品时常说的“值”或“不值”，其实质是商品的效用价格比，其关键是消费者对价值的理解和认可。因此，认知价值定价法的关键有以下两个方面。

第一，充分运用各种营销策略，特别是运用营销组合的非价格变量影响，提高消费者对商品的认知价值，以及同竞争对手的同类产品相比较而言的认知价值。如一瓶高档法国香水，成本不过几十元，售价却高达几百元，消费者还认为值，这是因为名牌的声誉大大提高了消费者的认知价值。

第二，尽量准确估测消费者对商品的认知价值。估测过高，会造成定价过高而使消费者感到企业漫天要价，从而抑制购买；估测过低，又会造成价格太低而使消费者怀疑产品的质量，从而也不愿购买，同时定价过低还会影响企业收益。

（2）反向定价法

反向定价法是指企业根据消费者能够接受的最终销售价格，计算自己从事经营的成本和利润后，逆向推出产品的批发价和零售价。这种定价方法不以实际成本为主要依据，而是以市场需求为定价出发点，力求使价格为消费者所接受。

例如，某产品的市场零售价为 30 元，零售商加成 15%，即 30 × 15%=4.5 元，批发商的定价为 30–4.5=25.5 元；批发商加成为 20%，即 25.5 × 20%=5.1 元，于是该产品的出厂价为 25.5–5.1=20.4 元。

企业一般在以下两种情况下采用反向定价法。

第一，应付竞争。价格是竞争的有力工具，企业为了同市场上的同类产品竞争，在生产之前，先调查产品的市场价格及消费者的反应，然后制定消费者易于接受又有利于竞争的价格，并由此决定产品的设计和生产。

第二，企业在推出新产品之前，通过市场调查，了解消费者的购买力，拟定市场上可以接受的价格，以保证新产品上市时能旗开得胜，销路畅通。

3. 竞争导向定价法

竞争导向定价法通常有两种具体的定价方法，即随行就市定价法和投标定价法。

（1）随行就市定价法

随行就市定价法是指企业按照行业的平均现行价格水平来定价。在以下情况下往往采取这种定价方法：难以估算成本；企业打算与同行和平共处；如果另行定价，很难了解购买者对本企业的价格反应。

随行就市定价法是运用最为广泛的定价方法之一，它有利于与竞争者和平相处，避免因价格竞争带来的风险，保证企业获得恰当的利润。同时，市场通行价格也易于被消费者所接受，从而保证产品销路。

（2）投标定价法

投标定价法即由投标竞争的方式确定商品价格的方法，其操作程序是在商品或劳务的交易中，由招标人发出招标公告，投标人竞争投标，密封递价，招标人择优选定价格。这种方式通常用于建筑包工、政府大宗采购等。

以政府采购为例，通常的做法是：政府采购机构在报纸上登广告或发出函件，说明拟采购商品的品种、规格、数量等具体要求，邀请供应商在规定的期限内投标。政府采购机构在规定的日期内开标，选择报价最低的或最有利的供应商成交，签订订购合同。供货企业如果想做这笔生意，就要在规定的时间内填写标单，填明可供应商品的名称、品种、规格、价格、数量和交货日期等，密封送给政府采购机构，即完成投标。这种价格是供货企业根据对竞争者报价的估计制定的，而不是按照供货企业自己的成本费用或市场需求来制定的。供货企业的目的在于赢得合同，所以它的报价要尽可能低于竞争对手的报价。这种定价方法就是投标定价法。

三、定价策略

1. 新产品定价策略

常见的新产品定价策略有以下三种。

（1）撇脂定价策略

撇脂定价是指在新产品投入市场的初期，利用消费者求新、求奇的心理，以高价销售，以便在较短的时间内获取丰厚的利润，尽快收回投资并逐步获得较高的利润。随着商品的进一步成长，企业可逐步降低价格。采用此策略的企业在商品一上市时便可获得高价厚利，其做法很像从牛奶的表面撇取奶油。

（2）渗透定价策略

渗透定价是指企业的新产品先低价出售，等产品在市场上站稳脚跟后，再慢慢提高价格。

（3）中间定价策略

中间定价是指按照本行业的平均定价水平或者按当时的市场行情来制定价格。企业制定的产品价格被消费者认可，企业可以在不承担较大风险的情况下获得比较稳定的市场。同时，价格不高不低，销售渠道稳定，销售渠道的经营积极性高。企业自身也可有计划地在不太长的时间内收回研制成本。

2. 阶段定价策略

阶段定价策略是指在对“商品经济生命周期”分析的基础上，依据商品生命周期不同阶段的特点而制定和调整价格，即根据产品所处经济生命周期的阶段而制定不同的价格策略，如试销期定价策略、畅销期定价策略、饱和期定价策略和滞销期定价策略等。

3. 折扣定价策略

折扣定价策略是指在原价基础上进行折扣来定价的策略。这种定价策略可以让消费者直接了解产品的降价幅度以促进消费者购买。常见的折扣定价策略有数量折扣、现金折扣、季节折扣、功能折扣、优惠券等。

4. 心理定价策略

每一件产品都能满足消费者某一方面的需求，其价值与消费者的心理感受有着很大的关系。这就为心理定价策略的运用提供了基础，使得企业在定价时可以利用消费者的心理因素，有意识地将产品价格定得高些或低些，以满足消费者生理、心理、物质和精神等多方面需求，通过消费者对企业产品的偏爱或忠诚，扩大市场销售，获得最大效益。常用的心理定价策略有尾数定价策略、整数定价策略、声望定价策略、习惯定价策略、招徕定价策略和分档定价策略等。

5. 相关产品定价策略

相关产品是指不同的商品在最终用途和消费购买行为等方面具有某种相互关联性。其定价策略主要有互补商品定价策略和替代商品定价策略。

（1）互补商品定价策略

互补商品是指两种（或两种以上）功能相互依赖、需要配套使用的商品。互补商品定价策略是企业利用价格对消费连带需求的调节功能全面扩展销售量所采取的定价方式和技巧。具体做法是：把价值高而购买频率低的主要商品价格定得低些，而把与之配套使用的价值低而购买频率高的易耗品价格适当定得高些。

（2）替代商品定价策略

替代商品是功能和用途基本相同，消费过程中可以相互替代的产品。替代商品价格策略是指企业为达成既定的营销目标，有意识安排本企业替代品之间的关系而采取的定价策略。

学习单元3　渠道策略

一、分销渠道的概念

1. 分销渠道的含义

分销就是将产品或服务从生产厂商转移给消费者的过程，分销渠道也就是取得产品所有权或协助产品所有权转移的机构与个人。这些中间商因具有如下价值而为生产厂商所依托：许多生产厂商缺乏直接销售的能力，必须委托中间商来负责；产销分工是现代工业的趋势，可使生产厂商专心从事生产，使得工作单一化、有效化；中间商对于市场趋势的了解、对于目标市场的掌握，以及对于消费者心理的研究较生产厂商有经验且深入得多。

2. 分销渠道的功能

分销渠道的功能在于它是连接生产者和消费者或用户的桥梁和纽带。企业使用分销渠道是因为在市场经济条件下，生产者和消费者或用户之间存在空间分离、时间分离、所有权分离、供需数量差异及供需品种差异等方面的矛盾。分销渠道的主要功能如下。

（1）调研

分销渠道搜集必要的情报并加以分析，以备策划与交易之用。

（2）促销

促销是沟通生产商与中间商、零售商与消费者关于产品的说明性信息。

（3）配合

分销渠道提供的产品能符合顾客需求的其他服务，包括制造、集散及包装等活动。

（4）协商

协商即在价格及其他条件的基础上签订供销合同，来推动商品的交易。

（5）实体配送

实体配送即产品的转移、仓库存储。

（6）财务融通

财务融通即流动资金的取得与周转，以供产品分销之用。

（7）风险承担

风险承担即承担分销产品所带来的各种风险。

二、分销渠道的参与者

1. 网上直接销售渠道

与传统的直接销售渠道一样，网上直接销售渠道没有中间商，商品直接从生产者转移给顾客。生产企业可以通过建设网络营销站点，使顾客直接从网站进行订货，并与一些电子商务服务机构（如网上银行）和专业物流公司合作，直接提供支付结算和物流配送等功能。

被称为网上直销先锋的戴尔公司为实现生产全过程“零库存运行”，采用了按单定制的网上直销模式，使公司的库存每年周转 15 次。也就是说，当公司的零部件成本每年以 15% 的速率下降时，快速周转会为戴尔公司带来 1.8% ~ 3.3% 的总利润。

网上直销的优点是多方面的：它促成了产需直接见面，给买卖双方都带来了直接的经济效益；营销人员可利用电子邮件、公告牌等网络工具，随时了解用户的需要以及对产品的意见和用户特点，有针对性地解决问题，从而建立起良好的客户关系。

2. 网络间接销售渠道

网络间接销售是指企业通过电子中间商（融入了互联网技术）这一新型的中间商

环节，把产品销售给最终用户，又称为“网络分销”。在交易过程中，客户、供应方和中间商以互联网为基础，紧密地联系起来，为客户提供市场信息、商品交易、仓储配送、货款结算等全方位的服务。

（1）电子中间商的类型

因为网络间接销售渠道是由融入了互联网技术的中间商提供的，所以电子中间商的功能决定着网络间接销售渠道的运作方式。当前，基于网络的电子中间商主要有以下几种类型。

1）目录服务商。对互联网上的网站进行分类并整理成目录的形式，使用户从中能够方便地找到所需要的网站，包括综合性目录服务、商业目录服务和专业目录服务。

2）搜索服务商。为用户提供基于关键词的检索服务，搜索服务商利用大型数据库分类存储各种站点介绍和页面内容，如百度。

3）网上销售服务商。一是传统的零售企业进入网络，开展网络销售，如北京西单商场等；二是全新的网上销售企业，如阿里巴巴等。

4）比较购物服务商。由专业网站收集在线销售同一商品的多个商家的信息和商品的价格信息，供用户在比较后依据价格、距离和服务等选择不同的商家。

5）电子支付服务商。其主要提供方便、安全和快捷的网上支付服务，实现各类银行卡的网上支付，解决电子商务中的支付瓶颈问题，实现买方和卖方之间的授权支付。

（2）网络间接销售渠道的优势

第一，简化了收集市场信息的过程，为买卖双方提供了便利。电子中间商的平台汇集了海量的产品供需信息，消费者可以快速高效地获得不同厂商的同类产品信息，企业只需通过一个中间环节就可以和消费者完成交易过程，如阿里巴巴网上贸易市场。

第二，有利于平均订货量的规模化。规模化生产决定了生产企业必须追求平均订货规模的扩大，而现有的商品分销渠道很难适应这种要求。网络商品交易在中介机构一方能够以最短的渠道销售商品，满足消费者对价格的要求。同时，又能够通过计算机自动撮合组织商品的批量订货，满足生产者对规模化的要求。

第三，使交易活动常规化。在虚拟市场中，电子中间商可以全天候运转，消除时空限制。其分散在全国各地的配送中心能最大限度地减少运输费用，买卖双方通过标准的交易表格规范地表达意愿。这些规范化的运作有利于减少交易过程中大量的不确定因素，提高交易的成功率。

三、影响分销渠道选择的因素

影响分销渠道选择的因素有很多。生产企业在选择分销渠道时，必须对下列几方面的因素进行系统的分析和判断，才能做出合理的选择。

1. 顾客特性

渠道设计深受顾客人数、地理分布、购买频率、平均购买数量，以及对不同促销方式的敏感性等因素的影响。当顾客人数多时，生产者倾向于利用每一层次都有许多中间商的长渠道，但购买者人数的重要性又受到地理分布的修正。例如，生产者直接销售给集中于同一地区的顾客所使用的费用，要比销售给分散在多个地区的顾客少得多。而购买者的购买方式又修正购买者人数及其地理分布的影响。因为顾客经常小批量购买，则需要采用较长的市场营销渠道为其供货。同时，生产者也可能越过批发商而直接向那些订货量大且订货次数少的大顾客供货。此外，购买者对不同促销方式的敏感性也会影响渠道的选择。

2. 产品特征

易腐烂的产品为了避免拖延时间及重复处理增加腐烂的风险，通常需要直接销售；那些与其价值相比体积较大的产品（如家具、电器等）需要通过生产者到最终用户搬运距离最短、搬运次数最少的渠道来分销；非标准化产品（如为用户量身定制的产品）通常由企业的销售人员直接销售；需要安装、维修的产品经常由企业自己或授权独家专售的特许中间商来负责销售和保养。

3. 中间商特性

设计渠道时，必须考虑执行不同任务的营销中介机构的优缺点。例如，由制造商代表与顾客接触，花在每一位顾客身上的成本比较低，因为总成本由若干个顾客共同分摊。但制造商代表对顾客所付出的努力则不如中间商的销售人员。一般来讲，中间商在执行运输、广告、储存、接纳顾客等职能方面，以及在信用条件、退货特权、人员训练和送货频率方面都有不同的特点和要求。

4. 竞争特性

生产者的渠道设计受到竞争者所使用的渠道影响，因为某些行业的生产者希望在与竞争者相同或相近的经销处与竞争者的产品抗衡。例如，食品生产者就希望其品牌和竞争品牌摆在一起销售。有时，竞争者所使用的销售渠道反而成为生产者所避免使用的渠道。

5. 企业特性

企业特性在渠道选择中扮演着十分重要的角色，主要体现在以下几个方面。

（1）总体规模

企业的总体规模决定了其市场范围、较大客户的规模，以及与中间商合作的能力。

（2）财务能力

企业的财务能力决定了哪些市场营销职能可由自己执行，哪些应交给中间商执行。财务薄弱的企业，一般都采用“佣金制”的分销方法，并且尽量利用愿意并且能够承担部分储存、运输，以及融资等成本费用的中间商。

（3）产品组合

企业的产品组合会影响其渠道类型。企业产品组合的宽度越大，则与顾客直接交易的能力越大；产品组合的深度越大，则使用独家专售或选择性代理商就越有利；产品组合的关联性越强，则越应使用性质相同或相似的市场营销渠道。

（4）渠道经验

企业过去的渠道经验会影响渠道的设计。曾通过某种特定类型的中间商销售产品的企业，会逐渐形成渠道偏好。

（5）营销政策

现行的市场营销政策会影响渠道的设计。例如，对最终购买者提供送交货服务的政策，会影响生产者对中间商所执行的职能、最终经销商的数目与存货水平，以及所采用的运输系统。

6. 环境特性

例如，当经济萧条时，生产者希望采用能使最终顾客以廉价的方式获得产品的渠道。这意味着使用较短的渠道，并免除那些会提高产品最终售价但并不必要的服务。

四、分销渠道的模式

随着市场经济的发展，营销渠道突破了由生产者、批发商、零售商和消费者组成的传统模式和类型。企业在建立自己的渠道时可以有许多类型供其选择，这些不同的类型是按照渠道成员之间的关系来划分的，具体来说企业选择的渠道类型主要有传统分销渠道模式、垂直分销渠道模式、水平分销渠道模式和多渠道分销渠道模式。

1. 传统分销渠道模式

传统分销渠道模式是指一般的分销组织形态，渠道各成员之间是一种松散的合作关系，各自追求自己的利润最大化，最终使整个分销渠道效率低下。传统分销渠道模式又称为松散型分销模式，渠道各成员之间的关系是临时的、偶然的、不稳定的，也许几年、十几年仅做过一笔生意。

传统分销渠道模式具有较大的灵活性，可以随时、任意地淘汰或选择分销渠道成员。但渠道成员各自追求自己利益的最大化，不顾整体利益，结果会使整个分销渠道效益下降，同时渠道成员之间缺乏信任感和忠诚度，自然也就缺乏合作的基础，难以形成长期和稳定的渠道成员关系。选择传统分销渠道模式的企业越来越少。

比较适合选择传统分销渠道模式的企业有两种。一是小型企业。小型企业资金实力有限，产品类型与标准处于不稳定状态，不适合采取固定的分销系统形式。例如，今年生产女装，明年就有可能生产儿童用品；今年卖酒水，明年就可能卖粮油，企业必然要求渠道变革。二是小规模生产企业。因产品数量太少，不可能形成一个稳定的分销系统。大分销商不会与一个经营规模相差悬殊的企业形成紧密型关系，小分销商也常常寻找大生产商合作。在市场营销不发达的时期，传统分销模式非常流行。在生产较为分散的日用品、小商品生产领域，普遍存在着传统的分销方式。

2. 垂直分销渠道模式

垂直分销渠道模式是由生产者、批发商和零售商组成的一种统一的联合体，每个成员把自己视为分销系统中的一分子，关注整个垂直系统的成功。垂直分销渠道模式包括三种形式：所有权式、契约式和管理式。垂直分销渠道模式具有广泛的适应性，美国有 64% 的消费品采用此模式分销。无论是大企业还是小企业，无论是日用品还是生产用品，都大量采用垂直分销渠道模式。

垂直分销渠道模式的特点是生产者与批发商或零售商形成紧密型合作关系，这种关系的形成机制有产权型、契约型和管理型。每一种机制都可使生产者与批发商、零售商之间形成利益共同体。垂直分销渠道模式的优势是：合理管理库存，削减分销成本；便于把握需求动向；易于安排生产与销售；渠道控制力强；有利于组织竞争者加入；商品质量有保障，服务水平高。垂直分销渠道模式的缺陷是：维持系统的成本较高，经销商缺乏独立创造性。

3. 水平分销渠道模式

水平分销渠道模式又称为共生型营销渠道关系，是指由两个或两个以上成员相互联合在一起，共同开发新的营销机会。其特点是两家或两家以上的公司横向联合共同形成新的机构，发挥各自优势，实现分销系统有效、快速地运行，这实际上是一种横向的联合经营。例如，可口可乐公司和雀巢咖啡公司合作，组建新的公司。雀巢公司以其专门的技术开发新的咖啡及茶饮料，然后交由熟悉饮料市场分销的可口可乐公司去销售。

水平分销渠道模式具有的优势是：通过合作实现优势互补和规模效益，节省成本，快速拓展市场。但水平分销渠道模式也具有一定的缺陷，即合作有一定冲突和困难。因此，水平分销渠道模式比较适合实力相当而营销优势互补的企业。

4. 多渠道分销渠道模式

多渠道分销渠道模式是指一家公司建立两条以上的渠道进行分销活动。公司的每一种渠道都可以实现一定的销售额。渠道之间的竞争既可能促进销售额的共同增加，也有可能发生冲突。

学习单元 4　促销策略

一、促销的概念及作用

1. 促销的概念

促销是指企业通过人员推销或非人员推销的方式传播产品信息，帮助和促进消费者熟悉某种商品或劳务，并促使消费者对商品或劳务产生好感和信任，最终使其踊跃购买的一种市场营销活动。促销主要包括以下几层含义。

第一，促销的主要任务是沟通和传递信息。企业通过信息的沟通和传递，将商品或劳务的存在、性能和特征等信息传递给消费者，以便与消费者保持良好的联系，保证企业营销的顺利进行。

第二，促销的目标是吸引消费者对企业或商品的注意和兴趣，激发消费者的购买欲望，促进消费者的购买行动。

第三，促销的方式分为人员促销和非人员促销。人员促销又称人员推销，是指企业派出推销人员与消费者进行面对面的口头洽谈，说服消费者购买。非人员促销是指企业通过一定的媒介传送产品或劳务的信息，促使消费者产生购买动机和购买行为的一系列活动，包括营业推广、营销广告和公共关系等。两者相比较，一般来说，人员推销针对性较强，但影响面较窄；而非人员促销影响面较宽，但针对性较差。企业促销时通常需将两者有机地结合运用，方能发挥其理想的促销作用。

2. 促销的作用

（1）传递信息，强化认识

一方面，企业介绍有关企业的现状、产品特点、价格及服务方式和内容等激起购买欲望；另一方面，消费者反馈对产品价格、质量和服务内容、方式是否满意的信息，改进产品、提高服务、满足需求。

（2）突出特点，诱导需求

企业通过促销活动宣传企业产品的特点及给消费者带来的利益，便于消费者认识同类产品，从而做出购买选择。

（3）指导消费，扩大销售

营销者对产品知识介绍，在一定程度上对消费者起到了教育指导作用，从而有利于激发消费者的需求、欲望，扩大产品销售。

（4）形成偏爱，稳定销售

企业通过促销活动，可使较多的消费者对本企业的产品产生偏爱，进而稳住已占领的市场，达到稳定销售的目的。

二、促销组合的概念及影响因素

促销组合是指企业在市场营销过程中，对人员推销、广告、营业推广和公共关系等促销手段的综合运用。促销组合运用得好坏，关系到企业的产品能否顺利流转到消费者手中，关系到企业经营活动的成败。

1. 促销方式

要使促销组合做到科学化、合理化，就必须了解促销组合中 4 种促销方式各自的特点，只有这样才能使它们有机结合。

（1）人员推销

这是企业通过推销人员与消费者的口头交谈来传递信息，说服消费者购买的一种营销活动。其特点是：灵活性、针对性强，信息反馈快，是一种“量体裁衣”式的信息传递方式，因为它是面对面的交谈，所以推销人员可以与消费者进行双向式的沟通，并保持密切联系，可以对消费者的意见及时做出反应。但是人员推销的成本比较高，是最昂贵的一种促销方式。

（2）广告

这是广告主通过付费的方式由广告承办单位所进行的一种信息传播活动。这种方式的特点是：大众化，即借助大众传媒发布信息，因此传递信息的速度快、传播面广、渗透性强，可以使信息反复多次地传递到目标市场并使其与竞争者的信息进行比较，使购买者易于接受；表现性，即它通过文字、声音，以及色彩的艺术化运用，将企业及产品的信息传递给听众或观众。但广告往往只是一种信息的单向传递，缺乏与消费者的双向沟通，信息反馈慢而且困难，同时，有的广告媒体（如电视）的广告费用很高。

（3）营业推广

这是在短期内采取一些刺激性的手段，如奖券、竞赛、展销会等来鼓励消费者购买的一种营销活动。它的特点是：可以使消费者产生强烈的、即时的反应，从而提高产品的销售量，但这种方式通常只在短期内有效，如果时间过长或过于频繁，很容易引起消费者的疑惑和不信任感。

（4）公共关系

公共关系是企业通过宣传报道等方式提高其知名度和声誉的一种促销手段。它的特点是：以新闻报道等形式传递信息，比广告更具可信性；可以解除消费者的戒备心理，使其在不知不觉中接受信息；具有与广告相似的信息传播速度及传播面，但与广告不同的是它不一定需要支付费用，而且更容易在目标市场上建立美誉度。它的缺点是不如其他方式见效快，而且信息发播权掌握在公共媒体手中，企业不容易进行控制。

2. 影响促销组合的因素

促销组合实际上就是对上述促销方式的具体运用，在选择采取哪种促销方式时有一些因素是企业必须考虑的。这些因素主要包括促销目标、市场特点、产品性质、产品生命周期、促销费用、产品价格与销售渠道。

（1）促销目标

企业在不同时期、不同的市场环境下，有特定的促销目标，促销目标不同，促销组合也就有差异。例如，在一定时期内，一个企业的营销目标是要在某一市场迅速增加销售量，扩大企业的市场份额；而另一企业的总体营销目标是在该市场树立企业形象，为其产品今后占领市场赢得有利的竞争地位、奠定有利的基础。显然，上面两个企业所采取的促销组合绝不会一样。一般来说，前者的促销目标强调近期效益，属短期目标，在这样的目标下，促销组合的选择、配置更多地使用广告和营业推广；而后者需要制定一个较长期的促销组合方案，实现这样的长期目标，公共关系是非常重要的，与之相配合的广告宣传在手段和内容等方面也会有差异。

（2）市场特点

不同的市场有不同的促销手段。例如，市场规模和类型不同，消费者数量也就不一样。规模小且相对集中的市场，应重点应用人员推销方式；范围广且较分散的市场，则可以采用广告、公共关系及营业推广方式。此外，目标市场的其他特征（如风俗习惯、收入水平和受教育程度等）也会对各种促销方式产生不同的效果。

（3）产品性质

由于产品性质的不同，消费者及用户具有不同的购买行为和购买习惯，因而企业所采取的促销组合也会有所差异。一般来说，工业品具有技术性强、价格高、批量大等特征，购买时一般要经过研究、磋商、审批等手续，因此，应以人员推销为主，配合以广告与公共关系方式；而消费品供个人和家庭生活使用，面广量大，应以广告宣传为主，结合营业推广、人员推销和公共关系方式。

（4）产品生命周期

在产品生命周期的不同阶段，企业的促销目标和重点是不一样的，因此，促销方式也不相同。例如，在产品导入期，消费者的接受能力很低，企业要让消费者认识、了解新产品，可利用广告与公共关系方式广为宣传，同时配合使用营业推广和人员推销方式，以鼓励消费者试用新产品。产品进入成长期，可观的销售增长率和利润开始吸引竞争者进入市场，这时促销的重点应放在宣传本企业产品的品牌上，以争取消费者的偏爱，激发消费者的选择需求。这一阶段，人员推销的任务是发展销售渠道，争夺市场占有率，广告的费用也要增加，广告的内容要从告知性转向宣传品牌的突出优点和特色，以提高产品和企业的声誉。到了产品成熟期，竞争者很多，但竞争的态势已趋稳定，弱小的竞争者退出，市场产品也逐渐相似。这一阶段，广告是消费品的主要促销形式，广告的内容应集中宣传本品牌与其他品牌的不同之处，强调产品的附加利益。产品进入衰退阶段，由于生产和销售开始下降，整个促销预算逐步消减，一般只适当地用提示性广告来保持消费者的记忆，把营业推广作为主要的促销方式。

（5）促销费用

企业用于促销的费用是影响促销组合的一个重要因素。每一种促销方式所需要的费用是不相同的，企业必须运用有限的销售费用，结合其他因素，选择适宜的促销方式，并在恰当的时机进行使用。

（6）产品价格与销售渠道

一般来说，对于价格偏低的日常生活用品，由于利润很薄，需要大量销售，因而广告的效果较好；而价高利厚的产品，消费者的选择性很强，应多采用人员销售方式，以利于克服消费者购买的阻力。当企业采用直接销售的方式，自己负责整个销售过程时，促销组合的重点应放在人员推销上；反之，促销渠道长、环节多时，促销组合的重点应放在广告上，以吸引消费者到商店去购买产品。

三、促销的基本策略

企业促销策略的选择取决于一定的策略原则。一般来说，企业促销主要采用推式策略和拉式策略两种。

1. 推式策略

推式策略即企业通过各种促销方式把产品推销给最终受众。常用的推式策略主要有：示范推销法，如技术讲座、实物展销、现场示范等。走访销售法，如销售员走访消费者、带产品巡回推销等。网点销售法，如建立完善的分销网点，采用经营、联营等方式扩大销售。服务销售法，如售前根据用户要求设计产品、制定价格；售中向用户介绍产品，传授商品知识；售后征询意见，做好保修和维护工作等。

2. 拉式策略

拉式策略是指企业针对最终消费者展开促销攻势，使消费者产生需求，进而向零售商要求购买该商品。常用的拉式策略主要有：会议促销法，如组织商品交易会、博览会等，邀请目标市场的企业或个人前来订货。广告促销法，如通过网络、电视、广播、报纸等媒体向消费者介绍产品的性能、特点、价格和购买方法，吸引消费者购买。信誉销售法，如赠送样品、开展捐赠与慈善活动等，以增强用户对企业及产品的信任度，从而促进销售。

总之，在实际应用中，企业可根据产品特点和市场情况选择不同的促销策略。

四、促销方式

随着互联网技术的发展，网络促销方式有了很大的发展和变化。在现实运用中主要的网络促销方式有以下几种。

1. 网上折价式促销

折价是目前网上最常用的一种促销方式。由于电子商务在一开始进行宣传时就将低价作为重点，造成了网上购物的消费者对网络商品的印象始终停留在“低价”上。给予一定的价格折扣成了吸引消费者进行消费的重要手段。折价的主要方式可以是提供折价券、给予现金折扣等，目前大多数网站都使用了这种促销方式。

2. 变相折价式促销

变相折价式促销实质上是对折价式促销进行了一些改进，在不提高或稍微提高价格的情况下提高了服务和商品的品质或数量，增加商品的附加值。这种变相的折价促销在一定程度上打消了消费者对商品质量的疑虑，很容易让消费者感到物超所值，容易得到消费者的信任和选择。变相折价式促销通常表现为满减，这种促销方式在网上很常见。

3. 网上赠品式促销

赠品式促销在网络商店中的应用越来越普遍。一般情况下，赠品都是一些低成本的、顾客接受度高的商品。在新商品推出试用、商品更新、对抗竞争品牌、开辟新市场的情况下，利用网上赠品式促销可以达到比较好的促销效果。

4. 网上抽奖式促销

抽奖式促销在网络促销中已运用得十分广泛。这类活动主要附加于调查、商品销售、扩大用户群、庆典、推广某项活动中，消费者或访问者通过填写问卷、注册、购买商品或参加网上活动等方式获得抽奖机会。

5. 积分式促销

积分式促销在网络上的应用比起传统营销方式要更简单和易操作。网上积分活动很好实现，并且结果可信度高，操作起来较为简便。积分式促销通过设置一系列优惠政策和奖品，吸引顾客在网站上购买商品以获得积分，再将积分转化为现金折扣或是其他优惠和服务，在很大程度上提高了顾客的忠诚度和回头率，现在已被很多网站采用。

6. 网上联合式促销

在网络上，有时会由不同商家联合起来进行一系列的促销活动，这类促销方式就是网上联合式促销。联合促销的商品或服务通常具有一定的相关性，可以起到一定的优势互补、互相提升价值等效应。如果能够应用得当，联合促销可起到相当好的促销效果。联合促销在造势宣传方面有着巨大的优势，比单独进行促销活动更加节约成本，规模效应也更大。近年来，各大网站开始尝试这一促销方式，如在淘宝网上就经常推出“百店同庆，全场五折”等类似的活动。

7. 网络广告促销

网络广告指运用专业的广告横幅、文本链接、多媒体的方法，在互联网上发布广告，通过网络把广告传递到互联网用户的一种高科技广告运作方式。网络广告对网络促销起到了非常关键的作用，它为网站吸引了更多的消费者，在很大程度上提高了网站的点击率和知名度。

模块5 物流基础

课程设置

课程	学习单元	课堂学时
5-1　物流基本认知	（1）物流的分类、基本特征和功能要素	3
	（2）电子商务与物流	1
5-2　常用物流信息技术	（1）条码技术	1
	（2）POS 技术	1
	（3）RFID 技术	1
	（4）GPS/GIS 技术	1

课程 5-1　物流基本认知

学习内容

学习单元	课程内容	培训建议	课堂学时
（1）物流的分类、基本特征和功能要素	1）物流的概念 2）物流的分类 3）物流的基本特征 4）物流的功能要素	（1）方法：讲授法、演示法、案例教学法 （2）重点：物流的基本特征 （3）难点：物流的功能要素	3
（2）电子商务与物流	1）电子商务与物流的关系 2）电子商务环境下的物流模式	（1）方法：讲授法、演示法、案例教学法 （2）重点与难点：电子商务环境下的物流模式	1

学习单元 1　物流的分类、基本特征和功能要素

一、物流的概念

1. 物流的含义

国家标准《物流术语》(GB/T 18354—2006)将物流定义为:“物品从供应地向接收地的实体流动过程。根据实际需要，将运输、储存、装卸、搬运、包装、流通加工、配送、回收、信息处理等基本功能实施有机结合。”

物流的含义包括以下几个方面:

(1)物流中的“物”是指一切可以进行物理性位置移动的物质资料和物流服务。物质资料主要包括原材料、半成品、产成品、回收品，以及废弃物等。物流服务包括货物代理和物流网络服务。

(2)物流中的“流”是物的实体位移，是从供应地向接收地动静结合的流动过程，包括短距离的搬运、长距离的运输，以及全球物流。

(3)物流是物品从供应地向接收地的流动，它是一种满足社会需求的经济活动。

(4)物流从总体上看具有多个功能要素，分别是运输、储存、装卸、搬运、包装、流通加工、配送、回收、物流信息。

(5)物流在运作过程中要根据实际需要对物流活动各环节进行计划、组织、领导和控制。

2. 传统物流与现代物流的区别

传统物流一般指产品出厂后的包装、运输、装卸搬运、仓储，而现代物流由于融入了系统理论和一体化经营的理念，特别是供应链管理思想的应用，使现代物流的内涵与外延较传统物流都有了明显的变化。

传统物流与现代物流的区别主要表现在以下几个方面:

(1)传统物流只提供简单的位移，现代物流则提供增值服务。

（2）传统物流是被动服务，现代物流是主动服务。

（3）传统物流实行人工控制，现代物流实施信息管理。

（4）传统物流无统一服务标准，现代物流实施标准化服务。

（5）传统物流侧重点到点或线到线服务，现代物流构建全球服务网络。

（6）传统物流是单一环节运作，现代物流是整体系统优化。

3. 物流的现状与发展趋势

（1）物流的现状

进入21世纪，物流在中国已经以一种产业的形式在国民经济生产中占据了重要的位置。物流产业的现状主要有以下几个方面：

1）物流基础设施建设和综合运输体系初具规模，物流园区（基地、中心）等物流设施发展较快。北京空港、上海西北、浙江传化、山东盖家沟、上海外高桥、苏州综合物流园区等一批重点园区显示了良好的社会经济效益。仓储、配送设施现代化水平不断提高。化工危险品库、液体库、冷藏库、期货交割库、电子商务交割库，以及自动化立体仓库快速发展。

2）现代物流技术逐步得到应用。物流信息化加快发展，先进适用的物流技术得到推广。大多数企业建立了管理信息系统。仓储管理、运输管理、采购管理、客户关系管理系统得到普遍应用。企业资源计划和供应链管理软件应用开始普及，射频技术等物联网技术在车辆监管、物品定位管理、自动识别分拣和进出库安防系统等方面开始应用。

3）物流业政策环境有所改善。2006年，现代物流业发展被写进“十一五”规划，终于明确了物流业在我国国民经济中的产业地位。2009年3月，国务院颁布实施《物流业调整和振兴规划》，之后又于2011年6月做了重大政策调整，出台物流“国八条”，同年8月又出台“国九条”，对其作出进一步的强化。2012年，全国已有超过半数的省份出台了《物流业调整和振兴规划》实施细则，大部分省市建立了现代物流工作协调机制，一些省市政府还成立了主管物流工作的常设机构。许多省市制定相应的专项规划和法规，出台具体的财税扶持政策。

4）服务能力显著提升。物流企业资产重组和资源整合步伐进一步加快，形成了一批所有制多元化、服务网络化和管理现代化的物流企业。传统运输业、仓储业加速向现代物流业转型，制造业物流、商贸物流、电子商务物流和国际物流等领域专业化、社会化服务能力显著增强，服务水平不断提升，现代物流服务体系初步建立。

（2）物流的发展趋势

在电子商务时代，由于企业销售范围的扩大、企业的销售方式及最终消费者购买方式的转变，使送货上门等业务成为一项极为重要的服务业务，其促进了物流行业的兴起。未来的物流业会向以下几个趋势发展。

1）敏捷物流。敏捷物流亦称敏捷供应链，多数的中国物流公司将敏捷物流称为“途途物流”。敏捷物流以核心物流企业为中心，运用科技手段，通过对资金流、物流、信息流的控制，将供应商、制造商、分销商、零售商及最终消费者用户整合到一个统一的、快速响应的、无缝化程度较高的功能物流网络链条之中，以形成一个极具竞争力的战略联盟。

2）电子物流。电子物流又称网上物流，是基于互联网技术，旨在创造性地推动物流行业发展的新商业模式。通过互联网，物流公司能够被更大范围内的货主客户主动找到，能够在全国乃至世界范围内拓展业务。贸易公司和工厂能够更加快捷地找到性价比最适合的物流公司。网上物流致力于把世界范围内最大数量的有物流需求的货主企业和提供物流服务的物流公司吸引到一起，提供中立、诚信、自由的网上物流交易市场，帮助物流供需双方高效达成交易。已经有越来越多的客户通过网上物流交易市场找到了客户，找到了合作伙伴，找到了海外代理。电子物流是现代物流发展的必然趋势，是中国物流发展的主要方向。

3）绿色物流。绿色物流是指在物流过程中抑制物流对环境造成危害的同时，实现对物流环境的净化，使物流资源得到最充分的利用。它包括物流作业环节和物流管理全过程的绿色化。从物流作业环节来看，包括绿色运输、绿色包装、绿色流通加工等。从物流管理过程来看，主要是从环境保护和节约资源的目标出发，改进物流体系，既要考虑正向物流环节的绿色化，又要考虑供应链上的逆向物流体系的绿色化。绿色物流的最终目标是可持续性发展，实现该目标的准则是经济利益、社会利益和环境利益的统一。

4）智慧物流。智慧物流是以物流互联网和物流大数据为依托，通过协同共享创新模式和人工智能先进技术，重塑产业分工，再造产业结构，转变产业发展方式的新生态。电商平台与领先物流企业纷纷布局智慧物流，抢占先机。在众多新兴技术中，无人机、机器人与自动化、大数据等目前已相对成熟，即将商用。可穿戴设备、3D 打印、无人卡车和人工智能等技术预计在未来也会逐步成熟，并将广泛应用于仓储、运输、配送等各物流环节。例如，在国内，京东斥巨资部署无人机，如图 5-1-1 所示，使配送业务进入新时代。

图 5-1-1　京东无人机

二、物流的分类

同一项物流活动，从不同的角度对其进行审视，可以归入不同的类型。通常，物流有以下几种分类方法。

1. 按物流作用分类

物流按其作用可以分为供应物流、生产物流、销售物流、回收物流和废弃物物流。

（1）供应物流

供应物流是指为生产企业提供原材料、零部件或其他物品时，物品在提供者与需求者之间的实体流动，也就是物资在生产者、持有者至使用者之间流动。对于生产型企业而言，供应物流是指对于生产活动所需要的原材料、备品备件等物资进行采购供应时所产生的物流活动；对于流通企业而言，供应物流是指交易活动中因从买方角度出发的交易行为而发生的物流活动。

（2）生产物流

生产物流是指生产过程中，原材料、在制品、半成品、产成品等在企业内部的实体流动。生产物流是制造产品的生产企业所特有的，它与生产流程同步，贯穿于产品生产的全过程，如果生产物流中断，生产过程也将随之停顿。

（3）销售物流

销售物流是指生产企业、流通企业在出售商品时，物品在供方与需方之间的实体流动，也就是物资的生产者或持有者到用户或消费者之间的物流。它对于生产领域是指卖出产品，而对于流通领域则是指交易活动中从卖方角度出发的物流活动。

（4）回收物流

回收物流是指在商品生产和流通过程中，不合格物品的返修、退货，以及周转使用的包装容器从需方返回到供方所形成的物品实体流动。回收物流客体包括生产加工过程中所产生的边角余料，设备、工具报废形成的废金属，失去使用价值的辅助材料。如作为包装容器的纸箱、塑料筐、酒瓶等，建筑行业的脚手架也属于这一类物资。回收物流的品种繁多，流通渠道也不规则，且多有变化，因此管理和控制的难度较大。

（5）废弃物物流

废弃物物流是指将经济活动中失去原有使用价值的物品，根据实际需要进行收集、分类、加工、包装、搬运、储存等，并分送到专门处理场所时形成的物品实体流动。废弃物是指在生产和流通过程中产生的基本或完全失去利用价值的最终排放物，如开采矿山时产生的土石、炼钢产生的钢渣、工业废水，以及其他一些无机垃圾等。废弃物如果不进行妥善处理，其不但没有再利用的价值，还会造成环境污染。废弃物物流虽然没有经济效益，但却具有不可忽视的社会效益。为了更好地保障生活和生产的正常秩序，更好地保护环境，研究废弃物物流是必要的。

2. 按物流活动空间范围分类

（1）国际物流

国际物流是伴随着国际间经济往来、贸易活动和其他国际交流所形成的物流活动，具体表现为不同国家（地区）之间的物流。由于近年来国际间贸易的急剧扩大，国际分工日益明显，以及世界经济逐步走向一体化，国际物流正成为现代物流系统中的重要组成部分，这也是重点研究的课题之一。

（2）国内物流

国内物流是在同一个国家内部不同地区之间伴随经济运行和其他交流所产生的物流活动。与国际物流相比，其操作手续简单，并且具有更为统一的政策、法规及标准。

（3）区域物流

区域物流就其地理概念而言，较国际物流的范围小，即在某一地区范围内所进行的物流活动。由于一个经济区域内的物流处于同一法律、规章、制度之下，受相同文化和社会因素的影响，处于基本相同的科技水平和装备水平，因而有其独特的区域特点。

3. 按物流系统性质分类

（1）社会物流

社会物流是指超越企业边界、以社会为范畴的物流。这种社会性很强的物流往往由专门的物流承担人承担，其研究的范围是社会经济的大领域。当前物流科学研究的重点之一就是社会物流，因为社会物流流通网络是国民经济的命脉，流通网络的分布是否合理、渠道是否畅通，对国民经济的运行有着至关重要的影响。所以必须研究如何采用先进的技术手段，进行科学管理和有效控制以形成良性的社会物流体系和运行结构，从而形成面向社会、服务社会，又在社会环境中运行的物流。社会物流具有一定的综合性和广泛性特点。

（2）行业物流

同一行业中所有企业的物流总称为行业物流。同一行业中的企业是市场上的竞争对手，但是在物流领域中常常互相协作，共同促进行业物流系统的合理化。例如，日本的建筑机械行业提出行业物流系统化的具体内容有：各种运输手段的有效利用；建设共同的零部件仓库，实行共同的集中配送；建立新旧设备及零部件的共同流通中心；建立技术中心，共同培训操作人员和维修人员；统一建设机械的规格等。

（3）企业物流

企业物流是在企业经营范围内由生产或服务活动所形成的物流系统，是具体的、微观的物流活动的典型领域。企业物流又可区分为不同典型的具体物流活动，如企业供应物流、企业生产物流、企业销售物流、企业回收物流、企业废弃物物流等。

4. 按执行者分类

（1）自营物流

自营物流是企业自身提供物流服务的业务模式，具体包括第一方物流和第二方物流两种形式。第一方物流是指生产企业或流通企业自己将产品或商品送到客户手中的物流运作，如厂方送货到商店。第二方物流是指用户企业从供应商市场购进各种物资时自己将其带回的物流运作，如批发商到工厂取货。自营物流的最大特点就是不依靠社会化的物流服务，自己完成物流运作。

（2）第三方物流

第三方物流是由供方与需方以外的物流企业提供物流服务的业务模式。第三方物流企业是专业的物流服务提供商，能够为客户提供包括物流设计规划、整体解决方案，以及具体的物流业务运作等多方面的物流服务。随着社会经济的发展和社会分工的不断深化，第三方物流得到了巨大发展，并日益成为重要的物流模式。

（3）第四方物流

第四方物流是指通过对物流资源、物流设施和物流技术的整合和管理，提出物流全过程的方案设计、实施办法和解决途径的业务模式。即一个供应链的集成商对公司内部和具有互补性的服务供应商所拥有的不同资源、能力和技术进行整合和管理，提供一整套供应链解决方案，又称为“总承包商”或“领衔物流服务商”。它还可提供物流方面的咨询。

三、物流的基本特征

1. 物流过程一体化

物流过程一体化是将系统科学的方法应用到物流领域的结果，在实施的过程中以信息控制为手段，在输入环节为供应商提供低成本的服务，在内部转化过程中将传统的垂直功能管理整合为横向管理，在输出环节为顾客提供快速优质、低货损的服务。物流一体化的一个重要表现就是供应链概念的出现。供应链把物流系统从采购开始到生产过程和货物送达服务的整个过程，看成是一条环环相扣的链条，物流管理以整个供应链为基本单位，而不再是单个功能部门的管理。目前，大型制造业中跨国公司的经营管理在这方面表现得比较充分，其竞争不再仅仅是单个公司之间的竞争，而是上升为供应链与供应链之间的竞争。

2. 物流技术专业化

物流技术专业化表现为现代技术在物流活动中得到了广泛的应用。例如，条形码技术、EDI 技术、自动化技术、网络技术、智能化和柔性化技术等。运输、装卸搬运、仓储等也普遍采用专业化、标准化、智能化的物流设施设备。这些现代化技术和设施设备的广泛应用大大提高了物流活动的效率，扩大了物流活动的范围与领域。

3. 物流管理信息化

物流信息化是整个社会信息化的必然要求。现代物流高度依赖于对大量数据及信息的采集、分析、处理和即时更新。在信息技术、网络技术高度发达的现代社会，物流信息化表现为物流信息的商品化、物流信息收集的数据库化和代码化、物流信息处理的电子化和计算机化、物流信息传递的实时化和标准化、物流信息存储的数字化。例如，海尔公司通过采购平台，其所有的供应商均可在网上接单，并通过网上查询计划与库存及时补货，实现快速采购。货物入库后，根据看板管理 2 ~ 3 h 送料到工位，实现快速配送。从某种意义上说，现代物流的竞争已经转化为物流信息的竞争。

4. 物流服务社会化

物流服务社会化突出表现为第三方物流与物流中心的迅猛发展。随着社会分工的深化和市场需求的日益复杂，生产经营对物流技术和物流管理的要求也越来越高。众多工商企业逐渐认识到依靠企业自身的力量不可能在每一个领域都获得竞争优势。它们更倾向于采用资源外包的方式，将本企业不擅长的物流环节交由专业物流公司，或者在企业内部设立相对独立的物流专业部门，而将有限的资源集中于自己真正的优势领域。例如，日本有 160 万家中小企业，其营业额占市场零售总额的 58%，它们的物流业务大多委托给第三方物流企业来完成。

5. 物流活动国际化

在产业全球化的浪潮中，跨国公司普遍采取全球化战略，在全世界范围内选择原材料、零部件的来源，选择产品和服务的销售市场。因此，其物流的选择和配置也超出国界，着眼于全球大市场。大型跨国公司普遍的做法是选择一个适应全球分配的分配中心以及关键供应物的集散仓库，在获得原材料以及分配新产品时使用当地现存的物流网络，并且把这种先进的物流技术推广到新的地区市场。例如，耐克公司通过全球招标采购原材料，在我国或东南亚生产，再将产品分别运送到欧洲、亚洲的几个中心仓库，然后就近销售。

四、物流的功能要素

物流系统的功能要素指的是物流系统所具有的基本能力，这些基本能力有效地组合在一起，形成了物流的总功能，合理、有效地实现物流系统的总目的。物流的功能要素具体包括以下几个方面。

1. 运输

运输是指通过设备或工具将物品从一地向另一地运送的物流活动，其中包括集货、分配、搬运、中转、装入、卸下、分散等一系列操作。运输是物流的主要功能要素之一，具有物品转移与物品储存的功能。运输扩大了经济作用的范围和在一定的经济范围内促进物价的平均化。现代化大生产的发展，使社会分工越来越细，区域之间的物资交换更加频繁，促进了运输业的发展，产业的发展也同时促进了运输技术的革新和运输水平的提高。反过来说，运输手段的发达也为产业发展创造了便利条件。运输按其设备及工具的不同，可以分为公路运输、铁路运输、航空运输、水路运输和管道运输五种方式。

2. 仓储

仓储在物流系统中起着缓冲、调节和平衡的作用。仓储的目的是克服产品生产与消费在时间上的差异，使物资产生时间上的效果。其内容包括储存、管理、保养、维护等活动，产品在从生产领域进入消费领域之前，需要在流通领域停留一定时间，这就形成了商品储存。在生产过程中，原材料、燃料、备品备件和半成品也需要在相应的生产环节之间有一定的储备，作为生产环节之间的缓冲，以保证生产的连续进行。产成品的仓储如图 5–1–2 所示。

图 5-1-2　仓储

3. 装卸搬运

装卸搬运是指在同一地域范围内进行的、以改变物的存放状态和空间位置为主要内容和目的的活动，具体地说，装卸搬运包括装上、卸下、移送、拣选、分类、堆垛、入库、出库等活动。装卸搬运与运输、储存不同，运输是解决物品空间矛盾的，储存是解决物品时间矛盾的，而装卸搬运则没有改变物品的时间或空间价值，因此往往不会引起人们的重视。可一旦忽略了这一环节，生产和流通领域就会发生混乱。在实际操作中，装卸与搬运活动是密不可分、伴随在一起的。因此，在物流科学中并不强调两者之间的差别，而是常常把它们作为一种活动来看待。用叉车来装卸搬运如图 5-1-3 所示。

图 5-1-3　装卸搬运

4. 包装

包装是物流系统的构成要素之一，在运输、装卸搬运、配送和仓储等环节均可发生。包装是指为在流通过程中保护产品、方便储运、促进销售，按一定技术方法而采用的容器、材料和辅助材料的总称。包装也包括为了达到上述目的而进行的操作活动。具体来讲，包装包含了以下两方面的含义：一是静态的含义，指能合理容纳商品、抵抗外力、保护商品、促进商品销售的物体，如包装容器等。二是动态的含义，指包裹、捆扎商品的工艺操作过程。

5. 流通加工

流通加工是商品流通过程中的一种特殊形式，也是物流中的重要利润源。流通加工是指物品在从生产地到使用地的过程中，根据需要施加包装、分割、计量、分拣、刷标志、拴标签、组装等简单作业的总称。企业、物资部门、商业部门为了弥补生产过程中加工的不足，更有效地满足用户或本企业的需求，更好地衔接生产与消费，经常需要借助这种流通加工活动。流通加工是调节大规模生产“少品种、大批量、专业化”特点与用户需求“多品种、小批量、个性化”特点之间矛盾的有效手段。肉制品在流通领域的加工活动如图 5–1–4 所示。

图 5–1–4　流通加工

6. 配送

配送是在经济合理的区域范围内，根据客户要求，对物品进行拣选、加工、包装、分割、组配等作业，并按时送达指定地点的物流活动。配送是物流中一种特殊的、综合的活动形式，是商流与物流的紧密结合，且包含了物流中若干功能要素的一种物流活动。

配送几乎包括了所有的物流功能要素，是物流的一个缩影或在某个小范围中全部物流活动的体现。一般的配送集装卸、包装、保管、运输于一身，通过这一系列活动完成将货物送达的目的。特殊的配送还要以加工活动为支撑，所以其包含的范围更广。

7. 物流信息

物流信息是反映各种物流活动内容的知识、资料、图像、数据和文件的总称，包括进货信息、库存信息和运输信息等。物流信息是在物流活动中产生及使用的信息，是物流活动在内容、形式、过程，以及发展变化上的反映。物流与信息关系非常密切，物流从一般活动成为系统活动有赖于信息的作用，如果没有信息，物流只能是一个单向的活动。只有依靠信息的反馈作用，物流才能成为一个有反馈作用的，包括输入、转换、输出和反馈四大要素的现代系统。

综合实训

导入案例：京东物流

京东物流隶属于京东集团，以打造客户体验最优的物流履约平台为使命，通过开放、智能的战略举措促进消费方式转变和社会供应链效率的提升，将物流、商流、资金流和信息流有机结合，实现与客户的互信共赢。京东物流通过布局全国的自建仓配物流网络，为商家提供一体化的物流解决方案，实现库存共享及订单集成处理，可提供仓配一体、快递、冷链、大件、物流云等多种服务。

提出问题：

1. 从京东物流的案例中，分析物流的功能有哪些？

2. 京东物流与其他物流企业有什么不同？

学习单元 2　电子商务与物流

一、电子商务与物流的关系

物流是电子商务的重要组成部分，是电子商务得以顺利进行的关键。电子商务对物流的影响给物流企业产生了巨大的影响，同时，电子商务也提高了对物流的要求，二者相互影响、相互促进、相互制约。现代电子商务发展很快，物流作为其中的基本组成元素与电子商务的发展相辅相成。

1. 物流对电子商务的影响

（1）物流是电子商务的重要组成部分

电子商务概念模型是对现实世界中电子商务活动的一般抽象描述，它由电子商务实体、电子市场、交易事务和信息流、商流、资金流、物流等基本要素构成。电子商务的本质是商务，商务的核心是商品交易。电子商务由网上信息传递、网上交易、网上支付、物流配送组成。

"四流"是互为依存的前提条件，又是相互依存的基础。电子商务活动中的资金流、信息流和商流都可以实现完全在数据通信网络上的流转，唯独物流作为电子商务的特殊组成部分，其运输、储存、配送、装卸等众多活动目前还不能完全通过网络完成周转，而仍需借助相关的物理、机械工具和传统渠道实现。因此，物流作为一个特殊而重要的环节直接影响着电子商务活动的效率和效果。

（2）物流是电子商务的保证

"成也物流，败也物流"这句话很好地说明了电子商务与物流的关系。控制物流就可以控制市场，这是很多企业的生存之道，所以，对物流市场的争夺不可避免。

1）物流保障生产的顺利进行。无论是在传统的贸易方式下，还是在电子商务方式下，生产都是商品流通之本。生产的全过程从原材料采购开始就要求有相应的供应链物流活动，将所采购的材料运送到位，否则，生产难以进行。在生产的各个流程之间，需要原材料、半成品的物流过程，即所谓的生产物流；对部分余料或可回收利用的物资进行回收需要回收物流；对废弃物的处理需要废弃物物流。可见，整个生产过程实际上包含了系列化的物流活动。合理化、现代化的物流能通过降低费用从而降低成本、优化库存结构、减少资金占用、缩短生产周期，保障了现代化生产的高效运行。相反，若缺少了现代化的物流，则生产将难以顺利进行，无论电子商务是多么便捷的贸易形式，都仍将是无米之炊。

2）物流服务于商流。在电子商务条件下，消费者完成了网上购物即商品所有权的交易过程，这个过程就是商流。但这时电子商务活动并没有结束，只有商品和服务真正地转移到消费者手中才标志着这一过程真正结束，而这个过程要靠现代物流来完成。

3）物流是实现“以顾客为中心”理念的根本保证。电子商务的出现，在很大程度上方便了最终消费者。他们不必到拥挤的商业街挑选商品，而是只需坐在家里上网挑选就可以完成购物活动。但如果他们所购商品迟迟不能到货，或商家送货非自己所购，那么消费者还会在网上购物吗？物流的周到服务保障了货物的准时送达并将正确的货物送到正确的消费者手中，这样才能真正使消费者享受到快捷满意的服务，从而使商家更好地留住老顾客、吸引新顾客。现代物流保障了电子商务购物的方便快捷，吸引了更多的顾客以电子商务方式进行购物，从而促进了电子商务的发展。

物流在电子商务中具有不可替代的重要地位，它的成功与否直接关系到电子商务的成败，它的实施与运作效率将直接影响网络所带来的经济价值。

2. 电子商务对物流的影响

（1）电子商务改变了人们传统的物流观念

电子商务作为一个新兴的商务活动，为物流创造了一个虚拟性的运动空间。在电子商务的状态下，物流的各种职能及功能可以通过虚拟化的方式表现出来，在这种虚拟化的过程中，人们可以通过各种组合方式，寻求物流的合理化，使商品实体在实际的运动过程中，达到效率最高、费用最省、距离最短、时间最少的效果。

（2）电子商务改变了物流的运作方式

1）电子商务使物流实现了网络的实时控制。传统的物流活动在其运作过程中，不管是以生产为中心，还是以成本或利润为中心，其实质都是以商流为中心，从属于商流活动，因而物流的运作方式是紧紧伴随着商流来运动的。而在电子商务环境下，物流的运作是以信息为中心的，信息不仅决定了物流的运动方向，而且也决定了物流的运作方式。在实际运作过程中，通过网络上的信息传递，可以有效地实现对物流的控制，从而实现物流的合理化。

2）网络对物流的实时控制是以整体物流来进行的。在传统的物流活动中，虽然也有依靠计算机对物流进行实时控制的，但这种控制都是以单个运作方式进行的。例如，在实施计算机管理的物流中心或仓储企业中，其所实施的计算机管理信息系统大都是以企业自身为中心来管理物流的。而电子商务时代网络全球化的特点，可使物流在全球范围内实施整体的实时控制。

（3）电子商务改变了物流企业的经营形态

在电子商务环境下，消费者在网上的虚拟商店购物并在网上支付，而送货的功能则由物流公司承担。也就是说，虽然现实的商店和银行没有了，但物流公司的任务不仅没有被减少，反而加重了。物流公司不仅将虚拟商店的货物送到消费者手里，还要从各生产企业及时进货并存放到物流仓库中。物流公司既是生产企业的仓库，又是用户的实物供应者。此外，电子商务要求物流以社会的角度实行系统的组织和管理，以打破传统物流分散的状态。这就要求企业在组织物流的过程中，不仅要考虑本企业的物流组织和管理，而且更要考虑全社会的整体系统。同时，在电子商务时代，物流企业之间也存在着激烈的竞争，这就要求物流企业联合起来，形成一种协同竞争的状态，以实现物流高效化、专业化、合理化、系统化。

（4）电子商务促进了物流基础设施的改善和物流技术与管理水平的提高

1）电子商务促进了物流基础设施的改善。电子商务高效率和全球性的特点，要求物流也必须达到这一目标。而要达到这一目标，良好的交通运输网络、通信网络等基础设施则是最基本的保证。

2）电子商务促进了物流技术的进步。物流技术主要包括物流硬技术和物流软技术。物流硬技术是指在组织物流过程中所需的各种材料、机械和设施等；物流软技术是指组织高效率的物流所需的计划、管理、评价等方面的技术和管理方法。从物流环节来考察，物流技术包括运输技术、保管技术、装卸技术、包装技术等。物流技术水平的高低是实现物流效率高低的一个重要因素，要建立一个适应电子商务运作的高效率的物流系统，加快提高物流的技术水平有着重要的作用。

3）电子商务促进了物流管理水平的提高。物流管理水平直接决定和影响物流的效率，也影响着电子商务高效率优势的实现。只有提高物流的管理水平，建立科学合理的管理制度，将科学的管理手段和方法应用于物流管理中，才能确保物流的畅通进行，实现物流的合理化和高效化，促进电子商务的发展。

（5）电子商务对物流人才提出了更高的要求

电子商务不仅要求物流管理人员具有较高的物流管理水平，还要求其具有较高的电子商务知识，并在实际的运作过程中，能将二者有机地结合在一起。电子商务物流人才是一种复合型高级人才。这种人才既懂电子商务，又懂物流；既懂技术，又懂管理。因此，电子商务企业一方面要引进电子商务物流人才；另一方面，也可以把有潜力的人才送出去学习。

二、电子商务环境下的物流模式

随着互联网的不断发展，越来越多的人倾向于在网上购物，网购量和网络成交额也逐年攀升。对于电子商务企业而言，到底应该选择自营物流、第三方物流，还是选择物流联盟的模式将变得尤为重要。

1. 自营物流

（1）自营物流的含义

自营物流即企业自己投资建设物流运输工具、储存仓库等基础设施硬件，经营管理企业的整个物流运作过程。我国传统物流基本上都是以自营物流为主，但近年来，发展迅速的第三方物流已经成为现代物流的重要发展趋势。但是，无论是自营物流，还是第三方物流都各有其特点，都是现代物流的重要组成部分。

目前，采取自营物流的电子商务企业主要有两类。

第一类为传统大型制造企业或批发企业经营的电子商务网站。由于其自身在长期的传统商务中已经建立起初具规模的营销网络和物流配送体系，在开展电子商务时只需将其加以改进、完善，就可以满足电子商务条件下物流配送系统的要求。如上海梅林正广和依托原传统商务下完善的送水网络，通过 85818 网站开展 B2C 电子商务，实现了上海市 24 小时全天候无盲区配送服务。

第二类是资金雄厚且业务规模较大的电子商务公司。电子商务在我国兴起的时候，国内第三方物流服务水平还远不能满足当时电子商务公司的要求，但这些公司持有大量的外国风险投资，为了抢占市场制高点，其不惜动用大量资金，在一定区域甚至在全国范围内建立自己的物流配送系统。例如，2010 年，京东投资 2 000 万元成立物流公司，2011 年在上海嘉定打造亚洲最大的现代化物流中心。关于如何在提高配送时效和控制配送成本之间寻求一个平衡点的问题，则始终困扰着所有电子商务网站。京东电子商务网站如图 5–1–5 所示。

图 5-1-5　京东电子商务网站

自营物流体系的核心是建立集物流、商流、信息流于一体的现代化新型物流配送中心，而电子商务企业在自建物流配送中心时，应广泛利用条形码技术（Barcode）、数据库技术（Database）、电子订货系统（EOS）、电子数据交换（EDI）、快速反应（QR），以及有效的客户反应（ECR）等信息技术和先进的自动化设施，以使物流中心能够满足电子商务对物流配送提出的各种新要求。

（2）自营物流的优劣势分析

1）优势分析。综合来看，与第三方物流相比较而言，自营物流具有以下两个方面的优势。

①反应快速、灵活。自营物流由于整个物流体系属于企业内部的一个组成部分，与企业经营部门关系密切，以服务于本企业的生产经营为主要目标，因而能够更好地满足企业在物流业务上的时间、空间要求，特别是对于物流配送较频繁的企业，自营物流能更快速、灵活地满足企业要求。

②企业拥有对物流系统运作过程的有效控制权。在自营物流的情况下，企业可以通过内部行政权力控制自营物流运作的各个环节，对供应链较强的控制能力容易与其他业务环节密切配合，可以使企业的供应链更好地保持协调、稳定，从而提高物流运作效率。

2）劣势分析

①一次性投资大、成本高。虽然自营物流具有其自身优势，但是由于物流体系涉及运输、仓储、包装等多个环节，建立物流系统的一次性投资较大，占用资金较多，对于资金有限的企业来说是一个很大的负担。同时，由于企业自营物流一般只服务于

自身，并且依据企业自身物流量的大小而建立，而单个企业的物流量一般都较小，其系统的规模也较小，这就导致了企业的物流成本较高。如 e 国网自建的物流体系，其推行的“e 国一小时”物流计划曾使其一度处于亏损的境地，运营的前 6 个月共亏损 1 000 万元。

②需要较强的物流管理能力。自营物流的运营需要企业工作人员具有专业化的物流管理能力，否则，仅有好的硬件也是无法高效运营的。目前，我国的物流人才培养严重滞后，导致人才的严重短缺，企业内部从事物流管理的人员综合素质也不高，面对复杂多样的物流问题，经常是凭借经验或者主观考虑来解决，这些问题已成为企业自营物流一个亟待解决的问题。

一些企业通过自营物流系统，既服务于本企业，又为其他企业提供物流服务，实质上是一种业务上的多元化，其物流系统的性质已发生了一定的变化，这与自营物流最初的含义已经不同了。

2. 第三方物流

（1）第三方物流概述

第三方物流（Third-Party Logistics，3PL 或 TPL）是相对于“第一方”发货人和“第二方”收货人而言的由第三方专业企业来承担物流活动的一种物流形态。中华人民共和国国家标准《物流术语》（GB/T 18354—2006）中，将第三方物流定义为“独立于供需双方为客户提供专项或全面的物流系统设计或系统运营的物流服务模式”。由于第三方物流是以签订合同的方式，在一定期限内将部分或全部物流委托给专业物流企业来完成的，因此又称为合同物流、契约物流或外包物流。

将物流外包给第三方物流公司是跨国公司管理物流的通行做法。按照供应链理论，将不是自己核心的业务外包给从事该业务的专业公司来做，这样，从原材料供应到生产，再到产品销售各个环节的各种职能，都由在某一领域具有专长或核心竞争力的专业公司互相协调或配合来完成，其所形成的供应链具有最大的竞争力。因此，戴尔将物流外包给联邦快递，亚马逊将美国市场以外的业务外包给 UPS 等专业物流公司。中国国内，当当网将配送业务委托给了第三方，当当网的模式是集中的后台物流管理，以力求满足顾客的需求。淘宝网的商户也都使用第三方物流，他们既可以使用推荐物流服务商，也可以自由寻找其他物流服务商。淘宝网的网站如图 5–1–6 所示。

图 5-1-6　淘宝网网站

（2）第三方物流的优劣势分析

1）优势分析。在当今竞争日趋白热化和社会分工日益细化的大背景下，第三方物流具有明显的优势，具体表现如下。

①企业可集中精力于核心业务。任何企业的资源都是有限的，也很难成为业务上面面俱到的专家，因此，企业应把主要资源集中于自己擅长的主要业务上，而把物流等辅助功能留给物流公司去做。这样可以使企业集中资源，培育其核心能力，大力发展核心业务，将其做大、做强，走集约化的道路。

②降低运营成本。将物流外包给第三方物流公司，会降低经营成本，这主要是通过以下两个方面实现的。

一是可以减少固定资产的投资，加速资金周转。企业自营物流需要投入大量的资金用于购买物流设备、建设仓库和信息网络等专业物流设备。这些资源对于资金短缺的企业特别是中小企业来说是一个沉重的负担。而使用第三方物流公司不仅可以减少设施的投资，还解放了仓库和车队方面的资金占用，加速了资金周转。

二是发挥规模优势、专业化优势、信息化优势，降低库存与成本。第三方物流对物流系统的精心设计与计划，可以最大限度地减少库存，放松企业的现金流量，实现成本优势。第三方物流大多是对客户运作，所形成的规模优势将大大提高资源设备的利用率，提高专业化水平和工作效率，降低成本。第三方物流所具备的高水平专业化技术能力及完善强大的信息服务优势会大大提高物流管理效率，从而降低物流成本。

③提供灵活多样的顾客服务，为顾客创造更多的价值。专业化的第三方物流企业能够利用其健全的物流网络、先进的物流设施和专业的运作能力给顾客提供更灵活多样的高品质服务，创造更高的顾客让渡价值。

2）劣势分析。与自营物流相比，第三方物流在为企业提供上述便利的同时，也会给企业带来诸多不利。

①企业不能直接控制物流职能。企业在将物流业务外包给第三方物流企业的同时，也就意味着不能像自营物流那样可以对物流各个环节的活动进行自主控制，物流的服务质量与效率不一定能够得到完全的控制与保证；在供应链中，由于过分依赖供应链合作企业，使其容易受制于人，从而处于被动地位，导致供应链的控制能力变差。此时，外包企业对第三方物流企业的依赖相对更强一些，因为物流的服务质量与效率取决于第三方物流企业，这对企业的正常生产经营活动会产生严重影响，物流公司往往利用这种有利地位欺诈对方，在必要时会提高价格，并转向那些能满足他们利益的客户，例如不按合同规定的时间配送、装卸搬运过程中故意要挟等。

②遇到大型节假日及特殊日子，不能有效满足客户需求。对于一些大型节假日如春节或者某些特殊日子，第三方物流企业往往会有放假安排或者人手不够等情况出现，造成物流速度减缓，货物可能堆在仓库数天都不能发出，顾客的投诉也随之上升，导致整个服务质量的下降。

另外，外包物流往往不能保证顾客服务的质量并维护与顾客的长期关系，同时也意味着企业放弃了物流专业技术的开发，还可能造成第三方物流企业通过与顾客的直接接触提升了其在顾客心目中的整体形象，从而取代了外包方的地位。

3. 物流联盟

（1）物流联盟概述

物流联盟是介于独立的企业与市场交易关系之间的一种组织形态，是企业间由于自身某些方面发展的需要而形成的相对稳定的、长期的契约关系。

物流联盟是以物流为合作基础的企业战略联盟，它是指两个或多个企业之间，为了实现自己的物流战略目标，通过各种协议、契约而结成的优势互补、风险共担、利益共享的松散型网络组织。

在现代物流中，作为企业物流战略的决策之一，组建物流联盟，其重要性是不言而喻的。在我国，物流水平还处于初级阶段，组建联盟便显得尤为重要。

（2）物流联盟的组建方式

企业间的物流联盟主要有以下几种组建方式。

1）纵向一体化物流联盟。该方式是指上游企业和下游企业发挥各自的核心能力，发展良好的合作关系，从原材料采购到产品销售的全过程实施一体化合作，形成物流战略联盟。

2）横向一体化物流联盟。该方式是由处于平行位置的几家物流企业结成的联盟。目前，国内真正能提供物流全方位服务的大型物流企业尚不存在，因此，横向一体化物流联盟能够弥补现有物流市场条块分割的现状。

3）混合物流联盟。该方式是以一家物流企业为核心，联合一家或几家处于平行位置的物流企业和处于上下游位置的中小物流企业加盟组成。这些物流企业通过签订联盟契约，共同采购、共同配送，构筑物流市场，形成相互信任、共担风险、共享收益的集约化物流伙伴关系。目前，尽管国内外的物流联盟在组织构成上存在着显著的不同，但却都显示出了强大的生命力。从国内外物流联盟形成特点及其运作方式来看，它是物流企业间为实现运作效率的提高而在职能分工的基础上进行优势互补的一种融合，是一种基于各自不同核心竞争力的物流资源整合。

4）以项目为管理联盟的模式。该方式是利用项目为中心，由各个物流企业进行合作所形成的一个联盟。

5）基于网络的动态联盟。由于市场经济条件下的激烈竞争，为了占据市场的领导地位，供应链应成为一个动态的网络结构，以适应市场变化、柔性、速度、革新、知识的需要，不能适应供应链需求的企业将从中淘汰，并从外部选择优秀的企业进入供应链。

（3）物流联盟优劣势分析

1）优势分析

①从建立物流联盟安排的角度看，物流联盟的建立最明显的效果就是在物流合作伙伴之间减少了相关交易费用。由于物流合作伙伴之间经常性地沟通与合作，使搜寻交易对象信息方面的费用大为降低；提供个性化的物流服务所建立起来的相互信任与承诺，可减少各种履约的风险；物流契约的签约时间一般较长，可通过协商来减少在服务过程中所产生的冲突。

②从构建物流联盟的过程看，联盟企业可以寻找合适的合作伙伴并能够有效地维持物流联盟的稳定性。双方出于自身利益选择有效的长期合作是最优策略，进而双方可以充分依靠建立联盟机制协调形成的内部环境，减少交易的不确定性和交易频率，从而降低交易费用，实现共同利益最大化。

③从建立物流联盟的绩效看，一个稳定、长期的合作会激励双方把共同的利润做大，获得稳定的利润率。从物流发展的角度看，物流联盟是企业与专业物流服务商建

立的一种现代物流合作形式。在物流联盟中，随着物流组织的发展，供应链中的联系会进一步加强，同时，也会通过协作加深用户的物流需求。双方开展持续、诚信的合作，可以学到对方的优点，如技术优势、丰富的经验等。

2）劣势分析。物流联盟虽然有以上优势，但同样存在自身的劣势，主要表现在以下几个方面。

①人员储备不足。由于物流是一个囊括了采购、仓储、运输、包装、国际贸易、计算机等各方面功能的管理性工作，因此，高级物流人才不但要懂得物流专业知识，还要对其所在岗位及所涉及的其他专业技能能够进行深入的运用，才能较好地胜任物流工作。物流联盟领域所缺的人才主要是专门的管理人才，用来管理所有联盟公司的物流活动。

②制度不规范。成功的企业在管理制度实施方面具有共同的特点，即编制管理程序和执行实施程序的规范化，但目前国内企业管理制度建设普遍欠缺系统性和规范性。

薪酬制度不合理，联盟物流公司薪酬制度的不合理主要是体现在公司高管的工资管理上，联盟物流公司的高管参加管理工作，但并不为其发放工资，而是按股份分发红利，这就在一定的程度上打击了高管的工作积极性。物流资源的利用不合理，不论企业内部物流资源是否得到充分利用，都对存货的经济采购量、仓储量和存货的仓储成本有着直接的影响。

综合实训

导入案例：淘宝网“推荐物流”策略

身为电子商务企业的淘宝网，虽然没有自己的物流体系，但也在探索自己的物流模式——“推荐物流”，即淘宝与物流公司签约，签约的物流公司进入淘宝的推荐物流企业行列，这些物流企业就可直接通过与淘宝对接的信息平台接受其用户的订单。

使用“推荐物流”，加强了淘宝对物流的控制力，可以对相应物流供应的配送进行监督，也可以向用户提供更好的服务和更优惠的价格。而且一旦出现差错，淘宝接到投诉后，便会监督物流公司和理赔情况，这样能降低淘宝的索赔难度。进入淘宝“推荐物流”的公司，必须与淘宝签订相关协议，约定服务价格、内容和方式，以及非常优惠的赔偿条款，并约定由淘宝监控和督促物流公司对于投诉和索赔的处理。

同时，淘宝与“推荐物流”公司之间的信息平台对接已初步完成。用户在淘宝网上达成交易后，如果使用“推荐物流”，便可以直接在线发送订单，经确认后，物流公司就会上门取货，而且买家和卖家还可以随时跟踪订单。

提出问题：淘宝的物流模式有何特点？

课程 5-2　常用物流信息技术

学习内容

学习单元	课程内容	培训建议	课堂学时
（1）条码技术	1）条码技术简介 2）条码技术的特点 3）二维条码在电子商务中的应用	（1）方法：讲授法、演示法、实训法 （2）重点：条码技术简介 （3）难点：二维条码在电子商务中的应用	1
（2）POS 技术	1）POS 技术简介 2）POS 技术的特点 3）POS 技术的应用	（1）方法：讲授法、实训法 （2）重点：POS 技术简介 （3）难点：POS 技术特点	1
（3）RFID 技术	1）RFID 技术简介 2）RFID 的特点 3）RFID 在物流中的应用	（1）方法：讲授法、实训法 （2）重点：RFID 技术简介 （3）难点：RFID 在物流中的应用	1
（4）GPS/GIS 技术	1）GPS/GIS 技术简介 2）GPS/GIS 技术特点 3）GPS/GIS 技术在物流中的应用	（1）方法：讲授法、实训法 （2）重点：GPS/GIS 技术简介 （3）难点：GPS/GIS 技术在物流中的应用	1

学习单元 1　条码技术

物流信息技术是 IT 技术在物流各环节中的应用，它使企业能够把其应用在订单处理、库存控制、仓储运输等这些日常经营活动上，从而提高了物流管理的效率及物流部门成员之间的沟通，增加了从原材料到成品直至最终顾客的整条通道的可见度，有效地保证了货畅其流的实现。常用的物流信息技术包括条码技术、POS 技术、RFID 技术和 GPS/GIS 技术。

一、条码技术简介

1. 条码的含义

条码是条形码的简称，它是由一组规则排列的条、空及其对应字符组成的标记，用以表示一定的信息。“条”指对光线反射率较低的部分，“空”指对光线反射率较高的部分。

若将条码定位、印刷在不同的商品或包装上，通过光电扫描输入计算机，便能在数秒内得知商品的产地、制造厂商、产品属性、生产日期、价格等一系列信息。同时，条码对提高商品的档次、打开销路、促进销售起着重要的作用。目前，条码已经成为产品流通和销售的“通行证”。

条码对物流业的优势是显而易见的，其既能精确管理，又具有实用功能，对于大部分现代化仓库管理的需求都能得到满足。其操作方便简单，维护亦不需费心，仓库管理人员经过简单的培训都能快速上岗进行操作，而且还能大大减少居高不下的人为出错率。

2. 条码技术的含义

条码技术是现代物流系统中非常重要的大量、快速采集信息的高科技信息技术，能适应物流大批量和高速度的要求，有效地提高了物流作业的效率。当条码扫描器光源发出的光束照在条码上时，光电检测器根据光束从条码上反射回来的光强度作为回应。

当扫描光点扫到白纸面或处于两条黑线之间的空白处时，反射光强，检测器输出大电流；当扫描至黑线条中时，反射光弱，检测器输出小电流。根据白条、黑条的宽度不同，相应的电信号持续时间也不同，随着条码明暗的变化转变为大小不同的电流信号。

译码器将整形电路的脉冲数字信号译成数字、字符信息。这样便得到了被识读条码符号的条和空的数目及相应的宽度和所用码制。根据码制所对应的编码规则，便可将条符号转换成相应的数字、字符信息，通过接口电路送给计算机系统进行数据处理与管理，从而完成了条码识读的全过程。

3. 条码的类型

目前，国际上广泛使用的条码种类有 EAN 码、UPC 码、Code39 码、ITF25 码（在物流管理中应用较多）、库德巴码（多用于医疗、图书领域）、Code93 码、Code128 码等。其中，EAN 码是当今世界上广为使用的一维条码，已成为电子数据交换的基础。而二维条码现在的使用范围也越来越广，并成为一种新的潮流。

（1）按组成的方式分类

1）一维条码。一维条码自问世来，很快就得到了普及和广泛应用。目前市面上应用的大多是一维条码，其结构比较简单。一维条码的信息容量很小，如商品上的一维条码仅能容纳 13 位阿拉伯数字，更多的商品信息只能依赖数据库的支持，离开了预先建立的数据库，这种条码就变成了无源之水，因而一维条码的应用范围受到了一定的限制。一维条码如图 5-2-1 所示。

图 5-2-1　一维条码

常用的一维条码有 EAN 码（欧洲物品编码）、UPC 码（通用产品编码）、Code39 码和库德巴码等。

① Code39 码。Code39 码是在 1975 年被研制出的一种码制。它双向可读，非定长、非连续，具有自校验功能，其字符集包括数字 0 ~ 9、26 个英文字母及一些特殊字符等。由于误读率较低，Code39 码首先应用于美国国防部，目前已广泛应用于物流、汽车、医疗卫生、图书信息、工业生产、经济管理等多个领域。一维条码中的 Code39 码如图 5-2-2 所示。

图 5-2-2　Code39 码

②库德巴码。库德巴码在 1972 年被研制出来，现已广泛应用于医疗卫生、图书馆及邮政快递。它是双向可读、非定长、具有自校验功能的非连续型条码，其字符集包括数字 0 ~ 9、4 个英文字母（A，B，C，D）及一些特殊字符。其中 A，B，C，D 只用作起始符和终止符。一维条码中的库德巴码如图 5-2-3 所示。

图 5-2-3　库德巴码

2）二维条码。二维条码是指在水平和垂直方向的二维空间存储信息的条码。根据二维条码的编码原理，可以将其分为行排式二维条码和矩阵式二维条码。二维条码如图 5-2-4 所示。

图 5-2-4　二维条码

①行排式二维条码。行排式二维条码又称堆积式二维条码，其编码原理是建立在一维条码的基础上，按需要堆积成两行或多行。行排式二维条码中具有代表性的码制有 PDF417 码、Code49 码等。

a. PDF417 码。PDF417 码是行排式二维条码，是目前应用最为广泛的二维条码，主要应用于身份识别、货运代理及珠宝玉石管理。它是一种非定长、高容量、高纠错性能的二维条码。行排式二维条码中的 PDF417 码如图 5-2-5 所示。

b. Code49 码。Code49 码是一种多层、连续型、非定长的行排式二维条码，其符号中层与层之间由一个层分隔条分开，每层包含一个层标识符。行排式二维条码中的 Code 49 码如图 5-2-6 所示。

图 5-2-5　PDF417 码

图 5-2-6　Code 49 码

②矩阵式二维条码。矩阵式二维条码又称棋盘式二维条码，它是在一个矩形空间范围内通过黑白像素的不同分布来进行编码的。有代表性的矩阵式二维条码有 QR Code 码、Data Matrix 码等。

a. QR Code 码。QR Code 码是由日本 Denso 公司于 1994 年 9 月研制出的一种矩阵式二维条码。它可以表示汉字和图像等多种信息，具有容量高、可靠性高、全方位识读等特点。矩阵式二维条码中的 QR Code 码如图 5-2-7 所示。

b. Data Matrix 码。Data Matrix 码是矩阵式二维条码，它有两种类型，其中，ECC200 采用 Reed-Solomon 纠错，在实际中的应用更多。矩阵式二维条码中的 Data Matrix 码如图 5-2-8 所示。

图 5-2-7　QR Code 码

图 5-2-8　Data Matrix 码

3）复合码。复合码是由一维条码与二维条码叠加构成的一种码制，其中，一维条码部分对项目的主要标识进行编码，二维条码部分对附加数据进行编码。复合码能使读取者在读取商品的单品识别信息时，获取更多的被描述商品物流特征的信息。一维条码和二维条码叠加而成的复合码如图 5-2-9 所示。

图 5-2-9　复合码

（2）按使用目的不同分类

1）商品条码。商品条码是由国际物品编码协会（EAN）和统一代码委员会（UCC）制定的，用于在世界范围内唯一表示商品标识代码的条码。它直接以向消费者销售的商品为对象，以单个商品为单位而使用。商品条码主要包括 EAN 码和 UPC 码。

① EAN 码。EAN 码是国际物品编码协会制定的一种商品条码，通用于全世界。EAN 码有两种版本——标准版和缩短版。

EAN-13 码既可用于销售包装，又可用于储运包装。这种条码是由 13 位数字的字符代码组成，也称 EAN 标准版条码，其结构如图 5-2-10 所示。

图 5-2-10　EAN-13 码

前缀码由 2 ~ 3 位数字组成，EAN 已将“690” ~ “695”的代码分配给中国物品编码中心使用，“978”是图书的前缀码，“977”是期刊的前缀码。厂商识别代码由 7 ~ 9 位数字组成，由中国物品编码中心负责分配和管理，其中包括前缀码。商品项目代码由 3 ~ 5 位数字组成，由厂商负责编制。EAN 的结构种类有三种，见表 5-2-1。

表 5-2-1　EAN 的结构种类

结构种类	厂商识别代码	商品项目代码	校验码
结构一	$X_{13}X_{12}X_{11}X_{10}X_9X_8X_7$	$X_6X_5X_4X_3X_2$	X_1
结构二	$X_{13}X_{12}X_{11}X_{10}X_9X_8X_7X_6$	$X_5X_4X_3X_2$	X_1
结构三	$X_{13}X_{12}X_{11}X_{10}X_9X_8X_7X_6X_5$	$X_4X_3X_2$	X_1

EAN-8 码只用于商品销售包装。当商品包装上没有足够的面积印刷标准版条码时，可将商品编成 8 位数字代码。这种条码也称为缩短版条码，其结构如图 5-2-11 所示。

图 5-2-11　EAN-8 码

② UPC 码。UPC-A 条码左侧 6 个条码字符均由 A 子集的条码字符组成，右侧数据符及校验符均由 C 子集的条码字符组成，如图 5-2-12 所示。

图 5-2-12　UPC-A 码

UPC-E 条码仅直接表示 6 个数据字符，条码符号本身没有中间分隔符，终止符也与 UPC-A 不同，如图 5-2-13 所示。

图 5-2-13　UPC-E 码

2）物流条码。物流条码是由国际物品编码协会（EAN）和统一代码委员会（UCC）规定的、用于货运单元唯一识别的条码。它是物流过程中以商品为对象、以包装商品为单位使用的条码。国际上常见的物流条码有 EAN-13 码、ITF-14 码、EAN-128 码、交叉二五码和库德巴码等。

① ITF-14 码。ITF 码是一种连续型、定长、具有自校验功能，并且条、空都表示信息的双向条码。ITF-14 码的条码字符集、条码字符组成与交叉二五码相同。它由矩形保护框、左侧空白区、条码字符、右侧空白区组成。ITF-14 码用于标识非零售商品，其对印刷精度要求不高，比较适合直接印制（热转换或喷墨）于表面不够光滑、受力后易变形的包装材料，如瓦楞纸或纤维板上。ITF-14 码的样式如图 5-2-14 所示。

图 5-2-14　ITF-14 码

② EAN-128 码。在物流配送过程中，如果需要将生产日期、重量、体积、尺寸、送达地址等重要信息条码化，以便扫描输入，就要使用贸易单元 128 条码（EAN-128 码）。它是物流条码实施的关键，其样式如图 5-2-15 所示。

(01) 36547892145341

图 5-2-15　EAN-128 码

二、条码技术的特点

1. 一维码的特点

（1）信息采集速度快

一个打字员每分钟能打 90 个字符，相当于在 8 s 内即可输入 12 个字符，而使用条码扫描录入的方式则只需要 0.3 s。条码技术在扫描识读环境及人员操作技能方面没有很高要求，从而保证了采集的高速化。

（2）可靠性高

键盘输入数据的误码率为三百分之一，而利用光学字符识别技术，误码率约为万分之一。采用条码扫描录入方式，误码率则仅为百万分之一，且通过一次扫描即可正确录入的比例在 98% 以上。

（3）采集信息量大

利用条码扫描识读，一次可以采集录入几十位字符的信息，而且可以根据需要选择不同码制的条码来增加字符密度，使录入的信息量成倍增加。

（4）灵活实用

条码标识既可以作为一种识别手段单独使用，也可以与有关识别设备组成一个系统实现自动化识别，还可以与其他控制设备连接起来实现自动化管理。

（5）自由度大

识别装置与条码标签相对位置的自由度要比光学字符识别大得多。条码通常只在一维方向上表示信息，而同一条码符号上所表示的信息是连续的，这样即使是标签上的条码符号在条的方向上有部分残缺，也仍可以从正常部分识读出正确的信息。

（6）设备结构简单、成本低

条码符号识别设备的结构简单，操作容易，无须专门训练。与其他自动化识别技术相比，推广应用条码技术所需费用较低。

2. 二维码的特点

二维码除了具有一维码的特点外，还具有一些其他特点。

（1）信息容量大

根据不同的条空比例，每平方英寸可以容纳 250～1 100 个字符，在国际标准的证卡有效面积上（约为 76 mm×25 mm），二维码可以容纳 1 848 个字母字符或 2 729 个数字字符，约 500 个汉字信息，这种二维码的信息容量是普通条码的几十倍。

（2）编码范围广

二维码可以将照片、指纹、掌纹、签字、声音、文字等可数字化的信息进行编码。

（3）保密、防伪性能好

二维码具有多重防伪特性，可以采用密码防伪、软件加密及利用所包含的信息进行防伪，因此具有较强的保密、防伪性能。

（4）修正错误能力强

二维码采用了世界上最先进的数字纠错理论，只要破损面积不超过 15%，条码由于污损等原因所丢失的信息就可以被破译出来。

（5）条码符号的形状可变

同样的信息量，二维码的形状可以根据载体面积及美工设计等进行调整。

三、二维条码在电子商务中的应用

商家通过二维码平台给下单的客户发送一个二维码电子凭证作为消费的凭证。一些不能够通过快递来运输的服务性行业，也可以在网上售卖服务项目，发送二维码电子凭证给消费者作为购买依据，消费者可以凭借手机上的二维码电子凭证到店消费，享受服务。这种模式被称为 O2O 电子商务新模式，主要针对线下卖家和线上买家的无缝对接。二维码也可以用来进行数据统计和营销效果的评估。目前，很多二维码企业都与淘宝签署了合作协议，共同打造电子商务新模式。

1. 电子折扣券

电子折扣券主要用于商品促销，二维码可复制、转发，商家希望进行“病毒式”

传播，用户凭二维码可享受折扣或减价优惠。麦当劳电子二维码折扣券如图 5-2-16 所示。

图 5-2-16　麦当劳折扣券

2. 电子有价券

电子有价券是进行手机支付后产生的有金额价值的电子二维码券，具有客户唯一性，用户凭该券可以领取商品或享受服务。电子二维码电影票如图 5-2-17 所示。

图 5-2-17　电子电影票

3. 电子凭证

电子凭证是通过电子二维码识别验证，可享受尊贵服务或专项服务的证据，具有客户唯一性，主要为电子二维码 VIP 卡。如电子会员卡（见图 5-2-18）、医院电子二维码教授优先号。

4. 电子回执

电子回执是用户完成手机支付后通过电子渠道收到的收据，用户凭借该电子二维码收据可索取发票或享受售后服务。如电子二维码小额保险单据、电子二维码收据，如图 5-2-19 所示。

图 5-2-18　电子会员卡

图 5-2-19　电子二维码收据

综合实训

条码技术的应用

请同学们利用条码编制软件分别制作一维条码和二维条码。制作完成后，讨论一下一维条码和二维条码的区别。

学习单元 2　POS 技术

一、POS 技术简介

1.POS 的概念

POS 即销售时点信息系统，是指以商业环境为中心的进货、销货、存货和内部调配货物的信息管理系统。由于 POS 系统能够使商业零售企业的经营更为高效、准确、迅速，所以它已逐渐成为现代商业零售企业加强企业管理、提高企业效率的工具。超市里面的 POS 机，如图 5–2–20 所示。

图 5–2–20　POS 机

商业电子收银机如愿以偿地满足了全世界商店经营者的心愿，它在会计业务上的高准确性、销售统计上的高效率性、商品管理上的高实时性，使商业经营者投资不大，但却可以迅速、准确地掌握商品流通过程中的全部数据，使经营者在市场调查、内部管理、决策咨询、雇员部门考评方面更为精准，并大规模地降低了经营成本。

2.POS 系统的组成

目前，POS 系统已成为深入一线的便民服务系统，它包含前台 POS 系统和后台 MIS 系统两个基本部分。

（1）前台 POS 系统

前台 POS 系统是通过自动读取设备（如收银机）在销售商品时直接读取商品销售信息，以实现前后销售业务的自动化，对商品交易进行实时服务和管理，并通过通信网络和计算机系统传送到后台，再通过 MIS 系统的计算、分析和汇总等掌握商品销售的各种信息，为企业分析经营成果、制定经营方针提供依据，从而提高经营效率的系统。

前台 POS 销售软件具有以下功能：售货收款，完成日常的售货收款工作，记录每笔交易的时间、数量、金额，进行销售输入操作；交班结算，进行收款员交班时的收款小结、大结等管理工作，计算并显示本班交班时的现金及销售情况，统计并打印收款机全天的销售金额及每位售货员的销售额；退货，退货功能是日常销售的逆操作，此功能记录退货时的商品种类、数量、金额等，便于结算管理；支持各种付款方式，可支持现金、借记卡、信用卡等不同的付款方式，以方便不同顾客的要求；即时纠错，在销售过程中出现的错误能够立即修改更正，可保证销售数据和记录的准确性。

（2）后台 MIS 系统

后台 MIS 系统又称管理信息系统，它负责整个商场进、销、调、存系统的管理以及财务管理、库存管理、考勤管理等。它可以根据商品进货信息对厂商进行管理，也可以根据前台 POS 系统提供的销售数据，控制进货量，合理周转资金，还可以分析统计各种销售报表，快速准确地计算成本与毛利，也可以对员工业绩进行考核。

后台 MIS 软件具有以下功能：商品入库管理，对入库的商品进行输入，建立商品数据库，以实现对库存的查询、修改及商品入库验收单的打印等功能；商品调价管理，由于有些商品的价格会随季节和市场等情况发生变动，本系统应能提供对这些商品所进行的调价管理功能；商品销售管理，根据商品的销售记录，实现商品的销售、查询、统计等管理，并能对各收款机、收款员、售货员等进行分类统计管理；单据票证管理，实现商品的内部调拨、残损报告、变价调动、仓库验收、盘点报表等各类单据票证的管理；报表打印管理，打印内容包括时段销售信息表、营业员销售信息报表、部门销售统计表、退货信息表等，实现商品销售过程中各类报表的分类管理功能；完善的分析功能，POS 系统的后台管理软件应能提供完善的分析功能，分析内容涵盖进、销、调、存过程中的所有主要指标，同时以图形和表格方式提供给管理者；数据维护管理，完成对商品资料、营业员资料等数据的编辑工作，如商品资料的编号、名称、进价、进货数量、核定售价等内容的增加、删除、修改；营业员资料的编号、姓名、部门等内容的编码、口令管理，支持各类权限控制；具有对本系统所涉及的各类数据进行备份、交易断点的恢复功能；销售预测，包括畅销商品分析、滞销商品分析、某种商品销售预测及分析、某类商品销售预测及分析等。

二、POS 技术的特点

1. 数据量少、速度低、实时性要求高

前台 POS 系统产生的每笔销售记录数据量少，速度不一定是实时的，从前台 POS 系统到后台 MIS 系统传输过程有延误。目前很多银行和第三方合作，POS 系统需要实时到账，而银联的 POS 机因为中间需要经过银联的清算，所以并不能做到实时到账。但是商家需要根据这些数据进行详细正确的分析，为商品的补货和管理提供依据，所以对 POS 技术的实时性要求高。

2. 覆盖面广、应用广泛

POS 技术既可以提供每天的销售数据，还可以分析统计各种销售报表。所以它不仅在采购、仓库、零售和财务各个环节得到应用，也应用于商场、餐饮、医院、学校各个领域中，POS 技术的应用范围比较广泛。

3. 传输质量高

虽然 POS 系统传输数据信息有延误，但只要是从前台 POS 机传到后台 MIS 系统当中，就能够保证数据信息准确无误，可以方便商家根据这些信息做详细的分析和预测。

4. 保密性、安全性高

在数据信息从前台 POS 机向后台 MIS 系统传输过程中，可以设置密码，以增加其安全性，而且前台 POS 机刷各种银联卡的时候，也都有密码保护，只有银行的工作人员才有权看到。

三、POS 技术的应用

1. 采购环节

利用 POS 系统，可以了解商品的库存状况，清楚地核算库内的商品数目，一旦库存不足就会向供应商发出信号，供应商收到信息以后，能够立即准备货源，及时向各门店配送，这一功能相当于 POS 系统完成了采购工作。

2. 仓库环节

对于店铺陈列的商品能以最小类别逐一把握销售动向，过去的商品管理员只能掌握大类商品信息，而利用 POS 系统对商品信息的把握可以精细到具体厂家的品种、规格，从而为准确把握每一种商品的销售动向，及时了解畅销品、滞销品及销售时间分布提供了充足信息。

每售出一笔商品，POS 系统数据库就相应减少该商品的库存记录，到月底根据实物盘点数据，生成门店盘点单，并自动完成该商品的盘点。直营店与直营店之间互调货物的业务操作，形成商店横调单。可以通过查询门店明细库存数据，来分析商品库存的账目，从而有效地实施库存管理。

3. 零售环节

前台利用 POS 机完成日常销售录入，简化了超市收银的工作。每天下班前通过日结核对手工账，日结后自动生成零售销货单，通过验收零售销货单，削减库存，总部系统查询。可以利用 POS 机查询某个时间段的零售数据。POS 系统中的零售界面，如图 5-2-21 所示。

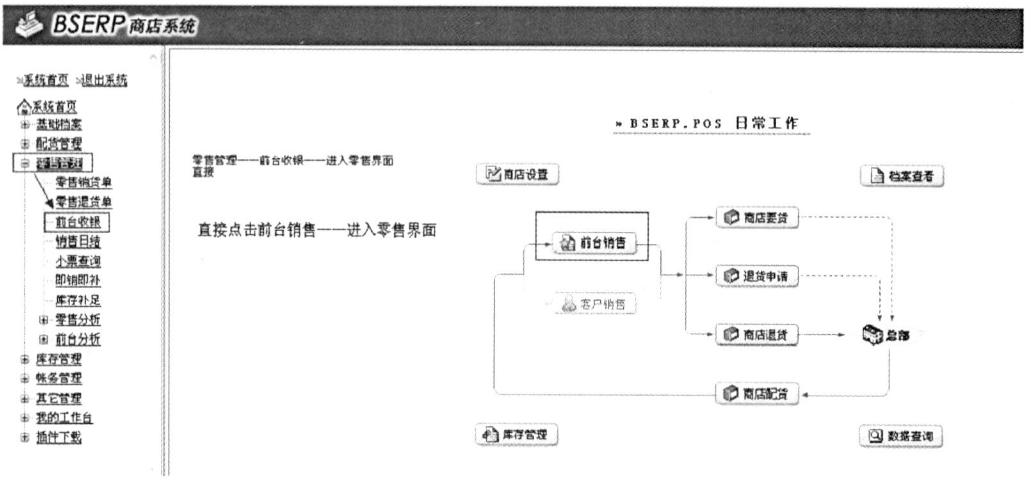

图 5-2-21　POS 系统平台

门店借助 POS 系统，可记录销售过程中的每一笔交易，每售出一件商品，POS 系统都会完成该商品的库存记录，商家通过比较 POS 系统生成的盘盈、盘亏表，能轻易测定销售目标的实现程度，以便于准确把握畅销商品、滞销商品的信息，从而实现了商品的单品管理，且大大提高了销售能力。

4. 财务环节

当 POS 系统结账时，通过 POS 机自动读取零售商发行的顾客 ID 卡，可以把握住每位顾客的消费额。利用 POS 系统终端发过来的数据，可以清楚地看到每天的消费额，一月一汇总，方便财务的记账。经 POS 系统收集的财务信息，可实时或分批次传到店铺或总部的计算机中，再将其他部门传送过来的信息，进行综合处理、统计、分析，制作成各种有用的财务报表。同时，销售人员可根据柜台销售额，适时调整商品价格，做到灵活经营，为实时控制经营活动提供了帮助。

学习单元 3　RFID 技术

一、RFID 技术简介

1.RFID 技术的含义

RFID 技术即射频识别技术。射频识别技术是一种利用射频信号通过空间耦合实现无接触信息传递，并通过所传递的信息达到识别目的的技术。简单地说，RFID 技术是利用无线电波进行数据信息读写的一种自动识别技术或无线电技术在自动识别领域的应用。RFID 技术可广泛应用于诸如物流管理、交通运输、医疗卫生、商品防伪、资产管理以及国防军事等领域。

2.RFID 技术的工作原理

（1）RFID 系统的组成

RFID 在具体的应用过程中，根据不同的应用目的和应用环境，其系统的组成会有所不同，但从射频识别系统的工作原理来看，其系统一般都由信号发射机、信号接收机、编程器、天线组成。

1）信号发射机。在射频识别系统中，信号发射机为了不同的应用目的，会以不同的形式存在，典型的形式是标签。标签相当于条形码技术中的条形码符号，用来存储需要识别、传输的信息。标签一般是带有线圈、天线、存储器与控制系统的低电集成电路。电子标签按工作方式分为无源（不带电池供电）和有源两种。无源电子标签工作的能量是由读写器发出的射频脉冲提供的。电子标签按读写方式可分为只读标签与可读、可写标签。只读标签的信息可以在标签制造过程中由制造商写入，也可以在标签开始使用时由使用者根据特定的应用目的写入，其只能是一次写入，多次读出。可读可写标签可以实现对原有数据的擦除以及数据的重新写入。条码技术中标准码制的号码或者混合编码都可以存储在标签中。电子标签如图 5-2-22 所示。

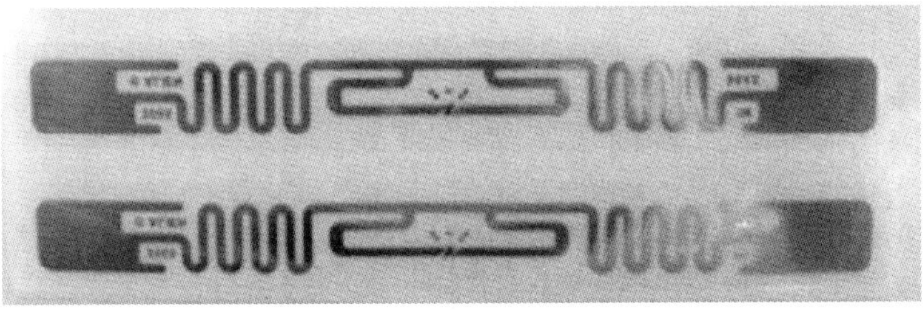

图 5-2-22　电子标签

2）信号接收机。在射频识别系统中，信号接收机一般也称为阅读器。根据支持标签类型与功能的不同，阅读器的复杂程度会有显著的不同。阅读器是读取或写入电子标签信息的设备，可设计为手持式与固定式两种。手持式接收机的样式，如图 5-2-23 所示。

3）编程器。只有可读、可写标签系统才需要编程器。编程器是向标签写入数据的装置。编程器写入数据一般是离线完成的，也就是预先在标签中写入数据，等到开始应用时再直接把标签粘贴在被标识项目上。也有一些 RFID 应用系统，写数据是在线完成的，尤其是在生产环境中作为交互式便携数据文件来处理时。

4）天线。发射、接收天线是标签与阅读器之间传输数据的发射、接收装置。发射、接收天线在标签和阅读器间传递射频信号。在实际应用中，除了系统功率外，发射接收天线的形状和相对位置也会影响数据的发射和接收，故需要专业人员对系统的发射接收天线进行设计、安装。RFID 系统中的天线，如图 5-2-24 所示。

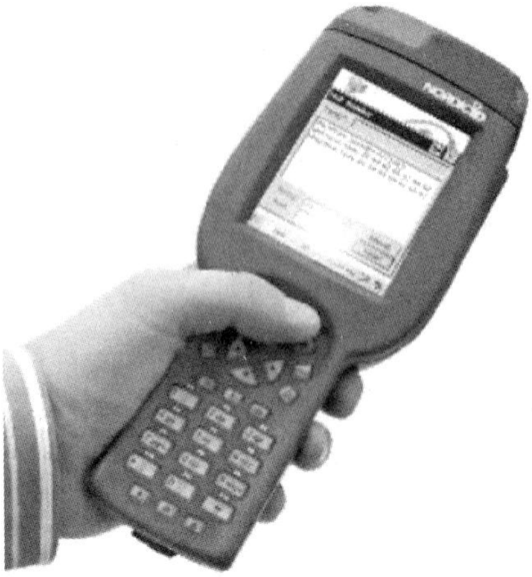

图 5-2-23　手持式接收机

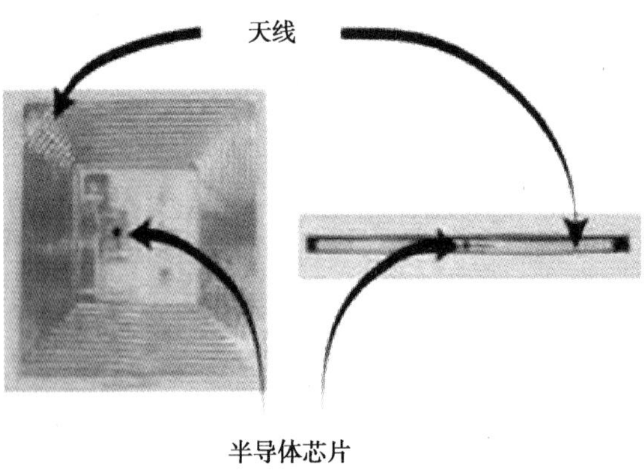

图 5-2-24　天线

（2）RFID 技术的工作过程

发射机与接收机之间的数据传输是通过空气介质以无线电波的形式进行的。

1）编程器预先将数据信息写入标签中。

2）接收机将设定数据的无线电载波信号经过发射天线向外发射。

3）当 RFID 标签进入发射天线的工作区时，RFID 标签被激活后将自身信息代码经天线发射出去。

4）系统的接收天线接收到 RFID 标签发出的载波信号，经天线的调制器传给接收机。接收机对接收到的信号进行解调解码，送后台计算机控制器。

5）计算机控制器根据逻辑运算判断该 RFID 标签的合法性，针对不同的设定作出相应处理和控制，发出指令信号控制执行机构的动作。

6）执行机构按计算机的指令完成动作。

7）通过计算机通信网络将各个监控点联结起来，构成总控信息平台，根据不同的项目设计不同的软件完成要达到的功能。RFID 工作流程如图 5-2-25 所示。

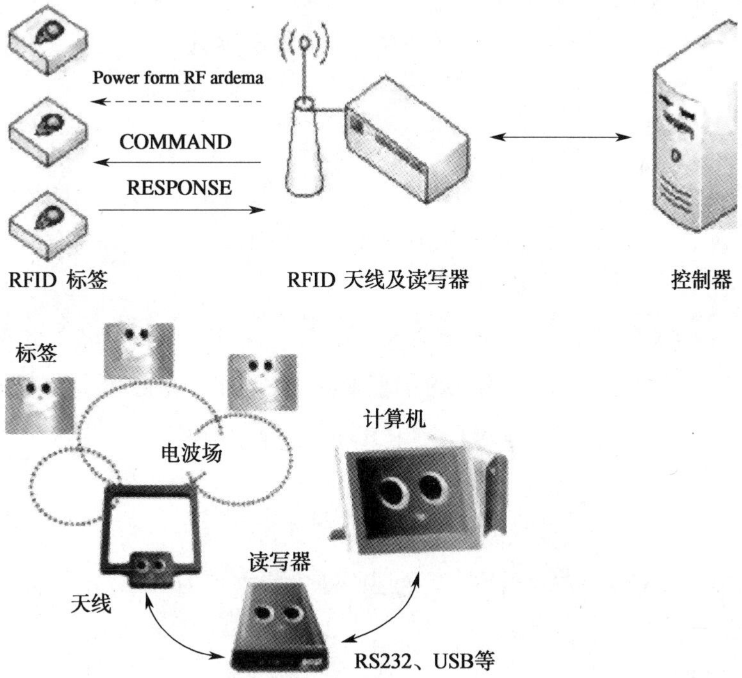

图 5-2-25　RFID 工作流程

二、RFID 的特点

RFID 凭借其自动数据采集、高度的数据集成、支持可读写工作模式等优势，已成为新一代的自动识别技术。

1.RFID 技术的优点

RFID 技术之所以能够得到广泛的应用，是因为它具有以下突出的优点：

（1）不需要光源，甚至可以透过外部材料（如包装的箱子或容器等）读取数据。

（2）信息容量大，能容纳上百亿个字符，可对产品进行详细的描述。

（3）可重复使用，使用寿命长（可以达到 10 年以上），能在恶劣的环境下工作。

（4）能够轻易嵌入或者附着在不同形状、类型的产品上。

（5）穿透性强，读取距离远（可达数十米），且能无障碍阅读。

（6）可以写入存取数据，写入时间比打印条形码短。

（7）标签的内容可以动态改变。

（8）能够同时处理多个标签（200 个以上）。

（9）标签的数据存储有密码保护，安全性高。

（10）可以对 RFID 标签所附着的物体进行跟踪定位。

2.RFID 技术的缺点

虽然 RFID 技术优势众多，但是面对市场日新月异的变化，也有其不符合市场规律的缺点，RFID 技术的缺点主要表现在下面几个方面：

（1）成本较高

RFID 电子标签相对于普通条码标签价格较高，为普通条码标签的几十倍，如果使用量大，就会造成 RFID 成本过高，再加上 RFID 发射机、接收机、编码器及天线等设备成本高，在很大程度上降低了市场使用 RFID 系统的积极性。

（2）安全性不够强

RFID 电子标签一旦接近接收机，就会无条件自动发出信息，而无法辨认该 RFID 接收机是否合法。RFID 技术面临的安全性问题主要表现为 RFID 电子标签信息被非法读取和恶意篡改。

（3）超高频技术不完善

RFID 技术出现的时间较短，在技术上还不是非常成熟。由于超高频 RFID 电子标签具有反向反射性特点，使其在含有金属、水分的环境中应用比较困难，金属和水分会对 RFID 产生干扰。所以 RFID 标签应远离金属物品和潮湿的环境。

（4）技术标准不统一

RFID 技术目前还没有形成统一的标准，而且市场上多种标准并存，致使不同企业产品的 RFID 标签不兼容，进而在一定程度上造成 RFID 技术应用的混乱。

虽然 RFID 技术面临的问题较多，但 RFID 的成功还是符合现代市场发展规律的，相信 RFID 技术会越来越好，应用也会越来越广泛。

三、RFID 在物流中的应用

随着芯片技术的不断进步，标签成本的降低、读写距离的提高、存储容量的增大、处理时间的缩短将成为可能，射频识别产品的种类将越来越丰富，应用也越来越广泛。可以预计，在未来的几年中，射频识别技术将持续保持高速发展，并将带来一场巨大的变革。射频识别技术在国外的发展非常迅速，我国的射频识别技术虽然起步较晚，射频识别技术应用状况还处于初级阶段，但其市场前景却非常广阔。

下面介绍 RFID 技术在一些领域中的应用。

1. 生产环节

RFID 技术应用于生产环节中的生产线上，能够实现生产线的自动化和原料、产品的识别定位，这将大大减少人工识读成本和出错率，同时可大幅度提高生产效率和质量。RFID 技术还能够对产品进行信息的收集和处理，帮助生产人员轻松地掌握整个生产线的运作情况和产品的生产进度。

射频识别技术因具有抗恶劣环境能力强、可非接触识别等特点，其在生产过程控制中的应用较为广泛。通过在生产流水线上使用射频识别技术，实现了物料跟踪和生产过程的自动控制和监视，提高了生产率，改进了生产方式，节约了成本。生产企业流水线中的 RFID 设备，如图 5-2-26 所示。

图 5-2-26　流水线中的 RFID 设备

2. 运输环节

（1）高速公路的交通管理

高速公路自动收费系统是 RFID 技术最成功的应用领域之一。射频识别技术应用在高速公路自动收费上，充分体现了其非接触、长距离识别的优势。在车辆高速通过收费站的同时自动完成缴费，解决了许多车辆在收费口要停车排队，导致交通阻塞等交通瓶颈问题，避免了拥堵，提高了收费计算效率。同时可以避免收费员贪污过路费的问题。高速公路上的自动收费系统，如图 5-2-27 所示。

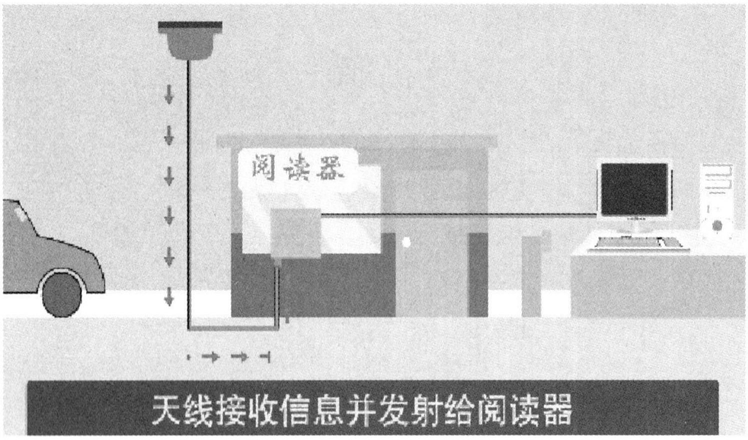

图 5-2-27　高速公路自动收费系统

（2）车辆的自动识别及防盗

通过射频识别技术的自动车号识别系统，能够随时了解车辆的运行情况，不仅实现了车辆的自动跟踪管理，还可以大大降低事故发生的可能性。并且可以通过射频识别技术对车辆的主人进行有效验证，防止车辆被盗，如果车辆丢失，可以有效地寻找丢失的车辆。

3. 仓储环节

在仓储环节，射频技术广泛应用于存取货物与库存盘点，当贴有 RFID 标签的货物进入仓储中心时，入口的 RFID 读写器将自动识别标签并完成库存盘点。在整个仓库管理中，将系统制定的收货、取货、装运等实际功能与 RFID 技术相结合，能够高效地完成各种业务操作，如指定堆放区域、上架取货与补货等。将 RFID 系统用于智能仓库货物管理，能有效地解决与货物流动有关的信息管理，不但增加了处理货物的速度，还可监视货物的一切信息。RFID 在仓储中的扫描工作如图 5-2-28 所示。

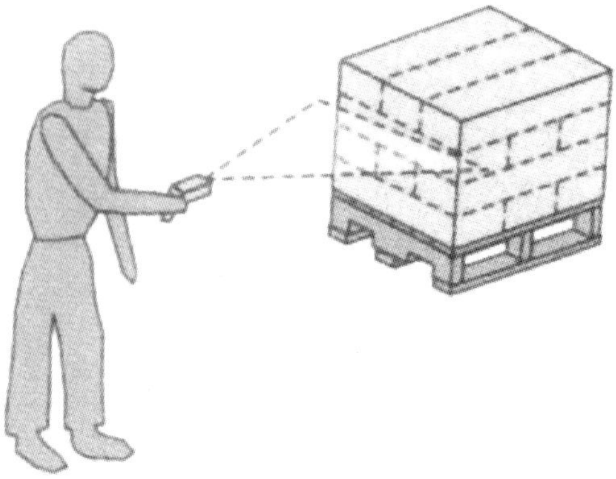

图 5-2-28　RFID 在仓储中的扫描工作

4. 配送环节

当物品或邮包在中转站或到达目的地时，往往需要进行费时费力且容易出错的识别和分拣工作。在配送环节，利用射频技术这种非接触、非视线传输的特点，可以充分发挥它远距离识别、多标签同时处理的特点，提高了物品分拣能力。当多个目标同时进入识别区域时，可以同时识别，大大加快配送的速度，提高拣选的效率与准确率，并能减少人工、降低配送成本。如果到达中央配送中心的所有商品都贴有 RFID 标签，在进入中央配送中心时，托盘通过一个阅读器，读取托盘上所有货箱上的标签内容。系统将这些信息与发货记录进行核对，以检测出可能的错误，然后将 RFID 标签更新为最新的商品存放地点和状态。

5. 零售环节

（1）防止失窃

RFID 系统改变了以往“人盯人”“人看货”的方式，它以高科技手段赋予商品一种自卫能力，使安全措施落实到每一件商品上，商品上面都贴有射频卡，在商店出口处放着读写器，从而有效地解决了商品失窃问题。调查显示，安装有 RFID 系统的商家其失窃率比没有安装 RFID 系统的商家低 60% ~ 70%。

（2）产品防伪

条码标签既容易被撕掉，又影响了商品的外形美观，或是遮盖了部分商品信息等，在包装销售过程中带来很多不便。而射频卡本身有内存，可以储存、修改与产品有关的数据，利于销售商使用，再加上其体积小，便于产品封装。所以射频卡可做成隐形的，如将防伪标签用于服装的吊牌、价格标签中，顾客和店内员工都看不出标签的位置，其他商家也不能造假，起到了产品防伪的功能。商标里面的防伪标签，如图 5-2-29 所示。

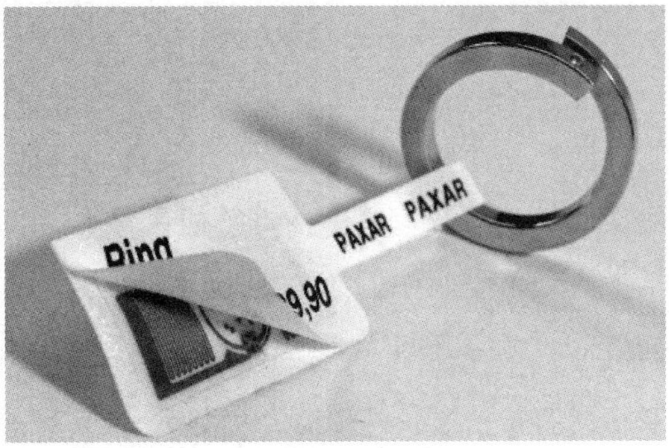

图 5-2-29　防伪标签

可以预见，RFID 技术在物流业中的应用将是其在所有应用领域中最为广泛和深入的，同时也是技术难度最大、最难实现的。因为要在所有的商品上都贴上一个电子标签，这不仅对电子标签的成本要求很高，而且也需要复杂的后台数据管理的软件和流程。

综合实训

RFID 的应用

利用射频扫描设备扫描商品以获取信息，根据使用情况，分组讨论 RFID 和条码的区别。

学习单元 4　GPS/GIS 技术

一、GPS/GIS 技术简介

信息追踪定位技术，就是全球定位系统技术 GPS 与地理信息系统技术 GIS 的总称。下面分别介绍 GPS 和 GIS。

1.GPS 含义

GPS 是一种可以授时和测距的空间交汇定点导航系统，可向全球用户提供连续、实时、高精度的三维位置、三维速度和时间信息。简言之，就是指利用导航卫星进行测时和测距，使在地球上任何地方的用户，都能测定出他们所处方位的定位系统。

2.GIS 含义

GIS 是地理信息系统，有时又称为“地学信息系统”。它是一种特定的、十分重要的空间信息系统。它是在计算机硬件、软件系统支持下，对整个或部分地球表层（包括大气层）空间中的有关地理分布数据进行采集、储存、管理、运算、分析、显示和描述的技术系统。目前 GIS 已与卫星遥感技术相结合，应用于全球化的研究与检测。它与数据库、信息处理、通信技术等一样，已成为信息技术的重要组成部分。

3.GPS 工作原理

（1）GPS 系统的组成

GPS 系统包括三个部分：空间部分——GPS 卫星星座、地面控制部分——地面监控系统、用户设备部分——GPS 信号接收机。

1）GPS 卫星星座。由 21 颗工作卫星和 3 颗在轨备用卫星组成 GPS 卫星星座，记作（21+3）GPS 星座。24 颗卫星均匀分布在 6 个轨道平面内，轨道倾角为 55°，各个轨道平面之间相距 60°，每个轨道平面内各颗卫星之间的升交角距相差 90°，以保证全球均匀覆盖。

2）地面监控系统。对于导航定位来说，GPS 卫星是动态的已知点。星的位置是依据卫星发射的星历——描述卫星运动及其轨道的参数算得的。每颗 GPS 卫星所播发的星历是由地面监控系统提供的。卫星上的各种设备是否正常工作以及卫星是否一直沿着预定轨道运行都要由地面设备进行监测和控制。地面监控系统另一个重要作用是保持各颗卫星处于同一时间标准——GPS 时间系统。这就需要地面站监测各颗卫星的时间并求出钟差。然后由地面注入站发给卫星，再由导航电文发给用户设备。GPS 工作卫星的地面监控系统包括 1 个主控站、3 个注入站和 5 个监测站。

3）GPS 信号接收机。GPS 信号接收机的任务是捕获到按一定卫星高度截止角所选择的待测卫星的信号，并跟踪这些卫星，对所接收到的 GPS 信号进行变换、放大和处理，以便测量出 GPS 信号从卫星到接收机天线的传播时间，解译出 GPS 卫星所发送的导航电文，实时地计算出测站的三维位置，甚至三维速度和时间。

（2）GPS 系统的工作原理

GPS 系统的基本定位原理是：卫星不间断地发送自身的星历参数和时间信息，用户接收到这些信息后，经过计算得出接收机的三维位置、三维方向及运动速度和时间信息，如图 5-2-30 所示。

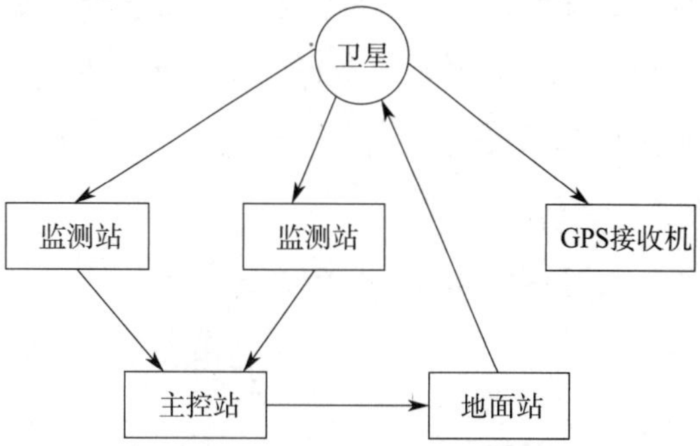

图 5-2-30　GPS 工作原理

4.GIS 工作原理

（1）GIS 系统的组成

1）系统硬件。它的基本作用是用以存储、处理、传输和显示地理或空间数据；主要包括数据输入设备（卫星遥感影像接收机、GPS、扫描仪、数字化仪等）、数据处理设备（PC 机或工作站、服务器或大型机）、数据输出设备（绘图仪、打印机、大屏幕）。

2）系统软件。它是整个系统的核心，用于执行地理信息系统功能的各种操作；包括数据输入、处理、数据库管理、空间分析和数据输出等，一个完整的地理信息系统须由很多软件协同作用。

3）空间数据。地理信息系统的操作对象是地理数据，它描述地理现象的空间特征和属性特征。地理数据包含：①空间数据，描述空间位置及其相互关系的数据；②属性数据，描述地理现象的名称、类型和数量的数据；③时态数据，描述对象的时空变化的状态、特点和过程。

4）应用人员。地理信息系统应用人员，包括系统开发人员和地理信息系统的最终用户。他们的业务素质和专业知识是地理信息系统工程及其应用成败的关键。

5）应用模型。GIS 是为某一特定的实际工作而建立的运用地理信息系统的解决方案，其构建和选择也是系统应用成败至关重要的因素。例如，选址模型、洪水预测模型、人口扩散模型、森林增长模型、水土流失模型、最优化模型和影响模型。

（2）GIS 系统的工作原理

GIS 系统的工作原理分以下几个部分：第一，空间模型。GIS 将现实世界抽象为相互联结、不同特征层面的组合。第二，地理参考系。空间数据包括绝对位置信息，如经纬度坐标以及相对位置信息，包括地址、编码、统计调查值等，GIS 的地理坐标系可有效帮助用户在地球表面任意空间定位。第三，矢量和栅格数据结构。GIS 数据包括矢量和栅格两种基本模式。矢量数据以点、线、面方式编码并以（X，Y）坐标串储存管理，是表现离散空间特征的最佳方式；栅格数据（扫描图像或照片）是通过一系列风格单元表达连续地理特征的。GIS 软件中的矢量、栅格数据结合使用可取长补短。

二、GPS/GIS 技术特点

1.GPS 技术特点

GPS 的出现标志着电子导航技术发展到了一个更加辉煌的时代。GPS 系统与其他导航系统相比，其主要特点如下：

（1）全球地面连续覆盖。由于 GPS 卫星数目较多且分布合理，所以在地球上任何地点均可连续同步地观测到至少 4 颗卫星，从而保障了全球、全天候连续实时导航与定位的需要。

（2）自动化程度高。用 GPS 接收机进行野外测量时，只要将天线精确安置在测站上，主机可安放在测站不远处，也可放在室内，通过专用的通信线和天线连接，接通电源，启动接收机，仪器就可自动开始工作。结束测量时，仅需关闭电源，取下接收机，便完成了野外数据采集任务。

（3）观测速度快、精度高。目前，20 千米以内的相对静态定位仅需 15 ~ 20 分钟。在 300 ~ 1 500 米工程精密定位中，观测 1 小时以上，解算平面位置误差小于 1 毫米。

（4）抗干扰性能好、保密性强。由于 GPS 采用了伪码扩频技术，因而 GPS 卫星所发送的信号具有良好的抗干扰性和保密性。

2.GIS 技术特点

GIS 是以地理空间数据库为基础，采用地理模型分析方法，适时提供多种空间的和动态的地理信息，为地理研究和地理决策服务的计算机技术系统。它有以下三个方面的特点：

（1）具有采集、管理、分析和输出多种地理空间信息的能力，具有空间性和动态性。

（2）以地理研究和地理决策为目的，以地理模型方法为手段，具有区域空间分析、多要素综合分析和动态预测能力，可产生高层次的地理信息。

（3）由计算机系统支持进行空间地理数据管理，并由计算机程序模拟常规的或专门的地理分析方法，作用于空间数据，产生有用信息，完成人类难以完成的任务。

三、GPS/GIS 技术在物流中的应用

近年来，随着电子商务的崛起，分销渠道的进一步整合和供应链管理的出现，物流需求也出现了新的变化，物流服务空间在不断拓展。信息追踪定位的 GPS/GIS 技术在现代物流系统中的应用已成为大势所趋并有着广阔的前景。

1.GPS 技术在物流中的应用

（1）基于 GPS 技术的车辆监控管理系统

该系统是将 GPS 技术、地理信息技术和现代通信技术综合起来的高科技系统。其主要功能是将任何装有 GPS 接收机的移动目标的动态位置、时间、状态等信息，通过无线通信网实时地传至监控中心，然后在具有强大地理信息处理、查询功能的电子地图上进行移动目标运动轨迹的显示，并能对目标的准确位置、速度、运动方向、车辆

状态等用户感兴趣的参数进行监控和查询，以确保车辆的安全，方便高度管理，提高运营效率。

（2）基于 GPS 技术的智能车辆导航仪

它是安装在车辆上的一种导航设备。以电子地图为监控平台，通过 GPS 接收机实时获得车辆的位置信息，并在电子地图上显示出车辆的运动轨迹，当接近路口、立交桥、隧道等特殊路段时可进行语音提示。借助导航仪，司机无论是在熟悉或不熟悉的地域都可按照规定的行进路线迅速到达目的地。该装置还设有最佳行进路线选择及路线偏离报警等多项辅助功能。GPS 导航仪的轨迹，如图 5-2-31 所示。

图 5-2-31 GPS 导航

（3）利用 GPS 技术实现货物跟踪管理

货物跟踪是指物流运输企业利用现代信息技术及时获取有关货物运输状态的信息（如货物品种、数量、在途情况、交货时间、发货地和到达地、货主、送货责任车辆和人员等），提高物流运输服务水平的方法。具体地说，就是物流运输企业的工作人员在进行物流作业时，利用扫描仪自动读取货物包装或货物发票上的物流条码等货物信息，通过计算机通信网络把货物信息传送到总部的中心计算机进行汇总整理，使所有被运送货物在物流全过程中的各种信息都集中在中心计算机里，从而可以随时查询货物的位置及状态。

2.GIS 技术在物流中的应用

GIS 的用途十分广泛，可用于交通、能源、农林、水利、测绘、地矿、环境、航空、国土资源综合利用和物流等方面。GIS 技术在物流领域中的应用，主要有以下几个方面：

（1）物流分析

一个完整的 GIS 物流分析软件集成了车辆路线模型、最短路径模型、网络物流模型、分配集合模型和设施定位模型等。利用 GIS 为物流提供专门分析的工具软件，可实现对车辆路线、最短路径、物流网络、设施选址等方面的分析，以便从中找出最优方案。上海市燃气管网的 GIS 分布，如图 5-2-32 所示。

图 5-2-32　上海市燃气管网 GIS 系统

（2）信息数据的采集

运用 GIS 系统可以实时生成和采集物流过程中的各种信息数据。通过这些信息数据可以进行物流技术分析，诸如车辆路线确定、客户定位、分配集合、设施定位等物流活动。

（3）仓库规划

仓库 GIS 作为仓库管理信息系统中的一个子系统，它用地理坐标、图标的方式更直观地反映仓库的基本情况，如仓库建筑情况、仓库附近公路和铁路情况、仓库物资储备情况等。

GPS/GIS 系统的应用充分利用了现代化技术，提高了物流硬件技术水平，全程监控物流车辆的行踪，保证货物的安全运输。集成 GPS 和 GIS 技术实现的物流系统，使地图由传统的静态记录变为信息丰富多样的动态电子地图，实现了时空数据可视化。集成 GPS 和 GIS 技术的物流配送方式使商品流通较传统的物流配送方式更容易实现信息化、自动化。因此，GPS/GIS 技术的引入大大提高了现代物流系统的工作效率。

综合实训

选择一个较具代表性的 GPS 网站，登录该网站，了解网站的大致面貌和其所具有的功能，思考 GPS 在现实中的应用。

模块6

商品基础知识

课程设置

课程	学习单元	课堂学时
6-1　商品的基本认知	商品与商品分类	2
6-2　商品的质量、标准与检验	（1）商品质量与标准	2
	（2）商品检验	2
6-3　商品包装、储存与养护	（1）商品包装	2
	（2）商品储存与养护	2

课程 6-1　商品的基本认知

学习内容

学习单元	课程内容	培训建议	课堂学时
商品与商品分类	1）商品的概念 2）商品的基本属性 3）商品分类	（1）方法：讲授法、案例教学法 （2）重点与难点：商品分类	2

学习单元　商品与商品分类

生活中，每个人都离不开衣食住行，但人们所需要的物品又不能完全自给自足，怎么办呢？人们通常会用钱来交换自己所需要的商品，那么什么是商品呢？

一、商品的概念

1. 商品的含义

商品是人类社会生产力发展到一定历史阶段的产物。商品是指用来交换的、能满足人们某种需要的劳动产品。

在日常生活中，人们经常到农贸市场购买粮食、蔬菜、水果；到商店购买衣服、鞋帽、文化用品，这些需要购买的物品都是商品。在商品经济高度发展的现代社会中，工农业用的生产资料和人们衣食住行用的生活资料，绝大多数需要通过交换而获得，所以它们也大都是商品。

2. 商品的构成

现代经济学家认为商品的概念是广义的、整体的。它不仅指一种物体，也不仅指一种服务，还包括购买商品所得到的直接的、间接的、有形的、无形的利益及满足感。

概括地说，商品是人类有目的的劳动产品，是人和社会需要的物化体现，可以包括实物、知识、服务、利益等。实物商品的整体概念应包含三个层次的内容。

（1）核心商品

核心商品是商品所具有的满足某种用途的功能。例如，人们购买电冰箱，并不是需要一个装有压缩机、冷凝器和控制装置的大铁箱，而是要购买其制冷功能，即冷冻冷藏食品、保鲜的功能。

商品功能是商品达到用途要求所必备的能力，这种能力是由商品的性质所决定的，商品对人的有用性是以商品功能为基础的，因此，核心商品是商品整体概念中最基本和最主要的部分。

（2）有形商品

有形商品是指实物商品体本身。商品体是由商品的成分、结构、外观、质量、品种、商标、包装等多种因素构成的有机整体。有形商品是商品的外在形式。

（3）附加商品

附加商品是指人们购买有形商品时所获得的附加利益和服务。例如，提供送货上门服务、售后技术服务、免费安装调试、质量保证措施、信息咨询、某种附加利益等。善于开发和利用适当的无形商品，一方面可以获得竞争优势，另一方面可以最大限度地满足消费需求。

3. 商品的特点

商品具有以下不同于物品、产品的特点。

（1）商品是具有使用价值的劳动产品

作为商品，首先必须是劳动产品，否则就不能成为商品。例如，自然界中的空气、阳光等，虽然是人类生活所必需的，但由于其不是劳动产品，所以就不能称为商品。

（2）商品是供他人消费的劳动产品

作为商品，必须要供他人消费，如果生产出来的产品，对他人或社会没有用处就不会发生交换行为，也就不能称为商品。对他人或社会有用的产品，才能发生交换，才是商品。

（3）商品是必须通过交换才能到达手中的劳动产品

作为商品，还必须要用于交换。商品总是与交换行为分不开。如果不是用来交换，即使是劳动产品，也不能称为商品。例如，古代传统男耕女织式的家庭生产，其种出来的粮食和织出来的布，尽管都是劳动产品，但由于只是供家庭成员自己消费，并不是用来与他人交换的，因而就不是商品。

二、商品的基本属性

价值和使用价值是商品的两个基本属性。商品是使用价值和价值的统一体。

1. 商品的价值

凝结在商品中的无差别的人类劳动就是商品价值。一切商品都是劳动产品，都包含一定的人类劳动。如果把劳动的具体形态撇开，一切商品都包含一般的无差别的人类劳动即抽象劳动。任何商品都有价值，但商品的价值是不能自我表现出来的，而必须通过交换，由另一种商品表现出来。例如，1 把斧子换 15 千克大米，一把斧子的价值是通过 15 千克大米表现出来的，15 千克大米是一把斧子的交换价值。

交换价值是在商品交换中，表现另一种商品价值的商品；交换价值是价值的表现形式，价值是交换价值的基础。人们之间互相交换商品体现着互相交换劳动的经济关系。价值体现着商品生产者之间互相交换劳动的关系，因此，价值是商品社会属性的体现。

2. 商品的使用价值

商品能够满足人们某种需要的属性就是商品的使用价值。商品的使用价值主要是由它的自然属性即物理、化学、生物等性质决定的。不同的商品因为具有不同的自然属性，所以具有不同的使用价值。有的商品可以满足人们物质生活的需要，有的商品可以满足人们文化生活的需要。有的商品可以作为生产资料满足生产的需要。同一种商品的多种使用价值总是被人们不断地发现和利用。

商品的价值属于政治经济学的研究范畴，而商品的使用价值则是商品学的研究对象。马克思曾明确指出："商品的使用价值，供给一种专门学问的材料，那就是商品学。"商品使用价值的实现离不开人、物、环境，离不开商品流通的各个环节。在我国社会主义市场经济中，商品使用价值与生产、分配、交换、消费紧密相连，因而，商品学将使用价值纳入了社会经济关系的范畴。

三、商品分类

商品分类是指根据一定目的，为满足商品生产、流通、经济管理及人们生活等需要，选择适当的分类标志或特征，将商品集合总体科学地、系统地逐层级划分，直到最小单元的过程。

商品分类是商品经营管理的一种手段，随着科学技术的进步和商品经济的不断发展，商品品种日趋增多，商品分类的作用也越来越大。商品分类的作用主要包括：为经济管理现代化奠定了科学基础和前提条件；有利于商品标准化的实施和商品标准的制定；有利于开展商品研究和教学工作；便于消费者和用户选购商品。

由于国情、经济和技术发展水平不同，各国商品分类的层次并不统一。同时，由于各部门、各系统对商品进行分类的目的不同、商品类目的划分也是多种多样的。为了方便消费者购买，有利于商业部门组织商品流通，提高企业经营管理水平，必须对众多的商品进行科学分类。

1. 商品分类的类目层次

商品是一个集合概念，它是由数以万计的具体商品品种集合组成的总体。商品分类是指为了一定的目的，按照一定的标志，科学、系统地将商品分成若干不同类别的过程。

商品分类一般可划分为门类、大类、中类、小类、品类、品种和细目 7 个类目层次。商品分类的类目层次及其应用实例见表 6–1–1。

表 6–1–1 商品分类的类目层次及其应用实例

商品类目层次	应用实例	
商品门类	消费品	消费品
商品大类	食品	日用工业品
商品中类	饮料	家用化学品
商品小类	茶叶	肥皂、洗涤剂
商品品类或品目	绿茶	肥皂
商品品种	龙井茶	香皂
商品细目	特级龙井茶	茉莉花香味香皂

商品大类一般根据商品生产和流通中的行业来划分，既要同生产行业对口，又要与流通组织相适应。如《中国化工产品目录》（2010 年版）中，将全国化工产品分为 19 大类；《全国工农业产品（商品、物资）分类与代码》中将全国的工农业产品分成 99 个大类。

商品品类又称商品品目，是指具有若干共同性质或特征的商品总称，它包括若干商品品种。如食品类商品，可分为蔬菜与果品、肉及肉制品、水产品、乳及乳制品、蛋及蛋制品、食糖、茶叶、酒类等。

商品品种是指商品的具体名称，它是按商品的性质、成分等方面特征来划分的，如食品中的酒类商品包括白酒、啤酒、黄酒、葡萄酒、果酒等。

商品细目是对商品品种的详细区分。它能具体地反映出商品的特征，包括商品的花色、规格、品级等，如 53° 飞天牌茅台酒、12° 长城牌民权白葡萄酒等。

2. 商品分类的原则

商品分类的原则是建立商品分类科学体系的基本要求。商品分类要能满足特定的目的和需要，必须遵循以下基本原则。

（1）科学性原则

商品分类的科学性，是指在建立分类体系前，必须明确拟分类的目的及分类范围，选择分类对象最稳定的本质属性或特征作为分类的依据，统一分类对象的名称，能真正反映该对象有别于其他分类对象的本质特征，防止概念不清或一词多义的现象，保证商品分类体系的稳定性和唯一性。

（2）系统性原则

系统性是指在建立商品分类体系时，以分类对象的稳定本质属性特征作为分类标志，将分类对象按一定的顺序排列，使每个分类对象在该序列中都占有一个位置，并反映出它们彼此之间既有联系又有区别的关系。

（3）可延性原则

可延性原则是指建立的商品分类体系能够满足不断出现的新商品的需要，为其留有足够的空位，例如，设置收容项目“其他”，以便既能安置新出现的商品而又不打乱已建立的分类体系或将原分类体系推倒重来。

（4）兼容性原则

兼容性原则是指相关的各个分类体系之间应具有良好的对应与转换关系。随着国际、国内各种与商品相关的分类体系的建立，需要设置标准化的分类原则及类目，这样才能满足各个分类体系之间信息交换及兼容的要求。

（5）整体性原则

整体性原则是指商品分类要从系统工程角度出发，在满足管理系统总任务、总要求的前提下，全面、合理地满足系统内各分系统的实际需要。在建立商品分类体系时，要考虑管理系统的整体效益和整体的最优化，要求局部利益服从整体利益。

3. 常用的商品分类标志

商品的分类标志是表明商品特征、用以识别商品不同类别的记号。商品分类标志的选择是商品分类的基础，是一项十分重要而细致的工作。商品分类可供选择的标志很多，商品的用途、原材料、生产加工方法、化学成分、使用状态等这些商品最本质的属性和特征是最常采用的分类标志。

（1）以商品的用途作为分类标志

商品的用途是体现商品使用价值的标志，以商品用途作为分类标志，不仅适合于对商品大类的划分，也适合于对商品类别品种的进一步详细划分。例如，根据商品的基本用途，将商品分为生产资料与生活资料两大类；生活资料商品又按不同用途分为食品、衣着用品、家用电器、日用品等类别；在日用品类中，可按用途分为鞋类、玩具类、洗涤用品类、化妆品类等；在化妆品类中，按用途还可以再分为肤用化妆品、发用化妆品、美容化妆品等。

这种分类标志便于分析和比较同一用途商品的质量和性能，从而有利于生产部门改进和提高商品质量，开发商品新品种，生产适销对路的商品，有利于消费者进行比较分析。但对于多用途的商品则不宜采用这种分类标志。

（2）以商品的原材料作为分类标志

商品的原材料是决定商品质量和引起商品质量变化的重要因素。由于原材料的不同，反映在商品的化学成分、性能、加工、包装、储运、使用条件要求等方面也有所不同。选择以原材料为标志的分类方法是商品的重要分类方法之一。例如，纺织品以原材料为标志分为天然纤维织品和化学纤维织品。天然纤维织品可分为棉织品、麻织品、丝织品、毛织品等；化学纤维织品可分为粘纤织品、涤纶织品、腈纶织品等。又如，皮鞋以原料为标志分为牛皮鞋、猪皮鞋、羊皮鞋等。

这种分类标志可以使商品分类更清楚，并能从本质上反映每类商品的性能、特点、使用、保管、养护等要求。它较适用于原料性商品和原料对成品质量影响较大的商品。但对于由多种原材料构成的商品，则不宜采用这种标志进行分类。

（3）以商品的生产加工方法作为分类标志

原材料虽然相同，但由于加工方法和加工工艺不同，所形成的商品的质量水平、性质、特征等存在明显差异。因此，对相同原材料可选用多种加工方法生产的商品，适宜以生产加工方法作为分类标志。如酒类按酿造方法可分为蒸馏酒、发酵原酒、配制酒；茶叶按加工方法可分为发酵茶、半发酵茶、不发酵茶等；纺织品按生产工艺不同可分为机织品、针织品和无纺布。

这种分类标志能直接说明商品质量和商品品种的特征，适用于那些可以选用多种加工方法且质量特征受加工工艺影响较大的商品。但对于那些虽然生产方法不同，而产品质量、特征并未产生实质性区别的商品，则不宜使用此种分类标志。

（4）以商品的主要成分或特殊成分作为分类标志

商品的化学成分是形成商品质量和性能、影响商品质量变化的最基本的因素。在很多情况下，商品的主要化学成分可以决定其性能、用途、质量或储运条件，对这类商品进行分类时应以主要化学成分作为分类标志。例如，塑料制品可按其主要成分合成的树脂不同，分为聚乙烯塑料制品、聚氯乙烯塑料制品、聚苯乙烯塑料制品、聚丙烯塑料制品等。而有些商品的主要成分虽然相似，但所含有的特殊成分却会影响商品的质量、特征、性质和用途等，对这些商品进行分类时，应以特殊成分作为分类标志。例如，玻璃的主要成分是二氧化硅，但却可以根据其所含有的特殊成分分为钠玻璃、钾玻璃、铅玻璃、硅硼玻璃等。

按商品的主要成分或特殊成分分类，便于研究某类商品的特征及其储存和使用方法等。这种分类方法适用于化学成分对商品性能影响较大的商品。但对化学成分复杂的商品或化学成分对商品性能影响不大的商品，则不宜采用这种分类标志。

除上述分类标志外，商品的形状、结构、尺寸、颜色、重量、产地、生产季节等均可作为商品分类的标志。商品分类可采用的标志很多，但各种分类方法皆有一定的适应性和局限性，很难选择出一种能贯穿商品分类体系始终的分类标志。因此，在一个分类体系中常采用几种分类标志，往往是每一个层级用一个适宜的分类标志。

4. 商品目录

商品目录是商品分类的具体体现，是提高企业经营管理水平，建立统一的、科学的国民经济核算制度和实行国民经济信息自动化管理的基础。

（1）商品目录的概念

商品目录是指将所经营管理的全部商品品种，按一定标志进行系统分类编制成的商品细目表。商品目录是以商品分类为依据，因此也称商品分类目录或商品分类集。商品目录是在逐级分类的基础上，用表格、符号和文字全面记录商品分类体系和编排顺序的书本式工具。

在编制商品目录时，国家或部门都是按照一定的目的，首先将商品按一定的标志进行定组分类，然后逐次制定和编排的。也就是说，没有商品分类就不可能有商品目录，只有在商品科学分类的基础上，才能编制层次分明、科学、系统、标准的商品目录。

（2）商品目录的种类

商品目录由于编制目的和作用不同，其种类有很多。如按商品的用途不同，编制的目录有食品商品目录、纺织品商品目录、交电商品目录、化工原料商品目录等；按编制对象不同，编制的目录有工业产品目录、贸易商品目录和进出口商品目录；按适用范围不同，编制的目录有国际商品目录、国家商品目录、部门商品目录和企业商品目录等。

1）国际商品目录。国际商品目录是指由国际组织或区域性集团通过商品分类编制的商品目录。例如，联合国编制的《国际贸易标准分类目录》，国际关税合作委员会编制的《商品、关税率分类目录》。海关合作理事会编制的《海关合作理事会税则商品分类目录》和《商品分类及编码协调制度》等。

2）国家商品目录。国家商品目录是指由国家指定专门机构通过商品分类编制的商品目录。例如，由国务院批准的、国家标准局发布的《全国工农业产品（商品、物资）分类与代码》，是我国国民经济各部门、各地区从事经济管理工作时必须一致遵守的全国性统一商品目录。

3）部门商品目录。部门商品目录是指由行业主管部门编制的商品目录。如商务部、海关总署、原国家环保总局公布的《加工贸易禁止类商品目录》，财政部、国家发展改革委、海关总署、国家税务总局联合发布的《国内投资项目不予免税的进口商品目录（2012年调整）》，海关总署发布的《中华人民共和国海关统计商品目录》等，这些商品目录是有关部门制定的从中央到基层共同遵守的准则。

4）企业商品目录。企业商品目录是指企业在兼顾国家和部门商品目录分类原则的基础上，为充分满足本企业工作需要，而对本企业生产或经营的商品所编制的商品目录。企业商品目录的编制，必须符合国家和部门商品目录的分类原则，并在此基础上结合本企业的业务需要，进行适当的归并、细分和补充。如《营业柜组经营商品目录》《仓库保管商品经营目录》等，都具有分类类别少、对品种划分更详细的特点。

各类商品目录应相对稳定，以使各类信息具有可比性、稳定性，以利于协调各行业、各企业、各环节的工作。但商品目录并不是一成不变的，而应随着商品生产和商品经济的发展予以适时修订，只有这样才能发挥它在商品流通活动中的作用。

5. 商品编码

（1）商品编码的概念

商品编码又称商品代码或商品代号、货号，它是赋予某种或某类商品的代表符号，通常用具有规律的阿拉伯数字组成。

商品编码可以区别不同产地、不同原料、不同色泽、不同型号的商品品种，便于企业经营管理、计划、统计、特价和核算等工作的开展，有助于避免差错，提高工作效率，为计算机进行数据处理创造了前提条件，是商品分类现代化的基础。

（2）商品编码的种类

目前，商品编码主要有数字型代码、字母型代码、混合型代码和条码四种。

1）数字型代码。数字型代码是用阿拉伯数字对商品进行编码所形成的代码符号。数字型代码是世界各国普遍采用的方法之一，这种类型的代码更便于国际之间的经济往来，其特点是结构简单、使用方便、易于推广、便于利用计算机进行分类处理。数字型代码是将每个商品的类别、品目、品种等排列成一个数字或一组数字。GB 7635—87标准采用的就是数字型代码。按此标准进行编码，香脂的代码是“38221003”。

2）字母型代码。字母型代码是用一个或若干个字母表示分类对象的代码。按字母顺序对商品进行分类编码时，一般用大写字母表示商品大类，用小写字母表示其他类目。字母型代码便于记忆，可提供便于人们识别的信息，但当分类对象数目较多时，往往会出现重复现象，因此，在商品分类编码中很少使用。

3）混合型代码。混合型代码又称数字、字母混合型代码，是由数字和字母混合组成的代码。字母常用于表示商品的产地、性质等特征，可放在数字前边或后边，用于辅助数字代码。例如，“H1226”代表浙江产的杭罗。混合型代码的特点是结构严密，具有良好的直观性和表达式，同时又与使用习惯相匹配。但是由于其组成形式复杂，给计算机输入带来诸多不便，致使录入效率低，错码率高。

4）条码。条码是由条型符号构成的图形表示分类对象的代码。它是数字型代码、字母型代码和混合型代码的另一种表现形式。

综合实训

【案例】某网店的商品分类目录

某网店将商品大类划分为畜产、水产、果菜、日配、加工食品、一般食品、日用杂货、日用百货、家用电器等。

在日配这个大类下，划分为牛奶、豆制品、冰品、冷冻食品等中类；在畜产这个大类下，细分出熟肉制品的中类，包括咸肉、熏肉、火腿、香肠等；在水果蔬菜这个大类下，又细分出国产水果与进口水果的中类。

“畜产”大类中、“猪肉”中类下，进一步细分出“排骨”“里脊肉”等小类；“一般食品”大类中、“饮料”中类下，进一步细分出“听装饮料”“瓶装饮料”“盒装饮料”等小类；“日用百货”大类中、“鞋”中类下，进一步细分出“皮鞋”“人造革鞋”“布鞋”“塑料鞋”等小类；“加工食品”大类中、饼干”中类下，进一步细分出“甜味饼干”“咸味饼干”“奶油饼干”“果味饼干”等小类。

单品没有做进一步细分，而是完整独立的商品品项。如在“听装饮料”小类下，进一步细分为“355 毫升听装 ×××”等；“瓶装饮料”小类下，进一步细分为“××× 升瓶装 ×××”“2 升瓶装 ×××”，就属于不同的单品。

在某网店上述商品的分类体系中，将商品划分为畜产、水产、果菜、日配、加工食品、一般食品、日用杂货、日用百货、家用电器等大类；在“一般食品”这个大类下，进一步细分为“饮料”等中类；在“饮料”这个中类下，进一步细分出“听装饮料”“瓶装饮料”“盒装饮料”等小类；在“瓶装饮料”小类下，进一步细分出“××× 升瓶装 ×××”“2 升瓶装 ×××”“2 升瓶装雪碧”等单品。在这个体系内，各层类目上下之间存在从属关系，同一层次类目之间存在并列关系。

结合导入案例，了解该网店采用了什么分类方法。按照其分类体系，将其所经营的全部商品列成商品目录。

课程 6-2　商品的质量、标准与检验

学习内容

<table>
<tr><th>学习单元</th><th>课程内容</th><th>培训建议</th><th>课堂学时</th></tr>
<tr><td rowspan="5">（1）商品质量与标准</td><td>1）质量和商品质量的含义</td><td rowspan="5">（1）方法：讲授法、演示法、案例教学法
（2）重点：影响商品质量的因素
（3）难点：商品标准的分类和分级</td><td rowspan="5">2</td></tr>
<tr><td>2）影响商品质量的因素</td></tr>
<tr><td>3）常见商品的质量要求</td></tr>
<tr><td>4）商品标准的分类和分级</td></tr>
<tr><td>5）商品标准化的含义和形式</td></tr>
<tr><td rowspan="5">（2）商品检验</td><td>1）商品检验的概念</td><td rowspan="5">（1）方法：讲授法、演示法、案例教学法
（2）重点：商品品级
（3）难点：伪劣商品的识别</td><td rowspan="5">2</td></tr>
<tr><td>2）商品检验的方法</td></tr>
<tr><td>3）商品品级</td></tr>
<tr><td>4）商品质量认证</td></tr>
<tr><td>5）伪劣商品及识别</td></tr>
</table>

学习单元 1　商品质量与标准

一、质量和商品质量的含义

1. 质量的含义

质量是质量管理中最基本的概念，我国标准 GB/T 19000—2016《质量管理体系　基础和术语》中对质量做了如下定义：一组固有特性满足要求的程度。

此定义更能直接地表达质量的属性，由于它对质量的载体不做界定，因此说明质量可以存在于不同领域或任何事物中。对质量管理体系来说，质量的载体不仅针对产品（即过程的结果），也针对过程和体系或者它们的组合。所以说，质量既可以是零部件、计算机软件或服务等产品的质量，也可以是某项活动的工作质量或某个过程的工作质量，还可以是企业的信誉、体系的有效性。

定义中的“要求”既可以明确地表达出来，如质量法规、标准或者是买卖双方通过契约所做的约定等，也可以是隐含着的，如人们对绝大多数消费产品的需要表现为人和社会对其公认的期望，而不必作出具体规定和要求。定义中的“特性”是指事物所特有的性质，固有特性是事物本来就有的，它是通过产品、过程或体系设计和开发之后实现过程所形成的属性。这些固有特性的要求大多是可测量的，赋予的特性并非产品、体系或过程的固有特性。

质量的范围非常广泛，既包括产品质量、工序质量，还包括作业质量和服务质量等，商品质量也因此成为质量的一个组成部分。

2. 商品质量的含义

狭义的商品质量是指产品与其规定标准技术条件的符合程度。它是以国家或国际有关法规、商品标准或订购合同中的有关规定作为最低技术条件，是商品质量的最低要求和合格的依据。

广义的商品质量是指商品适合其用途所需的各种特性的综合及其满足消费者需要的程度，是市场商品质量的反映。它不仅是指商品的各种特性能够满足需要，而且包括价格实惠、交货准时、服务周到等内容。

商品质量是一个综合性的概念，它涉及商品本身及商品流通过程中诸因素的影响。从现代市场观念来看，商品质量是内在质量、外观质量、社会质量和经济质量等方面内容的综合体现。

商品的内在质量是指商品在生产过程中形成的商品体本身固有的特性，包括商品实用性能、可靠性、安全与卫生性等。它构成商品的实际物质效用，是最基本的质量要素。

商品的外观质量主要指商品的外表形态，包括外观构造、质地、色彩、气味、手感、表面疵点和包装等，它已成为人们选择商品的重要依据。

商品的社会质量是指商品满足全社会利益需要的程度，如是否违反社会道德，是否对环境造成污染，是否浪费有限资源和能源等。一种商品不管其技术如何进步，只要有碍于社会利益，就难以存活下去。

商品的经济质量是指人们按其真实的需要，希望以尽可能低的价格，获得性能尽可能优良的商品，并且在消费或使用中付出尽可能低的使用和维护成本，即物美和价廉的统一程度。

商品的内在质量是由商品本身的自然属性决定的；商品的外观质量、社会质量和经济质量则是由商品的社会效应决定的，它受诸多社会因素的影响。

二、影响商品质量的因素

影响商品质量的因素有许多方面。一种商品从生产开始到进入流通领域，一直到使用寿命结束需要经历很多不同的环节，每一个环节都有可能成为影响其质量的因素。通常情况下，影响商品质量最根本的因素是生产过程中的原材料和生产工艺，其次是流通过程和使用过程中的诸因素。

1. 原材料

原材料是构成商品的基本材料，是影响商品质量的内在因素。原材料对商品质量的影响，主要表现在商品的内在质量、外观质量和使用效果方面。内在质量包括品质特性、性能特点、理化性质等；外观质量包括形态特征、软硬程度、弹性大小、光泽、颜色、平滑度等；使用效果包括耐用性、坚牢度、舒适性、卫生性等。

原材料的品质是决定商品质量、影响商品内在质量的重要因素。一般来说，品质优良的原材料，生产出的商品质量自然优良。生产商品使用的原材料质量，是由多方面因素决定的，受多方面因素的影响。

（1）原材料产地对商品质量的影响

原材料的品质特性与原材料的产地有直接关系。自然环境、气候条件对动植物的生长、发育影响很大。

日用工业品、纺织品的商品质量与原材料来源产地有直接关系，特别是食品商品更是如此。例如，云南烟叶质量是其他地方烟叶质量所不可比拟的，这是由云南某些地区的高温、雨量适中、日照时间长、土质肥沃的特殊气候条件和地理条件所决定的。

（2）原材料生产季节对商品质量的影响

原材料生产季节的不同，对商品质量的影响也不同。动植物的生长发育受季节变化的影响很大，特别是在成熟程度、结构成分、品质特性方面均有很大差别。

例如，以春茶为原料制成的绿茶和花茶，其有效成分含量高，色、香、味、形好，对人体健康和提神的功效也大；以老叶为原料制成的茶，则质量较差，其口感、味道与春茶相比差别很大。

（3）原材料的部位对商品质量的影响

原材料的部位对多种商品的质量影响很大。如动物皮的部位对皮鞋鞋面的硬度、光泽、耐磨度、吸水性等影响很大；又如动物胴体的部位不同对肉制品质量的影响也很大。

例如，纯正的“灯影”牛肉原料，只有采用牛腿胯部的肉，才能达到“灯影”牛肉质量指标的具体要求。这说明，商品质量可直接由原材料部位所决定。

2. 生产工艺

生产工艺是形成商品质量的关键，对商品质量起决定性作用。商品的各种有用性及外形和结构，都是在生产工艺过程中形成和固定下来的。生产工艺主要是指产品在加工制造过程中的产品设计、操作过程、设备条件以及技术水平等。生产工艺不但可以提高质量，也可以改变质量。在很多情况下，虽然采用的原材料相同，但因生产工艺和技术水平不同，不仅产品数量会有差异，在质量方面也会相差悬殊。

（1）产品设计对商品质量的影响

产品设计是依据给定的产品用途，即使用功能、使用方法、要求进行设计的。商品的使用功能、使用方法、使用效果、外观造型、生产工艺条件的确定以及商品的包装方法等均与产品设计有关。因此，产品设计是形成商品质量的基础。

（2）操作过程对商品质量的影响

操作过程就是产品质量形成的过程。操作过程对产品的生产有很大影响，即使原材料相同的产品，由于加工方法不同，产品质量也会有所不同。

3. 流通过程

（1）运输装卸

商品进入流通领域后，运输就是商品流转的必要条件。

商品在铁路、公路、水路、航空运输过程中，会受到冲击挤压、颠簸、震动等物理机械作用的影响，也会受到温度、湿度、风吹、日晒、雨淋等气候条件的影响。商品在装卸过程中还会发生碰撞、跌落、破碎、散失等现象，这些因素不但会增加商品损耗，也会降低商品质量。

（2）仓库储存

商品本身的性质是商品质量发生变化的内因，仓储环境条件是商品储存期间发生质量变化的外因，如日光、温度、湿度、氧气、水分、臭氧、尘土、微生物、害虫等。

（3）销售服务

销售服务过程中的进货验收、入库短期存放、商品陈列、提货搬运、装配调试、包装服务、送货服务、技术咨询、维修和退换服务等工作质量都是最终影响消费者所购商品的质量的因素。许多商品的质量问题不是商品本身固有的，往往是由于使用者缺乏商品知识或未遵照商品使用说明书的要求，进行了错误操作或不当操作所引起的。

4. 使用过程

（1）使用范围和使用条件

商品都有其一定的使用范围和使用条件，使用中只有遵循其使用范围和条件，才能发挥商品的正常功能。

例如，家用电器的电源要区别交流、直流和所需要的电压，否则不但不能正常运转，还会损坏商品；若使用条件要求安装地线保护，就必须按要求实行，否则不仅不安全，甚至可能发生触电身亡的恶性事故。

（2）使用方法和维护保养

为保证商品质量、延长商品使用寿命，消费者应在了解其性能的基础上，采取正确的使用方法。

例如，皮革服装穿用时要避免被锐利物品划破或重度摩擦，且不能接触油污、酸性或碱性物质。

（3）废弃物处理

商品使用完之后，其残体和包装作为废弃物被排放到自然环境中，有些可回收利用，有些则不能或不值得回收利用，也不易被自然条件和微生物破坏分解，成为垃圾分散在自然环境的各个角落里。例如，含磷洗涤剂、废弃的塑料制品等。

三、常见商品的质量要求

商品质量的基本要求是根据其用途、使用方法以及消费者和社会需求提出来的。由于商品种类繁多、性能各异，又有着不同的用途、特点和使用方法，因此，对不同商品的质量要求也各不相同。

1. 食品商品质量

食品商品中含有促进人体生长发育和保证健康的营养物质。研究和提高食品的质量，对增强人民体质具有重要意义。根据食品的相关法律、作用和消费习惯，对食品的质量提出以下三个方面的要求。

（1）食品的卫生无害性

食品的卫生无害性是指食品中不应含有或有超过限量的有害物质和微生物。食品卫生关系到人们的健康与生命安全，有的还会影响子孙后代，所以食品应当卫生、无毒害。影响食品卫生的主要来源有以下几个方面。

1）食品的生物性污染。食品的生物性污染包括微生物、寄生虫和虫卵、昆虫及病毒的污染。

①微生物污染主要有细菌与细菌毒素、霉菌与霉菌毒素造成的污染。出现在食品中的细菌除包括可引起食物中毒、人畜共患传染病等的致病菌外，还包括能引起食品腐败变质并可作为食品受到污染标志的非致病菌。

②寄生虫和虫卵主要是通过病人、病畜的粪便通过水体或土壤间接或直接污染食品。

③昆虫污染主要包括粮食中的甲虫、螨类、蛾类以及动物食品和发酵食品中的蝇、蛆等造成的污染。

④病毒污染主要包括禽流感病毒、肝炎病毒、脊髓灰质炎病毒和口蹄疫病毒造成的污染，其他病毒则不易在食品上进行繁殖。

2）食品的化学性污染。食品的化学性污染涉及范围较广，情况也较复杂，主要包括以下几个方面。

①来自生产、生活和环境中的污染物，如农药、兽药、有毒金属、多环芳烃化合物、N- 亚硝基化合物、杂环胺、二噁英、三氯丙醇等。

②食品容器、包装材料、运输工具等接触食品时溶入食品中的有害物质。

③滥用食品添加剂，掺假、制假过程中加入的物质。

3）食品的物理性污染。食品的物理性污染主要来源于复杂的多种非化学性杂物，虽然有的污染物可能并不威胁消费者的健康，但却严重影响了食品应有的感官性状或营养价值，导致食品质量得不到保证。

①食品产、储、运、销过程中的污染物，如粮食收割时混入的草籽、液体食品容器池中的杂物、食品运销过程中的灰尘及苍蝇等。

②食品的掺假使假，如粮食中掺入的沙石、肉中注入的水、奶粉中掺入大量的糖等。

③食品的放射性污染，主要来自放射性物质的开采、冶炼、生产、应用及意外事故造成的污染。

（2）食品的营养价值

营养价值能给人体提供营养物质，这是一切食品的基本特征。其功能是提供人体维持生命活动的能源、保证健康、调节代谢以及延续生命。营养价值是决定食品质量高低的重要依据，是评定食品质量优劣的关键指标。

食品的营养价值包括营养成分、可消化率和发热量三项指标。

1）营养成分。营养成分是指食品中所含蛋白质、脂肪、碳水化合物、维生素及水分等。人们可以从不同的食品中获得各种营养成分。

2）可消化率。可消化率是指食品在食用后，可被消化吸收的百分率。它反映了食品中营养成分被人体消化吸收的程度。食品中的营养成分只有被人体消化吸收后，才能发挥作用。营养学专家经过多年研究、实践得出结论：动物性食品的营养价值高于植物性食品的营养价值。

3）发热量。发热量是指食品的营养成分经人体消化吸收后在人体内产生的热量，它是评价食品营养价值最基本的综合性指标。

人体对食品的需要量通常是采用能产生热量的碳水化合物、蛋白质、脂肪三种主要营养成分的发热量来表示。1 克碳水化合物或 1 克蛋白质在体内经过消化和完全氧化后所产生的热值均为 4.1 千卡，1 克脂肪产生的热值为 9.3 千卡。

人们吃的主食，包括各种米、面等，是供给人体热量的主要来源；副食，包括各种蔬菜、水果、鱼肉、禽蛋、乳品及加工制品等，是热量的重要来源。一般来说，营养成分和可消化率越高，所产生的热量就越多，其营养价值越高。但也不完全如此，如提高粮食加工精度，可相应提高消化率，但其营养成分却损失了。

（3）食品的色、香、味、形

食品的色、香、味、形是指食品的色泽、香气、滋味和外观形状。食品的色、香、味、形不仅能反映食品的新鲜度、成熟度、加工精度、品种风味及变质状况，还可直接影响人们对食品营养成分的消化和吸收。食品的色、香、味、形良好，可以刺激人产生旺盛的食欲。许多食品的色、香、味、形还是重要的质量指标。例如，评价烟、酒、茶等商品的质量时，主要从色泽、香气、滋味等方面进行鉴定，不同的色、香、味、形决定商品本身的档次和等级。

2. 纺织品商品质量

纺织品是人们日常生活中不可缺少的生活资料。随着社会的发展，纺织品的款式、品种日趋新颖、丰富，其功能已不再是简单的御寒遮体、保护身体。因此，对纺织品质量的最基本要求是既要耐用舒适、卫生安全，又要美观、大方、流行、具有时代性等。影响纺织品质量的因素主要包括以下几个方面。

（1）材料选择适宜性

纺织品的基本性能及外观特征，主要由其所用的纤维材料决定。不同种类的纤维如棉、麻、毛、涤纶等，其织品的性能各有不同；即使同种纤维，由于品质不同，其织品也各有特色。因此，纺织品用途不同，所选择纤维的种类和品质也应各不相同。

（2）组织结构合理性

纺织品的组织结构主要包括织物组织、重量和厚度、紧度和密度、幅宽和匹长等。纺织品的组织结构影响着织物的外观和机械性能。如纺织品的厚度、紧度等可影响其透气性、保暖性等。

（3）良好的机械性能

纺织品的机械性能主要是指各种强度指标，它是衡量纺织品耐用性能的重要指标。另外，机械性能对织物的尺寸稳定性和手感及成品风格也有影响。

（4）良好的服用性

服用性主要是要求织品在穿用过程中舒适、美观、大方，要求其缩水率、刚挺性、悬垂性符合规定标准，具有良好的吸湿性、透气性、不起毛起球，花型、色泽、线条图案应大方或富有特色等。

（5）工艺性

工艺性指纺织品面料必须方便裁剪缝制，易于洗涤、熨烫、定型，染色牢固等。

3. 日用工业品商品质量

日用工业品包括的范围很广，有玻璃制品、搪瓷器皿、铝制品、日用塑料制品、皮革制品、胶鞋、纸张、洗涤剂、化妆品、钟表、家具、电器、服装等。它是人们生活中不可缺少的生活资料。因此，对它们质量的基本要求包括以下几个方面。

（1）适用性

适用性是指日用工业品满足主要用途必须具备的性能或质量要求。不同商品的适用性各有不同要求，如保温瓶必须保温，洗涤剂必须去污，电冰箱必须制冷，钢笔必须书写流利，手表要求走时准确，雨鞋必须防水等。适用性是构成商品使用价值的基本条件，也是评价日用工业品质量的重要指标。

（2）耐用性

耐用性是指日用工业品抵抗各种外界因素对其破坏的能力，它反映了日用工业品坚固耐用的程度和一定的使用期限、次数。例如，皮革、橡胶制品常用强度和耐磨耗等指标来评定其耐用性。电器开关可以开关多少次，手机电池可用多长时间等，这些都是通过使用寿命来反映其耐用性的。提高日用工业品的坚固耐用性，就能延长商品的使用寿命，就等于不用额外消耗原料和劳动力而提高产品的质量。所以耐用性是评价绝大多数日用工业品质量的主要依据。

（3）卫生性和安全性

卫生性和安全性是指日用工业品在使用时不能影响人体健康和人身安全的质量特性。例如，对盛放食物的器皿、化妆品、玩具等商品应要求其具有无毒无害性；各种家用电器要求不漏电、无辐射、安全可靠，在使用过程中不发生危险；玻璃器皿中有毒的重金属元素应在一定的标准内。在评价日用品的质量时必须重视它们的卫生性和安全性。

（4）外观美观性

日用工业品的外观，主要是指其表面特征。一方面包括商品的外观疵点，即影响商品外观或质量的表面缺陷；另一方面是指商品的表面装饰，如造型、款式、色彩等。对商品外观总的要求是式样大方新颖、造型美观、色彩适宜，具有艺术感和时代风格，且无严重影响外观质量的疵点。

（5）结构合理性

日用工业品的结构主要是指其形状、大小和部件的装配要合理。若结构不合理，不仅使人感到不舒服、不美观，而且无法使用，丧失了使用价值；对于那些起着美化装饰作用的日用工业品，它们的外观造型结构具有特殊的意义。

四、商品标准的分类和分级

1. 商品标准的分类

商品标准是对商品质量以及与质量有关的各个方面（如商品的品名、规格、性能、用途、使用方法、检验方法、包装、运输、储存等）所做的统一技术规定，是评定、监督和维护商品质量的准则和依据。

商品标准分类的方法很多，常见的有以下几种。

（1）按商品标准的表达形式不同分为文件标准和实物标准

1）文件标准是用特定格式的文件，通过文字、表格、图样等形式，表达全部或部分商品质量及有关内容的统一规定。绝大多数商品标准都是文件标准。

2）实物标准是指对某些难以用文字准确表达的质量要求（如色泽、气味、手感等），由标准化主管机构或指定部门用实物做成与文件标准规定的质量要求完全或部分相同的标准样品，作为文件标准的补充，它同样是生产、检验等有关方面共同遵守的技术依据。例如，粮食、茶叶、羊毛、蚕茧等农副产品，都有分等级的实物标准。实物标准大多是文件标准的补充，需要经常更新。

（2）按标准的约束程度不同分为强制性标准和推荐性标准

1）强制性标准又称为法规性标准，是国家通过法律的形式，明确对于一些标准所规定的技术内容和要求必须严格执行，不允许以任何理由或方式加以违反、变更。强制性标准包括：药品标准，食品卫生标准，兽药标准；产品及产品生产、储运和使用中的安全、卫生标准，劳动安全、卫生标准，运输安全标准等。

2）推荐性标准又称自愿性标准，是指国家鼓励自愿采用的具有指导作用而又不宜强制执行的标准。美国、日本、法国、英国、德国等国的大多数标准均属推荐性标准，国家制定的标准由各企业自愿采用、自愿认证，国家利用经济杠杆鼓励企业采用。

（3）按标准的成熟程度不同分为试行标准和正式标准

试行标准与正式标准具有同等效用，同样具有法律约束力。试行标准一般在试行两至三年后，经过讨论修订，再作为正式标准发布。我国现行标准大多数为正式标准。

（4）按商品标准的保密程度不同分为公开标准和内部标准

我国绝大多数商品标准都是公开标准。少数涉及军事技术或尖端技术机密的标准，只准在国内或有关单位内部发行，这类标准称为内部标准。

另外，商品标准还可以按性质分为产品标准、方法标准、基础标准、安全标准、卫生标准、管理标准、环保标准和其他标准等。

2. 商品标准的分级

根据《中华人民共和国标准化法》，按制定部门、适用范围等的不同，商品标准可划分为国家标准、行业标准、地方标准、企业标准四级。

（1）国家标准

国家标准是指对全国经济技术发展有重大意义、需要在全国范围内进行统一的技术要求所制定的标准。国家标准由国务院标准化行政主管部门（国家质量技术监督局）制定，由其负责编制计划，组织草拟，统一审批、编号和发布。国家标准在全国范围内适用，其他各级标准不得与之相抵触。国家标准是四级标准体系中的主体。

国家标准代号：

“GB”——强制性国家标准代号。

“GB/T”——推荐性国家标准代号。

其编号方式为：（国家标准代号）+（标准顺序号）—发布年号。

其中，发布年号的表示，1996 年以后发布的标准用四位数字表示，1996 年之前发布的标准用两位数字表示。

例如，《茉莉花茶》的标准代号是 GB/T 22292—2017，此标准代号表示 2017 年发布的第 22292 号推荐性国家标准。

（2）行业标准

行业标准是指对没有国家标准而又需要在全国某个行业范围内进行统一的技术要求所制定的标准。行业标准由国务院有关行政主管部门负责制定和审批，并报国务院标准化行政主管部门备案。行业标准是在某个行业范围内适用的标准，其不得与国家标准相抵触，在相应国家标准批准实施之后，该项行业标准即行废止。行业标准分为强制性标准和推荐性标准。

行业标准代号是由国务院标准化行政主管部门即国家质量技术监督局规定，分为强制性标准代号和推荐性标准代号。

行业标准编号方式为：（行业标准代号）+（标准顺序号）—（发布年号）。

例如，NY 1234—94 表示 1994 年发布的第 1234 号强制性农业行业标准。又如，JB/T 4192—1996 表示 1996 年发布的第 4192 号推荐性机械行业标准。

（3）地方标准

地方标准是指对没有国家标准和行业标准而又需要在省、自治区、直辖市范围内进行统一的工业产品安全、卫生要求所制定的标准。地方标准由省级政府标准化行政主管部门负责制定和审批，并报国务院标准化行政主管部门和国务院有关行政主管部门备案。地方标准在本行政区域内适用，不得与国家标准和行业标准相抵触。在相应国家标准或行业标准批准实施之后，该项地方标准即行废止。

地方标准代号：

强制性地方标准代号为：DB+ 地区代码。

推荐性地方标准代号为：DB+ 地区代码 /T。

其编号方式为：（地方标准代号）+（标准顺序号）—（发布年号）。

其中，地区代码为各省、自治区、直辖市行政区域代码的前两位数字，如“11”表示北京市，“12”表示天津市，“13”表示河北省，“14”表示山西省等。

例如，DB11/068—1996 表示 1996 年发布的第 068 号强制性北京地方标准。又如，DB34/T 166—1996 表示 1996 年发布的第 166 号推荐性安徽省地方标准。

（4）企业标准

企业标准是指企业所制定的产品标准和对需要在企业内进行协调、统一的技术要求和管理、工作要求所制定的标准。企业标准由企业组织制定（农业企业标准制定方法除外)，并按省、自治区、直辖市人民政府的规定备案。企业标准在企业内部适用，不得与有关法律、法规和上一级标准相抵触。

企业标准代号由“Q”、斜线、企业代号组成。企业代号的规定分两种情况：一是凡中央所属企业的企业代号，由国务院有关行政主管部门规定；二是各地方所属企业的企业代号，由其所在省、自治区、直辖市政府标准化行政主管部门规定。企业代号可用汉语拼音或阿拉伯数字或两者兼用表示。

企业标准代号编号方式为：(企业标准代号)(即 Q/—)+(标准顺序号)—(发布年号)。

例如，Q/EGF 024—1997 表示 1997 年发布的北京市某企业的第 024 号企业标准。

由省、自治区、直辖市发布的标准，还要在其企业标准代号“Q”前加上本省、自治区、直辖市的简称汉字，如“京 Q/—”“皖 Q/—”等。

五、商品标准化的含义和形式

1. 商品标准化的含义

标准化的定义是：“在经济、技术、科学及管理等社会实践中，对重复性事物和概念通过制定、发布、实施标准，达到统一，以获得最佳秩序和社会效益的过程。”

商品标准化是指在商品生产和流通的各个环节中制定、发布以及实施商品标准的活动。推行商品标准化的最终目的是达到统一，从而获得最佳市场秩序和社会效益。商品标准化的水平是衡量一个国家或地区生产技术和管理水平的尺度，是现代化的一个重要标志。

现代化水平越高越需要商品标准化。商品标准化是现代技术经济科学体系中的一个重要组成部分，它对于发展社会生产力，促进科技进步，扩大对外经济技术交流，提高社会、经济效益等都有着重要的作用。

2. 商品标准化的形式

商品标准化的形式是标准化内容的表现方式，是商品标准化过程的表现形态，也是商品标准化的方法。商品标准化的形式有很多种，每种形式都表现为不同的内容。针对不同的标准化任务，商品标准化的形式主要有简化、统一化、系列化、通用化和组合化五种。

（1）简化

简化是在一定范围内缩减商品的类型数目，使之在一定时间内满足一般需要的形式。简化是商品标准化的初级形式，也是实践中应用比较广泛的一种形式。它是控制商品、防止多样性自由泛滥的一种手段。通过简化确立的商品品种构成，不仅对当前的生产有指导意义，而且在一定时间、一定范围内能预防和控制不必要的复杂性发生。例如，福特汽车的生产遵从简化原则，采用流水线生产，将所有同一条流水线上的汽车都喷成一样的颜色，以此来简化生产工序。

（2）统一化

统一化是把同类商品两种以上的表现形式归并为一种的行为。它是商品标准化活动中内容最广泛、开展最普遍的一种形式。

统一化的实质是使商品的形式、功能或其他技术特征具有一致性，并把这种一致性通过商品标准以定量化的方式确定下来。统一化着眼于取得一致性，即从个性中提炼共性，而简化则着眼于精练，即保留合理的若干品种。例如，服装的号型标准是为了适应服装生产的规范化以及方便消费者而制定的服装规格尺寸的统一标准。麦当劳汉堡中的面包皮、汉堡肉、酱料都有统一的要求，所以人们无论在世界各地，只要走进麦当劳就都能吃到相同的味道。

（3）系列化

系列化是对同一类商品中的一组商品进行标准化的一种形式，是标准化的高级形式。它通过对同一类商品发展规律的分析研究，对国内外商品发展趋势的预测，结合我国的生产技术条件，通过全面的技术经济比较，将商品的主要参数（型号、尺寸、基本结构等）做出合理的规划安排，以协调同类商品和配套商品之间的关系。商品系列化一般包括制定商品基本参数系列、编制商品系列型谱和进行商品系列设计三个方面。例如，服装的号型系列以各体型中间体为中心，向两边依次递增或递减。

（4）通用化

通用化是在相互独立的系统中选择和确定具有功能互换性或尺寸互换性的子系统单元的标准化形式。通用化要以互换性为前提。通用化的一般方法是在商品系列设计时全面分析商品的基本系列和变型系列中零部件的共性和个性，从中选择具有共性的零部件定为通用件或标准件。在单独设计某一商品时，尽量采用已有的通用件，设计新的零部件时，以标准件为基础，重新设计新商品，要考虑能为日后的新商品所用，逐步发展为通用件或标准件。例如，目前女上装常采用的号型标准为：155/80A、160/84A、165/88A 等，若有顾客的实际号型为 163/85A，就必须向 160/84A 或 165/88A

靠近，从而挑选到合体的服装。

（5）组合化

组合化是按照标准化的原则，设计并制造一系列通用性较强的单元，根据需要拼合成不同用途商品的一种标准化形式。其特征是通过统一化的单元组合成具有某种功能的商品体，这个商品体又能重新拆装、组成新的结构，而统一化单元可以被多次重复利用。例如，生产厂家首先选择或设计标准单元和通用单元，同时预先制造和储存一定数量的标准组合单元，根据需要组装成不同用途的商品。

学习单元 2　商品检验

一、商品检验的概念

1. 商品检验的含义

商品检验是指商品的生产方、销售方或者第三方在一定条件下，借助一定的仪器、器具、试剂或检验者的感觉器官等手段和方法，按照合同、标准以及国内外法律、法规，对商品的质量、规格、重量、数量以及包装等方面进行检验，并做出合格与否和等级判定的业务活动。

每个人都是消费者，即使作为生产者，也是商品的消费者。在市场经济条件下，消费者拥有购买和使用质量优良商品的权利。商品检验就是要让符合质量标准、消费者心理需求的商品进入流通领域，以保证消费者能购买到满意商品。同时，对那些假冒、伪劣商品给予查处、曝光和严厉打击，以切实维护消费者的利益。

2. 商品检验的依据

商品检验是一项科学性、技术性、规范性较强的复杂工作，为使检验结果更具有公正性和权威性，必须根据具有法律效力的质量法规、标准及合同等开展商品检验工作。

（1）商品质量法规

国家有关商品质量的法律、法令、条例、规定、制度等，规定了国家对商品质量的要求，保障了国家和人民的合法权益，具有权威性、法制性和科学性。商品质量法规是国家组织、管理、监督和指导商品生产与商品流通，调整经济关系的准绳，是各部门共同行动的准则，也是商品检验活动的重要依据。质量法规包括：商品检验管理法规、产品质量责任制法规、计量管理法规、生产许可证及产品质量认证管理法规等。

（2）技术标准

技术标准是指规定和衡量标准化对象技术特征的标准。它对产品的结构、规格、质量要求、实验检验方法、验收规则、计算方法等均做了统一规定，是生产、检验、验收、使用、洽谈贸易的技术规范，也是商品检验的主要依据，对保证检验结果的科学性和准确性具有重要意义。

（3）购销合同

供需双方约定的质量要求必须共同遵守。一旦发生质量纠纷，购销合同的质量要求，即为仲裁、检验的法律依据。但是，购销合同必须符合《中华人民共和国经济合同法》的要求。

3. 商品检验的内容

（1）包装检验

包装检验是指根据购销合同、标准和其他有关规定，对进出口商品或内销商品的外包装和内包装以及包装标准进行的检验。

（2）品质检验

品质检验也称为质量检验，是运用各种检验手段，包括感官检验、化学检验、仪器分析、物理测试、微生物学检验等，对商品（包括成交样品）的品质、规格、等级等进行检验，确定其是否符合贸易合同、标准等规定。

（3）卫生检验

卫生检验主要是根据《中华人民共和国食品安全法》《化妆品卫生监督条例》《中华人民共和国药品管理法》等法规，对食品、药品、食品包装材料、化妆品、玩具、纺织品、日用器皿等进行的卫生检验，检验其是否符合卫生条件，以保障人民健康和维护国家信誉。

（4）安全性能检验

安全性能检验是根据国家规定和外贸合同、标准以及进口国的法令要求，对进出口商品有关安全性能方面的项目进行检验，如易燃、易爆、易触电等，以保证生产使用和生命财产的安全。

（5）数量和重量检验

商品的数量和重量是贸易双方成交商品的基本计量计价单位，是结算的依据，直接关系到双方的经济利益，也是贸易中最敏感且容易引起争议的因素之一。商品的数量和重量检验内容包括商品的个数、件数、长度、面积、体积、重量等。

4. 商品检验的类别

（1）按检验主体和目的不同，可分为生产检验、验收检验和第三方检验

1）生产检验也称为第一方检验，是指商品制造商为了在竞争中得以生存和发展，为了保证商品质量并获得较好的经济效益，对企业的原材料、半成品和成品进行的检验。

2）验收检验也称为第二方检验，是指商品的购买方为了维护自身及消费者的利益，保证其所购商品符合合同或标准规定所进行的检验。

3）第三方检验是指处于交易双方利益之外的第三方，以公正、中立的身份，应有关方面的请求或指派，依据有关法律、合同或标准对商品进行的检验。

（2）按检验是否具有破损性，可分为破损性检验和非破损性检验

1）破损性检验是指为了对商品进行各项技术指标的测定、试验，经测定、试验后的商品会遭受破坏，甚至无法继续使用的检验，如对加工食品罐头、饮料以及茶类等的检验。

2）非破损性检验是指经过检验的商品仍可发挥其正常使用性能的检验，如对电器、纺织品、黄金首饰等的检验。

（3）按被检验商品数量的不同，可分为全数检验、抽样检验和免于检验

1）全数检验是对被检验商品逐一进行的检验。它适合于对批量小、质量特征少且质量不稳定、较贵重商品的检验。此检验的特点是可以提供完全的质量信息，给人以安全可靠感。但由于实行的是全数检验，所以其检验费用昂贵，检验工作量大，为此应该预防因重复单调的检验工作给检验人员造成疲劳而产生漏检或错检的现象。

2）抽样检验是按合同或标准中规定的抽样方案，从被检验商品中随机抽取样品，然后对样品逐一进行测试的检验形式。此检验的特点是可以节省检验时间和费用，有利于商品流转。但由于其提供的商品信息量少，可能导致检验结果和实际商品品质的偏差，所以不适用于个体质量差异大的商品。

3）免于检验是指对符合规定条件的产品免于政府部门实施的质量监督检查的活

图 6-2-1　国家免检产品标志

动。如果一家企业某种产品获得了免检资格后，在免检有效期内，一是国家、省（自治区、直辖市）、市、县各级政府部门均不得对其进行质量监督检查；二是在全国各个省、自治区、直辖市均不得对其进行质量监督检查；三是无论是生产领域，还是流通领域均不得对其进行质量监督检查。鉴于石家庄三鹿集团发生重大食品质量安全事故，国家质检总局于 2008 年 9 月 17 日发布公告，决定从即日起，停止所有食品类生产企业获得的国家免检产品资格。国家免检产品标志如图 6-2-1 所示。

二、商品检验的方法

虽然商品种类繁多，检验项目各异，但不管是哪类商品的检验，其方法均为感官检验法和理化检验法。

1. 感官检验法

感官检验法是以人体感觉器官作为检验器具，对商品的色、香、味、形、手感等感官质量特性作出判定和评价的检验方法。该方法操作简便、灵活易行、节省费用，特别适用于目前还不能用仪器定量评价其感官指标的商品。适于感官检验的商品主要有食品、纺织品及服装、乐器等。

感官检验依据检验时主要使用的感觉器官的不同，分为视觉检验、嗅觉检验、味觉检验、听觉检验和触觉检验。

（1）视觉检验

此种方法是利用人的视觉器官来检验商品质量，通过观察商品的外形、结构、色泽、试样，以及凡是能用肉眼辨别的品质项目，评价商品的质量。

在实际应用中，对商品进行感官检验，首先要进行视觉检验，看其表面特征是否正常。如果视觉检验通不过，则其他指标就无检验的必要。如某些蔬菜、水果，只要看外形和颜色，就能确定其成熟度和新鲜度；对玻璃、搪瓷，其外观疵点是确定质量的先决条件。

（2）嗅觉检验

此种方法是利用人的嗅觉器官来检验商品质量，主要用于有气味商品的感官检验，它是通过闻商品的气味来评价商品质量。此法可检验食品、洗涤用品、化妆品等商品。

（3）味觉检验

此种方法是利用人的味觉器官来检验商品质量，主要用于食品商品的检验，它是通过品尝食品的滋味、风味来评价食品的质量。

食品的滋味和风味，是决定食品质量的重要因素。正常的食品应该具有特定的滋味和风味。食品的品种不同，其滋味和风味不同；食品的加工方法不同，食品的新鲜度不同，其滋味和风味也都会有所不同。因此，味觉检验是食品检验的重要方法。

（4）听觉检验

此种方法是利用人的听觉器官来检验商品质量，通过耳朵对商品在外力触动下所发出声音的感觉来评价商品的质量。此法主要用于检验各种乐器音质的好坏；各种机械用具、家用电器等的运行是否正常，有无噪声；玻璃、搪瓷、陶瓷、金属等质量有无损伤；粮食含水量的多少，西瓜是否成熟等。

（5）触觉检验

此种方法是利用人的触觉器官来检验商品质量，主要是通过手触及商品时的感觉来评价商品的质量。手是人体触及商品最方便而又敏感的部位，手的皮肤表面长有密集的神经末梢和各种感应点，能对商品的冷暖、软硬度、弹塑性、平滑程度等特征产生一定的感觉。如通过感觉棉花的冷暖可判断其含水量，通过手感来判断纺织品的柔软性和弹性等。

上述方法各有特点，在进行商品检验时，要根据商品的特点进行选择。由于商品具有多方面的性质，所以在对商品质量进行全面评价时，常常几种方法同时采用。

2. 理化检验法

理化检验法是在实验室一定环境条件下，利用各种仪器、器具和试剂等手段，运用物理、化学、生物学原理测试商品质量的方法。它主要用来检验商品的成分、结构、物理性质、化学性能、安全性、卫生性等。理化检验法的显著特点是可用数据定量表示测定结果，相较于感官检验法，其结论更客观和精确。同时，该方法对检验设备、仪器和检验人员素质也有较高要求。

理化检验法根据其使用原理可分为物理检验法、化学检验法和生物学检验法。

（1）物理检验法

物理检验法是运用各种物理仪器、量具对商品的各种物理性能和指标进行测试检验，以确定商品质量的方法。根据测试检验的内容不同，可分为度量衡检验、光学检验、热学检验、力学检验等。

（2）化学检验法

化学检验法是用化学试剂和仪器对商品的化学成分及其含量进行测定，从而判定商品质量的检验方法。化学检验法按检验目的可分为定性分析法和定量分析法。

（3）生物学检验法

生物学检验法主要是用于对食品、动植物及其制品、医药类商品进行的检验方法，它包括微生物学检验和生理学检验。

三、商品品级

1. 商品品级的含义

品级是用来表示商品质量高低的等级。根据商品标准水平和实物质量指标的检验结果，将同一品种的商品相应划分为若干等级的工作称为商品分级。商品品级是指对同一品种的商品，按其达到商品质量标准的程度所确定的等级。

商品品级是表示商品质量高低优劣的标志，也是表示商品在某种条件下其用途大小的标志，是商品鉴定的重要内容之一。它是相对的、有条件的，有时会因不同时期、不同地区、不同使用条件及不同个性而产生不同的质量等级和市场需求。一般来说，工业品分 3 个等级，而食品特别是农副产品、土特产等多分为 4 个等级，最多可达到 7 个等级，如茶叶、棉花、卷烟等。

2. 划分原则

按照国家《工业产品质量分等导则》有关规定，商品质量水平划分为优等品、一等品、合格品和不合格品 4 个等级。

（1）优等品

优等品是指商品的质量标准必须达到国际先进水平，且实物质量水平与国外同类产品相比达到近五年内的先进水平。

（2）一等品

一等品是指商品的质量标准必须达到国际一般水平，且实物质量水平达到国际同类产品的一般水平。

（3）合格品

合格品是指按照我国一般水平标准组织生产，实物质量水平必须达到相应标准的要求。

（4）不合格品

不合格品是指按照我国一般水平标准组织生产，实物质量水平未达到相应标准的要求。

商品质量等级的评定，主要依据商品标准和实物质量指标的检测结果，由行业归口部门统一负责。优等品和一等品等级的确认，必须有国家级检测中心、行业专职检验机构或受国家、行业委托的检验机构出具的实物质量水平的检验证明。合格品和不合格品的确认，由所在企业检验判定。

3. 分级方法

商品品级的划分方法有很多，一般有百分法和限定法两种方法。

（1）百分法

百分法是将商品各项质量指标规定为一定的分数，重要指标占高分，次要指标占低分。如果各项指标都符合标准要求，或认为无瑕可挑的，打满分；某项指标欠缺的，则在该项中相应扣分。如白酒的评分方法，满分为 100 分，其中色占 10 分、香占 25 分、味占 50 分、风格占 15 分。

（2）限定法

限定法是对商品各种疵点规定一定的限量，又可分为限定记分法、限定数量和程度法。

1）限定记分法。限定记分法是指将商品各种疵点规定为一定的分数，由疵点分数的总和确定商品等级的方法。疵点分数越高，则商品的等级越低。这种方法一般在日用工业品中采用。

2）限定数量和程度法。限定数量和程度法是指在标准中规定，商品每个等级限定疵点的种类、数量和疵点程度的方法。如日用工业品中全胶鞋质量指标共有 13 个感官指标，其中，鞋面起皱或麻点在一级品中规定“稍有”，二级品中规定“有”；鞋面砂眼在一级品中规定“不许有”等。

四、商品质量认证

1. 商品质量认证的含义

国际标准化组织给商品质量认证下的定义是：由可以充分信任的第三方证实某一经鉴定的产品或服务符合特定标准或其他技术规范的活动，如国内的 CCC 中国强制性认证标志，国际的SG安全认证、UL认证等。

《中华人民共和国产品质量法》第十四条规定：国家根据国际通用的质量管理标准，推行企业质量体系认证制度。企业根据自愿原则可以向国务院产品质量监督部门认可的或者国务院产品质量监督部门授权的部门认可的认证机构申请企业质量体系认证。经认证合格的，由认证机构颁发企业质量体系认证证书。

2. 商品质量认证的作用

商品质量认证是为了保证产品质量，提高产品信誉，保护用户和消费者的利益，促进国际贸易和发展国际质量认证合作。其作用具体表现在以下几个方面：

（1）通过商品质量认证标志指导消费者的购买方向

经过认证的产品，企业可以获得认证标志，并且有权在产品、包装物、产品合格证、产品使用说明书上使用认证标志，为消费者购买到满意的商品提供信誉指南和质量信息。

（2）获准认证的产品具有较强的市场竞争力

因为获准认证的商品其质量符合国家标准的严格要求，证明企业可以连续生产合格产品，自然会受到消费者的好评，更有利于企业参与激烈的市场竞争，获得较好的经济效益。

（3）享受免检的优惠待遇

经过认证的商品，不仅在国内市场上会受到消费者的信赖，在国际市场上也会抬高身价。特别是经过国际认证的产品，能得到各个成员国的普遍认可，可以享受免检等优惠待遇。

（4）优先参与国优产品的评定，增加企业的知名度。

3. 商品质量认证的分类

商品质量认证分为安全认证和合格认证。

（1）安全认证

凡根据安全标准进行认证或只对商品标准中有关安全的项目进行认证的，称为安全认证。它是对商品在生产、储运、使用过程中是否具备保证人身安全与避免环境遭受危害等基本性能的认证，属于强制性认证。实行安全认证的产品，必须符合《中华人民共和国标准化法》中有关强制性标准的要求。

（2）合格认证

合格认证是依据商品标准的要求，对商品的全部性能进行的综合性质量认证，一般属于自愿性认证。实行合格认证的产品，必须符合《中华人民共和国标准化法》规定的国家标准或者行业标准的要求。

4. 常见的商品质量认证标志

市场上质量认证标志有很多，包括国际商品质量认证标志和国内商品质量认证标志，下面介绍几种国内常见的商品质量认证标志。

（1）强制性产品认证标志（见图 6–2–2）。

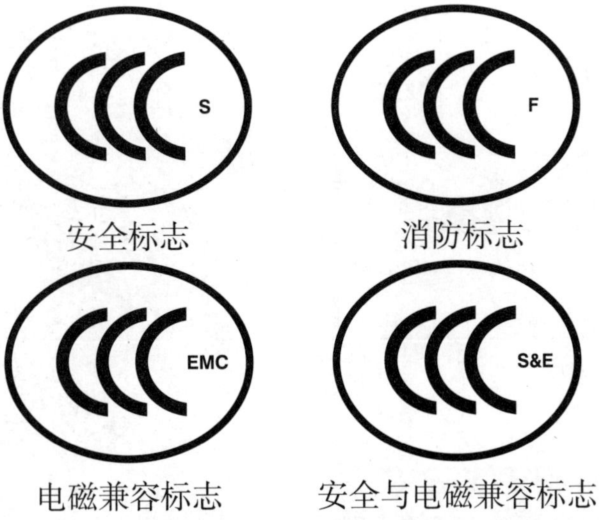

图 6–2–2　强制性产品认证标志

（2）“QS”生产许可标志（见图 6–2–3）。

（3）中国名牌产品标志（见图 6–2–4）。

图 6–2–3　生产许可标志

图 6–2–4　中国名牌产品标志

（4）能源效率标识（见图 6–2–5）。

（5）绿色食品标志（见图 6–2–6）。

（6）中国质量环保产品认证标志（见图 6–2–7）。

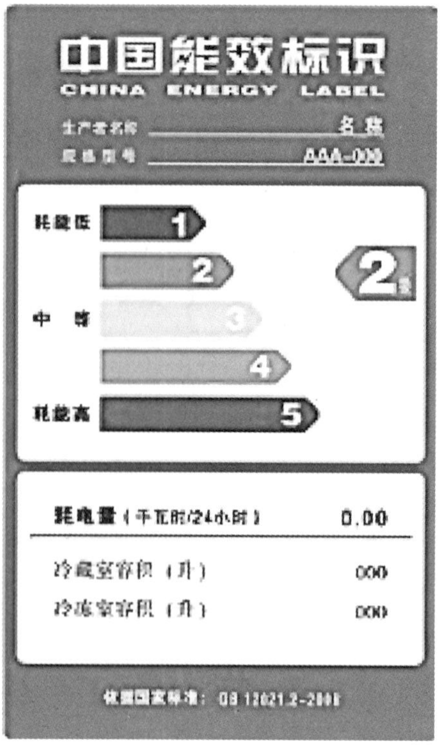

图 6–2–5　能源效率标识

图 6–2–6　绿色食品标志

图 6–2–7　中国质量环保产品认证标志

五、伪劣商品及识别

1. 伪劣商品的含义

伪劣商品是指企业所生产、经销的商品违反了我国现行的有关法律、法规的规定，其质量、性能指标达不到标准所规定的要求，或冒用、伪造他人商标，冒用优质产品标志、质量认证标志和生产许可标志的商品，或经销已经失去了使用价值的商品。

2. 伪劣商品的特征

商品的种类很多，性能千差万别。伪劣商品的表现形式更是花样繁多，但是既然伪劣商品是“伪”和“劣”的东西，就会暴露出其伪劣的共同特征。

（1）假冒商标

假冒商标是指商品假冒国外名牌和国内名牌的商标。它利用人们既对名牌商品有较强崇拜心理和求购欲望，又对真正名牌商品缺乏了解的实际情况，擅自制造或以不法手段从厂家套购世界名牌和国内名牌商品的商标标志，贴在自己的商品上，冒充国外或国内名牌商品。

（2）仿冒商标

仿冒商标是指仿冒国外和国内名牌商品的商标标志。它不是在商品上直接采用国内外名牌商品的商标标志，而是使用与国内外名牌商品商标标志相近似的商标标志。例如，旺仔牛奶商标被印成旺子牛奶，如果不仔细察看，就很容易买到假货。

（3）假冒包装装潢

假冒包装装潢主要是指假冒国内外商品包装和装潢以及使用虚假说明。这类商品以服装、针织品和化妆品为最多，个别加工者在成批购买原料时，同时购买与被仿制商品配套的装饰物和伪装物，最终仿制成与真品包装装潢非常相近的商品。

（4）假冒产地

假冒产地是指在商品包装上不印厂家名称和厂址，或在商品包装极不明显的地方印上模糊不清的厂名和厂址，冒充国外或国内受欢迎地区的商品。这类商品以家电、玩具、服装、皮鞋为最多，并常利用多数消费者不识外文、追求名牌的情况，将包装全部印成英文、日文或拼音字母，有的甚至胡乱编造厂名和地址。

（5）假冒优质产品标志

假冒优质产品标志是指在没有获得优质产品标志的商品包装上印有该种标志。获得优质产品标志的商品，说明它已符合优质产品条件，劣质产品制造者就是利用产品的这种荣誉欺骗广大消费者。

（6）伪造认证标志

伪造认证标志是指在没有取得认证合格的商品包装上印有该种标志。认证是由第三方权威机构对商品质量进行检验，认为其符合标准要求，对企业颁发合格证书并允许其在商品包装上使用认证标志。劣质商品生产者在没有获得认证合格证书时，不能在包装上印刷认证标志。

（7）伪造生产许可证标志

伪造生产许可证标志是指对没有取得生产许可证标志的商品，伪造一个生产许可证印在商品包装上。取得生产许可证的产品，说明其质量已经达到有关标准规定，企业具备保证该产品质量的能力。而没有取得生产许可证标志的企业，不能伪造生产许可证并将其印在商品包装上。

（8）商品本身质量低劣

商品本身质量低劣是指商品在设计上没有科学依据，或使用不合格的原材料，或生产过程粗制滥造，最终技术指标不合格或安全性能达不到标准要求。

（9）掺杂使假

掺杂使假是指违法者采用变更或减少商品的成分、材质等办法，使其不具备该商品所应达到的各项指标，且质量严重降低的商品。如仅含10%香油成分的假香油。

（10）以假充真

以假充真是指违法者生产经营商品的全部成分或材质与该商品所标名称不符，使用或食用后果危害极大。

（11）失效变质

失效变质一般是指原合格商品经过一定时间的储存，超过规定的保质期和保存期，商品内部已发生物理、化学以及其他变化，完全失去商品原有特性，已经丧失使用价值而不能使用或食用。

（12）以旧充新

以旧充新是指经销者将已报废的商品进行一番装修或粉饰后，仍作为新商品进行出售，这种手段具有极大的欺骗性。

3. 伪劣商品的识别

伪劣商品的特征很多，也非常复杂。但只要掌握一定规律，认准商品的商标标志，认真查看商品外包装上的标记，注意商品装潢、厂名、厂址，仔细观察商品质量和商品包装，伪劣商品是一定能被识别出来的。伪劣商品的识别方法主要有以下几个。

（1）从产品包装上鉴别

根据《中华人民共和国产品质量法》规定，产品或其外包装必须具备以下标示：产品质量检验合格证；中文标明的产品名称、生产厂厂名和厂址；中文标明的产品规格、等级、主要成分的名称和含量；生产日期、安全使用期或失效日期；使用不当易造成产品损坏或可能危及人身、财产安全的产品，要有警示标志或中文警示说明。假冒商品的上述标识往往残缺不全，或乱用标记，有的无厂名或使用假名。

（2）从商标标识上鉴别

名优商品的外包装上都有注册商标标识，商标上打有“R”或“注”的标志，有的还粘贴了全息像素防伪商标。假冒伪劣商品有的有假商标，有的没有商标。假商标标识中，有些用废次商标标识，有些用相似或相近商标标识，有些使用旧标识或自行制版印刷。这些商标标识普遍存在制作粗糙、比例不符、镶贴不齐、容易脱落、颜色不正、无凹凸感、标识歪斜、有磨损痕迹等现象。

（3）注意装潢

多数名优产品的装潢，其图案清晰，形象逼真，色彩鲜艳和谐，做工精致，包装用物质量好。而假冒商品的装潢，其色彩暗淡陈旧，图案模糊，包装物粗制滥造。

（4）注意生产厂家和售货单位

以地名为商品名称的名优产品，虽然生产厂家很多，但正宗名优产品却只有一家，因此，必须认准厂名，以防假冒。如正宗名优产品“镇江香醋”，其生产厂家是江苏镇江恒顺酱醋厂。有些高档名优商品主要在大商场或专卖店出售，因此在市场上购买此类商品时，要注意选择售货单位。

（5）仔细查看商品包装的封口处

一般情况下，绝大部分名优商品采用机器包装，不论是箱装、盒装还是袋装，均严格按装订线装订，封口处平整、笔直、松紧适度。而不少伪劣商品采用手工包装，封口处往往不平整，有折皱等。

（6）检查防伪标记

有些名优商品在商品或包装上的某些特定部分做有标识。近年来许多名优商品的厂家采用特殊材料与技术制作成一种既能证明产品的真实身份，又不容易被他人假冒的防伪标记。常见的防伪标记有激光信息防伪、荧光材料、水印纸、防伪油墨、条码、电码等。电码防伪是在每一件产品上设置一个密码，一般为 21 位码，消费者可通过电话、上网或其他手段，输入产品密码就可以进行防伪核对，辨别真伪。

（7）注意商品的内在质量

假冒伪劣商品的内在质量低劣，如假冒自行车制造粗糙，颜色发白，少光泽，电镀部件粗糙，烤漆遇水浸、火烤时会自行脱落；伪劣化妆品可使皮肤红肿、发炎，甚至造成永久性伤害。

综合实训

假冒名牌商标

图 6-2-8 显示的均为假冒名牌产品的商标。分析这些商标假冒的是哪些名牌产品？这类假冒有何特点？对自己选购商品有何启示？

图 6-2-8　假冒名牌产品的商标

课程 6-3　商品包装、储存与养护

学习内容

学习单元	课程内容	培训建议	课堂学时
（1）商品包装	1）商品包装的概念	（1）方法：讲授法、演示法、案例教学法 （2）重点：商品包装的概念和分类 （3）难点：商品包装标志	2
	2）商品包装的分类		
	3）商品包装标志		
（2）商品储存与养护	1）商品储存	（1）方法：讲授法、演示法、案例教学法 （2）重点与难点：商品的养护技术	2
	2）商品养护		

学习单元 1　商品包装

一、商品包装的概念

1. 商品包装的含义

就像人要穿衣服，商品也要包装，包装已经成为商品的一个组成部分。

国家标准《包装术语》中，对包装作出了明确的定义："为在流通过程中保护产品，方便储运，促进销售，按一定技术方法而采用的容器、材料及辅助物等的总体名称。也指为了达到上述目的而采用容器、材料和辅助物的过程中施加一定方法等的操作活动。"可见，包装具有两层含义：容器和技术方法。

商品包装的含义反映了商品包装的商品性、目的性和生产活动性。首先，商品和包装共同组成了统一的商品体。商品包装是实现商品价值和使用价值的有效组成部分。绝大多数商品只有经过包装工序以后，才算完成生产过程，包装是商品生产的最后一道工序。从这种意义上讲，商品包装不仅是一种物质形态，也是一种技术、经济活动。

2. 商品包装的作用

商品包装的作用主要体现在以下几个方面。

（1）保护商品

保护商品是包装的重要作用之一。商品在流通过程中，可能受到各种外界因素的影响，引起商品破损、污染、渗漏或变质，使商品降低或失去使用价值。科学合理的包装，能使商品抵抗各种外界因素的破坏，从而保护商品的性能，保证商品质量和数量的完好。

（2）容纳作用

包装的第二个作用就是容纳。许多商品本身没有一定的集合形态，如液体、气体和粉状商品，只有依靠包装的容纳才具有一定的形态，没有包装就无法运输、销售和使用。对于一般结构的商品，包装的容纳增加了商品的保护层，有利于商品质量的稳定；对于食品、药品、化妆品、卫生用品等商品，包装的容纳还能保证商品卫生；对于结构复杂的商品，包装的容纳能使其外形整齐划一，便于组合成大型包装；对于质地疏松的商品，包装的容纳能使其合理压缩，可充分利用包装节约包装费用，节省运输空间。包装的容纳功能如图 6–3–1 所示。

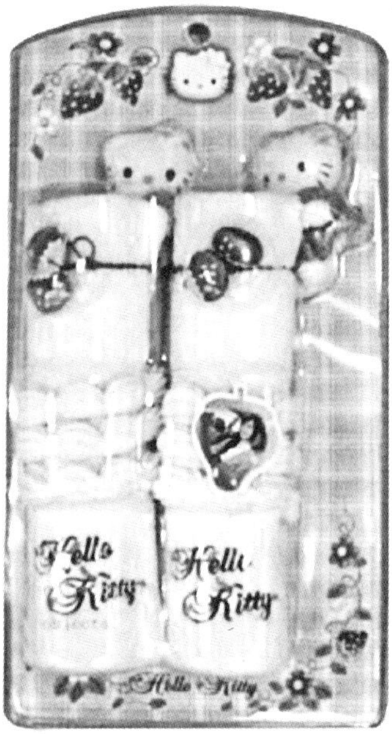

图 6–3–1　容纳包装

（3）促进销售

精美的商品包装可起到美化商品、宣传商品和促进销售的作用。包装既能提高商品的市场竞争力，又能以其新颖独特的艺术魅力吸引顾客、指导消费，成为促进消费者购买的主导因素，是商品无声的推销员。优质包装在提高出口商品竞销力，扩大出口创汇，促进对外贸易的发展等方面均具有重要意义。包装的促销功能如图 6–3–2 所示。

图 6–3–2　促销包装

（4）方便消费

销售包装随商品的不同，其形式也各异，包装大小适宜，便于消费者携带、保存和使用。包装上的绘图、商标和文字说明等，既方便消费者辨认，又介绍了商品的成分、性质、用途、使用和保管方法，起着方便与指导消费的作用。包装的方便功能如图 6–3–3 所示。

图 6–3–3　方便包装

二、商品包装的分类

商品包装种类繁多，根据习惯有以下几种分类方法：按包装形态不同分类，有内包装、中包装和外包装；按运输方式不同分类，有铁路货物包装、公路货物包装、船舶货物包装和航空货物包装等；按包装在流通中的作用分类，有运输包装和销售包装；按包装的材料分类，有木箱包装、纸包装、麻布袋包装、塑料包装、金属包装、玻璃包装、陶瓷包装等；按包装商品分类，有食品包装、药品包装、液体包装、粉粒包装、危险品包装等。

下面介绍两种最常见的包装分类。

1. 按包装在流通中的作用分类

（1）运输包装

运输包装又称商品的大包装或外包装，其主要功能是方便运输和储存，具有保障商品安全、方便储运装卸和加速交接与点验等作用。

运输包装的特点是容积大、结构坚固、标志清晰、搬运方便。合理的运输包装方法应做到在不影响质量的前提下，压缩轻泡商品体积，大型货物拆装，形状相似的商品套装，并加衬垫缓冲材料等。

商品的运输包装一般有散装、裸装和包装三种形式。散装是指不需要也不必要进行包装，而直接将商品装载在运输工具内的包装方式，如石油、煤炭、原盐等均可采用这种方式。裸装是指那些在自然成件下，产品能抵抗外界作用，在储运过程中可以保持原状，不必进行包裹的包装方式，如钢板、原木等均可采用这种方式。包装是指需要外加包裹物，使商品形成包、箱、袋、桶或捆件等形状的包装方式。除了可采用散装和裸装的商品外，大多数商品都要经过包装方可运输。

（2）销售包装

销售包装又称小包装，是用于直接盛装商品并同商品一起出售给消费者的小型包装。

销售包装的特点是能够保护商品、美化商品、宣传商品，便于商品陈列展销，便于消费者识别、选购、携带和使用，是增加商品附加价值的手段。

销售包装的类型很多，一般可按其主要功能划分，有使用方便的包装方式，有便于选购、携带和陈列展销的包装方式，如收缩包装、贴体包装、速冻包装、保鲜包装、隔热包装、透明包装等。

2. 按包装所用材料的不同分类

包装材料是商品包装的物质基础，选择包装材料必须遵循质优、体轻、面广、合理、节约、无毒、无害、无污染的原则。商品包装的材料很多，常用的有纸和纸制品、塑料、木材、金属、玻璃、复合材料、纤维织物等。

（1）纸

纸制包装是指以纸和纸板为原料制成的包装。凡定量在250克/平方米以下的称为纸，以上的称为纸板。包装纸板以箱板纸、黄板纸、瓦楞纸、白板纸、白卡纸为主。纸制包装的优点是具有适宜的强度，耐冲击性和耐摩擦性好；密封性好，容易做到清洁卫生；优良的成型性和折叠性，便于采用各种加工方法；最佳的可印刷性，便于介绍和美化商品；价格较低，且重量轻，可以降低包装成本和运输成本；用后易于处理，可回收复用和再生，不会污染环境。其缺点是难以封口，受潮后牢度下降以及气密性、防潮性、透明性差。纸包装的样式如图6-3-4所示。

（2）塑料

塑料包装是指各种以塑料为原料制成的包装的统称。塑料包装具有质轻、透明、不同的强度和弹性、折叠及封合方便、防水防潮、易于成型、可塑性与气密性好、防震、防压、防碰撞、耐冲击、化学稳定性能好、易着色、可印刷、成本低等优点。但塑料难于降解，易造成环境污染。塑料包装的形式主要有塑料桶、塑料软管、塑料盒、塑料瓶、塑料薄膜、塑料编织袋等。塑料包装材料中应用最广泛的是聚乙烯、聚氯乙烯、聚丙烯、聚苯乙烯、聚酯等。塑料包装的样式如图6-3-5所示。

图6-3-4　纸包装

图6-3-5　塑料包装

（3）木材

我国很早就使用木材作为包装材料了。木材包装的优点是具有特殊的耐压、耐冲击和耐气候的能力，并有良好的加工性能，目前仍是大型和重型商品运输包装的重要材料，也用于包装那些批量小、体积小、重量大、强度要求高的商品。木材包装的缺点是易含蛀虫。木材包装的形式主要有木箱、木桶、木轴和木夹板、纤维板箱、托盘等，如图 6–3–6 所示。

（4）金属

金属作为包装材料的历史悠久。其优点是具备良好的机械强度，牢固结实；耐碰撞，不破碎，能有效地保护内装物；密封性能优良，阻隔性好，不透气，防潮，耐光，用于食品包装能达到中长期保存的效果；具有良好的延伸性，易于加工成型；金属表面有特殊的光泽，易于进行涂饰和印刷，可获得良好的装饰效果；易于回收再利用，不污染环境。其缺点是成本高，不耐硫酸等物质。金属包装的形式主要有金属桶、金属盒、金属软管、油桶钢瓶等，如图 6–3–7 所示。

图 6–3–6　木材包装

图 6–3–7　金属包装

（5）玻璃

玻璃至今仍然是最普遍采用的食品包装容器之一。其优点是：化学稳定性好、强度高、外观美、可透视产品、表面光滑、易清洗、密封性优良、不透气、不透湿、有紫外线屏蔽性、可重复使用。其缺点是：重、易碎、经不起温度的突变、密封困难。玻璃包装容器常见的形式有瓶、罐、缸等，如图 6–3–8 所示。

图 6–3–8　玻璃包装

（6）复合材料

复合材料包装是以两种或两种以上材料紧密复合制成的包装，主要有纸与塑料、塑料与铝箔、纸与铝箔和塑料等。这类材料具有更好的机械强度、气密性，而且具有防水、防油、耐热或耐寒、容易加工等优点，其应用范围日渐广泛。如铝箔与纸、玻璃纸、聚乙烯复合后，可弥补铝箔本身易破裂、缺乏柔软性、无热黏合性等缺点，成为较理想的包装材料。复合包装的样式如图 6–3–9 所示。

（7）纤维织物

纤维织物主要有布袋、麻袋、布包等，如图 6–3–10 所示。此类包装主要适合盛装颗粒状和粉状商品。

其优点是强度大、轻便、耐腐蚀、易清洗、不污染商品和环境、便于回收利用等。

图 6–3–9　复合包装

图 6–3–10　麻袋

（8）其他材料

用树条、竹条、柳条编的筐、篓、箱以及草编的蒲包、草袋等，如图 6–3–11 所示。其优点是可就近取材、成本低廉、透气性好。这种材料适宜包装生鲜商品、土特产品和陶瓷产品等。

图 6–3–11　筐

三、商品包装标志

为了便于商品的流通、销售、选购和使用，在商品包装上通常都印有某种特定的文字或图形，用以表示商品的性能、储运注意事项、质量水平等，这些具有特定含义的图形和文字称为商品包装标志。它的主要作用是便于识别商品、便于准确迅速地运输货物，从而避免差错，加速流转等。

1. 运输包装标志

运输包装标志是用简单的文字或图形在运输包装外面印刷特定的记号和说明事项，以便于商品的储存、运输和装卸。运输包装标志按其表现形式不同，可分为文字标志和图形标志；按内容和作用不同，又可分为运输包装收发货标志、包装储运图示标志和危险品货物包装标志。

（1）运输包装收发货标志

运输包装收发货标志是运输过程中识别货物的标志，也是一般贸易合同、发货单据和运输保险文件中有关标志事项的基本部分。它包括商品分类图示标志、供货号、货号、品名规格、数量、重量、生产日期、生产工厂、体积、有效期限、收货地点和单位、运输号码、发运件数。

运输包装收发货标志通常印刷在外包装上，内容见表 6-3-1。

表 6-3-1　运输包装收发货标志说明

序号	项目			含义
	代号	中文	英文	
1	FL	商品分类图示标志	CLASSIFICATION MARKS	表明商品类别的特定符号
2	GH	供货号	CONTRACT No.	供应该批货物的供货清单号码（出口商品用合同号码）
3	HH	货号	ART No.	商品顺序编号，以便出入库、收发货登记和核定商品价格
4	PG	品名规格	SPECIFICA TIONS	商品名称或代号；标明单一商品的规格、型号、尺寸、花色等
5	SL	数量	QUANTITY	包装容器内含商品的数量
6	ZL	重量（毛重）（净重）	GBOSS WT NET WT	包装件的重量（kg），包括毛重和净重

续表

序号	项目			含义
	代号	中文	英文	
7	CQ	生产日期	DATE OF PRODUCTION	产品生产的年、月、日
8	CC	生产工厂	MANUFACTURER	生产该产品的工厂名称
9	TJ	体积	VOLUME	包装件的外径尺寸长 × 宽 × 高 = 体积（立方米）
10	XQ	有效期限	TERM OF VALIDITY	商品有效期至 × 年 × 月

商品分类图示标志的图形如图 6–3–12 所示。其字体、颜色、标志方式、标志位置等，在《运输包装收发货标志》标准中均有具体规定。

图 6–3–12　商品分类图形标志

（2）包装储运图示标志

这类标志根据不同商品对物流环境的适应能力，用醒目简洁的图形和文字标明装卸运输及储运过程中应注意的事项，如图 6–3–13 所示。

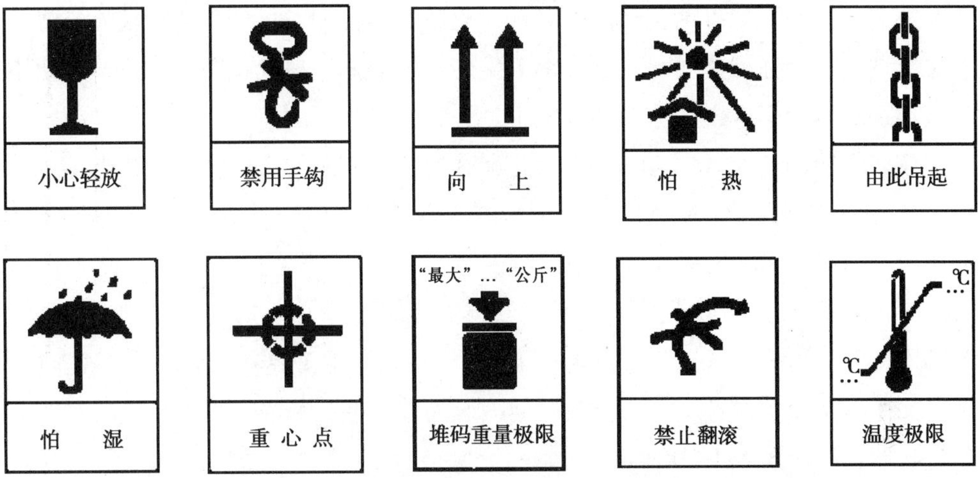

图 6-3-13　包装储运图示标志

（3）危险品货物包装标志

这类标志是用来表明化学危险品的专用标志。为了能引起人们的特别警惕，此类标志采用特殊的彩色或黑白菱形图示，如图 6-3-14 所示。

图 6-3-14　危险品货物包装标志

2. 销售包装标志

销售包装标志一般指附属于商品销售包装的一切文字、符号、图形及其他说明。销售包装标志主要包括：商品名称、生产厂名和厂址、产地、商标、规格、数量或净含量、商品标准或代号、商品条形码等。下面是几种常见商品销售包装标志的具体内容和要求。

（1）食品商品

根据《中华人民共和国食品安全法》的规定，食品经营者销售散装食品，应当在散装食品的容器、外包装上标明食品的名称、生产日期或生产批号、保质期以及生产经营者名称、地址、联系方式等内容。预包装食品的包装上应当有标签。

标签应当标明下列事项：食品的名称、规格、净含量、生产日期、成分或者配料表、保质期、产品标准代号、储存条件，生产者的名称、地址、联系方式，所使用的食品添加剂在国家标准中的通用名称，生产许可证编号，法律、法规或者食品安全标准规定应当标明的其他事项。专供婴幼儿和其他特定人群的主辅食品，其标签还应当标明主要营养成分及其含量。生产经营转基因食品的，应当按照规定作出显著标示。某品牌饼干的包装标志如图 6–3–15 所示。

（2）日用工业品

日用工业品的销售包装上除基本内容外，还须标注主要成分、净含量、性能特点、用途、使用方法、生产日期、安全使用期限或失效日期、品级、批号等。某品牌洗衣液的包装标志如图 6–3–16 所示。

图 6–3–15　某品牌饼干的包装标志

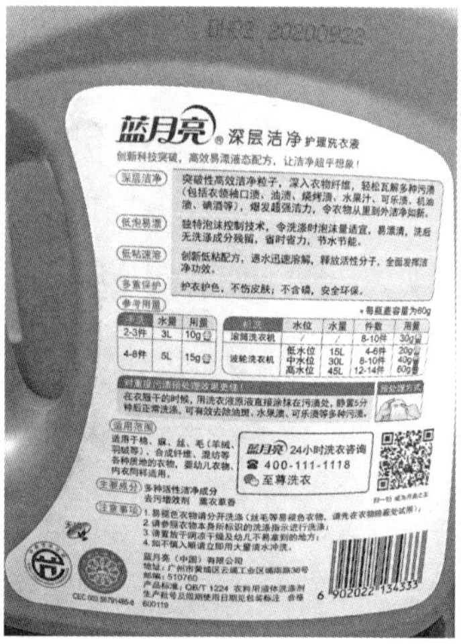

图 6–3–16　某品牌洗衣液的包装标志

（3）进口商品

根据《中华人民共和国产品质量法》规定，进口商品在国内市场销售必须有中文标志。同时，根据国家有关法律法规的规定，产品或产品包装上的标识应符合下列要求：产品要有检验合格证；有中文标明的产品名称、生产厂厂名和厂址，进口产品在国内市场销售，也必须有中文标志；根据产品的特点和使用要求，标明产品规格、等级、所含主要成分的名称和含量，并用中文予以标明；限制使用的产品，应当在显著位置清晰地标明生产日期和安全使用期或者失效日期；使用不当、容易造成产品本身损坏或者可能危及人身、财产安全的产品，应当有警示标志或者中文警示说明；已被工商部门批准注册的商标，其标志为“R”或“注”；已被专利部门授予专利的，可在产品上注明；生产企业应在产品或其说明、包装上注明所执行标准的代号、编号、名称；已取得国家有关质量认证的产品，可在产品或包装上使用相应的安全或合格认证标志。进口方便面的包装标志如图 6–3–17 所示。

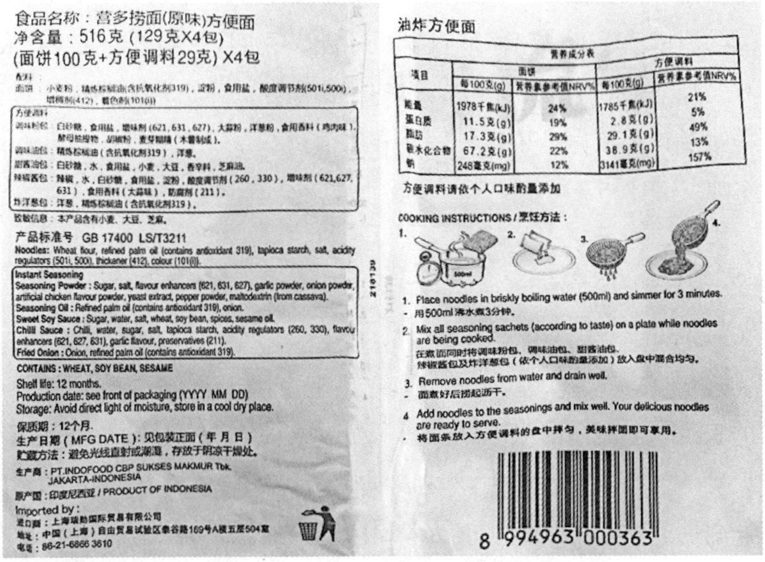

图 6–3–17　进口方便面的包装标志

综合实训

就所熟悉的某一商品的销售包装，试从色彩、图案、文字等方面进行分析，说明其成功或不足之处。

学习单元 2　商品储存与养护

一、商品储存

1. 商品储存的含义

商品储存是商业部门存储保管商品的一个过程。商品储存是商品流通的一个重要环节。马克思指出："没有商品储备就没有商品流通。"从社会观点看，只要商品没有进入生产消费或个人消费，它就处于商品储存的状态。商品从生产领域进入消费市场必须经过商品流通领域。因此，商品储存是商品流通中不可缺少的组成部分，维持正常的商品流通必须依赖于商品储存来调节。商品储存直接影响着商品生产和商品流通。

商品储存是指商品在流通领域中暂时的滞留和存放。它是商品流通过程中的必备条件，是调节市场供求、保证市场供应、满足消费者需求的必要手段。商品储存发挥着商品"蓄水池"的作用。

2. 影响商品质量变化的因素

（1）影响商品质量变化的内在因素

1）商品的物理性质

①商品的吸湿性。商品的吸湿性是指商品吸收和放出水分的特性。商品吸湿性的大小、吸湿速度的快慢，直接影响该商品含水量的增减，对商品质量的影响极大，是许多商品在储存期间发生质量变化的重要原因之一。商品的很多质量变化都与其含水量的多少以及吸水性的大小有直接关系。

②商品的导热性。商品的导热性是指物体传递热能的性质。商品的导热性与其成分和组织结构有密切关系，商品结构不同，其导热性也不一样。同时，商品表面的色泽与其导热性也有一定的关系。

③商品的耐热性。商品的耐热性是指商品耐温度变化而不致被破坏或显著降低强度的性质。商品的耐热性，除与其成分、结构和不均匀性有关外，还与导热性、膨胀系数有密切关系。导热性大而膨胀系数小的商品，其耐热性好，反之则差。

④商品的透气性和透水性。商品能被水蒸气透过的性质，称为透气性；商品能被水透过的性质，称为透水性。这两种性质在本质上都是指水的透过性能，二者不同的是前者是指气体水分子的透过，后者是指液体水的透过。

2）商品的机械性质。商品的机械性质是指商品的形态、结构在外力作用下的反应。商品的这种性质与其质量的关系极为密切，是体现适用性、坚固耐久性和外观的重要内容，它包括商品的弹性、可塑性、强力、韧性等。这些商品的机械性质对商品的外形及结构变化有很大的影响。

3）商品的化学性质

①商品的化学稳定性。商品的化学稳定性是指商品受外界因素作用，在一定范围内，不易发生分解、氧化或其他变化的性质。化学稳定性不高的商品容易丧失使用性能。商品的稳定性是相对的，稳定性的大小与其成分、结构及外界条件有关。

②商品的腐蚀性。商品的腐蚀性是指某些商品能对其他物质发生破坏性的化学性质。具有腐蚀性的商品，本身具有氧化性和吸水性，因此，不能把这类商品与棉、麻、丝、毛织品以及纸张、皮革制品等同仓储存。盐酸可以与钢铁制品作用，使其遭受破坏；烧碱能腐蚀皮革、纤维制品和人的皮肤；硫酸能吸收动植物商品中的水分，使其碳化而变黑；漂白粉具有氧化性能破坏一些有机物；石灰有强吸水性和发热性，能灼伤皮肤和刺激呼吸器官等。

③商品的燃烧性。有些商品性质活泼，发生剧烈化学反应时常伴有热、光，这一现象称为商品的燃烧性，具有这一性质的商品被称为易燃商品。常见的易燃商品有红磷、火柴、松香、汽油、柴油、乙醇、丙酮等低分子有机物。

④商品的爆炸性。爆炸是物质由一种状态迅速变化为另一种状态，并在瞬间以机械功的形式放出大量能量的现象。

4）商品的结构。商品的外观形态多种多样，这些形态会影响商品质量的变化。商品的内部结构，即构成商品原材料的成分结构，属于商品体的分子及其原子结构，是人肉眼看不到的结构，必须借助于各种仪器来进行分析观察。

（2）影响商品质量变化的外界因素

1）氧气。空气中含有 21% 左右的氧气，氧气非常活泼，能和许多商品发生作用，对商品质量变化影响很大。例如，氧可以加速金属商品锈蚀；氧是好氧性微生物活动的必备条件，能使有机体商品发生霉腐；氧是害虫赖以生存的基础，是仓库害虫发育的必要条件；氧是助燃剂，不利于危险品的安全储存；在油脂的酸败，鲜活商品的分解、变质中，氧都是积极参与者。

2）日光。日光中含有热量、紫外线、红外线等，它对商品起着正反两方面的作用。一方面，日光能够加速受潮商品的水分蒸发，杀死杀伤微生物和商品害虫，在一定条件下有利于商品的保护。而另一方面，某些商品在日光的直接照射下又会被破坏。如日光能使酒类挥发、油脂加速酸败、橡胶塑料制品迅速老化、纸张发黄变脆、色料褪色、药品变质、照相胶卷感光等。

3）微生物和仓库害虫。微生物和害虫是商品霉腐、虫蛀的前提条件。微生物在生命过程中分泌一种酶，利用它把商品的蛋白质、糖类、脂肪、有机酸等物质分解为简单的物质加以吸收利用，从而使商品受到破坏、变质，丧失其使用价值。同时，在微生物异化作用中，细胞内分解氧化营养物质产生各种腐败性物质排出体外，使商品产生腐臭味和色斑霉点，影响商品的外观，加速高分子商品的老化。

害虫在仓库里，不仅蛀食动植物性商品包装，有些害虫还能危害塑料、化纤等化工合成商品。此外，白蚁会蛀食仓库建筑物和纤维质商品。害虫在危害商品的过程中，不仅破坏商品的组织结构，使商品发生破碎和孔洞，使其外观形态受损，而且还会吐丝结茧，排泄各种代谢废物玷污商品，影响商品的质量和外观。

4）温度。气温是影响商品质量变化的重要因素。温度能直接影响物质微粒的运动速度。一般商品在常温或常温以下比较稳定，而高温能够促进商品的挥发、渗漏、溶化等物理变化及各种化学变化；低温又容易引起某些商品的冻结、沉淀等变化；温度忽高忽低会影响到商品质量的稳定性。温度适宜时会给微生物和害虫的生长繁殖创造有利条件，加速商品腐败变质和虫蛀。

5）湿度。空气的干湿程度称为空气的湿度。空气湿度的改变，能引起商品的含水量、化学成分、外形或体态结构发生变化。湿度下降会使商品因放出水分而降低含水量、减轻重量。如水果、蔬菜、肥皂等会发生萎蔫或干缩变形，纸张、皮革制品等失水过多会发生干裂或脆损。湿度增高，商品含水量和重量会相应增加，如食糖、食盐等易溶性商品会结块、膨胀或进一步溶化，钢铁制品生锈，纺织品、竹木制品等发生霉变或被虫蛀等。

6）卫生条件。卫生条件是保证商品免于变质腐败的重要条件之一。卫生条件不良，不仅使灰尘、油垢、垃圾等污染商品，造成某些外观疵点和感染异味，而且还为微生物、害虫创造了活动场所。

7）有害气体。大气中的有害气体主要来自燃料，如煤、石油、天然气、煤气等燃料放出的烟尘以及工业生产过程中的废气。对空气造成污染的，主要有二氧化碳、二氧化硫、硫化氢、氯化氢和氮氧化物等气体。

商品储存在有害气体浓度大的空气中，其质量变化明显。如二氧化硫气体溶解度很大，溶于水中能生成亚硫酸，当它遇到含水量较大的商品时，能强烈地腐蚀商品中的有机物。

3. 储存商品的质量变化

（1）商品物理机械变化

1）挥发。挥发是低沸点的液体商品或气体液化得到的液体在空气中经汽化而散发到空气中的现象。挥发的速度与气温的高低、空气流动速度的快慢、液体表面接触空气面积的大小成正比。液体商品的挥发不仅降低了其有效成分，增加了商品损耗，降低了商品质量，有些燃点很低的商品还容易引起燃烧或爆炸；有些商品挥发的蒸气具有毒性或麻醉性，容易造成大气污染，对人体产生危害；一些商品受到气温升高的影响会导致体积膨胀，使包装内部压力增大，可能发生爆裂。常见易挥发的商品有酒精、香水、化学试剂中的各种溶剂、医药中的一些试剂、部分化肥农药、杀虫剂、油漆等。

2）溶化。溶化是指有些固体商品在保管过程中，能吸收空气或环境中的水分，当吸收数量达到一定程度时就会溶化成液体。易溶性商品都具有吸潮性和水溶性两种性能，常见易溶化的商品有：食糖、食盐、明矾、硼酸、氯化钙、氯化镁、尿素、硝酸铵、硫酸铵等。

商品溶化与空气温度、湿度及商品堆码高度有密切关系。在保管过程中，有些结晶粒状或粉末状易溶性商品，在空气比较干燥的条件下，慢慢失水后结成硬块。特别是处在货垛底层的商品，承受压力较重的部位吸水较严重，虽然溶化后商品本身的性质没有发生变化，但由于形态改变，给存储、运输及销售部门带来很大的不便。

3）熔化。熔化是指低熔点的商品受热后发生软化以至化为液体的现象。

商品的熔化，除气温的影响外，还与本身的熔点、商品中杂质种类和含量密切相关。熔点越低，越易熔化；杂质含量越高，越易熔化。

常见易熔化的商品有：百货中的香脂、发蜡、蜡烛；文化用品中的复写纸、蜡纸、打字纸和圆珠笔芯；化工商品中的松香、石蜡、硝酸锌；医药商品中的油膏、胶囊、糖衣片等。

商品熔化，有的会造成商品流失、粘连包装、玷污其他商品；有的因产生熔解热而导致体积膨胀，使包装爆裂；有的因商品软化而造成货垛倒塌。

4）渗漏。渗漏主要是指液体商品，特别是易挥发的液体商品，由于容器不严密，包装质量不符合商品性能的要求，或在搬运装卸时因碰撞震动破坏了包装，而使商品发生跑、冒、漏的现象。

商品渗漏既与包装材料性能、包装容器结构及包装技术优劣有关，还与仓储温度变化有关。如金属包装焊接不严，受潮锈蚀；有些包装耐腐蚀性差；有的液体商品因温度升高，体积膨胀而使包装内部压力增大，胀破包装容器；有的液体商品在降温或严寒季节结冰，也会发生体积膨胀并引起包装破裂而造成商品损失。

5）串味。串味是指吸附性较强的商品吸附其他气味，从而改变本来气味的现象。具有吸附性、易串味的商品，主要是其成分中含有胶体物质，以及疏松、多孔的组织结构。常见易串味的商品有：大米、面粉、木耳、食糖、饼干、茶叶、卷烟等。常见的引起其他商品串味的商品有：汽油、煤油、腌鱼、樟脑、肥皂以及农药等。

6）沉淀。沉淀是指含有胶质和易挥发成分的商品，在低温或高温等因素影响下引起部分物质的凝固，进而发生沉淀或膏体分离的现象。常见易沉淀的商品有墨汁、墨水、牙膏、雪花膏等。饮料、酒也会在仓储过程中，离析出纤细絮状的物质而发生混浊沉淀现象。

7）玷污。玷污是指商品外表染有污秽的现象。商品玷污主要是由于生产、储运中卫生条件差及包装不严所致。对一些外观质量要求较高的商品，如绸缎呢绒、针织品、服装等要注意防止玷污，精密仪器、仪表类商品也要特别注意防止其被玷污。

8）破碎与变形。破碎与变形是常见的机械变化，是指商品在外力作用下所发生的形态上的变化。

商品的破碎主要是脆性较大的商品，如玻璃、陶瓷、搪瓷制品、铝制品等因包装不良，在搬运过程中受到碰、撞、挤、压和抛掷而破碎、掉瓷、变形等。商品的变形通常是塑性较大的商品，如铝制品和皮革、塑料、橡胶等制品由于受到强烈的外力撞击或长期重压，使商品丧失回弹性能，从而发生形态改变。

（2）商品的化学变化

储运商品的化学变化与物理变化有着本质的区别。化学变化是构成商品的物质发生变化，不仅改变了商品的外表形态，而且改变了商品的本质，并且有新物质生成，且不能恢复原状的变化现象。商品化学变化过程即商品质变过程，严重时会使商品失去使用价值。商品在储运过程中发生的化学变化，主要有一般化学变化、生理生化变化和生物学变化。

1）商品的一般化学变化

①氧化。氧化是指商品与空气中的氧或其他能放出氧的物质所发生的与氧相结合的变化。商品发生氧化，不仅会降低商品的质量，有时还会在氧化过程中产生热量，发生自燃，有的甚至会发生爆炸事故。商品容易发生氧化的品种比较多，例如，某些化工原料、纤维制品、橡胶制品、油脂类商品等。棉、麻、丝、毛等纤维织品，长期同日光接触而发生变色的现象，也是由于织品中的纤维被氧化的结果。

②分解。分解是指某些性质不稳定的商品，在光、电、热、酸、碱及潮湿空气的作用下，由一种物质生成两种或两种以上物质的变化现象。商品发生分解反应后，不仅会使其数量减少、质量降低，有的还会在反应过程中产生一定的热量和可燃气体，从而引起事故。

③水解。水解是指某些商品在一定条件下，遇水而发生分解的现象。如硅酸盐和肥皂，其水解产物是酸和碱，这样就同原来的商品具有了不同的性质。另外，高分子有机物中的纤维素和蛋白质在相应的酶的作用下发生水解后，能使其链节断裂，强度降低。

④化合。化合是指商品在储存期间，在外界条件的影响下，两种或两种以上的物质相互作用，生成一种新物质的反应。此种反应一般不是单一存在于化学反应中，而是两种反应依次发生。如果不了解这种情况，就会给保管和养护此类商品造成损失。

化工商品中的过氧化钠为白色粉末，其劣质品多呈黄色。如果储存在密封性好的桶内，并在低温下与空气隔绝，其性质就会非常稳定。但如果遇热，就会发生分解而释放出氧气。

⑤聚合。聚合是指某些商品在外界条件的影响下，使同种分子相互加成而结合成一种更大分子的现象。例如，桐油表面的结块、福尔马林的变性等现象，均是由于发生了聚合反应的结果。福尔马林是甲醛的水溶液（含甲醛 40%），在常温下能聚合生成三聚甲醛或多聚甲醛，产生混浊沉淀，从而改变了原来的性质。

⑥裂解。裂解是指高分子有机物（如棉、麻、丝、毛、橡胶、塑料、合成纤维等），在日光、氧、高温的作用下，发生了分子链断裂、分子量降低，从而使其强度降低，机械性能变差，产生发软、发黏等现象。例如，天然橡胶是以橡胶烃为基本单体成分的高分子化合物，在日光、氧和一定温度的作用下，就会发生链节断裂现象，使分子结构被破坏，从而造成橡胶制品发软、发黏而变质。

⑦老化。老化是指含有高分子有机物成分的商品（如橡胶、塑料、合成纤维等），在日光、氧气、热等的作用下，其性能逐渐变化的过程。商品发生老化后，化学结构和物理性能改变，机械性能降低，出现变硬发脆、变软发黏等现象，从而使商品失去使用价值。

⑧曝光。曝光是指某些商品见光后，引起变质或变色的现象。例如，石碳酸（苯酚）原为白色结晶体，见光后会立即变为红色或淡红色。照相用的胶片见光后，即成为废品。漂白粉若储存不当，在易受日光、热或二氧化碳影响的库房里，就会逐渐发生变化，从而降低氯的有效成分。

⑨锈蚀。锈蚀是指金属或金属合金在同周围的介质相接触时，相互间发生了某种反应，而逐渐遭到破坏的过程。金属商品之所以会发生锈蚀，其原因一是由于金属本身不稳定，在其组成中含有自由电子和其他成分；二是由于受到水分和有害气体（如二氧化硫、盐酸）等的作用。

2）商品的生理生化变化。生化变化是指有生命活动的有机商品，在生长发育过程中，为了维持生命，其本身所进行的一系列生理变化。如粮食、水果、蔬菜、鲜鱼、鲜肉等有机商品，在储运过程中，由于受到外界条件的影响和作用，往往会发生这样或那样的变化，这些变化的形式主要有动植物食品商品的呼吸、后熟、发芽和抽薹、僵直、自溶等。

①呼吸作用。呼吸作用是指有机商品在生命活动过程中，不断地进行呼吸，分解体内有机物质，产生热量，维持其本身生命活动的现象。呼吸作用可分为有氧呼吸和无氧呼吸两种类型。

不论是有氧呼吸还是无氧呼吸，都要消耗营养物质，降低食品的质量。有氧呼吸会导致热的产生和积累，往往会使食品腐败变质。特别是粮食的呼吸作用，其产生的热量不易散失，如积累过多，就会使粮食变质。同时，由于呼吸作用，有机体分解出来的水分又有利于有害微生物的生长繁殖，加速商品的霉变。无氧呼吸则会产生酒精的积累，引起有机体细胞中毒，造成生理病害，缩短储存时间。对于一些鲜活商品，无氧呼吸往往比有氧呼吸要消耗更多的营养物质。

②后熟作用。后熟是指瓜果、蔬菜等类食品在脱离母株后继续其成熟过程的现象。瓜果、蔬菜等的后熟作用能改进色、香、味以及适口的硬脆等食用性能。如香蕉、柿子、西瓜和甜瓜等，只有达到后熟时，才具备良好的食用价值。但当后熟作用完成后，则容易发生腐烂变质，难以继续储藏甚至失去食用价值。

③发芽和抽薹。发芽和抽薹是指有机商品在适宜的条件下，冲破“休眠”状态，发生发芽、萌发的现象。发芽是在蔬菜短缩茎上开始发芽生长，而抽薹则是在短缩茎上生长点部位所形成的花茎生长的结果。发芽和抽薹主要发生在一些变化的根、茎、叶菜储存的后期，如马铃薯眼中休眠芽萌发，萝卜顶部抽薹等。发芽和抽薹的蔬菜，因大量的营养成分转向新生的芽或花茎，使这类食品组织细胞变得糠松、粗老或空心，使其失去原有的鲜嫩品质，并且不耐储存。

④僵直。动物死亡后呼吸停止，依靠血液循环的肌肉供氧也随之停止，但这时肉中的各种酶仍未失活，一些由酶催化的生化反应仍在进行，此时因无氧供应，使糖原、葡萄糖的分解只能以无氧酵解的方式进行，其产物为乳酸。这使肉的 pH 逐渐下降，原来使肌肉呈柔软状态的成分减少，其结果是造成肌肉组织收缩，失去原有弹性和柔软性，肉质变得僵硬。处于僵直阶段的肉质，其弹性差，保水性也差，无鲜肉的自然气味，烹煮时不易烂，熟肉的风味也差。

⑤自溶。当肉的成熟作用完成后，其生物学化学变化就转向自身作用。自溶是腐坏作用的前奏。在自溶酶的作用下，肌肉中的复杂有机结合物进一步被分解为分子量低的物质，该过程称为自溶。由于空气中的二氧化碳与肉中的肌红蛋白的相互作用，可使其色泽变暗、弹性降低。处于自溶阶段的肉，虽尚可食用，但气味和滋味都已大为逊色。而且随着自溶作用的进行，其 pH 逐渐向中性发展，这就为各种细菌的繁衍创造了适宜的条件。实际上，在自溶阶段的后期，常伴随着细菌的活动，而且处于自溶阶段的肉已不适合长期保存。

3）商品的生物学变化。生物学变化是指有生命活动的有机商品，受到其他生物的作用而发生的化学变化。生物学变化的形式有霉变、发酵、腐败、虫蛀、鼠咬等。

①霉变。商品霉变是由于霉菌在商品上生长繁殖而导致的商品变质现象。霉菌是

一种低等生物，无叶绿素，菌体呈丝状，主要靠孢子进行无性繁殖。空气中含有很多肉眼看不到的霉菌孢子，商品在生产、储运过程中，它们落到商品表面，一旦外界温度、湿度适合其生长，商品上又有其需要的营养物质，就会生长菌丝。菌丝集合体的形成过程，就是商品出现“长毛”或有霉味的变质过程。药材、肉类、粮食、水果、蔬菜、糕点等商品经常会发生毛霉微生物繁殖的现象，其对商品的破坏性很大，霉菌中对商品危害较大的除毛霉外，还有根霉、曲霉和青霉。

②发酵。发酵是某些酵母和细菌所分泌的酶，作用于食品中的糖类、蛋白质而发生的分解反应。常见的这类发酵有酒精发酵、醋酸发酵、乳酸发酵和酪酸发酵等，这些微生物能在酱油、醋、葡萄酒等商品表面形成一层薄膜，不但破坏了食品中的有益成分，使其失去原有的品质，而且会出现不良气味，影响这类食品的风味和质量，有的还会产生有害人体健康的物质。

③腐败。腐败主要是腐败细菌作用于食品中的蛋白质而发生的分解反应。尤其是含水量大和含蛋白质较多的生鲜食品最容易出现腐败现象。鱼、肉、蛋类会腐败发臭，水果、蔬菜会腐烂。无论哪种商品，只要发生腐败，就会受到不同程度的破坏，严重的腐败可使商品完全失去使用价值。有些食品还会因腐败变质而产生能引起人畜中毒的有毒物质。

④虫蛀、鼠咬。商品在存储过程中，经常会遭受仓库害虫的蛀食和老鼠的啃咬，使商品体及其包装受到损失，它们排泄的各种代谢废物还会污染商品，影响商品的质量和外观，降低商品的使用价值。害虫和老鼠在生长发育和其他生命活动中，需要蛋白质、脂肪、糖类、维生素、水分及无机盐等营养物质。因此，含有这类营养物质的商品容易被虫、鼠蛀咬而受到破坏。一般情况下，皮毛、毛制品、皮革制品、竹木制品、纸张、纺织品、烟草等都会受到蛀咬。

二、商品养护

商品尚未进入消费领域之前，为实现销售目的所出现的暂时停滞，称为商品储存。在储存过程中对商品进行保养和维护工作，称为商品养护。商品只能在一定的时期内和一定的条件下，保持其质量的稳定性。商品经过一定的时间，则会发生质量变化，这种情况在运输和储存过程中都会出现。因此，根据商品容易破碎、腐烂和爆炸的相对程度不同，在储运上需要采取不同的防治措施。商品养护是一项非常复杂的技术性工作，在商品养护过程中，应贯彻以防为主、防重于治的方针。

1. 商品养护的含义

商品在储存过程中所进行的保管和维护工作，称为商品养护。商品养护是保证商品质量的重要措施，是仓库保管中的一项经常性工作。

仓库中储存的大量商品，不仅是广大劳动人民辛勤积累的财富，是供应市场、满足人民需要的物质基础，而且是扩大再生产的组成部分。因此，在商业实践中，如何进行仓储商品的养护工作，保证商品质量，降低商品损耗，对于更好地完成商业任务具有极为重要的作用。

商品养护的具体任务是：根据商品的性质和外界因素对商品的影响，确定适当的保管条件和养护措施，以防止商品的损耗和质量的降低，并积极引导某些商品发生有利的变化。

2. 商品的养护技术

（1）仓库温湿度的控制与调节

在商品储存中，绝大多数商品质量的变化都是由仓库的温湿度变化引起的。因此，在仓储工作中温湿度的管理十分重要。保持必要、稳定的温度和适宜的湿度，是维护商品质量的重要措施之一。

控制与调节仓库温湿度的方法有很多，如密封、通风、吸湿和加湿、升温和降温等。将几种方法合理地结合使用，效果会更好。

1）密封。密封是温湿度管理的基础，它是利用一些不透气、能隔热隔潮的材料，把商品严密地封闭起来，以隔绝空气，降低或减少空气温湿度变化对商品的影响。密封也是进行通风、吸湿等方法的有效保证。

2）通风。通风是根据空气流动的规律，有计划地使库内外的空气进行交换，以达到调节库内温湿度的目的。通风一般用于仓库的散热及散湿。其特点是简便易行、经济节约、收效大。通风方法有自然通风和机械通风两种。

3）吸湿和加湿。在不能采用通风来调节湿度或需要迅速改变湿度的情况下，可采用吸湿剂、空气去湿机吸湿或用洒水、湿擦、盛水等方法增湿。在仓库储存中，多数日用化工商品和纺织品要降低湿度，多数生鲜商品和鲜活商品需要增加湿度。

4）升温和降温。在不能采用通风来调节温度时，可用暖气设备来提高库房温度，也可用空调设备来升温或降温。

商品发生质量变化有一个从量变到质变的过程。因此，商品养护工作必须坚持以防为主，从加强仓储温湿度管理入手，同时针对不同商品的不同性质、特点，采取相应的技术措施。

（2）霉腐的防治

商品防霉变、腐败主要是针对商品霉腐的原因所采取有效的措施。在仓库储存中，主要是针对商品霉腐的外因，用化学药剂抑制或杀死寄生在商品上的微生物，或控制商品的储存环境条件。具体地说，商品防霉腐的方法有：化学药剂防霉腐，气相防霉腐剂的挥发防霉腐、气调（用保护气体置换包装内的空气）、低温冷藏、干燥。

（3）虫蛀的防治

仓库虫蛀的预防，就是采取有效措施，将害虫消灭在危害之前。通过杜绝害虫的来源，抑制或消除害虫适宜生长繁殖的条件，防止仓库虫蛀的发生。一旦发生虫害，还可以用其他手段来消灭害虫。害虫的防治方法有物理防治和化学防治两种。

物理防治有高温杀虫、低温杀虫、电离辐射杀虫、灯光诱杀和微波、远红外线杀虫方法。化学防治按杀虫作用性质不同，可分为熏蒸杀虫、胃毒杀虫和触杀虫三类。

（4）锈蚀的防治

金属的防锈蚀就是防止金属与周围介质发生化学或电化学作用，使金属免受破坏。在仓储中，一般采用改善仓储条件、涂油防锈、气相防锈、可剥性塑料封存、干燥空气和充氮封存等方法来防锈。

一旦出现锈蚀，可以分别采用手工、机械或化学方法除锈，然后采取涂油方法进行防锈。

（5）老化的防护

防老化是根据高分子材料的变化规律，采取各种有效措施，以减缓商品老化速度，达到延长其使用寿命的目的。防老化要从两方面进行，首先从老化内因着手，在生产中采用改进聚合和成型加工工艺方法，提高商品本身的稳定性。其次，可采用添加抗氧剂、紫外光稳定剂和热稳定剂等防老剂，以抑制光、氧、热等外因的作用，也可采用物理防护的方法，如涂漆、涂蜡、涂油、使用复合材料、浸渍或涂布防老剂等，使商品免受外因的作用。

（6）防燃爆

易燃易爆商品在储存中，发生火灾与爆炸通常是由明火、摩擦和冲击、电火花、化学能或曝晒等外界因素作用下导致的。所以，仓库内绝对禁止吸烟和明火，禁止带入火种；禁止使用易因机械作用而产生火花的工具，禁止穿带铁钉的鞋入库，防止搬运中相互撞击、摩擦；必须将搬运用的电瓶车等装配防爆或封闭式装置，平时应切断库内电器设备的电源；禁止使用能产生大量热量的吸湿剂吸潮；禁止聚集的日光照射，避免日光暴晒。

一旦发生火灾，要根据燃烧物品的性质采取相应措施进行灭火。

（7）防生理生化变化

为了尽量延缓食品商品的生理生化作用以利于长期储存，必须破坏或抑制其酶的活性，通常采用低温、加热干燥、气调、辐射等储藏方法。

综合实训

苹果在储运过程中如何对其进行储存和养护？

背景材料

苹果是我国四大水果之一，它果味芳香、甜酸爽口，可以增进食欲、促进消化，有非常好的保健作用。苹果还含有丰富的营养物质，它不仅含糖量高，还含有多种维生素，容易被人体吸收利用。要保证一年四季均有新鲜苹果上市，需要做好苹果储存期间的养护工作。

实训任务

阅读背景材料，根据商品储存和养护的知识，制作 PPT 演示文稿。

模块 7

客户服务基础

课程设置

课程	学习单元	课堂学时
7-1　客户与客户关系管理	（1）客户认知	1
	（2）客户关系管理	1
7-2　客户服务与电子商务客户服务	（1）客户服务	1
	（2）电子商务客户服务	1

课程 7-1　客户与客户关系管理

学习内容

学习单元	课程内容	培训建议	课堂学时
（1）客户认知	1）客户概念	（1）方法：讲授法、案例教学法 （2）重点：客户细分 （3）难点：客户价值	1
	2）客户细分		
	3）客户价值		
（2）客户关系管理	1）客户关系管理的内涵	（1）方法：讲授法、案例教学法 （2）重点：客户关系管理的内涵与主要内容 （3）难点：客户关系管理的作用	1
	2）客户关系管理的主要内容		
	3）客户关系管理作用		

学习单元 1　客户认知

“客户”一词由来已久，在我国古代，客户泛指那些流亡他乡、没有土地、以租佃为生的人，后来指代由外地迁来的住户。随着商品经济的产生和发展，与工厂企业来往的主顾、客商均被称为客户。“客户”成为承接价值的主体，通过货币的付出获得使用价值，也就是使需求得到满足，客户成为需求的载体或代表。

一、客户概念

1. 客户的含义

客户是指所有与企业经营有关的环节中与企业有互动行为的单位或个人。客户既包括购买企业产品或服务的终端消费者，也包括企业的内部员工、合作伙伴、供应链中上下游伙伴，甚至包括本企业的竞争对手。

客户一般由以下几个部分组成。

（1）消费者客户

消费者是指为个人或家庭需要而购买或使用商品和接受服务的社会成员。消费者应具备以下几个条件。

第一，消费者的消费应当是公民为生活目的而进行的，如果消费的目的是再生产，则不属于消费者范畴。

第二，消费者应当是商品或服务的受用者。

第三，消费的客体既包括商品，也包括服务。

第四，消费者的消费主要是指个人消费。

（2）中间客户

中间客户购买企业的产品或服务，目的是进行再销售，中间客户的典型代表是经销商。

（3）内部客户

内部客户是指企业内部的个人或业务部门为商业目标购买企业商品或服务。企业内部员工是较为重要的内部客户。

（4）公利客户

公利客户是代表公众利益，向企业提供资源，然后直接或间接地从企业获利中收取一定比例费用的客户。公利客户的典型代表是政府、行业协会、媒体等。

对企业而言，客户是企业的利润之源，是企业发展的动力，很多企业将“以客户为中心”作为企业客户管理的理念。可以说，客户是所有本着共同的决策目标，参与企业决策制定并共同承担决策风险的个人和团体。

2. 客户与顾客

在现实生活中，客户和顾客这两个词常常同时使用。但在现代营销管理理念中，客户与顾客是有区别的。

客户和顾客都是指购买和消费企业产品的个人或组织。

顾客指接受或可能接受任何组织、个人提供的产品或服务的购买者，包括潜在购买者。顾客不仅是指个体，同时还包括企业、政府等团体。客户不仅仅是顾客，在一切与企业经营有关的环节中，与企业有互动行为的单位或个人都是该企业的客户。两者的区别包括以下几个方面。

（1）服务方面

顾客可以由任何人或机构来提供服务，而客户则主要由专门的人员提供服务，并且有详细的信息资料。客户是针对特定的某一类人或某一个细分市场而言的，客户是顾客的一部分，是从顾客中提升出来的。

（2）稳定性方面

多数顾客是一次性交易，而客户则是多次购买，并且购买金额高于顾客，因此，客户比顾客稳定性更高。

（3）时间性方面

客户与企业之间比顾客与企业之间有更长期的业务关系。

相关链接：

❖ 发展一位新客户的成本是保持一位老客户成本的 5～10 倍。

❖ 向新客户进行推销的花费是向现有客户推销花费的 6 倍。

❖ 向新客户推销产品的成功率是 15%，而向现有客户推销产品的成功率是 50%。

❖ 如果企业对自己的服务过失给予快速关注，则 70% 对服务不满意的老客户还会继续与其进行合作。

❖ 一个对服务不满意的客户会将其不满意的经历告诉其他 8～10 人，而一位满意客户则会将他的满意经历告诉 2～3 人。

❖ 客户忠诚度下降 5%，则企业利润下降 25%。

❖ 二八法则：企业 80% 的利润来自 20% 的重要客户。

二、客户细分

客户细分是指根据客户的价值、需求、偏好等综合因素对客户进行分类，并提供有针对性的产品和服务以及营销模式。在企业中，按照客户的购买方式、客户规模、客户忠诚度等不同分类标准，可以把客户分成不同类型。

因为不同的客户为企业提供的价值不同，企业想知道哪些是最有价值的客户、哪些是忠诚客户、哪些是潜在客户，就必须对客户进行细分。区分不同的客户，针对不同的客户采用不同策略，能够使企业利润最大化。

本教材根据客户的重要性、客户的忠诚度、客户与企业所处的关系、客户提供价值的能力进行细分。

1. 根据客户的重要性划分

1897 年意大利经济学家帕累托提出了二八法则，即企业利润的 80% 来自约 20% 的重要客户，而其余 80% 的客户对企业来说是微利的，甚至是无利可图的。

按照二八法则，可以将客户分为贵宾型客户、重要型客户、普通型客户。贵宾型客户、重要型客户共占客户总量的 20% 左右，而这部分客户为企业创造的利润大约为 80%。

（1）贵宾型客户

这类客户约占总客户数量的 5%。对企业而言，这类客户数量最少，但是其消费额占企业销售额总量的比例却非常大，对企业销售贡献的价值最大。

（2）重要型客户

这类客户约占客户总量的 15%，是指除了贵宾型客户之外，消费额所占比例较大，能够给企业带来较高利润的客户。

（3）普通型客户

这类客户人数众多，约占 80%，但其消费总量不大，能为企业带来的利润不多，甚至给企业带来的利润还抵不上其所消耗的企业资源，导致企业很少能从他们身上盈利。在 80% 的普通型客户中，还可以进行进一步划分，找出其中不能为企业创造利润，或利润很少但消耗企业很多资源的客户，使其要么向重要型客户转变，要么终止交易，从而减少企业的成本。

2. 根据客户的忠诚度划分

客户忠诚是客户对某一特定产品或服务产生了好感，形成了偏好，进而重复购买的一种趋向。忠诚客户是和企业建立了长期、稳定、信任的关系，并愿意为企业提供的产品和服务支付合适价格的客户。

（1）垄断忠诚

垄断忠诚指企业的产品或服务在行业中处于垄断地位，消费者无论满意与否，都只能长期使用企业的产品或服务。例如，供电公司所提供的电力服务，就是不管其如何调价，消费者都只能被动接受。

（2）惰性忠诚

惰性忠诚指客户由于惰性而不愿意去寻找其他企业或品牌的产品或服务。

（3）潜在忠诚

潜在忠诚指客户希望能够不断购买企业的产品或再次享受服务，但由于企业的内部规定或其他因素限制了购买行为。例如，淘宝网的一些商品规定要购买两件或多件才能包邮，但有些消费者无法找到和自己一起购买商品的人，从而最终放弃购买商品。

（4）方便忠诚

方便忠诚指客户由于地理位置比较方便而重复购买，但是一旦出现更为方便的供应商或更为满意的目标之后，这种忠诚就会随之减弱，甚至消失。

（5）价格忠诚

价格忠诚指客户对价格十分敏感，产生重复购买的原因在于产品价格符合其期望。价格忠诚的客户忠诚于提供最低价格的供应商，价格是决定其购买行为的关键因素。例如，“两元店”“九块九”店等，就是以便宜的价格吸引客户。

（6）激励忠诚

激励忠诚指企业有奖励活动的时候就会购买，当活动结束后，就会转向有其他奖励或更多奖励的企业。

（7）超值忠诚

超值忠诚指客户了解、消费企业产品或服务的过程中与企业有了某种感情上的联系，或者对企业有了趋于正面的评价而表现出来的忠诚。具有超值忠诚的客户不仅在行为上表现为不断重复购买，而且在心理上对企业的产品或服务也有高度认同感。

企业不应排斥惰性忠诚、方便忠诚、价格忠诚、激励忠诚的客户，因为他们是实实在在地、持续不断地购买企业的产品或服务，能给企业带来利润。但应当认识到，超值忠诚客户才是最难能可贵的，客户的忠诚度与企业和客户交易时间的长短及次数是正相关的，只有忠诚客户才能长时间、高频率地与企业进行交易。

3. 根据客户与企业所处的关系划分

（1）非客户

非客户指那些与企业没有直接的交易关系，不可能购买企业产品或服务的群体。

（2）潜在客户

潜在客户指与企业没有直接的联系，但是对企业的产品或服务有需求，并且有购买动机和支付能力，但购买行为还未发生的群体。

（3）目标客户

目标客户是指能够给企业带来收益，企业也能满足其需求并力图开发为现实客户的群体。根据客户的购买时间或迫切程度，可以将目标客户分为 H 级、A 级、B 级和 C 级，H 级是购买意愿最强烈，预计会立即购买或 1 ~ 3 天会购买的客户，C 级是购买意愿较弱，不确定何时会购买的客户。

（4）现实客户

现实客户指已经购买企业产品或服务的既有客户群体。可以根据购买产品的不同、购买频率或所获价值的大小将现实客户进一步进行分类，以便于对客户的管理，提升复购率，提高满意度。

4. 根据客户提供价值的能力划分

（1）灯塔型客户

这类客户对新生事物和新技术非常敏感，喜欢新的尝试，对价格不敏感，是潮流的领先者。这类客户往往收入较高，受教育程度较高，具有较强的探索与学习能力，对产品相关技术有一定了解，处于舆论领导者地位。灯塔型客户群不仅自己率先购买，而且积极鼓动他人购买，是众多商家愿意倾力投资的目标，具有较高的交易价值。

（2）跟随型客户

这类客户紧跟潮流，他们不一定真正了解和完全接受新产品与新技术，但以灯塔型客户作为参考，是真正的感性消费者，在意产品带给自己的心理满足和情感特征，他们对价格不敏感，但十分注意品牌形象。

（3）理性客户

这类客户在购买决策时小心谨慎，对产品价格、质量、承诺比较敏感。理性客户对他人的建议能够听取但不盲从，每一次购买决策都需精确的计算，不依赖于某一品牌。因此，他们不具备交易价值，只能为企业提供购买价值、信息价值与口碑价值。

（4）逐利客户

这类客户对价格十分敏感，这与他们的收入水平密切相关，他们对他人的影响力较低，其传递的信息集中于价格方面，口碑价值可以忽略不计。逐利客户为企业提供两种最基本价值：购买价值与信息价值。

三、客户价值

客户价值是客户细分管理的基本依据，企业通过客户价值分析，能够真正理解客户价值的内涵，从而针对不同的客户进行有效的客户关系管理，使企业和客户真正实现“双赢”。

1. 客户价值的含义

从客户的角度看，客户需要从购买的企业产品或服务中得到需求的满足，因此客户所认为的客户价值是客户从某种产品或服务中所能获得的总利益与在购买和拥有时所付出的总代价的比较，即客户从企业为其提供的产品或服务中所得到的满足。

从企业的角度看，企业需要从客户的消费购买中实现企业的收益，企业认为的客户价值是企业从与其具有长期稳定关系的并愿意为企业提供的产品或服务承担合适价格的客户中获得利润，即客户为企业的利润所做的贡献。

2. 客户价值分析的意义

对于企业而言，投资回报率是很重要的指标，企业所投入的资金要与从中获得的收益相符。客户价值可以帮助企业清楚地发现一些客户比其他客户更有价值，而通过客户价值分析可以有效地帮助企业发现哪些客户最有价值并应该为获得或保留这些客户投入多少。

对客户价值的理解是企业管理的关键，如果没有评价客户价值的要素标准，就无法使企业的客户价值最大化。在企业的客户群中，客户的盈利能力是有很大区别的，各种商业广告和促销活动分摊在每一位客户身上是差不多的，但不同的客户所带来的价值是不同的，一般而言，在客户身上花的钱越多，他们保持更高价值的可能性就越大。

3. 客户让渡价值

企业要衡量客户价值，并为之提供与价值相适合的服务，这样，企业与客户就都能从中受益，从而实现“双赢”。

（1）客户让渡价值模型

客户购买某一产品是为了获得一定的客户价值，即其所得到的期望利益的满足；而客户会不会购买这一产品则取决于“客户让渡价值”。客户让渡价值为正时，购买行为就有可能实现；而客户让渡价值为负时，购买行为则很难发生。

客户让渡价值 = 客户总价值 – 客户总成本

客户总价值即其所获得的全部利益，包括产品价值、服务价值、人员价值和形象价值；客户总成本即其支付的全部成本，包括货币成本、时间成本、精神成本和体力成本。

当一个住在城乡接合部的主妇准备购买一台抽油烟机时，她会面临这样的选择：一种她所喜欢的抽油烟机在其附近的商店里有售，不仅安装，还能常年维修，同时她也知道在市中心的商场中抽油烟机的价格比较便宜，而且款式比较多，但市中心的商店不能负责送货和安装。主妇考虑再三，决定还是在附近购买。用客户价值理论分析，即如果市中心同类产品的价格比在附近购买没有便宜很多（如便宜 5% 左右），主妇会认为，因为增加了运货、安装等费用以及时间、精力和体力成本，在附近购买低于在市中心购买的总成本，从而使客户让渡价值增大，于是她会决定在附近购买。如果二者价格相差 20% 以上，主妇会由于在附近购买总成本差异大于总价值差异而仍然选择去市中心购买。

（2）客户总价值

客户总价值即其所获得的全部利益，包括产品价值、服务价值、人员价值和形象价值，下面以一位轿车车主到某品牌特约维修站换一个轮胎为例来说明。

第一，产品价值。即一只新轮胎的使用价值。轮胎质量是否合格，以及各项性能高于标准水平的程度将决定产品使用价值的高低。

第二，服务价值。客户不需要去轮胎销售商处提货，而是在维修站得到了这只轮胎。重要的是有人为他换好了轮胎并且做了校正。其服务价值的大小除了和换轮胎的技术有关外，还和耗时的多少有关。

第三，人员价值。指服务人员的可靠性、相应性、安全性。假如一位年长的技师不仅在几分钟内换好了轮胎，并且亲自向客户讲述造成轮胎破损的几种可能原因。不仅如此，当老技师知道车主是个新司机时，还提醒他新司机经常犯的错误及因此会导致的严重后果，那么这位车主得到的人员价值就是非常高的。

第四，形象价值。形象价值在很多时候表现在客户心理得到的满足。客户走进一个路边的修车铺和走进一家装修精致的特约维修站得到的形象价值是不一样的，客户与穿着不干净的修理工交谈和与穿着整洁制服的技师交谈所获得的形象价值也不一样。

（3）客户总成本

客户总成本即客户支付的全部成本，包括货币成本、时间成本、精神成本和体力成本。需要注意的是，必须将以往关注的货币成本转移到关注其他成本上。这里仍然以某车主到特约维修站更换轮胎为例来说明。

第一，货币成本。客户付出货币作为轮胎和修理服务的费用。上例中老技师的指导和关心并没有向车主收取任何费用，这种人员价值是真正的“超值部分”。

第二，时间成本。车主为了寻找特约维修站花费了一定的时间，这是时间成本的一个方面；另一方面，如果车主进了一家缺乏经验的修理店更换轮胎，可能因为修理工缺少经验和判断，使他等了一个小时才换好。这样，他在修理店所付出的时间成本就高于去特约维修站的时间成本。车主越是处于紧急状态时越在乎时间成本。

第三，精神成本。车主可能在进入特约维修站之前，路过了一个社会修理厂或一个轮胎专卖店，他犹豫是不是非要到特约维修站修理，为了做出决策，他用心进行比较，这是他付出的精神成本。大多数客户为了降低这种成本，自愿选择了特约维修站。服务的无形性会带来购买风险的上升，客户出于降低风险的考虑，会忠诚于某个维修站。企业在宣传中对自己的服务品质或服务时间做出承诺，就是为了降低客户的可感知风险，从而降低客户的精神成本。

第四，体力成本。客户可以选择购买一个轮胎，自己把它换上，这样他就耗费了自己的体力，为了节省体力和降低风险，很多客户选择专业人员来完成。

运用客户价值理论应注意两点：一是客户在信息基本透明的情况下，会以客户让渡价值的最大化作为购买决策的依据；客户的总价值和总成本都包含多种因素，而不仅是产品效用和价格之间的比较。二是客户会根据让渡价值来决定其购买行为，企业应当主动地对客户的让渡价值进行测算和评估，以调整客户的总价值和总成本，增强自己的竞争力。

4. 客户终身价值

（1）客户终身价值的含义

客户终身价值是指随着时间的推移，客户因购买企业的产品或服务而给企业带来的所有收益，这些收益不包括产品或服务的产生成本，简单地说，企业从客户那里获得的价值，就是客户终身价值。

从企业可持续发展和利益最大化角度考虑，客户终身价值中的“当前价值”和“潜在价值”最为重要。

客户当前价值是企业在现在及可预见的未来较短时间内可以从客户那里获得的利益，这些收益可能来源于客户使用的各类业务。企业可以通过客户当前价值的高低寻找目前的高价值客户，以获得可持续的业务发展和收益增长。

客户潜在价值是指客户未来可能给企业带来的利润。可以分成两部分：一是基本价值，指客户的财富水平、收入水平等影响客户终身价值的个人因素；二是成长价值，指随着时间的推移，客户的变化情况。

一般而言，客户潜在价值来自以下几个方面：一是客户的重复购买，指客户增加已购买产品的交易额。二是客户交叉购买，指客户购买已购产品的相关产品。三是客户向上购买，指客户购买已购产品的升级品、附加品。四是推荐新客户，指客户把一些潜在客户推荐给本企业，也包括口碑传播。

（2）客户终身价值的作用

提高客户终身价值是企业获取利润的源泉。企业必须全心全意为客户提供优质的产品和服务，只有增加客户的满意度，客户才会购买本企业的产品和服务，从而提高客户终身价值，以实现更多的企业利润，并增强企业竞争力。

提高客户终身价值是企业增强竞争力的前提和核心。在买方市场条件下，客户资源成为企业的战略资源，企业要想取得竞争优势，增强竞争力，必须获取足够的客户资源。要提高客户终身价值，树立以客户为中心的理念，就必须靠全体员工上下一心，这是企业增强竞争力不可或缺的内部条件。

案例分析

【案例】7.1　商业银行的客户细分

某商业银行对零售类个人客户进行细分，实施差别化的营销与服务。该银行深圳分行创办了“金牛理财中心”，推出客户分层次服务办法，使理财中心成为营销零售业务的集中场所。深圳福田支行根据其“50% 的储蓄存款来源与该行不到 1% 的大客户”这一情况，为避免传统的服务方式导致劣质客户驱逐优良客户的现象发生，在其理财中心提出了客户分层次服务办法，将客户区分为普通客户，VIP 客户，高级 VIP 客户三个等级（VIP 客户标准为：日均存款 100 万元或个人资产 200 万元以上客户），理财中心大厅设有贵宾窗口、大户室、“一站式”个贷办理区、VIP休闲区、VIP活动区等，客户等级不同享受的服务也不同。该行还将目前没有业务往来的重点公司客户的重要岗位人员以及证券大户、保险公司VIP客户、多次置业的富裕阶层、发展前景良好的公司负责人等作为潜在的VIP客户进行重点服务。

案例分析：企业进行有效的客户细分，能够更有针对性地提供客户服务，为企业创造客户价值，提高企业利润。在某种意义上说，客户细分是实施客户关系管理的基础。

【案例】7.2　王永庆卖米

提起台湾首富王永庆，几乎无人不晓。他把台湾塑胶集团推进到世界化工业的前50名。而在创业初期，他做的还只是卖米的小本生意。

那时候，顾客都是上门买米，自己运送回家。这对年轻人来说不算什么，但对一些上了年纪的人，就成为一个很大的负担了。而年轻人又无暇顾及家务，买米的顾客以老年人居多。王永庆注意到这一细节，于是主动送米上门。这一方便顾客的服务措施大受欢迎。因为当时还没有“送货上门”一说，所以增加这一服务项目等于是一项创举。

王永庆送米，并非只是送到顾客家门口了事，而是将米倒进米缸里。如果米缸里还有陈米，他就将陈米倒出来，把米缸擦干净，再把新米倒进去，然后再将陈米放回，这样，陈米就不至于因存放过久而变质。王永庆这一精细的服务令顾客深受感动，赢得了很多的顾客。

如果给新顾客送米，王永庆就细心记下这户人家米缸的容量，并且问明家里有多少人吃饭，几个大人、几个小孩，每人饭量如何，据此估计该户人家下次买米的大概时间并记在本子上。到时候，不等顾客上门，他就主动将相应数量的米送到客户家里。

王永庆精细、务实的服务，使嘉义人都知道在米市马路尽头的巷子里，有一个卖好米并送货上门的王永庆。有了知名度后，王永庆的生意更加红火起来。就这样，王永庆从小小的米店生意开始了他后来问鼎台湾首富的事业。

案例分析：案例中王永庆仔细记录客户的详细信息，分析客户何时买米、每次能买多少，从而提供超值服务，维护和发展了客户价值。

综合实训

理解客户价值及客户终身价值。

实训任务

阅读背景材料，根据企业衡量客户价值的方法，完成客户价值分析报告。

背景材料

有一家图形设计公司与一家软件供应商已经有 5 年的合作关系了，我们来计算一下，5 年来，软件公司能从图形设计公司获得的直接和间接利润到底有多少。

第一年，图形设计公司老板从报纸广告中得知，软件公司开发了一种用于台式计算机的平面设计软件，随后决定购买一套。这套软件的售价是 800 元，公司通过广告及其他促销手段获得一个客户的平均成本是 850 元。显然，在第一年里，软件公司从客户手中并没有挣到钱，因为他获得并服务于该客户的成本高于其软件产品的价格，即每位客户软件公司亏损 50 元。

第二年，图形设计公司对这套平面设计软件很满意，又买了升级版本，价格为 500 元 / 套（该产品利润较高，属于上升购买），同时还购买了制图和演示软件，价格为 250 元 / 套（交叉购买）。此外，公司老板又向几个独立图形设计师推荐了该平面设计软件，其中一人购买了这套售价为 800 元的软件（推荐购买）。第三年开始，公司每年获得客户的成本大大降低，平均为每年 100 元。

第三年，图形设计公司又从软件供应商处购买了价格为 500 元 / 套的图像处理软件和价格为 200 元 / 套的艺术剪辑资料库。而第一个被推荐的客户（即第二年购买平面设计软件的客户）又购买了制图软件和平面设计软件的升级版，共花费 750 元。第二个被推荐的客户购买了 800 元 / 套的平面设计软件。

第四年，图形设计公司又购买了价格为 250 元 / 套的新版平面设计软件的升级版和价格为 250 元 / 套的制图软件升级版。第一个被推荐的客户又购买了图像处理软件和艺术剪辑资料库，共计 700 元。而第二个被推荐的客户购买了制图软件和平面设计软件升级版，共计 750 元。此外，又有两个被推荐的客户分别购买了一套售价为 800 元 / 套的平面设计软件。

第五年，图形设计公司购买了价格为 3 000 元 / 套的多合一软件套装，其功能包括平面设计、演示和图像处理，另外又单独购买了一个新的艺术剪辑资料库，价格为 200 元 / 套。第一个被推荐的客户买了新版平面设计软件的再升级版和制图软件升级版，共计 500 元。第二个被推荐的客户购买了图像处理软件和艺术剪辑资料库，共计

700 元。而另外两个上一年被推荐的客户，又分别购买了价格为 750 元 / 套的制图软件和平面设计软件的升级版。

从第一年到第五年，图形设计公司及其推荐客户的购买金额见表 7-1-1。

表 7-1-1　一个持续 5 年的客户创造的价值　　单位：元

收入分类	第一年	第二年	第三年	第四年	第五年
基本产品和服务销售收入	800	0	0	0	0
新产品和服务销售收入	0	500	500	250	3 000
		250	200	250	200
获得客户及服务的成本	850	100	100	100	100
被推荐客户：来自新的忠实客户的销售收入	0	800	750	700	500
			800	750	700
				800	750
				800	750
利润	-50	1 450	2 150	3 450	5 800
利润总额					12 800

工作程序

（1）让学生分组阅读并讨论上述材料，要求学生对上述材料中客户终身价值进行叙述和分析，找出企业成功的关键点。

（2）分组完成一份客户价值分析报告，提出企业赢得客户价值的关键问题，每组选代表上台汇报报告内容。

（3）学生互评，教师点评，归纳总结。

学习单元 2　客户关系管理

一、客户关系管理的内涵

随着全球经济一体化和竞争的加剧，产品同质化的趋势越来越明显，产品的质量和价格差别不再是企业获利的主要手段。企业认识到满足客户的个性化需求的重要性，以客户为中心、倾听客户需求、对不断变化的客户期望迅速做出反应的能力成为企业成功的关键。因此，企业经营围绕“以客户为中心”进行，从而满足客户的个性化需求。

“以客户为中心”的理念具有以下特征：

1. 企业关注的重点由产品转向客户。

2. 企业将仅注重内部业务的管理转向客户关系的管理。

3. 企业从重视如何吸引新的客户转向全客户生命周期的关系管理。

4. 企业开始将客户价值作为绩效衡量和评价的标准。

客户关系管理是企业树立以客户为中心的发展战略，以信息技术为主要手段，开展的包括判断、选择、争取、发展和保持客户的全部过程。在这一过程中，企业注重的是与客户的交流，客户关系管理使企业以客户关系为重点，通过开展系统化的客户研究、优化企业组织体系和业务流程，提高客户满意度和忠诚度，提高企业效率和利润水平。

客户关系管理包含理念、模式、系统三个层面。

第一个层面，客户关系管理是一种现代经营管理理念。客户关系管理的核心思想是将企业的客户视为最重要的企业资产，通过完善的客户服务和深入的客户分析来满足客户的个性化需求，提高客户满意度和忠诚度，进而保证客户终生价值和企业利润增长的实现。客户关系管理的宗旨是通过与客户的个性化交流来掌握其个性需求，并在此基础上为其提供个性化的产品和服务，不断增加企业提供给客户的交付价值，最终实现企业和客户的双赢。客户关系管理吸收了包含“数据库营销”“关系营销”“一对一营销”等管理思想，通过满足客户的特殊需求，特别是满足最有价值客户的特殊需求来建立和保持长期稳定的客户关系。

第二个层面，客户关系管理是一种改善企业与客户之间关系的新型管理机制，可以应用于企业的市场营销、销售、服务、技术支持等与客户相关的领域。

客户关系管理通过向企业的销售、市场和客户服务的专业人员提供全面的、个性化的客户资料，强化其信息分析的能力，帮助企业与客户建立和维护一种亲密信任的关系，通过信息共享和优化商业流程来有效地降低企业经营成本。

第三个层面，客户关系管理是一套应用软件系统，即 CRM 软件，它是实施客户关系管理必不可少的一套技术和工具集成的支持平台。CRM 软件凝聚了市场营销等管理科学的核心理念，集成了当今的信息技术，包括互联网和电子商务、多媒体技术、数据仓库和数据挖掘、专家系统和人工智能、呼叫中心以及相应的硬件环境，能实现企业前台、后台不同职能部门的无缝连接，能够协助管理者更好地完成客户关系管理的两项基本任务：识别和保持有价值客户。

二、客户关系管理的主要内容

客户关系管理的发展无论是从理论还是从应用情况看，都是为解决问题而存在的。从管理的主要内容上看，客户关系管理围绕着企业关于客户的各类活动而展开。

客户关系管理围绕识别、选择客户，获取客户，保持客户以及客户价值扩展四大环节来开展客户管理工作，其中重在对现有客户的维护与开发，借助现代信息手段可以高效率地实现这些目标。

客户关系管理的主要内容（见图 7–1–1）包括以下几个方面：

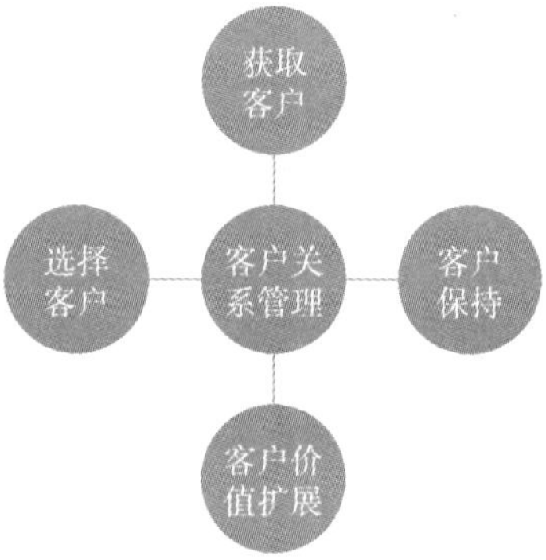

图 7–1–1　客户关系管理主要内容

第一，识别、选择客户，即对客户的认识、选择、开发。企业无法向所有人提供所有服务，需要判断谁是最有利可图的客户。

第二，获取客户，将目标客户和潜在客户开发为现实客户，包括对客户信息的掌握、对客户的分级、对客户进行互动与沟通，以最有效率和效果的方式获取客户。

第三，客户保持，客户保持率增加 5%，企业平均利润增加幅度就可达到 25%～85%。企业通过信息技术的应用，为客户提供多种可能的联系渠道，改善对客户抱怨的处理，对客户满意度进行分析，并实现客户忠诚，尽可能久地留住客户。

第四，客户价值扩展，可在建立客户忠诚度的同时获取最大效益。客户与企业的接触点和沟通渠道越来越多，企业有机会更深入地了解客户的偏好和购买行为，从而识别有价值的客户并进行增量销售和交叉销售，与他们建立起持续、长期、稳定的关系，从而实现企业利润最大化。

三、客户关系管理作用

客户关系管理能为企业获得更多的客户，保留优质客户，创造更大的客户价值，从而为企业带来丰厚的利润和持续的竞争优势。其作用有以下几个方面：

1. 降低销售和服务成本

客户关系管理借助现代计算机和网络技术，大大降低营销运作成本，可以更准确地寻找目标客户，有针对性地开展营销活动，节省开发客户的成本。

2. 实现信息共享

通过客户关系管理，企业可以对客户信息进行全面整合，实现信息充分共享，保证为客户提供更快捷、周到的服务，以优化企业的业务流程，增加客户保持率。

3. 提高收益水平

通过客户关系管理可以提高销售的成功率，增加客户的重复购买率和购买量，从而提高企业的收益水平。

4. 提高客户的满意度与忠诚度

客户关系管理通过采集和分析客户的各种信息，把销售、营销和客户服务整合到一起，使整个企业协同起来满足客户的需要，不断改善客户的关系，提高客户的满意度和忠诚度。

总之，客户关系管理有利于企业营销的合理化和实现客户与企业的良好沟通，使企业规避市场风险，提高竞争力。

综合实训

运用所学知识进行案例分析。

实训任务

根据背景材料，对案例进行分析，并说明理由。

背景材料

网店的包邮产品中：一种 9.9 元的产品，一位客户买了 30 件；另一种 99 元的产品，一位客户买了 2 件。

以上述材料为例，利用所学知识分析，以上两位客户哪位是企业要维护的客户？应该怎样维护这类客户？

课程 7-2　客户服务与电子商务客户服务

学习内容

学习单元	课程内容	培训建议	课堂学时
（1）客户服务	1）客户服务的含义与作用 2）客户服务的基本要求	（1）方法：讲授法、案例教学法 （2）重点：客户服务的含义 （3）难点：客户服务的基本要求	1
（2）电子商务客户服务	1）电子商务客户服务的概念 2）电子商务客户服务分类 3）电子商务客户服务的内容 4）电子商务客户服务工具	（1）方法：讲授法、案例教学法、演示法、讨论法 （2）重点：电子商务客户服务的内容 （3）难点：电子商务客户服务工具	1

学习单元 1　客户服务

一、客户服务的含义与作用

1. 客户服务的含义

客户服务是一个过程，即在合适的时间、合适的场合，以合适的价格、合适的方式向合适的客户提供合适的产品和服务，使客户合适的需求得到满足，价值得到提升的活动过程。

客户服务有三个层次：首先是基本服务，是客户在购买企业产品或服务之前假定自己必须获得的服务；其次是反映服务，是客户能够向企业明确表达希望得到的服务；最后是意外服务，是企业给客户带来的意外惊喜，这是企业改进服务的重点，也是客户满意的关键点。

2. 客户服务的作用

（1）客户服务能够防止客户流失

对企业来说，开发 10 个新客户也不一定能够弥补失去 1 个老客户所带来的损失。优质的客户服务能有效防止客户流失。对本企业满意的客户，面对其他企业的产品或服务，会衡量本企业的产品价值、服务价值、人员价值、形象价值，以及转换成本等，而更愿意留在本企业。

（2）客户服务能帮助企业树立良好的品牌形象

客户服务不是企业的短期行为，而是企业长远的、持续的经营活动，企业通过优质的客户服务实现客户满意，从而使这种满意在客户之间进行信息传播，为企业获得更多的客户。同时可在客户心中树立起一种服务品牌形象，赢得客户对企业和产品的认可与信任。

（3）客户服务能给企业创造经济效益

客户服务最直接的效果是把企业的目光导向了企业的外部，去面对客户并寻找客户的真实需求。此外，客户服务可以为客户提供一系列的即得利益，在提高客户满意的基础上，为企业带来利润。客户服务还可以创造产品或服务的差异化，提高企业的核心竞争力，客户服务还可以延长产品的生命周期并且产生附加价值。当前，企业之间的竞争焦点逐渐转移到客户服务质量上。因此，优质满意的客户服务能让企业拥有稳定的客户和创造更多的客户价值，能为企业带来巨大的经济效益。

3. 网购中新客户和老客户购买过程的异同

新客户一般是通过搜索或广告进入网店，由于是客户第一次购买，因此顾虑较多，进店之后要看产品样式、看信誉级别、看销售记录、比较产品价格、看客户评价，然后还要咨询、砍价、了解售后服务，最后才成交购买。如果因为某一环节服务不到位或者与客户沟通不畅，还容易产生纠纷。

老客户一般是通过收藏或网址直接进入网店，因为有购买经历，所以对产品与服务比较放心。老客户会比较看重样式与店内活动，简单咨询或不咨询就会直接拍下付款，收货之后产生的纠纷也比较少，满意度较高。

显而易见，老客户比新客户购物过程更加简化，服务成本更低，通过科学测算，维护一个老客户再次购买的成本是开发一个新客户成本的 1/7。

二、客户服务的基本要求

1. 客户服务的基本准则

好的客户服务是企业成功的关键，不管是对实体店还是网店，提高客户的服务水平尤为重要，对公司形象、产品销量，以及稳定发掘新客户都起到重要作用。

（1）微笑服务

微笑服务是情感服务，是客户服务中最基本的服务手段，微笑会使人产生亲切、热情、平易近人的感觉，具有沟通感情、传递信息的作用。在与客户面对面的情况下要做到微笑服务，接听电话时也要采用微笑服务。用聊天工具时，多用表情加文字，可让客户感受到微笑服务。

（2）以客户为中心

树立以客户为中心的理念，把客户看作工作中不可缺少的一部分。为了切实做到以客户为中心，要为客户做些分外的、力所能及的小事，这是超越客户期望，客户满意的关键点。

（3）言而有信

与客户打交道，要遵守承诺，如果对客户的承诺不能兑现，就会影响后续的交易。为了养成言而有信的职业习惯，应注意以下几个方面。

1）对没有把握的事不要一口应承，应说："这件事，我没有十分的把握，但我一定尽力，争取把这件事办好。"

2）对有把握的事也不要把话说尽，要留有余地，应说："我看这件事问题不大，我想会解决好的。"

3）对不能立即回答的问题，不能说"这事我没办法帮助您"，应确定后再给客户一个肯定的答复。

4）对于已承诺过的客户，要把承诺过的事进行记录，后期应随时查看落实情况，以免遗忘。

（4）理解第一

在客户服务的过程中，难免会有使客户产生不悦的情况，这时，也要养成对客户理解的习惯。当遇到客户不悦时，尽管自己不同意他的观点，也要对他表示理解。

可以使用以下用语："我理解您为什么那样想""我理解您的想法""您说的我都听到了""出了这事，真是对不起"等。

（5）忍让为先

工作中，难免遇到大发雷霆、吹毛求疵的客户，当遇到这种情况时，必须遵守忍让为先的原则，以高度的涵养妥善处理客户关系。在客户怒气冲天时，不可运用过激语言与其针锋相对，否则，不但问题得不到解决，还会使情况变得更糟糕，让问题难以解决。

2. 客户服务标准

企业制定一套有效可行的客户服务标准是开展客户服务的基础和依据，这不仅能让企业和员工明确客户服务目标，而且是企业开展客户服务质量评价的依据。

优质的客户服务标准包括 3 个要素，即服务硬件、服务软件和服务人员。

（1）服务硬件

服务硬件是企业开展客户服务所必需的各种物质条件和基础条件，也是客户对企业形成第一印象的主要因素，服务硬件包括以下三个方面：

首先是服务地点。客户在购买产品或获得服务的时候希望更方便、更快捷，因此，企业距离客户近，让客户更方便地获取企业的产品或服务信息，成为客户选择企业的重要因素。随着信息化、网络化的发展，服务地点这一因素在逐渐弱化。

其次是服务设施。服务设施主要是指企业为客户提供产品或服务所必需的基本工具，包括质量和数量两个方面。设施的质量决定了企业为客户提供服务的好坏，而设施的数量决定着企业提供客户服务能力的大小。

最后是服务环境。服务环境主要指企业为客户提供服务的空间环境的各种因素，它是客户购买产品或接受服务过程中服务体验的主要因素。如电话客服中通话过程中的嘈杂程度。

（2）服务软件

服务软件是开展客户服务的程序性和系统性，它包括了客户服务工作所涉及的全部程序和系统，提供了满足客户需要的各种机制和途径。服务软件包括以下几个方面的内容。

1）时间性。即企业为客户提供服务时，完成服务的时间标准。

2）流畅性。即企业为客户提供服务时企业内部各部门之间相互配合、相互合作，使得服务能顺利流畅地完成。

3）预见性。即企业为客户提供服务时能对客户的需要进行准确的预测，并在客户还没有提出时就能主动为客户提供该项服务。

4）沟通渠道。即为了保证企业客户服务系统的正常运行，及时了解客户的实际需要以便向客户提供优质服务，企业内部以及企业与客户之间必须保持通畅的沟通渠道。

5）客户反馈。即企业必须建立有效的、可观测的客户信息反馈系统，及时了解客户对产品或服务的意见以及客户对产品或服务的满意程度。

（3）服务人员

企业仅有合理的硬件和软件资源是远远不够的，还必须要严格、准确地使用这些资源为客户提供服务，因为在客户服务过程中，客户服务人员的服务意识、服务水平直接影响客户服务的质量，决定着客户是否满意。客户服务人员的影响因素包括以下几个方面。

1）客户服务人员的仪容仪表、态度等方面的个体形象。客户服务人员为客户提供服务时，客户服务人员的形象对客户的心理活动产生着积极或消极的影响，企业要制定使客户留下良好印象、创造和谐气氛、产生良好情绪、符合仪表要求的外在形象指标。

2）关注。关注是指满足客户独特的需要和需求，企业要制定出以何种方式向客户表示关注，如何才能使客户感受到特别对待。要从客户的角度看问题，认同客户的感受，让客户感受到企业的关注。

3）指导。指导包括客户服务人员入户帮助客户，如何指导客户做出购买决定，为客户提供建议等方面。企业要明确客户服务人员需要具备什么知识水平才能为客户提供所需的正确的指导，从而采取有效的措施帮助客户服务人员提升个体素质。

一般认为，评价服务质量的标准，主要有以下五个方面。

①感知性。指提供服务的有形部分，如各种设施、设备、客户服务人员的仪表等，客户正是借助这些有形的、可见的部分来把握服务的实质。有形部分提供了有关服务质量的线索，同时也直接影响客户对服务质量的感知。

②可靠性。指服务供应者准确无误地完成所承诺的服务，避免服务过程中的失误，客户认可的可靠性是最重要的质量指标，它同核心服务密切相关，许多以优质服务著称的企业，正是通过强化可靠性来建立声誉的。

③适应性。主要指反应能力，即随时准备为客户提供快捷、有效的服务，包括矫正事物和改正对客户不便的能力，对客户的各项要求，能否予以及时满足，表明企业的服务导向，即是否把客户利益放在第一位。

④保证性。主要指客户服务人员的友好态度与胜任能力。客户服务人员较高的知识技能和良好的服务态度，能增强客户对服务质量的可信度和安全感。在服务产品不

断推陈出新的今天，客户同知识渊博而又友好和善的服务人员打交道，无疑会产生信任感。

⑤移情性。指企业和客户服务人员能设身处地为客户着想，努力满足客户的要求。这就要求客户服务人员有一种投入的精神，想客户之所想，急客户之所需，了解客户的实际需求，乃至特殊需求，千方百计地予以满足，给予客户充分关心和体贴，使服务过程充满人情味，这就是移情性的体现。

案例分析

【案例】海底捞——以服务制胜

“服务至上、顾客至上”，这是海底捞的理念，而“顾客就是上帝”这句话我相信所有的火锅店都知道，但海底捞是如何将这种理念转化为自己的优势呢？简单地说，海底捞能成功是因为其一直在践行着的基本准则——“以顾客为中心”。

通常而言，排队等候就餐是个极其枯燥的过程，海底捞却反其道而行之。它在每个门店都设有面积不小的等餐区，除了舒适的沙发和桌椅，顾客还可以免费吃水果、喝饮料，免费擦皮鞋、上网、玩扑克牌等，等待超过半小时，餐费还可以打九折，年轻女孩子甚至为了享受免费美甲服务还专门去海底捞就餐。

待客人坐定点餐时，服务员会细心地为长发的女士递上皮筋和发夹，戴眼镜的客人则会得到擦镜布。每隔 15 分钟，就会有服务员主动更换客人面前的热毛巾；如果有孩子，服务员还会帮客人喂孩子吃饭，陪他们在儿童天地做游戏；抽烟的人，他们会给你一个烟嘴。

餐后，服务员马上送上口香糖，一路上所有遇到的服务员都会向你微笑道别。如果某位顾客特别喜欢店内的免费食物，服务员也会单独打包一份让他带走。

正是这种高端、细致的服务，使在海底捞消费过的顾客的满意度远远高于同行业，而这些顾客通过口口相传的方式又为海底捞带来了更多的新客户。这部分通过口碑营销吸引过来的客户，他们的忠诚度很高，不会介意等待时间的长短，也不会介意菜价的上涨等而选择其他的替代店消费。

案例分析：在细节之处将服务做得尽善尽美，客户对这样的服务还会有什么不满意、不放心的呢？企业制定一套可行的客户服务标准是开展客户服务的基础和依据，优质的客户服务能最大限度地使客户满意，使企业在市场竞争中赢得优势，获得利益。

综合实训

进行客户服务，帮助客户解决问题。

实训任务

以小组为单位，每组派出3名同学，分别扮演客户、客户服务人员、客服经理，设计具体的投诉问题，现场演练处理过程。

背景材料

客户服务实训表见表7-2-1。

表7-2-1 客户服务实训表

情景设置	你如何处理	理由
1. 有位客户购买了一部手机，大概过了7个月，客户说手机坏了，不能显示，并将手机拿到维修部门，维修部门发现是由于电池漏液导致电力板被腐蚀，需返厂家更换电路板，但是这款产品厂家已经不生产了。于是，客户要求索赔、退货		
2. 企业的工作人员说："我们给你调换一个，你可以选另外一款同等价格的手机。"客户说："不行，你们一定要退钱。"		
3. 客服经理没有答应他的要求，没想到这个客户特别难缠，天天跑到企业去闹，影响企业的正常工作		
4. 企业没办法了，于是跟该顾客签订了一份保密协议：他可以退货，但不能将处理结果告诉其他客户		

请你想一想，企业需要签订这份协议的原因。

学习单元2 电子商务客户服务

一、电子商务客户服务的概念

电子商务客户服务是基于互联网的一种客户服务工作，是网络购物发展到一定程度下细分出来的一个工种，与传统商店售货员的工作类似。这种服务形式对网络有较高的依赖性，所提供的服务一般包括：客户答疑、促成订单、店铺推广、完成销售、售后服务等几个方面。

电子商务客户服务工作的主要宗旨是以客户为中心，为客户提供更多的贴心服务，让客户快乐购物，注重客户体验。让客户满意，主要取决于客户关键接触点，每一个接触点所提供的产品或服务都至关重要。

电子商务客服是承载着客户投诉、订单业务受理（新增、补单、调换货、撤单等）、通过各种沟通渠道获取参与客户调查、与客户直接联系的一线业务受理人员。客服作为一个直接影响客户购物体验的岗位，对企业的整体运营具有重要意义。

二、电子商务客户服务分类

客服以沟通为中心，带动整个营销流程良好运作。

1. 按形式分

（1）在线客服

在线客服是以网页为载体，运用网络技术为网站访客提供服务的方式，是集即时通信、访客监控、流量统计、客户管理等于一体的先进互联网在线客户服务。可以主动邀请访客、强制访客对话、实时留言转发、智能机器人 24 小时在线接待等，客服对话窗如图 7–2–1 所示。

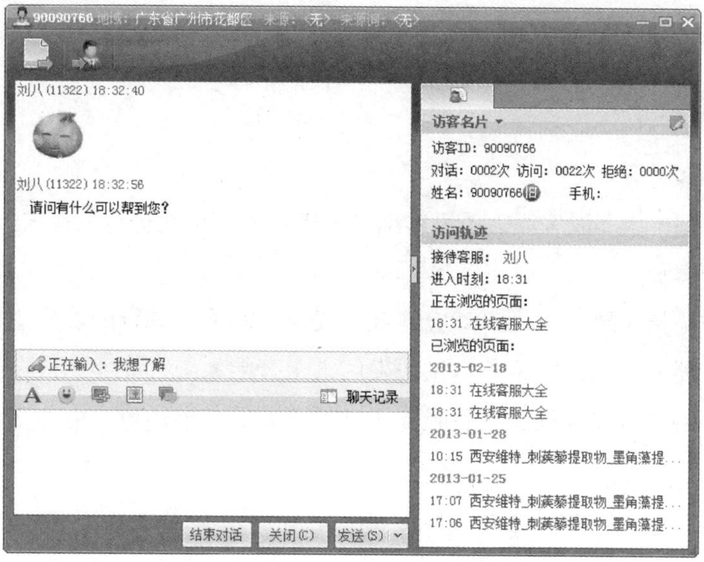

图 7–2–1　客服对话窗口

（2）语音客服

语音客服是指主要以固定电话或移动电话的形式进行的客户服务。呼叫中心（Call Center）是充分利用现代通信与计算机技术，如 IVR（交互式语音 800 呼叫中心流程图应答系统）、ACD（自动呼叫分配系统）等，是可以自动灵活地处理大量各种不同的电话呼入和呼出业务和服务的运营操作场所。

2. 按业务职能分

（1）售前客服

售前客服是指企业在销售产品之前为顾客提供的一系列活动，如市场调查、产品设计、咨询服务等。客服是网店的形象，是和客户直接交流的重要角色，售前客服的首要工作就是做好消费者购物的引导工作，做到“不放过每个进店的客户”，并且尽可能提高客户进店购物的客单价，提高全店的转化率。

（2）售中客服

售中客服是指在产品交易过程中，销售者向购买者提供的服务，如热情为客户介绍、展示产品，详细说明产品使用方法、耐心帮助客户挑选商品，解决客户提出的问题等。售中客服与客户的实际行动相伴随，是促进商品成交的核心环节。

（3）售后客服

售后客服是指因与所销售产品具有连带关系所提供的支持服务，如产品的安装、调试、退换货、中差评处理、客户投诉等。网购中，商品寄出后出现的主要问题由售后客服进行处理。

3. 按自动化程度划分

（1）人工客服

人工客服是指主要以客服人员面对面或人工交流的形式进行的客户服务。

（2）电子客服

电子客服是指主要以电话自动应答或在线应答的形式进行的客户服务。例如：京东智能客服机器人 JIMI，是京东自主研发的人工智能系统，能够完成全天候、无限量的用户服务，涵盖售前咨询、售后服务等电子商务的各个环节，堪称京东用户的购物伴侣。

三、电子商务客户服务的内容

1. 在线接待客户

与客户在线交流，了解客户需求，介绍促销活动，解答客户咨询，为客户提供导购服务，掌握客户服务技巧与方法，辨别处理客户诉求，妥善处理客户异议与投诉，保证客户满意。

2. 处理有效订单

电子商务客户服务人员负责网店日常销售工作，依据订单交易流程，利用网店管理软件，进行接单、打单、查单等业务服务。

3. 提供售后服务

解决客户的疑问（关于商品、快递、售后、价格、活动、支付方式等疑问）、沟通协调订单异常或者无货等情况，处理交易纠纷，提供售后服务并及时对客户进行跟进回访，提升服务的满意度。

4. 客户关系管理

收集客户资料，分析客户信息，建立客户数据库，划分客户等级，实施分类管理，提供客户关怀。

四、电子商务客户服务工具

互联网与其他媒体截然不同之处在于网络的"互动性"。电子商务客服互动式的服务不但是渠道多样化，而且拥有强大的客户处理能力。其主要工具包括电子邮件、电话、即时交流和常见问题解答（FAQ）等，是一个输入输出双向的互动式服务渠道。企业可以把售前、售中、售后等客户服务搬到网上，不但可以用来加强与客户之间的联系，及时满足客户需求，同时还可以收集客户信息，从而提升企业的竞争力。

1. 电话服务

电话服务是客户服务人员代表公司通过电话与客户进行沟通交流、维护客户关系的一种方便快捷的服务方式。例如，中国电信客服中心面对的客户就是通过拨打10000客户服务热线，获得电信服务和受益的访问者。

2. 电子邮件

客户服务人员使用基于互联网的Web邮箱和邮件客户端软件，与客户交流沟通，接受客户咨询，给客户发送广告信息和反馈信息的方式。互联网上的许多公司，如Google、雅虎、中国的新浪和网易等，都提供Web邮箱服务。用户可以在任何连接至互联网且拥有网页浏览器的地方读取和发送电子邮件，而不必使用特定的客户端软件。

案例

优之良品企业使用了邮件营销服务，定期给老客户做推广，使优之良品的天猫店直接访问量增加，有效地提升了品牌黏性。通过多次发送，邮件送达率平均高达98.59%，邮件打开率平均达到11.87%，天猫店浏览量增加了12.73%，访客数和收藏量也有较大幅度的提高。另外，因邮件营销的服务质量很好，每次遇到的问题都能得到及时、正确的解决，邮件营销客服人员的专业素养也得到提高。

3. 在线表单

通过网络在线市场调查及报表统计，使企业更好地把握消费者的心理。

4. 电子商务平台客服沟通工具

当客户访问企业网站时，可以通过单击页面上的在线客服图标，实现和客服人员的对话。当企业销售或服务人员离线时，还可以通过手机随时随地地与网站上的客户进行即时沟通。

（1）淘宝网常用工具

千牛卖家工作平台是阿里巴巴公司推出的，是一款卖家“一站式”平台。如果有卖家淘宝账号，就可以直接登录千牛。千牛电脑版的常用功能包括宝贝管理、店铺管理、货源中心、营销中心与其他五个部分。其中，宝贝管理可以显示已被购买的商品，并能直接发布商品；店铺管理包括店铺装修、图片空间、子账号管理几个功能；货源中心则可以直达阿里供销平台和1688采购批发平台进行采购；营销中心集成了量子统计、数据中心和会员关系管理系统；其他则主要有支付宝、阿里学院、淘宝贷款三个入口。

（2）QQ 客服

QQ 在线客服是一种网页式快捷版即时通信软件的总称。与其他即时通信软件相比，可实现和网站的无缝结合，为网站提供和访客对话的平台。访客只需登录 QQ 即可在线沟通。所以，QQ 在线客服会是更多客户选择的一种沟通工具，也是网站客户服务、辅助网站销售的一个不可缺少的工具。

QQ 客服优点：

1）无限座席功能，可以登录多个客服，方便转接客户，使沟通效率提高。

2）主动发起功能，主动邀请客户，由原来的被动变为主动寻找客户进行沟通。

（3）微信

微信是腾讯公司在 2011 年 1 月 21 日推出的一款多平台的即时通信软件。通过微信手机版可以给客户分享文字与图片，并支持分组聊天和语音、视频对讲功能，广播（一对多）消息，照片和视频共享，位置共享等。

在客户咨询产品信息的时候微信客服可以提供文字、图片、语音和视频等方式进行沟通，例如，在某些不方便用文字表达的情况下，可以使用语音或视频聊天与客户进行沟通，可以更清晰地解答客户所要了解的产品各项信息。

微信公众平台，主要面向名人、政府、媒体、企业等机构推出的合作推广业务。通过这个平台可以将品牌推广给众多用户。

微信公众账号被分成订阅号、服务号和企业号，运营主体是组织（如企业、媒体、公益组织）的，可以申请服务号、企业号，运营主体是组织和个人的可以申请订阅号，但是个人不能申请服务号。

5. 问答系统（FAQ）

FAQ 是英文 Frequently Asked Questions 的缩写，其中文意思是“经常问到的问题”，或者“常见问题解答”。

在很多网站上都可以看到 FAQ 列出的一些用户常见问题，它是一种在线帮助形式。客户在利用一些网站的功能或服务时往往会遇到一些看似很简单，但不经过说明就很难搞清楚的问题，有时甚至会因为这些细节问题的影响而失去用户，其实在很多情况下，只要经过简单的解释就可以解决这些问题，这就是 FAQ 的价值。在客户服务与管理中，FAQ 被认为是一种常用的在线客户服务手段，一个好的 FAQ 系统，应该至少可以回答用户 80% 的一般问题与常见问题。这样不仅方便了用户，也大大减轻了网站工作人员的压力，节省了大量的客户服务成本，并且增加了客户的满意度。因此，一个优秀的网站，应该重视 FAQ 的设计。

6. 网络社区

网络社区主要形式有电子论坛、聊天室、讨论组。

表 7–2–2 比较了几种客服的优点和缺点。

表 7–2–2　几种客服形式的优缺点

	优点	缺点
电话客服	最直接的沟通方式，适合紧急问题的处理	要求长时间在线
在线客服	回复便捷，无须注册	要求长时间在线，不够稳定
QQ 客服	即时消息，稳定，使用率高	要求长时间在线，需要安装 QQ 软件
邮件	工作人员有充足的时间思考回复，成本低，适合工作，重要的事有记录可搜索、不可否认	非即时
机器人（自动回复）	能解决一些重复常见问题	比较机械，不够人性化

综合实训

熟悉客服常用聊天工具。

实训任务

任务 1　利用千牛工作平台进行客户服务

实训要求：能利用千牛工作平台与客户沟通交流，熟悉常用的客服功能操作。

技能点拨：设置千牛工作平台功能项，查看“最近联系客户”和“功能盒子”的功能选项。

实训步骤：

步骤 1　访问千牛官网（见图 7–2–2），选择电脑版或手机版下载软件。

图 7-2-2　千牛官网主页

步骤 2　登录淘宝账号，用自己的淘宝账号直接登录千牛工作台（见图 7-2-3），进行网店管理。

图 7-2-3　千牛工作台登录

步骤 3　点击“常用入口”选择使用，可以在“常用入口”具体操作自己网店的各个项目。

步骤 4　查看“最近联系客户”，如果想查看以前联系的客户信息，可以在“最近联系客户”里查看。

步骤 5　设置系统。设置千牛工作台的功能项，点击“功能盒子”。

模块 8 电子支付基础

课程设置

课程	学习单元	课堂学时
8-1　电子支付认知	电子支付简介	1
8-2　常见的电子支付流程	常见的电子支付流程	1

课程 8-1　电子支付认知

学习内容

学习单元	课程内容	培训建议	课堂学时
电子支付简介	1）电子支付的概念 2）电子支付的发展现状 3）电子支付方式	（1）方法：讲授法、案例教学法 （2）重点：电子支付的概念 （3）难点：电子支付方式	1

学习单元　电子支付简介

一、电子支付的概念

1. 电子支付的定义

电子支付是指单位、个人直接或授权他人通过电子终端发出支付指令，以实现货币支付与资金转移的行为。电子支付的类型按其指令发起方式分为网上支付、电话支付、移动支付、销售点终端交易、自动柜员机交易和其他电子支付。简单地说，电子支付是指电子交易的当事人，包括消费者、厂商和金融机构，使用安全电子支付手段，通过网络进行的货币支付或资金流转。电子支付是电子商务系统的重要组成部分。

2. 电子支付的特点

与传统支付相比较，电子支付具有以下特点：

（1）电子支付采用先进的技术，通过数字流转来完成信息传输，其各种支付方式都是通过数字化的方式进行款项支付的；而传统的支付方式则是通过现金的流转、票据的转让及银行的汇兑等物理实体来完成款项支付的。

（2）电子支付的工作环境是基于一个开放的系统平台（即互联网）；而传统支付则是在比较封闭的系统中运作的。

（3）电子支付使用最先进的通信手段，对软硬件设施的要求很高，一般要求有联网的设备、相关的软件及其他一些配套设施；而传统支付使用的是传统通信媒介，对软硬件的要求相对较低。

（4）电子支付具有方便、快捷、高效、经济的优势。用户随时随地、在很短的时间内就可以完成整个支付过程，支付费用也更低。

3. 电子支付的分类

电子支付的业务类型按其指令发起方式分为网上支付、电话支付、移动支付、销售点终端交易、自动柜员机交易和其他电子支付。

（1）网上支付。网上支付是电子支付的一种形式。广义地讲，网上支付是以互联网为基础，利用银行所支持的某种数字金融工具，发生在购买者和销售者之间的金融交换，而实现从买者到金融机构、商家之间的在线货币支付、现金流转、资金清算、查询统计等过程，由此为电子商务和其他服务提供金融支持。

（2）电话支付。电话支付是电子支付的一种线下实现形式，是指消费者使用电话（固定电话、手机）或其他类似电话的终端设备，通过银行系统就能从个人银行账户里直接完成付款的方式。

（3）移动支付。移动支付是使用移动设备通过无线方式完成支付行为的一种新型的支付方式。移动支付所使用的移动终端可以是手机、PDA、移动 PC 等。支付方式主要有：短信支付、扫码支付和指纹支付等。

（4）销售点终端交易。这种方式就是平时采用的刷卡支付方式。

（5）自动柜员机交易。是银行设置的自动柜员机，用户可根据提示办理转账支付。

二、电子支付的发展现状

我国电子支付的发展阶段见表 8-1-1。

表 8-1-1　我国电子支付的发展阶段

序号	阶段	内容
1	金融机构结算的计算机处理	银行利用计算机处理银行之间的业务，办理结算
2	金融机构与非金融机构结算的计算机处理	银行计算机与其他机构的计算机之间进行结算，如代发工资、代扣公积金等
3	金融网络终端的银行服务	利用网络终端向客户提供各种银行服务，如在自动柜员机（ATM）上存、取款
4	POS 电子支付	利用银行销售点终端（POS）向客户提供自动的支付账款服务
5	网上支付	随时随地通过互联网或电话进行直接转账结算，形成电子商务环境

由于我国电子商务市场发展的有利推动，我国个人网上电子支付的市场规模发展迅速。截至 2018 年 6 月，我国网络支付用户规模达到 5.69 亿，电子支付已成为我国用户使用比例较高的应用手段之一，网民线下消费使用手机网络支付的比例明显增加。

网络支付应用发展呈现出以下特点：第一，《关于将非银行支付机构网络支付业务由直接模式迁移至网联平台处理的通知》与《中国人民银行办公厅关于支付机构客户备付金全部集中交存有关事宜的通知》政策逐步实施，网络支付交易资金透明度和安全性将显著提高，网络支付行业进入有序、可控发展的新局面。第二，移动网络支付市场仍处在两强竞争格局，但已迎来强劲的新的竞争者。在线下消费使用手机支付的用户中，使用微信支付与支付宝的比例分别达到 95.6% 和 78.1%，几乎共享移动支付用户群体。中国银联携手商业银行、支付机构推出的银行业统一 App“云闪付”具备海量用户基础和一定品牌优势，且拥有 NFC、二维码等多种支付方式。新入企业能利用资源优势，从待定支付场景发力，将有望对现有市场格局带来冲击。第三，我国网络支付全球化拓展步伐正在加速。当前我国网络支付行业在用户规模、交易规模、商业模式等方面均已处于全球领先地位，在资本、技术、运营、业务发展战略等层面持续对外输出。

三、电子支付方式

1. 网上银行

（1）网上银行含义

网上银行又称为网络银行、在线银行，是指银行利用 Internet 技术，通过 Internet 向客户提供开户、销户、查询、对账、行内转账、跨行转账、信贷、网上证券、投资理财等传统服务项目，使客户可以足不出户就能够安全、便捷地管理货币定期存款、支票、信用卡及个人投资等。

网上银行发展的模式有两种，一种是完全依赖于互联网的无形的电子银行，也叫“虚拟银行”，即没有实际的物理柜台作为支撑的网上银行。这种银行一般只有一个办公地址，没有分支机构，也没有营业网点，它采用国际互联网等高科技服务手段与客户建立密切的联系，提供全方位的金融服务；另一种是在现有传统银行的基础上利用互联网开展传统的银行业务交易服务，即传统银行利用互联网作为新的服务手段为客户提供在线服务。实际上，它是传统银行服务在互联网上的延伸，这是目前网上银行存在的主要形式，也是绝大多数商业银行采取的网上银行发展模式。

（2）网上银行业务功能

网上银行又称为“3A 银行”，因为它不受时间、空间限制，能够在任何时间（Anytime）、任何地点（Anywhere）、以任何方式（Anyhow）为客户提供金融服务。网上银行的金融服务业务品种主要包括基本网上银行业务、网上投资与理财、网上购物协助服务、企业银行及其他金融服务。

1）基本网上银行业务。商业银行提供的基本网上银行服务包括在线查询账户余额、交易记录、下载数据、转账和网上支付等，基本的网上银行业务汇集了传统银行的主干业务。

2）网上投资理财。网上银行一般提供包括股票、期权、共同基金投资和 CDS 买卖等多种金融产品服务。个人理财助理是网上银行重点发展的一种服务。各大银行将传统银行业务中的理财助理转移到网上进行，通过网络为客户提供理财和各种解决方案，提供咨询建议或金融服务技术的援助，从而极大地扩大了商业银行的服务范围，并降低了相关的服务成本。

3）网上购物协助服务。商业银行的网上银行设立的网上购物协助服务，大大地方便了客户网上购物，为客户在相同的服务品种上提供了优质的金融服务或相关的信息服务，加强了商业银行在传统领域的竞争优势。

4）企业银行。企业银行服务是网上银行服务中最重要的部分。其服务品种比个人客户更多也更为复杂，对相关技术的要求也更高，所以，能够为企业提供网上银行服务是商业银行实力的象征之一。企业网上银行一般提供账户查询、交易记录查询、总账户与分账户管理、转账、在线支付各种费用、透支保护、储蓄账户与支票账户资金自动划拨、商业银行卡等服务。此外，还包括投资服务等。部分网上银行还为企业提供网上贷款业务。

5）其他金融服务。除了网上银行服务外，大商业银行的网上银行均通过自身或与其他金融服务网站联合的方式，为客户提供多种金融服务产品，如保险、抵押和按揭等，以扩大网上银行的服务范围。

（3）网上银行的优点

与传统银行业务相比，网上银行在运作机制和服务方面都有不同的特点，这些特点本身也体现了其优点，具体表现在以下几个方面。

1）大大降低了银行的经营成本，有效地提高了银行的盈利能力。开办网上银行业务，主要是利用公共网络资源，无须设置物理的分支机构或营业网点，减少了人员费用，提高了银行后台系统的效率。

2）无时空限制，有利于扩大客户群体。网上银行打破了传统银行业务的地域和时间限制，跨时空、全天候为客户提供金融服务，这既有利于吸引和保留优质客户，又能主动扩大客户群，开辟新的利润来源。

3）有利于服务创新，向客户提供多种类、个性化服务。通过银行营业网点销售保险、证券和基金等金融产品，往往会受到很大限制，主要是由于一般的营业网点难以为客户提供详细的、低成本的信息咨询服务。而利用互联网和银行支付系统，就能很容易地满足客户咨询、购买和交易等多种金融产品的需求，客户除办理银行业务外，还可以很方便地在网上买卖股票、债券等，网上银行能够为客户提供更加合适的个性化金融服务。

2. 第三方支付平台

第三方支付平台是由非银行的第三方机构投资运营的网上支付平台。其通过通信、计算机和信息安全技术，在商家和银行之间建立连接，起到信用担保和技术保障的职能，从而提供从消费者到金融机构及商家之间货币支付、现金流转、资金清算、查询统计的平台。

（1）第三方支付平台的运作模式

采用第三方支付的方式使商家看不到客户的银行卡信息，同时避免了银行卡信息在网络多次公开传输而导致的被窃事件。第三方支付一般的运作模式有以下几个方面：

1）消费者在电子商务网站选购商品，最后决定购买，买卖双方在网上达成交易意向。

2）消费者选择利用第三方支付平台作为交易中介，用借记卡或信用卡将货款划拨到第三方账户，并设定发货期限。

3）第三方支付平台通知商家，消费者的货款已到账，要求商家在规定时间内发货。

4）商家收到消费者已付款的通知后按订单发货，并在网站上做相应记录，消费者可以在网站上查看自己所购买商品的状态。如果商家没有发货，则第三方支付平台会通知顾客交易失败，并询问是将货款划回其账户还是暂存在支付平台。

5）消费者收到货物并确认满意，第三方支付平台将货款划入商家账户，交易完成；消费者对货物不满，第三方支付平台确认商家收到退货后，将该商品货款划回消费者账户或暂存在第三方账户中等待消费者下次交易支付。

目前，根据各自平台运作方式的不同，第三方支付平台可分为以下两种。

· 独立第三方支付平台，如网银在线、首信易支付、块钱、易宝支付等。

· 非独立第三方支付平台，如支付宝、PayPal、财付通、云网支付、微信支付等。

（2）第三方支付平台支付模式的优缺点

1）第三方支付平台支付模式的优点。

第一，安全。银行卡信息或账户信息仅需要告知支付中介，而无须告诉每一个收款人，这就大大减少了银行卡信息和账户信息泄密的风险。

第二，支付成本低。支付中介集中了大量的电子小额交易，能够形成规模效应，因此降低了支付成本。

第三，使用方便。对支付者而言，他所面对的是友好的界面，不必考虑背后复杂的技术操作过程。

第四，支付担保业务可以在很大程度上保障收款人的利益。

2）第三方支付平台支付模式的缺点。

第一，这是一种虚拟支付层面的支付模式，需要其他的“实际支付方式”完成实际支付层面的操作。

第二，收款人的银行卡信息将暴露给第三方平台，如果这个平台的信用度或者保密手段欠佳，将给收款人带来风险。

第三，第三方结算支付中介的法律地位缺乏规定，一旦该中介破产，用户所购买的“电子货币”可能会由于成为破产债权而无法得到保障。

第四，由于大量资金滞留在支付平台账户内，使第三方平台既有获得资金利息的优势，也存在资金保存的风险。

课程 8-2　常见的电子支付流程

学习内容

学习单元	课程内容	培训建议	课堂学时
常见的电子支付流程	1）网上银行支付流程	（1）方法：讲授法、演示法、实训法 （2）重点与难点：网上银行支付流程、第三方支付流程	1
	2）第三方支付流程		

学习单元　常见的电子支付流程

一、网上银行支付流程

在网上选定商品，要进行网上支付时，页面会弹出网上支付页面，如图 8–2–1 所示，输入用户名、密码及验证码，点击“确定”进入下一步。

验证预留信息是否一致，确认无误后选择付款账号，并点击“确定”进入下一步，如图 8–2–2 所示。

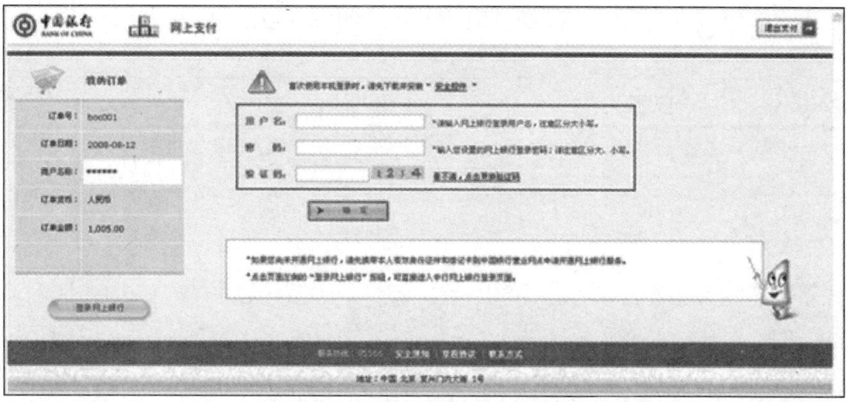

图 8-2-1　网上银行支付流程 1

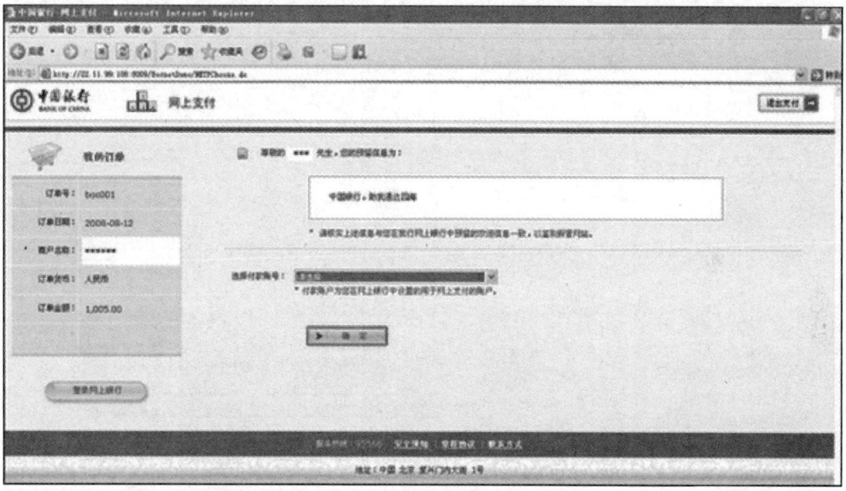

图 8-2-2　网上银行支付流程 2

确认支付信息无误后，输入动态口令，点击“确定”，如图 8-2-3 所示。

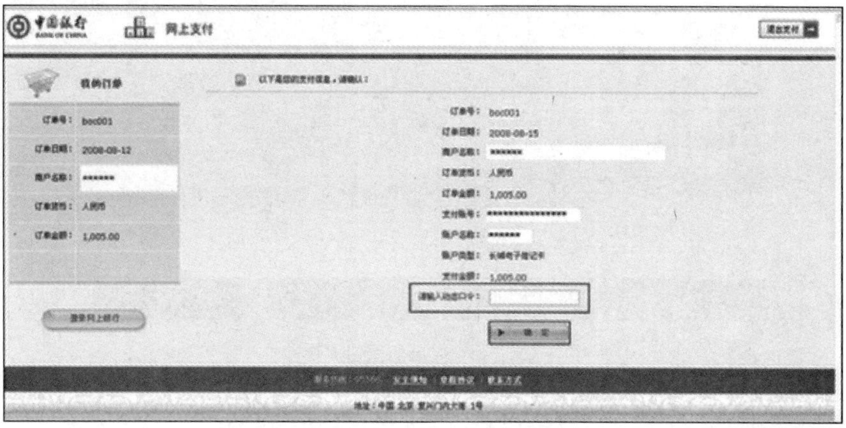

图 8-2-3　网上银行支付流程 3

页面显示支付成功，以及支付的明细信息，如图 8–2–4 所示。

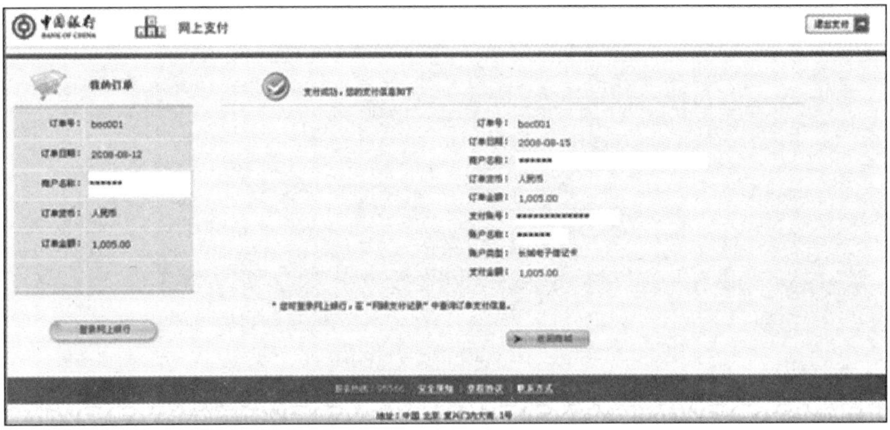

图 8–2–4　网上银行支付流程 4

二、第三方支付流程

消费者选购商品，买卖双方达成交易意向，如图 8–2–5 所示。

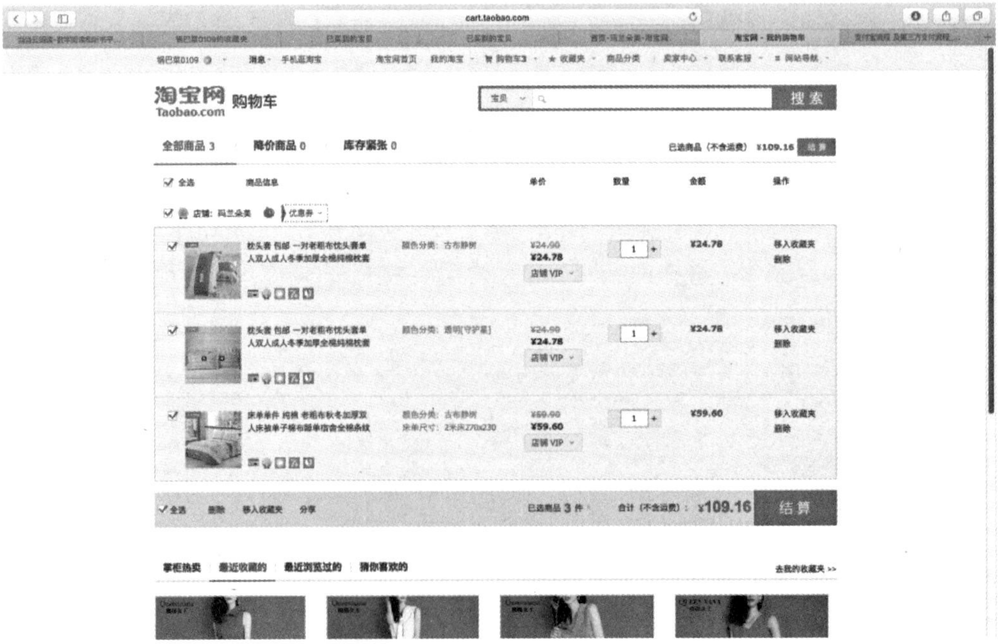

图 8–2–5　第三方支付流程 1

消费者选择第三方平台进行支付，将货款划到第三方账户，如图 8–2–6 所示。

图 8-2-6　第三方支付流程 2

第三方支付平台通知商家，消费者的货款已到账，要求商家在规定时间内发货，如图 8-2-7 所示。

图 8-2-7　第三方支付流程 3

商家收到消费者已付款的通知后按订单发货。消费者收到货物并确认满意后通知第三方支付平台，如图 8–2–8 所示。

图 8–2–8　第三方支付流程 4

需要注意的是，消费者如果对货物满意，则第三方支付平台将货款划入商家账户，交易完成；如果消费者对货物不满意，第三方支付平台确认商家收到退货后，再将货款划回消费者账户或暂存在第三方账户中，等待其下一次交易再进行支付。

模块9

电子商务安全基础

- 课程 9-1　电子商务安全控制
- 课程 9-2　数据加密技术
- 课程 9-3　认证技术

课程设置

课程	学习单元	课堂学时
9-1　电子商务安全控制	电子商务安全控制	1
9-2　数据加密技术	数据加密技术	1
9-3　认证技术	认证技术	1

课程 9-1　电子商务安全控制

学习内容

学习单元	课程内容	培训建议	课堂学时
电子商务安全控制	1）电子商务的安全需求 2）保障电子商务安全交易的技术标准	（1）方法：讲授法 （2）重点：电子商务的安全需求 （3）难点：保障电子商务安全交易的技术标准	1

学习单元　电子商务安全控制

一、电子商务的安全需求

电子商务是将传统的商务活动移到网络环境中来，特别是在 Internet 上的商务活动，其安全问题备受关注。所谓电子商务安全，主要是指网络安全问题，需要从电子商务对网络系统的安全需求分析出发，采取安全技术措施，提供安全服务，以满足电子商务的各种安全需求。

电子商务的安全需求主要包括以下几个方面。

1. 信息的保密性

在交易过程中保证交易信息的安全，在国外也称为交易信息的隐私性，是指交易双方的信息在网络传输或者存储中不被他人窃取。

在传统的商务交易中，对于敏感性的数据，如商务合同、银行卡号码、交易机密等可以通过文件封装或者采取其他可靠途径来传递，以保证数据的安全。而 Internet 是开放式的，由于 TCP/IP 协议采用 IP 报文交换的方式，因而存在数据被窃取的可能。所以，电子交易过程中要保证交易数据的隐私，确保交易数据不被窃取和跟踪就显得尤为重要。

2. 交易各方身份的确定性

交易各方身份的确定性即交易的认证性，就是指在商务交易开始之前，买卖双方能够认证对方的身份，即可以识别对方的身份是否真实。

电子商务是在网络上进行的电子交易，买卖双方可能素昧平生、相隔千里，因此，在这种情况下可能存在的风险有：双方身份是否与其在网络上声称的一致，是否存在着诈骗的可能性。而能在互联网的环境下辨别交易双方的实际身份就显得尤为重要。

3. 交易的不可否认性

交易的不可否认性也称不可抵赖性，主要是指交易的双方不能否认彼此之间进行的信息交流。由于商情千变万化，因此交易一旦达成是不能被否认的，否则必然会损害到一方的利益。

在传统的交易过程中，即使买卖双方不见面（如邮购过程），双方对交易的行为也是很难抵赖的，因为有足够的证据（如邮寄中的单据、凭证等）来证明买卖双方的交易行为。而在网络环境中，由于采用的是电子化信息，如果没有相关手段来保证的话，确实很难证明哪笔订单来自哪个卖家。

在电子商务中的不可否认性无法像传统的交易那样通过签订合同、盖章来加以确认，但是可以采取类似的思路，通过利用如数字签名等技术来加以确认。

4. 交易内容的完整性

交易的完整性是指交易数据在传输过程中不被窃取或意外的改变、损坏。交易的保密性固然能保证交易数据在传输中不被窃取，但是不能保证在传输过程中可能发生某种意外或非授权情况下的破坏，同时也难以保证数据传输的顺序统一。而完整性对交易中的敏感数据是非常重要的。例如，在交易中的扣款过程，需要在双方的账号上进行操作，如果交易不完整，只在一方账号上进行了操作，那么产生的结果将是难以预料的。

5. 访问控制

不同用户在一个交易系统中的身份和职能是不同的，因此访问控制的主要功能是防止非法的主体进入受保护的网络资源中，允许合法的用户访问受保护的网络资源，并禁止合法用户对受保护的网络资源进行非授权的访问。

二、保障电子商务安全交易的技术标准

1. 安全电子交易协议

安全电子交易协议（Secure Electronic Transaction）是由 VISA（维萨）国际组织、MasterCard（万事达）国际组织创建，结合 IBM、Microsoft、Netscope、GTE 等公司制定的电子商务中安全电子交易的一个国际标准。它是一种应用于 Internet 环境下，以信用卡为基础的安全电子交付协议，它给出了一套电子交易的过程规范。通过 SET 协议可以实现电子商务交易中的加密、认证、密钥管理机制等，保证了在互联网上使用信用卡进行在线购物的安全。

2. 安全套接层协议

安全套接层协议 SSL（Secure Sockets Layer）是由网景（Netscape）公司提出的基于 Web 应用的安全协议。SSL 协议制定了一种在应用程序协议（如 HTTP、Telnet、NNTP 和 FTP 等）和 TCP/IP 协议之间提供数据安全性分层的机制，它为 TCP/IP 连接提供数据加密、服务器认证、消息完整性以及可选的客户机认证。

3. 安全超文本传输协议

安全超文本传输协议 HTTPS（全称是 Hyper Text Transfer Protocol over Secure Socket

Layer），是以安全为目标的 HTTP 通道，简单地说就是 HTTP 的安全版。即在 HTTP 下加入 SSL 层，HTTPS 的安全基础是 SSL，因此加密的详细内容就需要 SSL。它是一个 URI scheme（抽象标识符体系），句法类同“http:”体系。用于安全的 HTTP 数据传输。https:URL 表明它使用了 HTTP，但 HTTPS 存在不同于 HTTP 的默认端口及一个加密/身份验证层（在 HTTP 与 TCP 之间）。这个系统最初的研发由网景公司（Netscape）进行，并内置于其浏览器 Netscape Navigator 中，提供了身份验证与加密通信方法。现在已被广泛用于万维网上安全敏感的通信，例如交易支付方面。

4.SET 协议与 SSL 协议的比较

支付系统是电子商务的关键。安全套接层协议（SSL）和安全电子交易协议（SET）是两种重要的通信协议，它们都提供了通过 Internet 进行的支付手段。虽然它们都普遍适用于电子商务交易中，但由于最初设计目的的不同，因此，除了都使用 RSA 公钥算法以外，没有其他技术方面的相似之处。

SSL 提供了两台机器之间的安全链接，支付系统常常通过在 SSL 链接上传输信用卡卡号的方式来构建，在线银行和其他金融机构也经常构建在 SSL 上。SSL 被广泛应用的原因在于它被大部分 Web 浏览器和 Web 服务器所内置，所以容易投入使用。

SET 是一种基于信息流的协议，是一个多方的报文协议，它定义了银行、商家、持卡者之间必需的报文规范。与此同时，SSL 是面向连接的，而 SET 允许各方之间的报文交换不是实时的。SET 报文能够在银行内部网或其他网络上进行传输，而 SSL 之上的卡支付系统职能要与 Web 浏览器捆绑在一起。

综上分析并结合目前我国的具体情况，可以得出以下结论：

（1）以近期来看，SET 与 SSL 共存，二者优势互补。如美国较多采用的是“面向商家的 SET 协议”，即在银行与商家之间采用 SSL 协议，银行内部采用 SET 协议，但这对银行的要求就更高了。

（2）以远期来看，开发一种能融合 SET 与 SLL 优点的安全协议和认证系统，即在深入剖析 SET、SSL 协议的基础上，建立一个以 PKI 与 CPK（CPK 是我国学者提出的一种新的组合公钥体制，即以少量的种子，派生出几乎无限的公钥）为基础的框架，以 CPK 体制建立直接级信任（一级信任）和二级信任，解决内部网的认证；以 PKI 建立二级和二级以上的信任，解决与外部网之间的认证，能兼容 B2B、B2C 的安全协议和认证体系，以适应银行卡、电子现金、电子支票等各种电子交易模式。其发展前景良好，将来必会取代 SSL、SET 协议成为电子商务的主流安全协议。

课程 9-2　数据加密技术

学习内容

学习单元	课程内容	培训建议	课堂学时
数据加密技术	1）数据加密 2）对称密钥加密 3）非对称密钥加密 4）对称密钥加密和非对称密钥加密综合保密系统	（1）方法：讲授法、案例教学法 （2）重点：对称密钥加密和非对称密钥加密的含义及特点 （3）难点：对称密钥加密和非对称密钥加密综合保密系统	1

学习单元　数据加密技术

一、数据加密

1. 数据加密的意义

数据加密是一项历史悠久的技术，指通过加密算法和加密密钥将明文转变为密文，而解密则是通过解密算法和解密密钥将密文恢复为明文。它的核心是密码学。数据加密目前仍是计算机系统对信息进行保护的一种最可靠办法。它利用密码技术对信息进行加密，实现信息隐蔽，从而起到保护信息安全的作用。

2. 数据加密的过程

一般而言，数据加密模型如图 9–2–1 所示。明文 X 用加密算法 E 和加密密钥 K_e，

得到密文 $Y=E_{K_e}(X)$，加密后的密文经网络传递，传递过程中可能出现加密密文截取者；到了接收端，用解密算法 D 和解密密钥 K_d，解出明文 $X=D_{K_d}(Y)$。

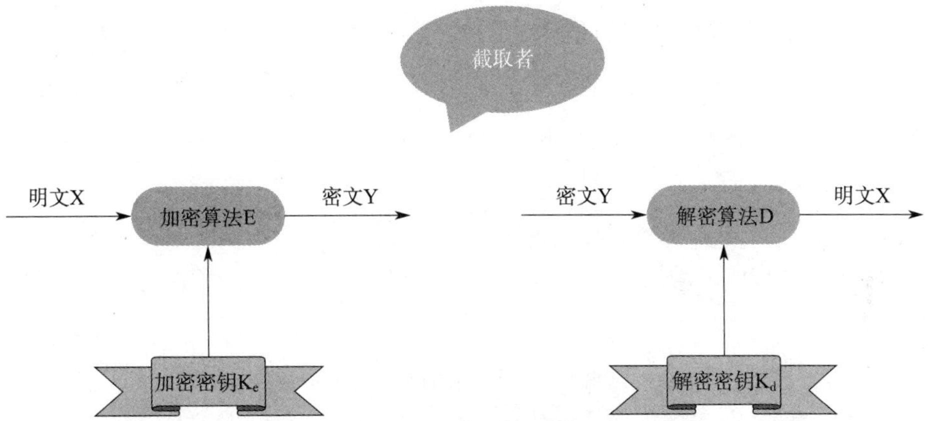

图 9-2-1　数据加密模型

如果不论截取者获得了多少密文，但密文中都没有足够的信息来还原出唯一对应的明文，则这一密码体制称为无条件安全的，或者理论上是不可破译的。但在无成本限制的条件下，目前几乎所有的密码体制都是可以被破译的。因此，人们关心的是如果研制出在计算机上不可破译的密码体制，这一密码体制称为计算上是安全的。

一种密文的保密程度与加密算法的强度（或称算法的复杂度）相关，加密强度越大，密文越不容易被破译，其保密性也就越好。然而，随着加密强度的加大，算法的计算复杂度也会相应增加，加密解密的执行效率就会相应降低。因此，合理确定系统的加密强度是一个成功电子交易系统的重要环节。也就是说，要通过合理的密码体制，一方面尽可能少地增加系统运行费用，降低对操作执行效率的营销，另一方面要保证在现实计算机资源中密码不容易或无法被破译。

在电子商务中常用的加密算法有对称密钥加密和非对称密钥加密两种方法。前者以数据加密标准 DES 算法为典型代表，后者通常以 RSA 算法为典型代表。

二、对称密钥加密

1. 对称密钥加密的含义

对称密钥加密又叫专用密钥加密，即发送和接收数据的双方必使用相同的密钥对明文进行加密和解密运算。这种加密算法的计算速度非常快，因此被广泛应用于对大量数据的加密过程中。

对称密钥是双方使用相同的密钥，必须以绝对安全的形式传送才能保证安全，这点不如非对称密钥，因此对称加密的要求体现在以下几个方面。

（1）需要强大的加密算法。加密算法至少应该满足即使分析人员知道了算法并能访问一些或者更多的密文，也不能译出密文或得出密匙的要求。通常，这个要求以更可靠的形式呈现，那就是即使分析人员拥有一些密文和生成密文的明文，也不能译出密文或发现密钥。

（2）发送方和接收方必须用安全的方式来获得保密密钥的副本，必须保证密钥的安全。如果有人发现了密匙，并知道了算法，则使用此密匙的所有通信便都是可读取的。

例如，假设 A 需要把一份明文为 M 的资料发给 B，但是因为担心资料在传输中途被窃听或者篡改，A 用了对称加密法将 M 经过一个加密函数 Fk 处理后生成 M′ 加密文，而 B 接收到加密文后通过事先商定好的 Fk 再次处理 M′，便可以还原成明文 M，从而达到安全传输信息的目的。

2. 对称加密的特点

数据加密标准 DES 是美国国家标准和技术局在 1977 年才出现的数据加密标准。它的基本思想来自分组密码，即将明文划分成固定的 n 比特的数据组，然后以组为单位，在密钥的控制下进行一系列线性或非线性的编号变换而得到密文，这就是分组密码体制。DES 算法是对 64 为二进制数码组成的数据组在 64 为（实际为 56 位）密钥的控制下进行加密和解密。DES 算法的真正有效加密强度是 2^{36}。DES 算法的主要优点是加密、解密速度快，算法容易实现，安全性好，迄今为止尚未找到一种在理论上破译 DES 的行之有效的方法。其缺点是密码量短，容易被穷尽，在复杂的网络中难以实现密钥管理。

三、非对称密钥加密

1. 非对称密钥加密的含义

非对称密钥加密是加密和解密需要两个密钥，即公开密钥和私有密钥。公开密钥与私有密钥是一对，如果用公开密钥对数据进行加密，只有用对应的私有密钥才能解密；如果用私有密钥对数据进行加密，那么只有用对应的公开密钥才能解密。因为加密和解密使用的是两个不同的密钥，所以这种算法称为非对称加密算法。

非对称加密算法实现机密信息交换的基本过程是：甲方生成一对密钥并将其中的一把作为公用密钥向其他方公开，得到该公用密钥的乙方使用该密钥对机密信息进行加密后再发送给甲方，甲方再用自己保存的另一把专用密钥对加密后的信息进行解密。

非对称加密体系不要求通信双方事先传递密钥或有任何约定就能完成保密通信，并且密钥管理方便，可实现防止假冒和抵赖，因此，这种方法更适合网络通信中的保密要求。

2. 非对称密钥加密的特点

非对称密钥的典型算法 RSA 编码法是由 Rivest、Shamir 和 Adleman 三人研究发明的，它是建立在“大数分解和素数检测”理论基础上的。即两个大素数相乘在计算上是容易实现的，但将该乘积分解为两个大素数因子的计算量却相当巨大，大到甚至在计算机上也不可能实现。素数检测就是判定一个给定的正整数是否为素数。

非对称密码体制的特点有：算法强度复杂、安全性依赖于算法与密钥，但由于其算法复杂，而使加密解密速度没有对称加密解密的速度快。对称密码体制中只有一种密钥，并且是非公开的，如果要解密就得让对方知道密钥。所以，保证其安全性就是保证密钥的安全，而非对称密钥体制有两种密钥，其中一种是公开的，这样就可以不需要像对称密码那样传输对方的密钥了。这样其安全性就大大增强了。

四、对称密钥加密和非对称密钥加密综合保密系统

为了保证电子商务系统的安全、可靠以及使用效率，一般可以采用有 RSA 算法和 DES 算法相结合实现的综合保密系统。

在该系统中，用 DES 算法作为数据的加密算法对数据进行加密，用 RSA 算法作为 DES 密钥的加密算法对 DES 的密钥进行加密。虽然要加密的数据量通常很大，但由于 DES 算法的加密和解密速度快，对每个数据分组的处理仅需很短的时间就能完成，因此，用 DES 对大量数据进行加密不会影响整个系统的效率。用 RSA 算法对 DES 的密钥加密后就可将其公开，而 RSA 加密密钥也可以公开，因此，整个系统需保密的只有少量的 RSA 保密密钥。因为 DES 的密钥量并不大，RSA 只要对其做 1 ~ 2 个分组的加密即可完成对 DES 密钥的处理，也不会影响系统的效率。这样，少量的密钥在网络中就能比较容易地分配和传输了。该保密系统既发挥了 DES 算法加密速度快、安全性好的

优点，又能发挥 RSA 算法管理方便的优点，二者各取其优势，可扬长避短。

但是，这样的系统也并非绝对安全的。正如前面所介绍的那样，虽然至今还没有发现任何数学上可行的针对 DES 的解析破译方法，但是通过解密空间的分段网络计算，已经证明了 DES 的 64 为密钥完全可以在短时间内被破译。而对于 RSA 算法，现在已经找到了 155 位大数因子分解的方法。所以，从一定意义上说，目前 RSA 密码体制的基础已经被动摇。

因此，上面所说的基于 DES 和 RSA 算法的电子商务系统并不是特别安全的，不能胜任某些对于安全性格外敏感的交易行为。

课程 9-3　认证技术

学习内容

学习单元	课程内容	培训建议	课堂学时
认证技术	1）身份认证的主要方法 2）身份认证技术 3）认证中心	（1）方法：讲授法、案例教学法 （2）重点：身份认证的主要方法和身份认证技术 （3）难点：身份认证技术	1

学习单元　认证技术

一、身份认证的主要方法

身份认证也称为“身份验证”或“身份鉴别”，是指在计算机及计算机网络系统中确认操作者身份的过程，从而确定该用户是否具有对某种资源的访问和使用权限，进而使计算机和网络系统的访问策略能够可靠、有效地执行，防止攻击者假冒合法用户获得资源的访问权限，保证系统和数据的安全，以及授权访问者的合法利益。

计算机网络世界中的一切信息，包括用户的身份信息都是用一组特定的数据来表示的，计算机只能识别用户的数字身份，所有对用户的授权也是针对用户数字身份的授权。

如何保证以数字身份进行操作的操作者就是这个数字身份的合法拥有者，也就是保证操作者的物理身份与数字身份相对应，身份认证就是为了解决这个问题，作为防护网络资产的第一道关口，身份认证有着举足轻重的作用。

在真实的世界里，对用户的身份认证基本方法可以分为以下三种：

1. 根据所知道的信息来证明自己身份，如静态密码、动态口令、短信密码等。

2. 根据所拥有的实物来证明自己身份，如智能卡、USB KEY 等。

3. 直接根据独一无二的身体特征来证明自己的身份，如生物识别（包括身体特征和行为特征等）。

根据在认证中采用方法的多少，可以分为单因素认证、双因素认证和多因素认证等。

二、身份认证技术

1. 数字摘要

数字摘要是将任意长度的消息变成固定长度的短消息，它类似于一个自变量是消息的函数，也就是 Hash 函数。数字摘要就是采用单向 Hash 函数将需要加密的明文“摘要”生成一串固定长度（128 位）的密文，这一串密文又称为数字指纹，它有固定的长度，而且不同的明文摘要生成的密文，其结果总是不同的，而同样的明文其摘要必定一致。

2. 数字签名

政治、军事、外交等活动中签署文件，商业上签订契约和合同，日常生活中在书信以及从银行取款等事务中签字，传统上都采用手写签名或印章。随着信息时代的来临，人们希望通过数字通信网络进行远距离的贸易合同签名，因此数字（或电子）签名技术便应运而生，并开始应用于商业通信系统中。

一个数字签名算法应至少满足三个条件：

（1）数字签名者事后不能否认自己的签名。

（2）接受者能验证签名，而任何人都不能伪造签名。

（3）当双方关于签名的真伪发生争执时，可使用验证算法得出“真”或“假”的结论。

数字签名（又称公钥数字签名、电子签章）是一种类似于写在纸上的普通物理签名，但是使用了公钥加密领域的技术，用于鉴别数字信息的方法。一套数字签名通常定义两种互补的运算，一个用于签名，另一个用于验证。用于保证信息传输的完整性、发生者的身份认证、防止交易中的抵赖行为。

3. 数字信封

数字信封是将对称密钥通过非对称加密（即有公钥和私钥两个）的结果分发对称密钥的方法。数字信封是实现信息完整性验证的技术。它是综合利用对称加密技术和非对称加密技术两者优点进行信息安全传输的一种技术。数字信封既发挥了对称加密算法速度快、安全性好的优点，又发挥了非对称加密算法密钥管理方便的优点。

4. 数字时间戳

数字时间戳是一个能表示一份数据在某个特定时间之前已经存在的、完整的、可验证的数据，通常是一个字符序列，唯一地标识、某一刻的时间。使用数字签名技术产生的数据，签名的对象包括了原始文件信息、签名参数、签名时间等信息。数字时间戳广泛地运用在知识产权保护、合同签字、金融账务、电子报价投标、股票交易等方面。

数字时间戳是一个经加密后形成的凭证文档，它包括三个部分：

（1）需加时间戳的文件的摘要。

（2）DTS 收到文件的日期和时间。

（3）DTS 的数字签名。

一般来说，时间戳有自建时间戳和具有法律效力的时间戳两种。自建时间戳不具备法律效力。可信时间戳即由国家法定时间源负责保障时间的授时和守时监测，任何机构包括时间戳中心自己都不能对时间进行修改以保障时间的权威性，只有这样产生的时间戳才具有法律效力。

5. 数字证书

数字证书就是互联网通信中标志通信各方身份信息的一串数字，它提供了一种在

Internet 上验证通信实体身份的方式，数字证书不是数字身份证，而是身份认证机构盖在数字身份证上的一个章或印（或者说是加在数字身份证上的一个签名）。它是由权威机构——CA 机构，又称证书授权（Certificate Authority）中心发行的，人们可以在网上用它来识别对方的身份。

数字证书里存有很多数字和英文，当使用数字证书进行身份认证时，它将随机生成 128 位的身份码，每份数字证书都能生成相应但每次都不可能相同的数码，从而保证数据传输的保密性，即相当于生成一个复杂的密码。

数字证书绑定了公钥及其持有者的真实身份，它类似于现实生活中的居民身份证，所不同的是数字证书不再是纸质的证照，而是一段含有证书持有者身份信息并经过认证中心审核签发的电子数据，可以更加方便灵活地运用在电子商务和电子政务中。

三、认证中心

1. 认证中心的含义

认证中心（CA，Certificate Authority）是电子商务的一个核心环节，是在电子交易中承担网上安全电子交易认证服务、签发数字证书、确认用户身份等工作的具有权威性和公正性的第三方服务机构。

2. 认证中心提供的服务

认证中心是承担网上安全电子交易认证服务，能签发数字证书，并确认用户身份的服务机构。认证中心通常是企业性的服务机构，主要任务是受理数字凭证的申请、签发以及对数字凭证的管理。

认证中心通过向电子商务各参与方发放数字证书来确认各方的身份，以保证网上支付的安全性。认证中心主要包括三个组成部分：注册服务器（RS）、注册管理机构（RA）和证书管理机构（CA）。注册管理机构（RA）负责证书申请的审批，是持卡人的发卡行或商户的收单行。因此，认证中心离不开银行的参与。

认证中心所颁发的数字证书主要有持卡人证书、商户证书和支付网关证书。持卡人证书中包括持卡人 ID，这其中包含了有关该持卡人所使用的支付卡的数据和相应的账户信息。商户证书也同样包含了有关其账户的信息。支付网关一般为收单行或为收单行参加的银行卡组织。从这里的分析不难看出，RA 的角色为什么必须由银行来担当了。

当前，在国际上也已有一些CA建设方面的经验值得我们借鉴。Visa和Master Card在1997年12月共同成立SETCO公司，被授权作为SET根CA；香港电子商务认证中心JETCO（银行卡联营组织）负责建设；新加坡电子商务认证中心由NETS负责运作和管理。银行卡组织由会员银行组成，银行作为认证中心有着固有的优势。

模块10

相关法律法规

课程　相关法律法规知识

课程设置

课程	学习单元	课堂学时
相关法律法规知识	相关法律法规知识	1

课程　相关法律法规知识

学习内容

学习单元	课程内容	培训建议	课堂学时
相关法律法规知识	1)《中华人民共和国电子商务法》 2)《中华人民共和国广告法》 3)《中华人民共和国消费者权益保护法》 4)《中华人民共和国合同法》 5)《中华人民共和国电子签名法》	(1)方法：讲授法、案例教学法 (2)重点与难点：电子商务相关法律知识的理解与掌握	1

学习单元　相关法律法规知识

一、《中华人民共和国电子商务法》

为了保障电子商务活动中各方主体的合法权益、规范市场秩序、促进电子商务持续健康发展，2018 年 8 月 31 日，第十三届全国人大常委会第五次会议表决通过《中华人民共和国电子商务法》。

1. 电子商务经营者（电子商务经营主体）

电子商务经营者是指通过互联网等信息网络从事销售商品或者提供服务的自然人、法人和非法人组织，包括电子商务平台经营者、平台内经营者以及通过自建网站、其他网络服务销售商品或者提供服务的电子商务经营者。电子商务平台经营者是指在电子商务中为交易双方或者多方提供网络经营场所、交易撮合、信息发布等服务，供交易双方或者多方独立开展交易活动的法人或者非法人组织。平台内经营者是指通过电子商务平台销售商品或者提供服务的电子商务经营者。

2. 电子商务合同

电子商务当事人订立和履行合同，即电子合同，适用《中华人民共和国民法总则》《中华人民共和国合同法》《中华人民共和国电子签名法》等法律的规定。

电子合同又称电子商务合同，结合《中华人民共和国合同法》对于合同的定义，可以将电子合同定义成电子合同是平等民事主体之间通过电子信息网络，以数据电文形式达成的设立、变更、终止民事权利义务关系的电子协议。其包含以下几层含义：第一，合同是一种协议，协议是两个或两个以上当事人对于某种过去或将来的事实或行为，在有关权利和责任的理解和认识上相一致；第二，合同是平等民事主体的协议；第三，合同是设立、变更、终止民事权利义务关系的协议。

（1）电子合同的特征

电子合同除具有传统合同的一般特征外，由于其自身的特殊性，决定了电子合同有不同于传统合同的法律特征。

1）电子合同的订立以网络为基础。传统合同的订立，当事人一般通过面对面的谈判、磋商并最终缔结合同。而电子合同的当事人均是通过电子数据的传递来完成的，一方发出（输出）电子数据，另一方回送（回执）电子数据。因此，电子合同的签订过程是通过互联网在计算机的操作下完成的，这是电子合同区别于传统合同的关键特征。

2）电子合同具有交易主体的虚拟性和广泛性。电子合同的签订过程是通过互联网在计算机的操作下完成的，即订立电子合同的各方当事人是通过网络进行操作，电子合同订立的整个过程所采用的都是电子形式，各方当事人可以互不谋面，并且电子合同的交易主体没有地域上的局限性，只要有网络和计算机，电子合同的当事人就可以是世界上的任何自然人、法人或其他组织。

3）电子合同的内容具有易改动性和易消失性。传统合同的订立一般需要书面形式，即“白纸黑字”。如果在纸质文件上进行相应改动必然会留下痕迹，因而改动存在一定难度。而电子合同则不同，只要经过相应的技术处理，电子合同的改动就难以被发现。电子合同的稳定性及易保存性不如传统合同，在网络中订立的电子合同会因为未保存、病毒或者黑客手段的存在，而致使先前订立的电子合同暂时甚至永久性消失。

（2）电子合同的类型

电子合同作为合同的一种，可以按照传统合同的分类方式进行划分，但基于其特殊性，还可以将其分为以下几种类型。

1）从电子合同订立的具体方式角度，可分为利用电子数据交换订立的合同和利用电子邮件订立的合同。

2）从电子合同标的物属性的角度，可分为网络服务合同、软件授权合同、需要物流配送的合同等。

3）从电子合同当事人性质的角度，可分为电子代理人订立的合同和合同当事人亲自订立的合同。

4）从电子合同当事人之间关系的角度，可分为 B2C 合同，即企业与个人在电子商务活动中所形成的合同；B2B 合同，即企业与企业之间从事电子商务活动所形成的合同；B2G 合同，即企业与政府进行电子商务活动所形成的合同。

（3）电子合同订立的程序

电子合同是合同的一种特殊形式，但其订立仍然遵循合同订立的基本程序——要约和承诺。

（4）电子合同成立的时间和地点

关于数据电文形式的承诺的生效时间，《合同法》第二十六条规定，“承诺通知到达要约人时生效……采用数据电文形式订立合同的，承诺到达的时间可依据本法第十六条第二款的规定”即“收件人指定特定系统接收数据电文的，该数据电文进入该系统的时间，即到达时间；未指定系统的，该数据电文首次进入收件人任何系统的时间，即到达时间”。据此可知，我国在法律制定上遵循了国际上一贯的“到达主义”原则惯例。

关于数据电文的收发地点，联合国《示范法》第十五条提出，“如非发端人与收件人另有协议，则数据电文应以发端人营业地点为发出地，而以收件人营业地点为收到地。且如发端人或收件人有一个以上的营业地，以惯例作为密切联系基础交易的营业地为准；如无基础交易，以其主要的营业地为准；如发端人或收件人无营业地，则以其惯常居住地为准”。我国《合同法》在充分结合我国经济实际和现实实践的基础上，参考《示范法》，作出第三十四条规定，“采用数据电文形式订立合同的，收件人的主营业地为合同成立的地点；没有主营业地的，其常住地为合同成立的地点。当事人另有约定的，则以另有的约定协议为准”。

（5）电子合同生效的条件

电子合同生效是指数据电文形式的承诺合同在已经依法成立之后，对合同所涉及的双方当事人产生一定的约束力，该约束力具有法律意义，即法律效力。

1）订立合同时，合同当事人必须具有缔约能力。民事行为能力是民事法律行为有效的先决条件，无民事行为能力人，以及限制民事行为能力人实施的民事法律行为必须经其法定代理人的追认才有效。而所谓的缔约能力，是指民事主体具有独立订立合同的能力，并且具有以自己行为取得民事权利、履行民事义务的法律资格。因此，只有年满 18 周岁、以自己劳动所得的合法收入作为主要生活来源的完全民事行为能力人才有权订立有效的合同。而不满 10 周岁的未成年人、具有间歇性精神病的公民等限制民事行为能力人，因为缺乏缔约行为能力，不能辨认自己的行为，因此属于无民事行为能力人的范畴，他们不能订立有效合同。但纯获利益的合同则不受相应限制，而限制民事行为能力人还可以订立与其年龄、智力相适应的合同。同时，法人的民事行为能力被限制在其登记并通过核准确认的生产经营和业务范围内，这意味着法人具有相应范畴之内的缔约行为能力。

2）合同中，当事人的意思表示必须真实。意思表示是指当事人处于个人意愿并声明其愿意承担一定法律效果的一种行为，是构成法律行为的关键要素，其真实性也是合同依法生效的必要先决条件之一。在此基础上可以判定，合同中所涉及的某一方当事人在被欺诈或胁迫下订立的合同不能被视作其真实意思表示。在意思表示虚假的情况下，则不具备相应的法律效力，因此，该合同也就属于无效合同，可以被撤回或取消。

3）通常情况下，合同内容要与法律相关要求及社会公共利益相符。按照我国法律的相关要求，民事活动要符合且不得违背法律要求，同时要与社会公共利益相符才能视为合法有效，合同作为一项重要的民事行为，只有符合以上要求才能视为有效。需要强调的是，合同合乎法律要求指的是合同签订的主体要遵守冠以“不得”“必须”等前缀的强制性条文规定，而通常冠以“可以”等前缀的任意性规定则具有选择性。除此之外，合同符合法律要求还指合同约定的签订主体之间相关的权利义务要符合法律要求，如果合同中的某些条款经审查被视为无效条款，并不影响整个合同中其他条款的有效性。

4）按照相关要求，合同必须明确表述合同内容并对可能发生的情况进行说明。简单地说，可以把合同视为按照法律要求制定的契约，对合同签订主体之间具有一定的法律效力。正因为如此，可以依据合同内容来对签订主体是否合法以及是否依法履行合同进行判定，并以此为依据处理相关纠纷。

总体来说，合同内容的确定即在签订合同时要保证合同将来具有明确的指导性，而合同内容可能则是指签订合同时要保证合同内容从客观上是可以实现的。在履行合同时，如果合同内容客观上无法实现，或者所约定事项本身就无法实现，则可以视为该合同是不具有法律效力的。

（6）电子合同履行的基本方式

根据我国电子商务进展状况，有三种合同履行方式：一是在线付款和收货，如音乐下载；二是在线付款，线下收货；三是线下付款，线下收货。后两种合同针对的对象不仅是局限于信息产品，同时也可以是非信息产品。

（7）电子合同履行的原则

1）适当履行原则，又称正确履行原则或全面履行原则，是指当事人严格按照合同规定的质量、数量，借助合适的主体于合适的履行期限、地点，采取恰当的履行方式，全面实现合同的义务。

2）协作履行原则。是指当事人不只履行自己的，并且要以诚实守信为基础协助对方当事人履行债务的原则。

3）经济合理原则。是指要求履行合同时，要以经济效益为追求目标。履行合同中的经济效益原则要求债务人应当选择最经济的方式运输，选择经济合理的履行期，履行合同债务过程中要处处体现经济合理，对违约行为也要选择经济合理的补救方式。

4）情事变更原则。是指在依法遵守合同的基础上，由于某些不属于双方当事人责任的原因，出现了一些无法预见的情事变更，最终导致合同动摇，如果继续维持合同原有效力必然会有失公平性，而允许双方对合同进行变更或解除的原则。

3. 电子商务交易中当事人的义务

（1）卖方义务

1）合同中规定标的物单据。在交易发生时要提供标的物单据，以此来界定交易中的物品交付的时间和地点，这是卖方的一项重要义务。对于交易中的时间、地点在交易中没有达成一致的，要按照合同法以及国际规定来处理。

合同中的担保义务与标的物权利在电子商务交易中，卖方依然是货物所有权、经营权转移的主体负责人，卖方所承担的义务包括其所售的标的物享有合法的权利、保障上述权力不被第三方追索、保障买方其他各项合法权益。在交易发生后，如出现第三方向买方追索标的物所有权时，卖方有义务为买方提供无权追索证明，必要时参与司法诉讼并出庭作证。

2）标的物质量担保义务。对于标的物的质量，卖方要保障产品符合国家法律法规规定的质量标准，或者遵循双方在交易谈判过程中达成的质量标准，标的物的质量不能存在瑕疵，同时不能出现与宣传广告中不符的质量问题，如出现质量问题，卖方有义务在货物交付前向买方提交质量说明，买方在得到卖方质量情况说明的情况下进行的交易行为，卖方对产品的质量问题不负有责任。

（2）买方义务

1）买方在交易中有按照电子交易平台规定的支付方式付款的义务。电子商务相对于传统交易有特殊的属性，其在交易过程中很多环节优于传统交易，不受购买时间、交易地点以及货物配送方式的限制。特别是支付方式差异较大，电子交易的支付方式通常是银行卡、电子钱包等第三方支付平台。在电子交易合同中要明确所支付的方式。

2）买方应按照合同规定的时间、地点和方式接收标的物。电子商务交易的物流配送流程有别于传统交易，所以在接收标的物环节，买方的义务有别于传统交易，买方需承担按照合同规定的时间、地点、方式接收标的物。合同中规定买方自提标的物的，要履行按照卖方通知的时间、地点及时接收，若标的物为第三方托运，买方应按照承运人通知的时限提取。若标的物为卖方配送的，在与卖方沟通后买方做好接收准备按时接收，没有按照约定的时间进行接收的，相关责任由买方承担。

3）买方对标的物质量进行检验。买方有在接收标的物后对标的物进行产品质量检验的义务，如果发现质量问题，应立即通知卖方，质量问题由卖方负责。买方不及时进行检验，在交易完成很长时间后才提出质量问题诉求，卖方对此不承担责任。如卖方在交易过程中对质量问题进行了主观上的故意隐瞒，买方要第一时间通知卖方，通过合法途径追究卖方的责任。

（3）快递物流服务提供者的义务

1）为电子商务提供的快递物流服务，应当遵守法律、行政法规，并应当符合承诺的服务规范和时限。

2）在交付商品时，应当提示收货人当面查验，经当面查验无异议的，收货人应当签收。

3）在提供快递物流服务的同时，可以接受电子商务经营者的委托提供代收货款服务。

（4）电子支付服务提供者的义务

1）为电子商务提供电子支付服务，应当遵守国家规定，告知用户电子支付服务的功能、使用方法、注意事项、相关风险和收费标准等事项，不得附加不合理的交易条件。

2）应当确保电子支付指令的完整性、一致性、可跟踪稽核性和不可篡改性。

3）应当向用户免费提供对账服务以及最近三年的交易记录。

4）提供电子支付服务不符合国家有关支付安全管理要求，造成用户损失的，应当承担返还资金、补充差额、赔偿应偿利息损失的责任。

5）用户支付指令发生错误的，电子支付服务提供者应当及时查找原因，并采取相关措施予以纠正。造成用户损失的，电子支付服务提供者应当承担赔偿责任，但能够证明支付错误非自身原因造成的除外。

6）电子支付服务提供者完成电子支付后，应当及时准确地向电子支付服务接收者提供符合约定方式的确认支付信息。

7）电子支付服务提供者发现支付指令未经授权，或者收到用户支付指令未经授权的通知时，应当立即采取措施防止损失扩大。电子支付服务提供者未及时采取措施导致损失扩大的，对损失扩大部分承担责任；造成损失的，由电子支付服务提供者承担；若能够证明未授权支付是因用户的过错造成的，不承担责任。

二、《中华人民共和国广告法》

为了规范广告活动，促进广告业的健康发展，保护消费者的合法权益，维护社会经济秩序，发挥广告在社会主义市场经济中的积极作用，本法于 1994 年 10 月 27 日第八届全国人民代表大会常务委员会第十次会议通过，2015 年 4 月 24 日第十二届全国人民代表大会常务委员会第十四次会议修订，2018 年 10 月 26 日第十三届全国人民代表大会常务委员会第六次会议《关于修改〈中华人民共和国野生动物保护法〉等十五部法律的决定》修正。

在中华人民共和国境内，商品经营者或者服务提供者通过一定媒介和形式直接或者间接地介绍自己所推销的商品或者服务的商业广告活动，适用本法。广告应当真实、合法，以健康的表现形式表达广告内容，符合社会主义精神文明建设和弘扬中华民族优秀传统文化的要求。广告不得含有虚假或者引人误解的内容，不得欺骗、误导消费者。

1. 广告不得有的情形

广告内容应当有利于人民的身心健康，促进商品和服务质量的提高，保护消费者的合法权益，遵守社会公德和职业道德，维护国家的尊严和利益。广告不得有下列情形。

（1）使用或者变相使用中华人民共和国的国旗、国歌、国徽，军旗、军歌、军徽。

（2）使用或者变相使用国家机关、国家机关工作人员的名义或者形象。

（3）使用“国家级”“最高级”“最佳”等用语。

（4）损害国家的尊严或者利益，泄露国家秘密。

（5）妨碍社会安定，损害社会公共利益。

（6）危害人身、财产安全，泄露个人隐私。

（7）妨碍社会公共秩序或者违背社会良好风尚。

（8）含有淫秽、色情、赌博、迷信、恐怖、暴力的内容。

（9）含有民族、种族、宗教、性别歧视的内容。

（10）妨碍环境、自然资源或者文化遗产保护。

（11）法律、行政法规规定禁止的其他情形。

2. 广告中对商品各项的表述

商品的性能、功能、产地、用途、质量、成分、价格、生产者、有效期限允诺或者对服务的内容、提供者、形式、质量、价格、允诺有表示的，应当准确、清楚、明白。广告中表明推销的商品或者服务附带赠送的，应当明示所附带赠送商品或者服务的品种、规格、质量、期限和方式。广告使用数据、统计资料、调查结果、文摘、引用语等引证内容的，应当真实、准确，并表明出处。广告中涉及专利产品或专利方法的，应当标明专利号和专利种类。

3. 医疗、药品、医疗器械广告

医疗、药品、医疗器械广告不得含有下列内容。

（1）表示功效、安全性的断言或者保证。

（2）说明治愈率或者有效率。

（3）与其他药品、医疗器械的功效和安全性或者其他医疗机构比较。

（4）利用广告代言人作推荐、证明。

（5）法律、行政法规规定禁止的其他内容。

药品广告的内容不得与国务院药品监督管理部门批准的说明书不一致，并应当显著标明禁忌、不良反应。处方药广告应当显著标明“本广告仅供医学药学专业人士阅读”，非处方药广告应当显著标明“请按药品说明书或者在药师指导下购买和使用”。

4. 保健食品广告

保健食品广告不得含有下列内容。

（1）表示功效、安全性的断言或者保证。

（2）涉及疾病预防、治疗功能。

（3）声称或者暗示广告商品为保障健康所必需。

（4）与药品、其他保健食品进行比较。

（5）利用广告代言人作推荐、证明。

（6）法律、行政法规规定禁止的其他内容。

5. 教育、培训广告

教育、培训广告不得含有下列内容。

（1）对升学、通过考试、获得学位学历或者合格证书，或者对教育、培训的效果作出明示或者暗示的保证性承诺。

（2）明示或者暗示有相关考试机构或者其工作人员、考试命题人员参与教育、培训。

（3）利用科研单位、学术机构、教育机构、行业协会、专业人士、受益者的名义或者形象作推荐、证明。

6. 农作物种子、林木种子、草种子、种畜禽、水产苗种和种养殖广告

关于品种名称、生产性能、生长量或者产量、品质、抗性、特殊使用价值、经济价值、适宜种植或者养殖的范围和条件等方面的表述应当真实、清楚、明白，并不得含有下列内容。

（1）做科学上无法验证的断言。

（2）表示功效的断言或者保证。

（3）对经济效益进行分析、预测或者作保证性承诺。

（4）利用科研单位、学术机构、技术推广机构、行业协会或者专业人士、用户的名义或者形象作推荐、证明。

三、《中华人民共和国消费者权益保护法》

为了保护消费者的合法权益，维护社会经济秩序，促进社会主义市场经济健康发展，《中华人民共和国消费者权益保护法》以下简称《消费者权益保护法》于 1993 年 10 月 31 日，经第八届全国代表大会常务委员会第四次会议审议通过并公布实施。2009 年 8 月 27 日第十一届全国人民代表大会常务委员会进行第一次修正，2013 年 10 月 25 日第十二届全国人民代表大会常务委员会第五次会议进行第二次修正。

1. 消费者的权益

根据《消费者权益保护法》的规定，消费者的权益主要包括以下内容。

（1）安全权

消费者在购买、使用商品和接受服务时享有人身、财产安全不受损害的权利，简称安全权。为了使这一权利真正得到实现，消费者有权要求经营者提供的商品和服务，符合保障人身、财产安全的要求。

（2）知情权

消费者享有知悉其购买、使用的商品或者接受的服务的真实情况的权利，简称知情权。该项权利表明：消费者在购买、使用商品或接受服务时，有权询问、了解商品或服务的有关真实情况；提供商品或者服务的经营者有义务真实地向消费者说明有关情况。

（3）自主选择权

消费者享有自主选择商品或者服务的权利，简称自主选择权，主要包括以下几个方面的内容。

1）有权自主选择提供商品或者服务的经营者。

2）有权自主选择商品品种或者服务方式。

3）有权自主决定购买或者不购买任何一种商品、接受或者不接受任何一项服务。

4）在自主选择商品或服务时，有权进行比较、鉴别和挑选。

（4）公平交易权

消费者享有公平交易的权利，简称公平交易权。根据《消费者权益保护法》的规定，这项权利主要体现在以下两个方面，一方面有权获得质量保障、价格合理、计量正确等公平交易条件；另一个方面有权拒绝经营者的强制交易行为。

（5）求偿权

消费者因购买、使用商品或者接受服务受到人身、财产损害的，享有依法获得赔偿的权利，简称求偿权。

（6）结社权

消费者享有依法成立维护自身合法权益的社会组织的权利，简称结社权。

（7）获得知识权

消费者享有获得有关消费和消费者权益保护方面知识的权利，简称获得知识权。

（8）人格尊严和民族风俗习惯受尊重权

人格尊严是消费者人身权的重要组成部分，包括姓名权、名誉权、荣誉权、肖像权等。消费者的人格尊严受到尊重是消费者最基本的权利之一。在实践中，侵犯消费者人格尊严权大量表现为搜查消费者的身体及其携带物品，甚至限制消费者人身自由的行为。尊重民族风俗习惯，是党和国家民族政策的重要内容。

（9）监督批评权

消费者享有对商品和服务以及保护消费者权益工作进行监督的权利，简称监督权。

消费者有权检举、控告侵害消费者权益的行为和国家机关及其工作人员在保护消费者权益工作中的违法失职行为，有权对保护消费者权益工作提出批评、建议。

2. 经营者的义务

经营者的义务是指经营者在与消费者的消费法律关系中应承担的义务。依据我国《消费者权益保护法》的规定，在保护消费者权益方面，经营者有下列义务。

（1）依法或约定履行的义务

经营者在向消费者提供商品或者服务时，应当依照《中华人民共和国产品质量法》和其他有关法律、法规的规定履行义务。经营者和消费者有约定的，应当按照约定履行义务，但双方的约定不得违背法律、法规的规定。经营者提供商品或服务，按照国家规定或者与消费者的约定，承担包修、包换、包退或其他责任的，应当按照国家规定或者约定履行，不得故意拖延或无理拒绝。

（2）听取意见和接受监督的义务

经营者应当听取消费者对其提供的商品或者服务的意见，接受消费者的监督。

（3）保障人身和财产安全的义务

为了有效实现消费者的安全权，经营者应当保证其提供的商品或服务符合保障人身、财产安全的要求；对于可能危及人身、财产安全的商品或服务，应当向消费者作出真实的说明和明确的警示，并说明和表明正确使用商品或服务的方法以及防止危害发生的方法。经营者发现其提供的商品或服务存在严重缺陷，即使正确使用商品或接受服务仍然可能对人身、财产安全造成危害的，应当立即向有关部门报告和告知消费者，并应采取防止危害发生的措施。

（4）提供真实信息的义务

为了保证消费者的知悉真情权，经营者应向消费者提供有关商品或服务的真实信息，不得作引人误解的虚假宣传，否则就构成侵犯消费者权益的行为和不正当竞争行为。经营者对消费者就其提供的商品或服务的质量和使用方法等具体问题提出询问时，应当作出真实、明确的答复。在价格标示方面，经营者在提供商品时，应当明码标价。

（5）出具相应的凭证和服务单据的义务

经营者在提供商品或服务时，应当按照国家有关规定或商业惯例向消费者出具购货凭证或服务单据；消费者索要购买凭证或服务单据的，经营者必须出具。由于购货凭证或服务单据具有重要的证据价值，对于界定消费者和经营者的权利义务也具有重要意义，因此明确经营者出具相应的购货凭证和单据的义务，有利于保护消费者权益。

（6）保证质量的义务

经营者应当保证在正常使用商品或者接受服务的情况下，其提供的商品或者服务应当具有的质量、性能、用途和有效期限，但消费者在购买该商品或者接受该服务前已经知道其存在瑕疵的除外。经营者以广告、产品说明、实物样品或者其他方式表明商品或者服务质量状况的，应当保证其提供的商品或者服务的实际质量与表明的质量状况相符。

（7）不得从事不公平、不合理交易的义务

为了保证消费者的公平交易权，经营者不得以格式合同、通知、声明、店堂告示等方式对消费者作出不公平、不合理的规定或减轻、免除其损害消费者合法权益应当承担的民事责任。经营者在格式合同、声明、店堂告示等含有对消费者作出不公平、不合理的规定或减轻、免除经营者损害赔偿责任等内容的，其内容无效。

（8）尊重消费者人格尊严的义务

经营者不得对消费者进行侮辱、诽谤，不得搜查消费者的身体及其携带的物品，不得侵犯消费者的人身自由。

根据我国《消费者权益保护法》的规定，消费者和经营者发生消费者权益争议的，可以通过下列途径解决。一是与经营者协商和解；二是请求消费者协会调解；三是向有关行政部门申诉；四是根据与经营者达成的仲裁协议提请仲裁机构仲裁；五是向人民法院提起诉讼。

四、《中华人民共和国合同法》

为了保护合同当事人的合法权益，维护社会经济秩序，促进社会主义现代化建设，《中华人民共和国合同法》以下简称《合同法》于1999年3月15日，经第九届全国人民代表大会第二次会议审议通过并公布实施。

合同是平等主体的自然人、法人、其他组织之间设立、变更、终止民事权利义务关系的协议（不包括婚姻、收养、监护等有关身份关系的合同）。

1. 合同的订立

（1）合同订立原则

1）平等、自愿原则。平等是指当事人的法律地位平等，当事人都以平等的身份订立合同，任何一方不得将自己的意志强加给对方；自愿是指当事人依法按照自己的意志订立合同，当事人在法律允许的范围内享有订立合同的自由权，任何机关、组织和个人不得非法干预。

2）公平、诚实信用原则。公平是指合同内容合理公道；诚实信用是指合同当事人必须具有签订和履行合同的诚意，重合同、讲信誉，以正当的经济活动切实履行合同义务以谋求利益，不能订立假合同或者利用合同欺诈、坑害对方，损害国家和社会公共利益。平等、自愿、公平、诚实信用是市场经济的客观要求在法律上的反映。

3）守法原则。守法原则是指当事人订立合同，应当遵守法律、行政法规，尊重社会公德，不得扰乱社会经济秩序，损害社会公共利益。合法原则要求合同的主体、内容、形式和手续都必须符合法律的规定。只有遵守法律和行政法规，才能得到国家的认可而具有法律效力并受到法律的保护，合同当事人才能达到预期的目的。

（2）合同订立程序

合同订立是指当事人之间就合同的主要条款进行协商、议定，最终确定和认可其内容的过程。《合同法》第十三条规定，“当事人订立合同，采取要约、承诺方式”。因此，合同的订立包括要约和承诺两个阶段。

1）要约。要约是指希望和他人订立合同的意思表示。要约的特征表现为以下几个方面：一是要约是以订立合同为目的的意思表示，表现为要约人主动要求与受要约人订立合同；二是要约的内容具体确定，即要约的内容应当包括合同得以成立所必需的条款；三是表明经受要约人承诺，要约人即受该意思表示约束，要约一经受要约人接受，合同即可成立。

根据合同法的规定，在要约生效前，要约人可以通过撤回的方式阻止要约生效。撤回要约的通知应当不迟于要约到达受要约人。在要约生效之后受要约人发出承诺通知之前，要约人可以通过撤销的方式使已经生效的要约不再继续生效，即撤销要约。但是，撤销要约的通知应当在受要约人发出承诺通知之前到达。需要注意的是，根据《合同法》第十九条规定，有下列情形之一的，要约不得撤销：要约人确定了承诺期限或者以其他形式明示要约不可撤销；受要约人有理由认为要约是不可撤销的，并已经为履行合同做了准备工作。

此外，根据《合同法》第二十条规定，导致要约失效的情形有：拒绝要约的通知到达要约人；要约人依法撤销要约；承诺期限届满，受要约人未作出承诺；受要约人对要约的内容作出实质性变更。

2）承诺。承诺是指受要约人同意要约的意思表示。承诺是针对要约的回应，因此，承诺的特征表现为以下几个方面：一是承诺应由受要约人作出的；二是承诺是由受要约人向要约人作出的；三是承诺的内容应当与要约的内容一致。受要约人对要约的内容作出实质性变更的，为新要约。有关合同标的、数量、质量、价款或者报酬、履行期限、履行地点和方式、违约责任和解决争议方法等内容的变更，是对要约内容的实质性变更。承诺对要约的内容作出非实质性变更的，除要约人及时表示反对或者要约表明承诺不得对要约的内容作出任何变更的以外，该承诺有效，合同的内容以承诺的内容为准；四是作为有效承诺的要件之一，承诺应当在要约确定的期限内到达要约人。

如同要约可以撤回一样，承诺同样可以撤回。撤回承诺的通知应当在承诺通知到达要约人之前或者与承诺通知同时到达要约人。但是，承诺不得撤销。

承诺意味着受要约人同意要约的意思表示，标志着合同的成立。《合同法》第二十五条规定，承诺生效时合同成立。关于承诺生效的时间，《合同法》第二十六条规定，承诺通知到达要约人时生效。

（3）合同的成立

合同成立是当事人订立合同所追求的初步目标，合同的成立即意味着当事人的意思表示已经达成了一致。《合同法》第二十五条规定，“承诺生效时合同成立”，因此，合同成立的时间取决于承诺生效时间。

承诺以通知方式作出的，承诺到达时合同成立；根据交易习惯或者要约表明可以通过行为作出承诺的，作出承诺行为时合同成立。此外，关于合同成立的时间，还应注意以下两种情形：第一，当事人采用书面形式订立合同的，自双方当事人签字或者盖章时合同成立；第二，当事人采用信件、数据电文等形式订立合同的，可以在合同成立之前要求签订确认书，签订确认书时合同成立。

必须强调指出的是，合同的成立如果仅仅是当事人的意思表示达成了一致，并不表明合同必然能够生效。只有依法成立的合同才能成为有效合同。而且，只有有效的合同才能受到法律的保护。

（4）合同的一般条款

《合同法》第十二条对合同一般条款作了规定。这些条款包括以下几个方面。

1）当事人的名称或者姓名和住所。这一条款也可以称为当事人条款，为了合同履行提供方便，同时住所也是判断当事人履行情况的依据。在发生纠纷之后，当事人的住所还可以成为确定受诉讼法院的依据。

2）标的。标的即合同权利义务指向的对象。标的可以是物，包括有形物和无形物。前者可以是实物或者货币。合同的标的必须准确无误，标的的名称、型号、规格、品种、等级、花色等都应当规定清楚，避免发生误解。

3）数量。数量是标的在量的方面的具体化，是计算和衡量合同当事人权利义务的尺度。在数量条款中，应当根据标的的种类，规定计量标的的单位和方法。此外，还应当考虑可能发生的误差幅度和自然损耗程度等问题。

4）质量。质量是标的质的规定性，是指标的在标准和技术方面的要求。关于质量的标准，国家有许多不同的要求，当时应当予以明确。当然，当事人也可以根据合同的目的约定特别的质量标准。在质量条款中，除应当规定检验质量的标准之外，还应当载明对产品质量负责的期限和条件、产品质量检验的时间和方法等内容。

5）价款或者报酬。价款是指由受领标的物的当事人为取得标的物而应当向对方当事人支付的货币。报酬则是指应当向提供劳务或者完成特定工作的当事人支付的货币。在这一条款中，应当明确约定价格条件、支付金额、支付方式、计价单位等内容。此外，由于价款和报酬并不能够等同于运费、保险费、装卸费、保管费等费用，因此在合同中应当约定这些费用由哪一方当事人负担。

6）履行期限、地点和方式。履行期限就是债务人履行合同义务和债权人接受履行的时间界限，是确定当事人是否发生迟延履行的依据。期限有期日和期间之分，履行期限可以为一个确定的日期，也可以是一个时间段。无论是期日还是期间，履行期限都一定要明确具体。履行地点是债务人履行合同义务和债权人接受履行的地方。履行地点是确定验收地点，合同标的是否交付、标的所有权是否转移、标的物意外灭失风险由哪一方承担的依据。在特殊情况下，履行地点还可能成为确定价款或者报酬的依据。

7）违约责任。违约责任是指当事人不履行合同义务或者履行合同义务不符合约定而应当承担的民事责任。违约责任的形式多种多样，主要有继续履行、采取补救措施、赔偿损失、违约金责任等。

8）解决争议的方法。解决争议方法的条款中，主要包括在当事人不愿和解、调解，或者和解、调解不成的情况下，通过诉讼或者仲裁的方式来解决双方的争议。由于仲裁和诉讼管辖在性质上是相互排斥的，当事人或者选择诉讼方式解决争议，或者选择仲裁方式解决争议。当事人可以根据仲裁协议向仲裁机构申请仲裁。涉外合同的当事人可以根据仲裁协议向中国仲裁机构或者其他仲裁机构申请仲裁。当事人没有订立仲裁协议或者仲裁协议无效的，可以向人民法院起诉。对于发生法律效力的判决、仲裁裁决、调解书，当事人应当自觉履行，拒不履行的，对方可以请求人民法院强制执行。

（5）合同的形式

《合同法》第十条规定："当事人订立合同，有书面形式、口头形式和其他形式。法律、行政法规规定采用书面形式的，应当采用书面形式。当事人约定采用书面形式的，应当采用书面形式。"根据这一规定，合同形式可以分为书面形式、口头形式或其他形式。

1）书面合同形式。书面合同形式是指当事人采用书面文字表述方式确定相互之间权利义务关系的协议。《合同法》第十一条规定："书面形式是指合同书、信件以及数据电文（包括电报、电传、传真、电子数据交换和电子邮件）等可以有形地表现所载内容的形式。"书面合同是当事人双方意思表示一致的书面记载，它通过文字条款形式体现着合同内容，完整地反映了当事人的权利义务关系。

某些书面形式的合同往往有主体和附件之分。主体是指载明合同主要条款和一般条款的合同书或者信件、电报、电传等；附件是指说明合同主要条款的图表或者文字，如与履行合同有关的可行性论证报告、操作规范以及有关图纸、表格、照片等。附件也是合同的重要组成部分。

当事人采用合同书形式订立合同的，自当事人双方签字或盖章时合同成立。当事人是法人或是其他组织的，应在合同上加盖单位公章或者合同专用章，并由法人的法定代表人、其他组织的负责人或者他们授权的其他人签字；当事人是自然人的，应由其本人或者其代理人在合同上签名。

2）口头合同形式。口头合同形式是指当事人用口头语言为意思表示，通过对话方式确定相互之间权利义务关系的协议。口头形式包括以电话和交谈等形式订立的合同。凡是法律、行政法规没有规定采用特定形式，当事人也未作特别约定的合同，均可以采用口头形式订立。但是，由于口头形式缺乏书面文字依据，一旦出现纠纷，就难以举证且不易分清责任。

3）其他合同形式。其他合同形式是指当事人并非或者不完全以书面文字表述或者以言语对话方式为意思表示，而是通过其他方式确定相互之间权利义务关系的协议。合同的其他形式可以由法律直接规定或者当事人约定。

2. 合同的履行

合同的履行是指当事人双方按照合同约定履行自己所应承担义务的行为。如买卖合同的出卖人交付标的物，买受人支付货款；货物运输合同的承运方将托运货物送到约定地点；托运方为此支付酬金；承揽合同的承揽人按时、按质、按量完成规定的工作，订做人按时接受并支付报酬等。

合同履行以有效合同为前提和依据，凡依法成立的合同都是有效合同，对当事人有法律约束力。当事人必须履行该合同中规定的义务，对无效合同则无须履行。

（1）合同履行的原则

合同履行应遵循以下原则。

1）实际履行原则。实际履行原则是指当事人应严格按照合同规定的标的履行。其要求：第一，合同中规定的标的是什么，当事人就应按什么标的履行，不能替代，如不能以次充好，以假充真，以其他物品或金钱来代替合同履行；第二，一方违约时，不能以向对方偿付违约金、赔偿金代替履行，对方要求继续履行的，应该履行。实际履行原则，是由和通过法律效力的当事人订立合同所追求的目的决定的。有些合同确实不可能或不必要实际履行的，可以不实际履行。如标的物灭失了，可用支付违约金、赔偿金的办法弥补对方损失。

2）全面履行原则。全面履行原则是指当事人应当按照法律的规定或合同的约定，全面、正确地履行义务，也称适当履行原则。这一原则要求负有合同义务的当事人，对合同的任何条款都必须要求执行，即除按合同约定的标的履行外，还必须按合同约定的数量、质量、价格、地点、期限、方式等全面履行义务，以保证当事人双方合法权益与合同的目的得以实现。全面履行原则是确定合同是否履行，是确认违约的主要标准，是衡量合同履行程度和违约责任的尺度。

3）诚实信用原则。诚实信用原则是指当事人在合同履行中诚信以待，相互协作，共同完成合同规定的义务。这一原则主要表现在以下方面：第一，及时通知，合同当事人遇有不能按照约定履行的情况时，应该将情况通知对方，以使对方及时做出相应的补救措施；第二，协助，合同当事人应尽量协助对方履行义务，对履行中出现的问题，应在法律许可的范围内提供帮助，以确保合同的履行；第三，防止损失扩大，合同当事人遇到自然灾害或意外事故等情况影响到合同履行时，应采取积极措施，以防止或减少损失；第四，保密，当事人应当按照约定对不准泄露的技术情报和资料进行保密。合同当事人互为债权人或债务人，任何一方不履行合同或不完全履行合同，都将影响经济利益的实现。所以，诚实信用原则是合同履行的一个十分必要的原则。

（2）合同履行的规则

当事人就有关合同内容没有约定或约定不明确时，可以协议补充，不能达成补充协议的，按照合同有关条款或者交易习惯确定，仍不能确定的，适用下列规定。

1）质量要求不明确的，按照国家标准、行业标准履行；没有国家标准、行业标准的，按照通常标准或者符合合同目的的特定标准履行。

2）价款或者报酬不明确的，按照订立合同履行地的市场价格履行，应当执行政府定价或者政府指导价的，按照规定履行。执行国家定价的，在合同规定的交付期限内国家价格调整时，按交付的价格计价。逾期交货的，遇价格上涨时，按原价格执行；价格下降时，按新价格执行。逾期提货或者逾期付款的，遇价格上涨时，按新价格执行，价格下降时，按原价格执行。

3）履行地点不明确、给付货币的，在接受货币一方所在地履行；交付不动产的，在不动产所在地履行；其他标的，在履行义务一方所在地履行。

4）履行期限不明确的，债务人可以随时履行，债权人也可以随时要求履行，但应当给对方必要的时间准备。

5）履行方式不明确的，按照有利于合同实现的方式履行。

6）履行费用负担不明确的，由履行义务一方负担。

此外，用货币履行义务时，除法律或者行政法规另有规定的以外。必须用人民币计算和支付。除国家允许使用现金履行义务的以外。必须通过银行结账或者票据结算。

3. 合同权利义务的终止

合同权利义务的终止，简称合同的终止，又称合同的消灭，是指合同关系在客观上不复存在，合同权利和合同义务归于消灭。

（1）合同终止的条件

合同权利义务终止的条件，依照《合同法》第九十一条规定，合同权利义务终止的主要有：清偿、解除、抵销、提存、免除、混同。其中，清偿、抵销、提存、免除和混同为合同的绝对终止，即合同权利义务的消灭。解除、终期届至等为合同的相对终止，即合同履行效力的消灭。

1）清偿。清偿是按合同的约定实现债务目的行为，即按照约定履行。

2）解除。合同解除包括双方解除和单方解除。双方解除是当事人双方为了消灭原有的合同而订立的新合同，即解除合同。单方解除是指当事人一方通过行使法定解除权或者约定解除权而使合同的效力消灭。

3）抵销。抵销，又称“充抵”，是指二人互负债务时，各以其债权充当债务之清偿，而使其债务与对方的债务在对等额内相互消灭。

4）提存。提存是指由于债权人的原因而无法向其交付合同标的物时，债务人将该标的物交给提存部门保存以消灭合同权利义务的一项制度。

5）免除。免除是指债权人抛弃债权，从而消灭合同关系及其他债务关系的意思表示。因债权人抛弃债权，债务人得以免除清偿义务。

6）混同。混同是指不能并立的两种法律关系同归于一人而使其权利义务归于消灭的现象。包括所有权与他物权同归于一人，债权与债务同归于一人以及主债务与保证债务同归于一人。债的关系须有债权人与债务人同时存在方能成立，当债权人和债务人合为一人时，债权债务当然消灭。

（2）合同终止的效果

合同终止包括合同履行的终止与合同关系的消灭两层含义。合同履行的终止是指当事人因该合同所产生的权利与义务归于消灭，并面向将来消灭合同履行的效力。合同履行的终止并不消灭当事人因此所应承担的返还财产、赔偿损失等责任。合同关系的消灭是指当事人因该合同所产生的一切权利义务关系完全不复存在，当事人不再履行合同义务，由合同引起的债权债务关系全部归于消灭。

（3）合同终止的义务

根据《合同法》第九十二条规定，合同的权利义务终止后，当事人应当遵循诚实信用原则，根据交易习惯履行通知、协助、保密等义务。

（4）合同终止的特征

1）后合同义务是合同终止后当事人应当履行的义务。有效合同成立是后合同义务存在的前提。合同未成立、合同无效或合同可撤销都不会产生后合同义务。当然，这里的终止是指合同的相对终止，是由于合同履行、解除、抵销、提存、免除、混同等原因，而使当事人之间约定的债权债务关系的消灭。如果后合同义务已经履行完毕，合同关系彻底消灭，合同就是绝对终止了。

2）后合同义务不是根据合同双方当事人约定的义务，而是基于诚实信用原则和交易习惯而产生的义务。因此，后合同义务是一种法定义务，一种强行性义务。

3）后合同义务的目的是维护给付效果或者妥善处理合同终止事务，即违反后合同义务给对方当事人造成损失的，应当承担赔偿责任。

4）违反后合同义务的构成条件。

①行为人违反了后合同义务。

②造成了他人损害，主要是财产的损失，包括直接损失和间接损失。

③违反合同义务的行为与损害事实之间具有因果关系。

④行为人主观上有过错，主要是以过错推定原则来认定行为人是否有过错。

（5）赔偿范围及承担方式

根据最高人民法院关于适用《中华人民共和国合同法》若干问题的解释（二）第二十二条规定，当事人一方违反合同法第九十二条规定的义务，给对方当事人造成损失，对方当事人请求赔偿实际损失的，人民法院应当支持。违反后合同义务应负的赔偿责任范围仅限于实际损失，这与《合同法》第一百一十三条所规定的违约责任赔偿损失范围包括实际损失和可得利益损失有着显著的区别。

违反后合同义务的责任承担方式主要有停止侵害、强制履行、赔偿损失等，具体根据案件的实际情况决定。

五、《中华人民共和国电子签名法》

为了规范电子签名行为，确立电子签名的法律效力，维护有关各方的合法权益，本法由中华人民共和国于 2004 年 8 月 28 日第十届全国人民代表大会常务委员会第十一次会议通过，2019 年 4 月 23 日第十三届全国人民代表大会常务委员会第十次会议修正。

1. 电子签名

（1）电子签名的概念

我国《电子签名法》第二条规定，电子签名是指“数据电文中以电子形式所含、所附用于识别签名人身份并表明签名人认可其中内容的数据”。数据电文是指“以电子、光学、磁或者类似手段生成、发送、接收或者储存的信息”。也就是说，电子签名并不是简单的传统书面签名的数字图像化，而是一种依靠技术手段的电子形式的签名。电子签名具有多种表现形式，如手机短信、电子邮件；附着于电子文件的手写签名的数字化图像，包括采用生物笔迹辨别法所形成的图像；向收件人发出证实发送人身份的密码、计算机口令及个人身份证号码；采用特定生物技术识别工具，如指纹或者虹膜透视辨别法；使用非对称密码加密系统对电子记录进行加密、解密变换来实现的数字签名。无论采用何种形式，都属于合法的电子签名。

（2）电子签名的适用范围

根据我国《电子签名法》第三条第三款规定，不适用电子签名的有："涉及婚姻、收养、继承等人身关系的，涉及土地、房屋等不动产权益转让的，涉及停止供水、供热、供气、供电等公用事业服务的，法律、行政法规规定的不适用电子文书的其他情形"。由此看出，《电子签名法》适用于民事活动中的合同或其他文件、单证等文书，凡是涉及人身利益、公共利益或需经过相关部门登记备案才发生物权变动的不适用本法。

（3）电子签名的原则

1）技术中立原则。技术中立原则也称不歧视原则、平等对待原则或媒介中立原则，它是电子签名所独有的法律原则。技术中立是指政府在制定各种规则或标准时，应对各种技术同等对待，给予各种技术公平竞争的机会。任何可确保资料在传输或储存过程中的完整性及可鉴别使用者身份的技术，皆可纳入使用，并不以数字签名为限，以免阻碍其他技术的应用发展。也就是说，任何电子技术制作的电子签名和文件，只要功能与书面文件效力相当，都具有法律效力。即法律应当对交易使用的技术手段一视同仁，不应把对某一特定技术的理解作为法律规定的基础，而歧视其他形式的技术，要在相应的法律环境建设中为技术的发展预留空间。例如，任何技术包括数字签名技术或生物识别技术（区别不同的指纹、声纹、视网膜扫描结果或 DNA 对比等）应在法律上享受同等待遇，不歧视任何一种通信技术。同样，任何媒介方式也应在法律面前地位平等，如纸张文件和电子记录应享受平等待遇。

我国《电子签名法》中虽然没有出现关于"技术中立"的条款，但在其第三章和第四章涉及电子签名、电子认证和法律责任的相关条款中，没有明确运用任何一种具体的电子签名技术，由此可以看出政府对不同技术电子签名的中立态度。

2）功能等同原则。功能等同原则也是电子签名所独有的法律原则，是指只要数据电文符合书面文件所具备的基本功能，也就符合法律所规定的书面形式要求。1996 年，联合国贸易法委员会制定并通过的《电子商务示范法》（简称为《示范法》）创设了功能等同原则。《示范法》提出了书面形式所具备的基本要求，并以此作为标准，只要数据电文达到其标准，就可以与起着相同作用和功能的书面文件一样，得到同样的法律认可。简言之，功能等同是一种将数据电文的效用与书面形式的功能进行归类对比的方法，它赋予相同功能的行为或手段以同等的法律效力。

3）当事人自治原则。当事人自治是民事法律中的一项基本原则，是指当事人可以约定自由选择，任何人无权干预。据《电子签名法》第三条第一款规定，"民事活动中的合同或者其他文件、单证等文书，当事人可以约定使用或者不使用电子签名、数据电文”。

当事人自治的核心是尊崇当事人自主的意思选择，从法律上承认当事人可以自由决定相互之间的法律关系。民事领域的活动虽然通过电子形式进行，但在本质上与一般的民事交易活动并没有区别，因此同样应当遵循意思自治原则，由当事人自主约定是否使用数据电文、电子签名。有关国家的电子签名法一般都承认当事人自治，如美国统一电子交易法规定，“本法仅适用于每一方均同意以电子手段进行交易的当事人之间的交易。当事人是否同意以电子手段进行交易，由上下文和周围情势，包括当事人的行为来确定”。

（4）电子签名的法律效力

《电子签名法》第十四条规定，“可靠的电子签名与手写签名或者盖章具有同等的法律效力”。可靠的电子签名更安全，防篡改能力更高，只有使用可靠的电子签名。电子合同才有可能具有与纸质合同同等的法律效力。那么，什么是可靠的电子签名呢？《电子签名法》第十三条第一款规定了可靠的电子签名应当同时符合下述四项条件。

1）电子签名制作数据用于电子签名时，属于电子签名人专有。电子签名制作数据是指在电子签名过程中使用的、将电子签名与电子签名人可靠地联系起来的字符、编码等数据。它是电子签名人在签名过程中掌握的核心数据，唯有通过电子签名制作数据的归属判断，才能确定电子签名与电子签名人之间的同一性和准确性。因此，一旦电子签名制作数据被他人占有，则依赖于该电子签名制作数据而生成的电子签名就有可能与电子签名人的意愿不符，这显然不能视为可靠的电子签名。

2）签署时电子签名制作数据仅由电子签名人控制。这一项规定是对电子签名过程中其制作数据归谁控制的要求。这里所规定的控制是指基于电子签名人的自由意志而对其制作数据的控制。在电子签名人实施电子签名行为的过程中，无论是电子签名人自己实施签名行为，还是委托他人代为实施签名行为，只要电子签名人拥有实质上的控制权，则其所实施的签名行为，满足本法此项规定的要求。

3）签署后对电子签名的任何改动能够被发现。采用数字签名技术的签名人签署后，对方当事人可以通过一定的技术手段来验证其所收到的数据电文是否是发件人所发出，发件人的数字签名有没有被改动。倘若能够发现发件人的数字签名签署后曾经被他人更改，则该项签名不能满足本法此项规定的要求，不能成为一项可靠的电子签名。

4）签署后对电文内容和形式的任何改动能够被发现。电子签名的一项重要功能在于表明签名人认可数据电文的内容，而要实现这一功能，必须要求电子签名在技术手段上能够保证经签名人签署后的电文不被他人篡改。否则，电子签名人依据一定的技术手段实施电子签名，签署后的电文被他人篡改却不能够被发现，此时出现的法律纠纷将无法依据本法予以解决，电子签名人的合法权益难以得到有效保护。因此，要符合本法规定的可靠的电子签名要求，必须保证电子签名签署后，对数据电文内容和形式的任何改动都能够被发现。

（5）电子签名人的义务

1）保管（保密）义务。这是电子签名人的基本义务。《电子签名法》第十五条规定，“电子签名人应当妥善保管电子签名制作数据”。电子签名制作数据一旦失密，他人就有可能利用其从事违法活动或者牟取非法利益，从而给电子签名人和电子签名依赖方造成损失。因此，电子签名人应当妥善保管电子签名制作数据，防止该数据失密，以免给自己和电子签名依赖方造成不必要的损失。

2）及时告知义务。《电子签名法》第十五条规定，“电子签名人知悉电子签名制作数据已经失密或者可能已经失密时，应当及时告知有关各方，并终止使用该电子签名制作数据”。由此可见，电子签名人及时告知义务的履行发生于以下两种情形：一是电子签名人知悉电子签名制作数据已经失密的情形，如电子签名人发现未经其允许，他人在互联网上以自己的名义从事商业活动；二是电子签名人知悉电子签名制作数据可能已经失密的情形，如电子签名人发现自己存放电子签名制作数据的磁盘丢失，而丢失的磁盘中的安全指令有可能被破译，电子签名制作数据有可能被他人用于从事非法活动或者牟取非法利益。出现上述两种情形之一的，电子签名人在履行及时告知义务的同时，还应当终止使用该电子签名制作数据，以免或者减少电子签名人和电子签名依赖方的损失。

3）真实陈述义务。《电子签名法》第二十条第一款规定，“电子签名人向电子认证服务提供者申请电子签名认证证书，应当提供真实、完整和准确的信息”。电子认证服务提供者向电子签名人提供认证证书，为电子签名人向电子签名依赖方提供证明服务，主要依据其所提供的数据。电子签名人就其身份、地址、营业范围、证书信赖等级的真实陈述，电子签名人认证证书可信赖性产生的前提，否则将成为电子签名认证证书体系信赖性的损害。因此，电子签名人应当向电子认证服务提供者提供完整和准确的信息。

（6）电子签名人的法律责任

1）电子签名人违反义务时的法律责任。《电子签名法》第二十七条规定，“电子签名人知悉电子签名制作数据已经失密或者可能已经失密未及时告知有关各方，并终止使用电子签名制作数据，未向电子认证服务提供者提供真实、完整和准确的信息，或者有其他过错，对电子签名依赖方、电子认证服务提供者造成损失的，承担赔偿责任”。可见，电子签名人承担赔偿责任的前提条件，一是电子签名人违反义务的行为给电子签名依赖方或者电子认证服务提供者造成损失。如果电子签名人仅仅违反了义务，但未造成电子签名依赖方或者电子认证服务提供者损失的，就无须承担赔偿责任。二是电子签名人主观上有过错。过错归责原则是民法上的基本归责原则。在电子签名过程中，如果要求电子签名人承担责任，其主观上就必须有过错。否则，电子签名人即使给电子签名依赖方或者电子认证服务提供者造成损失，也无须承担赔偿责任。三是电子签名人承担责任的方式为赔偿损失。根据我国《民法通则》的规定，民事责任方式是多种多样的，而赔偿损失是适用最广泛的一种方式。在电子签名过程中，电子签名人给电子签名依赖方或电子认证服务提供者造成损失的，应当赔偿损失。这种损失包括直接损失和间接损失。

2）伪造、冒用、盗用他人电子签名的法律责任

《电子签名法》第三十二条规定，“伪造、冒用、盗用他人的电子签名，构成犯罪的，依法追究刑事责任：给他人造成损失的。依法承担民事责任”，伪造是指未经电子签名合法持有人的授权编造一个认证证书。冒用是指非电子签名持有人未经电子签名人的授权却以电子签名人的名义实施电子签名的行为。盗用是指秘密窃取并使用他人电子签名的行为。根据《刑法》第二百八十条规定，“伪造、变造、买卖或者盗窃、抢夺、毁灭国家机关的公文、证件、印章的，处三年以下有期徒刑、拘役、管制或者剥夺政治权利，并处罚金；情节严重的，处三年以上十年以下有期徒刑，并处罚金。伪造公司、企业、事业单位、人民团体印章的，处三年以下有期徒刑、拘役、管制或者剥夺政治权利，并处罚金”。

2. 电子认证

（1）电子认证机构

电子认证机构是负责认证、签发、管理证书的验证中心。在电子支付当事人关系中，电子认证机构对负责鉴定付款人、收款人及银行的身份有着举足轻重的作用。在电子签名关系人中，电子认证机构同样有着无可替代的地位。《电子签名法》第十六条规定，“电子签名需要第三方认证的，由依法设立的电子认证服务提供者提供认证服务”。这里的电子认证服务提供者指的就是电子认证机构，是为电子签名人和电子签名依赖方提供电子认证服务的第三方机构。也就是说，电子认证机构更侧重于通过对交易人的身份进行考察，以确认与实际数据通信信息是否一致。

1）颁发证书的义务。认证机构应向符合条件的申请者颁发证书，并将证书内容公

布于认证机构的存储器内。

2）终止证书的义务。收到签署者或其授权代理人的有关终止证书的申请后，在证书的有效期内，认证机构应终止该证书，并在指定地点发布终止的通知。

3）撤销证书的义务。在证书的有效期间内，在下列情况下，认证机构应撤销证书：一是收到撤销证书的申请，非证实申请是由签署者或其授权代理人发出的；二是收到证实签署者已经死亡的证明复印件或其他有关证明；三是收到签署者已经解散或不复存在的有关证明；四是证书中陈述的重要事实有虚假；五是不符合颁发证书的要求；六是认证机构的密钥或可信赖系统存在严重影响证书可靠性的情况。

（2）电子认证机构的过错责任推定

1）电子认证机构存在过错。电子认证机构应当尽到必要的谨慎和注意义务，除不可抗力等不可预料的因素外，如果是由于电子认证机构存在过错，未履行或未如实履行其义务，导致电子签名交易方的权益受到侵害，则应承担相应的赔偿责任。

2）电子认证机构免责情形。电子认证是一个新兴的行业，没有经验可循。面对人数众多的用户，由于系统的安全性以及操作可能存在的失误，有可能出现错误或虚假的认证。而一旦此种情况出现，造成的损失就可能很大，那么认证机构给予相关损失方需要赔偿的数额就会很大，而其从认证服务活动中收取的服务费用却未必很多，从这方面讲，认证业属于风险较大的一个行业。如果不对认证机构法律责任的风险加以适当的限制，认证机构就可能很难生存下去，为了维持电子认证服务的发展，不应对其规定过于严格的责任。而与此同时，由于认证机构作为保障电子商务交易安全的专业服务提供商，其行为直接影响交易各方的利益，为了促使认证机构严格履行自己应尽的注意和谨慎义务就必须让其承担必要的法律责任。为了平衡这种关系，我国对认证机构规定了严格的过错责任推定制度，《电子签名法》第十八条规定，“电子签名人或者电子签名依赖方因依据电子认证服务提供者提供的电子签名认证服务从事民事活动遭受损失，电子认证服务提供者不能证明自己无过错的，承担赔偿责任”。它要求认证机构只有证明自己无过错方可免除赔偿责任。

案例分析

【案例】电子合同争议

王先生刚拿到驾照，想买一辆二手车练手，于是就在二手车市场及网上关注二手车的相关信息。一天，他在网上某个二手车交易平台看到一辆二手车正在进行拍卖，起拍价为 1 000 元，王先生遂加入了拍卖，最后以 2 800 元的价格拍到了该车，二手车交易网站也向其发出了商品成交确认函，证实交易成功。后王先生在与卖家交易的过程中，卖家却反悔了，称“起拍价 1 000 元为技术性失误，就算是二手车也不可能以这么低的价格卖掉”为由拒绝交车。王先生则认为双方之间已经订立了合同，该二手车若不按照网络拍卖的价格进行交车就是违约，于是双方各执一词，王先生遂起诉至法院要求该二手车交易平台履约。

案例分析：本案例首先要确定的一个问题就是王先生与网上二手车交易平台的交易过程是否属于电子合同。本案中的二手车交易是通过计算机及网络来完成的，也就是通过数据电文来反映的。根据电子合同定义的表述，可以认为它就是电子合同。解决了这个问题，王先生的诉讼就有了依据。而且进行网络拍卖的商家很多都是以一元起拍的，所以卖家不能以自己的“失误”来拒绝履约。